Anton Leist

Ethik der Beziehungen

Deutsche Zeitschrift für Philosophie

Zweimonatsschrift
der internationalen
philosophischen Forschung

Sonderband 10

Anton Leist

Ethik der Beziehungen

Versuche über eine postkantianische Moralphilosophie

Akademie Verlag

ISBN 3-05-004176-5

Das eingesetzte Papier ist alterungsbeständig nach DIN/ISO 9706.

Lektorat: Mischka Dammaschke
Einbandgestaltung: Günter Schorcht, Schildow
Satz: Veit Friemert, Berlin
Druck und Bindung: Druckhaus „Thomas Müntzer", Bad Langensalza

Printed in the Federal Republic of Germany

Inhaltsverzeichnis

Einleitung

Nicht selten fallen die wichtigsten Entscheidungen gerade in Situationen, in denen wir nicht wissen, was wir tun sollen. Diese Situationen sind bestimmt nicht alltäglich, beeinflussen aber manchmal viele Jahre unseres Lebens. Wir sind in solchen Situationen wie gelähmt, können und wollen uns nicht entscheiden, und wenn von uns eine Entscheidung erzwungen wird, bleibt doch das Gefühl, dass nicht wir es waren, die sich entschieden haben. Solche ebenso bestürzenden wie unheilvollen Situationen der Lähmung – an Bushaltestellen, vor Krankenzimmern oder in der Küche tief Nachts – erhellen in ihrer nicht-alltäglichen Dramatik zwei allgemeine Züge unserer Lebensweise: ihre teleologische Ordnung und die vorrangige Bedeutung der sozialen Beziehungen unter den vielen Dingen, die uns im Leben wichtig sind.

Wenn wir wie gelähmt sind, dann vor allem, weil wir die eine oder andere Handlungsgeschichte, die sich in der Zukunft auftürmenden Handlungen, nicht konkret genug vor uns sehen, entweder, eher selten, weil die äußeren Umstände so unsicher sind, oder, eher häufiger, weil wir nicht imstande sind, unsere eigenen Handlungsmöglichkeiten zu erfassen und unser zukünftig mögliches Handeln realistisch einzuschätzen. Lethargie, Apathie, Abneigung, Angst, Verzweiflung, Wut sind Ausdruck und Symptom dieser Zustände, nicht ihre Ursachen. Das zeigt sich daran, dass wir uns in der Unordnung dieser Gefühle wieder zurecht finden, sobald wir zu verstehen beginnen, welche Handlungsmöglichkeiten uns offen stehen und wohin sie uns führen würden; wenn wir erkennen, wozu wir in der Lage wären und wozu nicht; wenn wir uns auszumalen vermögen, wie die Welt wäre, wenn wir das eine täten und das andere unterließen. Selbst wenn wir uns das nicht vorstellen können, und das ist manchmal eben der Fall, ist es besser, das Defizit als das eigene zu kennen und zu wissen, dass wir es sind, die als Akteure versagen. Wenn wir das erkannt haben, können wir im nächsten Moment immerhin neu beginnen.

Dass uns die ungewöhnliche Bedeutung der teleologischen Lebensordnung auch außerhalb solcher Situationen des Entscheidungszwangs nicht besonders bewusst ist, liegt an einer verbreiteten Skepsis, wonach Ziele wenig, Gefühle viel gelten. Gefühle besitzen eine aufdringliche Realität, Ziele dagegen müssen langwierig ermittelt werden und bleiben häufig unanschaulich und abstrakt. Die Idee der teleologischen Ordnung, wonach unser Leben, *soweit* es eine Ordnung hat, auf Ziele ausgerichtet ist, besitzt vielleicht deshalb nicht viele Freunde. Jeder denkt sofort an das Fesselnde und möglicherweise Einengende der Ziele. Aber es war nicht die Rede von einer detaillierten Organisation des Lebens, weder von einer vorgegebenen, noch von einer objektiv erstrebenswerten. Andererseits müssen wir auch nicht glauben, wir erfänden unser Leben einzigartig je für uns, wenn wir gleichzeitig mit anderen im Stau stehen oder die Karten für das wichtige Fußballspiel schon wieder ausverkauft sind. Wir organisieren unsere Handlungen, Erfahrungen und Gefühle in einem großen teleologischen Rahmen, der die menschliche Lebensweise ausmacht, die wir nicht erfinden, sondern vorfinden. Sprechen, Singen, Bauen, Laufen und viele weitere Tätigkeiten müssen und können nicht erfunden, sondern nur praktiziert werden. Wir organisieren selbst unsere Gefühle, auch wenn das niemand so gern hört: wir zwängen sie in unsere Handlungspläne und mit der Zeit fügen sie sich schon. Die teleologische Ordnung, etwas überspitzt gesagt, findet in allem einen Sinn durch seinen Bezug auf unsere Handlungsprojekte, so gut und klar die eben sind.

Diese These der teleologischen Ordnung scheint in irgendeiner Form unausweichlich, so dass nur der Umfang, die Flexibilität und Durchlässigkeit dieser Ordnung zu verhandeln sind. Anders verhält es sich mit der These von der vorrangigen Bedeutung der sozialen Beziehungen; sie ist weder in ihrem Gehalt ähnlich klar, noch scheint sie auch nur ansatzweise überprüfbar. Sicher, zu den genannten schwierigen Entscheidungssituationen gehören vor allem auch solche, in denen unser Leben *mit anderen* auf dem Spiel steht, aber welchen Beruf man ergreifen, in welche Stadt man ziehen oder auch nur wie man sich kleiden, was man essen, was man lesen soll, das sind doch auch wichtige Fragen, die aber zunächst uns selbst und weniger die anderen betreffen! Einen nicht geringen Teil unseres Lebens verbringen wir in individueller und manchmal einsamer Tätigkeit, beim Nachdenken, Lesen, Schlafen, Angeln, Einkaufen, Autowaschen. Glück oder Unglück sind oft höchstpersönlich und in den Situationen der unausweichlichen, aber unmöglichen Entscheidungen sind nur wir es, die vor der Wahl stehen und sich nicht entscheiden können. Durch die teleologische Lebensordnung, soweit es sie gibt, müssen wir selbst hindurchsteuern, und die existenziellen Entscheidungen lähmen uns nicht zuletzt deshalb, weil wir sie ganz allein fällen müssen. Vor diesem Hintergrund scheint es eher eine Frage des individuellen Geschmacks zu sein, welches Gewicht wir den sozialen Kontakten zumessen, und es mutet extravagant an, die sozialen Beziehungen allen anderen Aspekten des menschlichen Lebens voranzustellen. Ja, es scheint, als wolle man so der Last der einsamen Verantwortung entgehen, den Zwang unseres individuellen Handeln- und Entscheidenmüssens bagatellisieren, während zugleich unsere individuelle Freiheit durch die These der vorgeordneten sozialen Einbindung in Frage gestellt wird.

Tatsächlich sind es gerade jene Beispiele von individuellem – im Kontrast zu sozialem – Handeln, sowie die Hinweise auf die bedrohte Freiheit, die die vielversprechendsten Indizien für die starke Bedeutung sozialer Beziehungen liefern. Wie individuell – und als Gegensatz: wie wenig sozial – sind diese individuellen Tätigkeiten tatsächlich? Sie sind insofern individuell, als sie nicht die aktuelle Gegenwart der anderen erfordern, ja sogar abgrenzend gegen die anderen verfolgt und verstanden werden. Doch darin setzen sie das lebenserhaltende und sinngebende Netz der Beziehungen mit anderen nicht weniger voraus. Auch jene vermeintlich einsamen Entscheidungen verwenden und reproduzieren die sozialen Regeln und verdanken sich Akten der Gemeinsamkeit, sofern die individuelle Freiheit sozial anerkannt und materiell unterstützt werden muss. Das individuelle Leben wird ermöglicht und getragen von einer intakten sozialen Ordnung, die entgegen dem oberflächlichen Anschein nicht ihrerseits von den sozial isolierten Einzelnen geschaffen wird.

Dass wir in diesem Sinn ‚soziale Wesen' sind, durch soziale Regeln und Tatsachen geprägt und von ihnen abhängig, wird sowohl im Alltag als auch in der Philosophie bereitwillig zugestanden. Doch eben weil die Lebensnotwendigkeit sozialer Beziehungen, beginnend mit der Kindheit, unumstritten ist, werden sie leicht als bloße Rahmenbedingungen, als natürliche Umstände unseres Lebens, in ihrer Bedeutung missverstanden. Eine Vielzahl begrifflicher Unterscheidungen wie „individuell"/„sozial", „Genesis"/„Geltung", „Sinn"/„Wert" und vor allem „empirisch"/„normativ" und „Sein"/„Sollen" steht zwischen der einerseits trivialen Einsicht, dass die sozialen Beziehungen unser aller Leben, ob sozial oder individuell, bedingen, ja erst ermöglichen, und der nicht trivialen Folgerung, dass sich in ihnen mit Klugheit und Umsicht zu bewegen das *wichtigste* individuelle und kollektive Lebensziel sein sollte. Die allgemeine Bedeutung der sozialen Beziehungen zugestehen und in allen ethischen und politischen Fragen einen ‚normativen Individualismus' vertreten – das ist eine durchschnittlich verbreitete widersprüchliche Haltung gegenüber der normativen Relevanz der sozialen Beziehungen

Verständlich ist diese zwiespältige Haltung vor dem Hintergrund unserer kulturellen Kreativität, die uns nicht nur erlaubt, sondern zwingt, unsere Lebensbedingungen zu interpretieren, wenn nicht neu zu gestalten. Was uns gegeben ist, ist uns deshalb noch keine Norm. Tatsächlich schneidet ein methodisches Prinzip der ‚analytischen' Ethik, das der Trennung von ‚Sein' und ‚Sollen', den Zusammenhang zwischen Tatsachen und Normen sogar völlig auseinander. Statt unsere praktischen Orientierungen von den tatsächlichen sozialen Beziehungen völlig zu trennen, ist es aber doch viel naheliegender, sie innerhalb dieser Beziehungen zu situieren, das heißt zunächst, den nicht nur lebenserhaltenden, sondern lebensgestaltenden Wert sozialer Beziehungen anzuerkennen. Statt die Aufgabe der Ethik über Figuren individueller Selbstreflexion und Autonomie zu bestimmen, läge es dann doch näher, diese Figuren anhand der Tatsachen und Möglichkeiten der sozialen Beziehungen normativ zu konkretisieren. Möglich wird das, wenn man die These des Vorrangs der sozialen Beziehungen mit derjenigen der teleologischen Lebensordnung verbindet. Dass wir durch den Bezug auf unsere Handlungsprojekte in allem einen Sinn finden, heißt eben auch, dass wir diesen Sinn durch Bezug auf die soziale Form unserer Handlungsprojekte finden, oder letztlich durch die sozialen Beziehungen als *Ziel* aller Handlungsprojekte. Die Bedeutung der sozialen Beziehungen als Ziel aller Handlungsprojekte zeigt sich nämlich durch die weitere, auch reziproke Abhängigkeit.

Wenn wir noch einmal zu den Situationen der nötigen, aber nicht möglichen Entscheidungen zurückkehren, dann erweist sich die Abhängigkeit der beiden Thesen als *wechselseitig*. Dass die Unordnung dieser Situationen darin besteht, dass wir unsere Handlungsziele nicht fassen können, ist eine triviale Tatsache. Ihre Pointe gewinnt die These von der teleologischen Ordnung erst dann, wenn sie so verstanden wird, dass es das *allgemeine* Verständnis unserer Ziele ist, das unsere Entscheidung hemmt. Es gibt keine Ziele, die nur die ‚unseren' sind. Mit jedem konkreten Ziel sind wir in ein System von Handlungsprojekten einbezogen. Unsere Lähmung erklärt sich vor diesem Hintergrund dadurch, dass wir uns über die allgemeine Bedeutung dieser Ziele nicht im Klaren sind. Unsere zukünftigen Projekte bleiben uns verschlossen, weil wir sie nur aus der Perspektive unserer bisherigen individuellen Geschichte zu sehen vermögen. Die ‚allgemeine' Bedeutung der Ziele aller menschlichen Projekte ist aber keine andere als die intersubjektive und soziale, so dass sich die sozialen Beziehungen als einzige Möglichkeit erweisen, in unseren Zielen eine Art von Objektivität zu finden, was uns zugleich ermöglicht, jene Situationen der Entscheidungsunfähigkeit mit der Hilfe von anderen zu überwinden. Aus diesen Situationen führen deshalb nur die anderen heraus – selbst diejenigen anderen, die uns manchmal erst hineinstürzen –, und nicht einsame Willensakte. Die anderen entscheiden mit, was wir sinnvoll entscheiden können.

Damit ist auf zunächst abstrakte Weise ein Forschungsprojekt umrissen, das sich einerseits dem Verständnis verschiedener konkreter Arten von sozialen Beziehungen widmen, andererseits mögliche Formen des Selbstfindens innerhalb der teleologischen Ordnung genauer untersuchen will. Im Unterschied zu denjenigen Disziplinen, die sich mit den realen sozialen Beziehungen und den realen Schwierigkeiten des Selbstfindens beschäftigen – wie etwa der Soziologie, Sozialpsychologie und Biographieforschung – gibt es für die beiden genannten Fragen in der Philosophie kaum Vorarbeiten und Modelle, weder sehr konkrete noch theoretische. In der Philosophie ist angesichts dieser Interessen Aristoteles der unmittelbare Gesprächspartner, sowohl als der berühmteste Proponent einer teleologischen Ordnung wie des Vorrangs und der Bedeutung der *polis* als eines sozialen Gemeinwesens, in dem alle Einzelleben und Lebensordnungen zusammengefasst sind.

Allerdings lässt sich Aristoteles' Argumentation unter heutigen Bedingungen nicht einfach wiederholen, wie in der vehementen sozialphilosophischen Debatte insbesondere einige ‚Kommunitaristen', und darunter vor allem Alasdair MacIntyre, haben erfahren müssen. Aristoteles' Ethik muss in Auseinandersetzung mit dem verbreiteten normativen Individualismus neu entwickelt und verteidigt werden. Die sozialen Bindungen und Abhängigkeiten können heute nicht als Alltagsevidenzen angerufen, sondern müssen, wie eben angedeutet, aus den Lebensgrundlagen unseres Alltagshandelns erst mühsam herausgeholt werden. Dieses Unternehmen als eine *normative*, ethisch und politisch relevante Arbeit zu begreifen, erfordert eine umfassende methodische und metaethische Verteidigung gegen den *status quo* der Moraltheorien, deren zentralste Überzeugungen eben den Vorrang der individuellen Entscheidung und die methodische Differenz des Empirischen und Normativen betreffen. Einer an den sozialen Beziehungen orientierten Ethik steht vor allem die normative Eigenständigkeit der modernen Ethik im Weg, die nicht nur zur Selbstisolation der Moralphilosophie gegenüber anderen Disziplinen, sondern auch zum Verschwinden der Sozialphilosophie geführt hat.

Wie kein anderer verkörpert Kant die extremen, so suggestiven wie unerfüllbaren Anforderungen an die Ethik. Mindestens für Philosophen liegt es daher nahe, eine realistischere Ethik in Form einer Absatzbewegung von Kant zu entwickeln. Die hier zusammengestellten Artikel eint jedenfalls die Orientierungsabsicht, ‚postkantianisch' zu sein. Kant hat wie keiner vor ihm versucht, die moralischen Prinzipien aus einer der real erfahrenen Welt entgegengesetzten ‚Vernunft' heraus zu gewinnen, und das heißt auch unabhängig von realen sozialen Beziehungen. Er hat außerdem mit einer stärkst möglichen Begründungsmethode experimentiert, die im Erfolgsfall keine Begründungswünsche mehr offen ließe. In der Gegenwart ist sein Versuch vielfach wieder aufgenommen und mit Akribie und Einfallsreichtum wiederholt getestet worden. Zu lernen ist aus seinem Scheitern zweierlei.

Erstens *negativ*, dass sinnvolle Begründungen insofern ‚brauchbar' sein müssen, als sie in einen allgemein akzeptierten Verwendungsrahmen eingebettet sind und sich aus einer als solcher akzeptierten normativen Realität heraus begreifen lassen. Andernfalls droht der Rückfall in eine unergiebige Fiktion wie die der abstrakten Vernunft oder des moralischen Gesetzes. Zweitens *positiv*, dass Begründungen, um für uns heute ‚brauchbar' zu sein, auch ‚kohärenzstiftend' oder umfassend sein müssen. Analog zu Kants Systematisierung mithilfe eines Begriffs der Vernunft benötigen auch wir eine *alles* verbindende Gesamtstruktur, aus der heraus sich Erkennen und Handeln verständlich machen lassen.

Diese beiden postkantischen Lehren – die im ersten Punkt enthaltene Skepsis gegenüber der einen Vernunft und die im zweiten Punkt formulierte Forderung nach einem entsprechenden Surrogat – scheinen auf den ersten Blick kaum miteinander vereinbar. Doch warum sollten nicht die sozialen Beziehungen diejenige Dimension eröffnen, innerhalb derer sich jene immer vorläufigen und im praktischen Handeln zu ermittelnden Sicherheiten finden lassen, die als Urteile gleichzeitig organisationskräftig und kohärenzerzeugend sind? Dabei soll die traditionelle rationale ‚Ontologie' nicht durch eine soziale ersetzt werden. Als eine offenkundig sehr allgemeine Tatsache des menschlichen Lebens sollen die sozialen Beziehungen vielmehr in konstruktiver Weise dazu dienen, möglichst alle unsere – theoretischen wie praktischen – Aktivitäten in einem orientierenden Bezugsrahmen zu vereinen.

Die hier gesammelten Artikel dienen weitgehend dazu, das soweit skizzierte Programm teils methodisch vorzubereiten, teils an einzelnen Problemen und Themen der aktuellen Ethik zu erproben. Der einleitende Artikel zu Kant ist anlässlich des 200sten Todestags Kants im Jahr 2004 entstanden und kann als ein weiterer, absichtserklärender Einstieg in die Reihe der darauf folgenden, meist unveröffentlichten Artikel gelesen werden. Die Anordnung der Artikel folgt nicht dem Plan einer Monographie mit einer systematischen Gesamtordnung. Sie ist aber mit der Hoffnung verbunden, dass sich die verschiedenen, unterschiedlich ansetzenden Versuche zu einer Ethik der Beziehungen gegenseitig ergänzen.

Kap. 2, Kap. 6 und Kap. 7 hatten ihren Ursprung als Vorträge, die auf den Tagungen „Moralische Motivation. Kants Ethik in der Diskussion" in Marburg im März 2004, „Anerkennung. Vom Leben eines hegelschen Begriffs" im September 2004 in Basel, sowie „Normativität" in Bielefeld im Juli 2005 gehalten wurden. Den Teilnehmern dieser Tagungen danke ich für hilfreiche Kritik und Anregungen. Daneben schulde ich Dank für Kommentare und Hinweise zu einzelnen der hier gesammelten Texte an die folgenden Kollegen: Holger Baumann, Rüdiger Bittner, Christoph Fehige, Axel Honneth, Marco Iorio, Carsten Köllmann, Wolfgang Lenzen, Richard Rorty, Dieter Schönecker, Thomas Schramme, Peter Siller, Peter Stemmer, Fritz Zimbrich, und ganz besonders Susanne Boshammer. Wenn das Buch in Teilen gut lesbar sein sollte, verdankt sich das hauptsächlich ihren hartnäckigen Verbesserungsvorschlägen. Gewidmet ist das Buch meiner Schwester Dorle.

I. Abkehr von Kant

Kants Ethik, verwerfen oder retten?

Unsere Schwierigkeit

Wir können Kant nicht aufgeben, weil er wie kein anderer unsere heutige Menschenrechtskultur artikuliert. Wir müssen Kant aufgeben, weil wir seinem Rationalismus nicht folgen und seine Moral nicht teilen können. Wir können Kant nicht aufgeben, weil er wie kaum ein anderer die Gefahren der modernen Kultur gesehen und im Begriff der Vernunft ein unerlässliches Heilmittel offeriert hat. Wir müssen Kant aufgeben, weil wir seinen Transzendentalismus, die Idee der Begründung der Vernunft aus sich selbst heraus, nicht akzeptieren können und an seine Lösung nur zu glauben unmöglich geworden ist – nicht zuletzt seiner eigenen Forderungen wegen. Das klingt nach einer schwierigen Situation, in die uns Kant gebracht hat. Versuchen wir zunächst zu verstehen, wie das geschehen ist.

Skepsis zwischen Metaphysik und Natur

Kant wurde nicht als Autor der *Kritik der reinen Vernunft* von 1781 geboren. Sein Weg hin zu diesem epochalen Werk ist lang und windungsvoll. Wie jedes Buch ist auch dieses eine Antwort auf davor liegende Fragen – Fragen, die erst formuliert werden mussten, ohne dass das Buch bereits zur Verfügung gestanden hätte. Welche Bedeutung können die Erkenntnisziele der traditionellen Metaphysik angesichts der modernen Wissenschaft, insbesondere der Physik Newtons, noch besitzen? In welchem Ausmaß können Philosophen, die Alternativen für metaphysische Grundlagen suchen, sich auf die menschliche Natur berufen? Wenn die Metaphysik nicht mehr trägt, wie vertrauenswürdig ist die menschliche Natur? Mit diesen Fragen sehen wir Kant 1765 in einer rundum skeptischen Haltung – gegenüber der in Deutschland dominanten Metaphysik, die in den Gestalten von Leibniz, Wolff und Baumgarten den Anspruch vertritt, Einsichten in die rationale Ordnung der Welt gewinnen zu können, und ebenso gegenüber den schottischen Wissenschaftlern der Menschennatur, Hutcheson, Hume und Smith, die alle metaphysischen Absichten aufgegeben haben und dennoch für Mensch und Gesellschaft vorteilhafte psychologische Kräfte freilegen zu können glauben. Kant ist beiden Schulen gegenüber kritisch und das Ausmaß seiner Kritik bestimmt das Niveau und die Dramatik seines eigenen Entwurfs.

Diese kritische Haltung gegenüber der Metaphysik erschließt sich bereits einem oberflächlichen Verständnis von Kants berühmtem Buch anhand dessen Absicht, die ‚dialektischen', sprich selbstwidersprüchlichen Verwirrungen zu klären, in die sich die Vernunft anhand der ‚absoluten Ideen' von Gott, Freiheit und Unsterblichkeit verwickelt. Kants konstruktive Analyse des menschlichen Erkennens führt zu dem Fazit, dass die Gegenstände solcher Ideen nicht erkannt werden können, weil jede Erkenntnis auch den Sinnen entspringen muss. Es bei diesem negativen Ergebnis zu belassen, bedeutete allerdings nicht nur eine Kritik, sondern eine Selbstaufgabe der Vernunft. Wenn wir unser sinnvolles Fragen auf die engeren Themen der Wissenschaft beschränken müssten, würden wir jede umfassendere Lebensorientierung verlieren und gerieten gar in Gefahr, zum Opfer eines seinerseits undurchschauten Wissensprozesses zu werden. In einem Programm der Vernunft, das diesen Namen verdient, müssen die metaphysischen Ideen deshalb auch *nach* der Metaphysik einen positiven Sinn gewinnen und können nicht einfach gestrichen werden.

Rousseaus Kulturkritik

Warum kann nicht dennoch die menschliche Natur eine Handhabe bieten, wie die optimistischen Schotten dachten? Mit „menschlicher Natur" ist bei ihnen das menschliche Begehren und Fühlen gemeint, auf das sie sich mit Begriffen wie „moralischer Sinn", „Sympathie" oder „Selbstinteresse" beziehen. Hume und Smith entwerfen auf diesen Grundlagen ein hoffnungsvoll ausbalanciertes Reich der ökonomisch prosperierenden Gesellschaft. Ihre Hoffnungen sind freilich einseitig. Rousseau setzt diesen Selbstverständigungsschriften des Frühkapitalismus in seinen zwei *Preisschriften* und im *Emile* die sozialkonstruktive Einsicht entgegen, dass alle menschlichen Wünsche und Gefühle sozial formbar und Ausdruck der jeweiligen Gesellschaft sind. Hobbes' berühmter ‚Naturzustand' ist ihm zufolge gerade kein Naturzustand, sondern die Eigennutzplattform der ökonomisch dominierten Gesellschaft. Einzig die Vernunft, allerdings verwickelt in die Leidenschaften, kann für eine – notgedrungen immer begrenzte – Distanz zu den Formierungskräften der Gesellschaft sorgen. Rousseaus Kulturkritik hat auf Kant eine tiefere Wirkung als der häufig genannte Skeptizismus Humes. Die zunächst mit Hutcheson geteilte Gefühlsethik wird aufgegeben, die Formbarkeit der menschlichen Natur als Herausforderung an die gesamte Vernunft begriffen, als deren wichtigste Aufgabe die Orientierungshilfe für die Gesellschaft und ihre Institutionen, Moral, Recht, Politik, gesehen. Der Geschichte trotz allem eine rationale Botschaft zu entlocken wird als Möglichkeit nicht verworfen.

Solche weit reichenden Pläne werden durch Rousseaus Hinweise auf die Selbstzerstörungskraft der instrumentellen Vernunft, die künstliche Expansion der unersättlichen Begierden und die Manipulierbarkeit der Wünsche allererst angestachelt. Kant übernimmt Rousseaus sozialen Konstruktivismus, die These der Selbsterzeugung der Kultur, und insbesondere Rousseaus Focus auf die Triebkräfte ‚Vernunft' und ‚Freiheit' in diesem kulturellen Prozess. Mit der für Kants gesamtes Spätwerk zentralen Verbindung von Vernunft und Freiheit koppelt sich die moderne Philosophie dezidiert ab von der Antike, die Kant phasenweise intensiv studiert hat, insbesondere die ihm nahe stehende

Stoa, die er aber letztlich als ungenügend empfindet. Die moderne Gefahr der instrumentellen Selbstversklavung ist zu drastisch geworden, die stoische Besänftigung der Natur unglaubhaft und impraktikabel. In Kants Kritik der spätantiken Schulen als ‚unpraktisch' kündigt sich ein eigener, radikalisierter Lösungsversuch an, der sich bewusst und entschieden dem Maßstab unterstellt, *praktisch* zu sein.

Kants halbe praktische Wende

Kant hält an Rousseaus Kulturkritik zeitlebens fest, sucht aber gleichwohl eine Möglichkeit, ihr Vernunft und Freiheit zu entziehen. Sein Lösungsversuch stützt sich auf den Gegensatz von Passivität und Aktivität, Rezeption und Konstitution. Die Menschen sind zwar teilweise sich selbst gegeben, sie müssen sich aber auch erst zu Menschen bilden. Gegeben sind sie sich in ihren Sinnen, einschließlich ihrer begehrenden sinnlichen Natur, bilden können sie sich mithilfe ihrer Vernunft. Eine Einheit der beiden Teile ergibt sich nur anhand der Vernunft. Die wichtigsten Elemente von Kants kritischer Philosophie erschließen sich aus diesen Thesen. Die Vernunft ist selbständig und nicht auf die Sinne rückführbar. Die Vernunft ist aktiv und praktisch, und letztlich gibt es nur eine Vernunft, eben die praktische. Das Ziel des Erkennens, des Lebens, der Kultur, der Gesellschaft, der Geschichte, ist eine anzustrebende Einheit von Sinnlichem und Vernünftigem unter Leitung des letzteren. Kants Antwort lautet, dass Erkenntnis, Moral, Recht, Religion als menschliche, genauer vernünftige ‚Erzeugnisse' aufgefasst werden müssen, und nicht als Gegebenheiten. Diese ‚kopernikanische Wende' ist jedoch doppeldeutig, Kant hat sie sowohl theoretisch wie praktisch verstanden, während es doch einzig die praktische Wende sein kann, die aus der erkannten Problematik herausführt.

In der *Kritik der reinen Vernunft* ist es die Unterscheidung zwischen den ‚Kategorien' und den ‚Ideen', in der sich diese Ambivalenz lokalisieren lässt. Die Ideen, wie die von Gott, Freiheit und Unsterblichkeit, gelten als nicht erkennbar, aber dennoch nicht als sinnlos, vielmehr als Aufgaben. Die mit ihnen verbundene Absolutheit wird unter dem Stichwort der ‚regulativen Ideen' praktisch uminterpretiert: sie sind nicht etwas, das erkennbar, sondern etwas, das herstellbar ist. Herstellbar freilich auch nur annäherungsweise: sie sind Handlungsziele, die nicht real erreicht werden können, die aber für die Möglichkeit des Handelns notwendig sind. *Freiheit* ist für Kant die darunter wichtigste Idee, weil er sie auch in ihrer alltäglichen Manifestation für ‚a priori' gegeben hält und deshalb glaubt, sie mit seinem apriorisch-theoretischen Begriff verbinden zu können. Was mit ‚praktischer Interpretation' von Ideen gemeint sein kann, lässt sich deshalb anhand von Freiheit als der vorrangigen Idee am besten erklären.

Freiheit ist einerseits theoretische Freiheit und damit etwas, das nur gedacht werden kann. Wie bei den anderen Ideen fehlt die Verankerung in den Sinnen, die für Erkenntnis nötig ist. Obwohl nicht erkennbar, ist Kant dennoch der Meinung, dass Freiheit für Naturwesen wie uns nicht unmöglich ist. Diese nicht unmögliche Freiheit ist die praktische Freiheit des Handelns. Kants Grundidee einer Versöhnung zweier Anforderungen ist die: wir Menschen gehören zwar der Natur an und sind insofern kausal bestimmt und nicht frei; weil wir aber auch denken können, haben wir teil an einer Sphäre, die der Kausalität entzogen ist. Inwieweit wir durch Einbezug in diese Sphäre frei sind, können wir nicht wissen, aber da wir es denken können, ist es nicht unmöglich, dass wir frei sind. Und sogar noch stärker: es kann nie bewiesen werden, dass wir nicht frei sind. So weit, so gut. Selbst wenn es so ist: inwiefern ist die Idee der Freiheit nicht nur eine, deren Möglichkeit nicht widerlegt werden, sondern die konkrete Gestalt annehmen kann – so konkret, dass sie Aufschlüsse über Moral, Gott und Unsterblichkeit erlaubt?

Kants Lösungsversuch

Kant findet sie in drei Schritten. *Erstens* erweitert er den Begriff Freiheit so, dass er ‚praktische Vernunft' und diese wiederum so, dass sie ‚Moral' einbezieht. „Freiheit", „praktische Vernunft" und „Moral" sind damit als extensional gleichbedeutend zu verstehen. *Zweitens* entdeckt er an der Alltagsmoral Züge, die berechtigen, ihr tatsächlich einen Freiheitscharakter zuzusprechen. Gemeint ist insbesondere die voraussetzungslos geltende moralische Pflicht als Kern der Moral, die (im Geist Rousseaus) verhindern soll, dass Menschen ihren Gefühlen ausgeliefert sind. *Drittens* beantwortet er die anhaltende Skepsis gegenüber der in seiner Antinomiendiskussion eindringlich demonstrierten Unzugänglichkeit der Freiheit mit praktisch nivellierten Wissensansprüchen. Ob wir vielleicht letztlich doch unfrei sind, „das geht uns im Praktischen … nichts an, sondern ist eine bloss spekulative Frage, die wir, so lange als unsere Absicht aufs Tun oder Lassen gerichtet ist, bei Seite setzen können". (KrV A803) Freiheit und Moral als alltägliche Phänomene so wieder eingesetzt, stützt er auch noch die Ideen von Gott und Unsterblichkeit durch den Nachweisversuch, die Forderungen der Moral müssten eine berechtigte Hoffnung auf ein Gelingen unterstellen, das seinerseits nur durch eine „höchste Vernunft" garantiert werden kann. Aus der alltäglichen Moral ergibt sich ein Glaube an Gott.

Kant scheint damit das Unmögliche ermöglicht zu haben: einerseits die Metaphysik ähnlich wie Hume zu kritisieren, andererseits nicht in einen bodenlosen Skeptizismus zu verfallen, sondern ihre Inhalte praktisch zu rehabilitieren. Die *Moral* als Zentrum dieser Wendung beruft sich nicht auf einen transzendenten Gott, nicht auf ein theoretisch einsehbares Gut, aber auch nicht auf die wankelmütigen menschlichen Begierden. Die Ethik beruft sich einzig auf die in der Alltagsmoral in Erscheinung tretende Fähigkeit der „Selbstgesetzgebung", auf die praktische menschliche Fähigkeit, das eigene Handeln nach einem selbst auferlegten Gesetz zu leiten und zu entwerfen. Die so verstandene Moral erweist sich damit sogar als der einzige „objektiv reale" Stützpunkt der „Möglichkeit der Erfahrung" (KrV A808), insofern als die Einheit der Erfahrung einzig durch freiheitliches Handeln hergestellt werden kann.

Was man Kants ‚halben Pragmatismus' nennen könnte, hat Folgen für alle Aussagen seines Systems. Ein halber ist sein Pragmatismus deshalb, weil er erst an der Grenze des Erkennbaren einsetzt und auch gegenüber der Moral den Absolutheitsanspruch nicht völlig aufgibt. Beim Erkennen: warum nur die Ideen und nicht auch die Verstandeskategorien unter ihrem „nützlichen Gebrauch" (KrV A799) betrachten? Warum nicht auch die Religion direkt befragen, wieweit sie nützlich sein kann? Und warum nicht die Moral, wieweit sie im Rahmen unserer heutigen Ansichten nützlich sein kann, eingedenk Rousseaus Misstrauens? So weit will Kant nicht gehen. Er versucht die Motive der Metaphysik zwar praktisch zu retten, stützt sich dabei aber selbst auf eine metaphysische Konzeption der Moral. Sehen wir genauer zu, wie das geschieht.

Das Wunder der Selbstgesetzgebung

Kant entdeckt die praktische Vernunft in unserer Alltagsmoral. Eine solche Entdeckung wäre nicht ernst zu nehmen, wenn damit nur das kategorische Gebieten der durchschnittlichen moralischen Normen gemeint wäre. Dass diese Normen scheinbar voraussetzungslos gebieten, belegt noch nicht einmal irgendeine Vernünftigkeit, geschweige denn die von Kant gesuchte, jeder flüchtigen Natur gegenüber unabhängige und selbst voraussetzungslose Art ‚der' Vernunft. Der zweite Schritt, Vernunft, Freiheit und Moral gleichzusetzen, bedarf also einer theoretischen Rekonstruktion aller beteiligten Phänomene. Kants Schlüssel dafür liegt in einer neuen Fassung des Begriffs „Wille". Die übliche Auffassung von einem vernünftigen Wollen liegt darin, dass zwischen Ziel und Mittel, Wünschen und Handlung, ein angemessenes Verhältnis bestehen muss. Zu unterstellen ist dabei, dass mindestens die Ziele, Wünsche und Interessen, nicht unvernünftig sind und dass man zwischen guten und schlechten unterscheiden kann. Für Kants radikalisierte Skepsis ist das immer noch instrumentelle Vernunft. Eine intrinsische, sich selbst erzeugende und darin völlig makellose Vernunft ergibt sich nur dann, wenn das Wollen sich gleichsam an sich selbst läutert. In diesem Fall gebietet es sich selbst, oder – den berühmtesten Gedanken von Kants Ethik vorwegnehmend – gebietet sich „kategorisch" und nicht nur „hypothetisch" (oder voraussetzungsvoll). Doch wie soll dieser Münchhausenaufstieg aus der befleckten Natur möglich sein?

Kants Texte, vorrangig die *Grundlegung zur Metaphysik der Sitten (GMS)* von 1785, legen vor allem zwei Argumentationen nahe. Einmal das Argument, dass jedes Wollen auf ein Ideal in Gestalt eines Vernunftgesetzes rückbezogen sein muss, um ein sinnvolles Wollen sein zu können. Wie in der Erkenntnis die „Kategorien" vorausgesetzt sind, so im Handeln das „Gesetz". Und weil das Gesetz ein praktisches Gesetz ist, gebietet es und gebietet als Gesetz universal. Dass es universal gebietet, heißt, dass sich das ihm sich unterstellende Wollen immer darauf hin kontrollieren und korrigieren muss, dass es mit dem gleichen Wollen aller anderen Wollenden verträglich ist. Das eben ist die Forderung des „Kategorischen Imperativs" in seiner ersten und wichtigsten Formulierung (GMS 421), wonach die eigene Maxime zum „allgemeinen Gesetz" werden können muss. In diesem Gedanken sind eine Reihe schwindelerregender Übergänge enthalten und er lebt von der rationalistischen Suggestion, so etwas wie ein praktisches Gesetz müsse es außerhalb der Handelnden bereits in der Welt irgendwo geben. Wünschenswert wäre deshalb eine Lektüre von Kants Argument, die von solchen Annahmen frei ist und alle Voraussetzungen allein aus einer nicht-metaphysischen Beschreibung des Handelns gewänne.

Angestoßen vor allem durch Arbeiten der amerikanischen Rawls-Schülerin Christine Korsgaard haben in den letzten Jahren einige Autoren versucht, einen solchen Nachweis allein unter Rücksicht auf die Mikrostruktur des Handelns zu erbringen (so auch der Schreibende: s. Leist 2000, Teil IV). Diese Lektüre umgeht die Rede vom „Gesetz" und versucht statt dessen zu zeigen, dass das überlegende Wollen zur Stabilisierung seines

Wollens die Unterstellung eines Werts des Überlegens benötigt, sowie indirekt die Unterstellung der Werthaftigkeit der überlegenden Person und gleichfalls aller anderen, die zum Überlegen fähig sind. Dieser Vernunftwert, den Kant ebenfalls anzusprechen scheint in seiner Forderung, dass „vernünftige Wesen“ als „Zweck an sich selbst, nicht bloss als Mittel“ betrachtet werden sollen (GMS 429), könnte dann die Grundlage für die moralischen Pflichten im einzelnen sein, sowie insgesamt für eine kantianische Moral, deren Merkmal ja auch ist, dass Menschen einen „innern Wert“ oder „Würde“ besitzen, und nicht bloß einen „Preis“ oder instrumentellen Wert (GMS 434). Die neueren Debatten über Embryonenforschung scheinen solcher Versicherungen dringend zu benötigen (s. Geyer (Hg.) 2001; Kettner (Hg.) 2004).

Obwohl auf den ersten Blick erfreulich schlicht, verwickelt sich auch diese Lektüre von Kants zentralem Begründungsversuch in eine Reihe von Schwierigkeiten, an denen sie letztlich scheitert. So verstärkt diese Lesart sogar noch die bereits bei Kant zu findende Tendenz, die Funktion der Moral darin zu sehen, weniger die konkreten Menschen als vielmehr ihre Vernunftfähigkeit zu schützen; so bei einem Selbstmordversuch die möglichen Selbstmörder vor sich im Namen der „Menschheit“. Anstatt vor Instrumentalisierung bewahrt zu werden, werden die konkreten Menschen zugunsten der in ihnen kostbar aufgehobenen Vernunft instrumentalisiert. Außerdem folgt die noch eigenartigere Konsequenz, dass die Moral und nur die Moral zum Handlungs- und Lebensinhalt wird, während Kant eigentlich im „höchsten Gut“ Moral und Glückseligkeit zu versöhnen hoffte. Wenn nämlich das Handeln sich nur anhand der vernünftigen Werthaftigkeit stabilisieren kann und das Ideal in dieser Vernünftigkeit liegt, dann sind die durchgängig vernunftlosen Wünsche nur noch störend, und sie im Namen des Glücks zu erfüllen kann, ja muss am Ende ausgeklammert bleiben. Alle moralischen Pflichten sollten in diese eine Zielsetzung hineingesogen werden: die eigene Vernünftigkeit um ihrer selbst willen zu verfolgen, das ganze Leben der Vernunft widmen.

Inwiefern, so könnte man einwenden, sind diese Kant noch einmal überzeichnenden Folgen unausweichlich? Notgedrungen dann, wenn nicht eine Mischung von Vernunft und Wünschen, oder Wünsche einer bestimmten Art, sondern nur die Überlegenskraft in ihrer Abstraktheit wertspendend und damit zielführend sein soll. Schwächt man die von Kant so energisch betonten Gegensätze zwischen Vernunft und Neigung, Pflicht und Neigung, Moral und Glückseligkeit nur ein wenig ab, so bricht der ganze ‚transzendentale‘ Begründungsversuch zusammen und Kant müsste sich mit den bei Rousseau bereits gesehenen ‚unreinen‘ Verbindungen von Gefühlen und Selbstkontrolle zufrieden geben. Die Heroik des Kantischen Entwurfs wäre dahin.

Ist Kants Moral stückweise zu haben?

Da die wenigsten der heutigen Leser Kants an einem minutiösen Grundlagenargument im Kantischen Stil interessiert sind, sondern vielmehr an bestimmten Kernaussagen der Kantischen Ethik, ist die zweitwichtigste Frage, wie viele dieser Bruchstücke gesondert bezogen werden können. So unterstützt Kant vor allem drei Überzeugungen, die wir heute in westlichen Gesellschaften öffentlich nicht in Frage stellen wollen und können: dass mindestens erwachsene Menschen eine eigene Würde besitzen, dass hinsichtlich dieser Würde alle Menschen gleich sind, und dass Moral eigenständig ist, ein Tun des Richtigen um des Richtigen willen. Daneben haben wir Schwierigkeit, die Pflicht nur um der Pflicht willen zu befolgen, nicht etwa aus Mitgefühl. Wir sind nicht bereit, mit Kant Verbote des Lügens oder Stehlens ausnahmslos einzuhalten, also auch dann, wenn durch Nichtbefolgen großes Unheil zu verhindern wäre. So etwas wie Kants selbstbezogene Pflichten, beispielsweise die eigenen Talente zu fördern, sind nichts, was uns im durchschnittlichen Alltag Kopfzerbrechen machen kann. Wir haben zu uns kein moralisches, sondern nur ein Klugheitsverhältnis.

Diese abzulehnenden Züge der Kantischen Moral sind nicht Altersverirrungen Kants, sondern gültiger Ausdruck des transzendentalen Vernunftbegriffs. In der Pflicht handeln eigentlich wir, die wir Vernunftwesen sind, und demgegenüber sind die Unterschiede in den Gefühlen, ob angenehmen oder unangenehmen, belanglos. In der Vernunft verankert ist jeder Pflichtverstoß gleichsam eine Art Selbstwiderspruch und damit der ‚größte anzunehmende Unfall'. Unser Selbstverhältnis ist im optimalen Fall ein moralisches, denn im Selbstinteresse sind wir willkürliche Existenzen, uns selbst ein Zufall und eigentlich sinnlos. Aufgrund der sich so erweisenden hohen Kohärenz von Kantischer Moral und Theorie, können wir nicht umhin, auch die in der Theorie zweigeteilte Person abzulehnen. Alle meist mit ‚Kants Rigorismus' assoziierten Züge seiner Moral entspringen konsequent der banalisierten menschlichen Natur, der nur noch zu kontrollierenden ‚Sinnlichkeit'. Wenn wir aber diese Seiten von Kants Moral nicht teilen können und überdies, soweit wir fundamentalistische Philosophen sind, seine Begründungsidee für widersprüchlich halten, müssen wir wohl auch die Theorie verwerfen.

Dass wir uns sicher genug sind, bestimmte Pflichten *nicht* ausnahmslos einhalten zu sollen, obwohl sie aus Kants Theorie folgen, mag auf den ersten Blick irritierend erscheinen. Welchen Anspruch trägt eine solche Ethik noch, wenn man sie durch Intuitionen einfach entkräften kann? Hat man jedoch die erste Verblüffung überwunden, sollte man akzeptieren, dass philosophische Theorien Kürzel von Ansichten sind, die auch ohne sie gelten und die, hinreichend geklärt, einer Stütze gar nicht bedürfen. Theorien helfen bestenfalls, die Ansichten zu klären, manchmal erreichen sie aber auch das Gegenteil. Mit dieser gemäßigten Erwartung gegenüber einer philosophischen Theorie kann man nun auch gelassener dem Problem entgegentreten, das dadurch zu entstehen scheint, dass Würde, Gleichheit und intrinsisch Gutes, drei kaum entbehrliche Elemente der westlichen Moral, mit Kants Theorie ebenfalls dahin zu schwinden drohen. Wiederum ist der Zusammenhang stimmig. Die Würde käme, wenn moralischer Wert aus dem Wert der Vernunft entspränge, allen vernunftfähigen Menschen ungeachtet ihrer übrigen psychischen und physischen Erscheinungsweisen zu – eine säkulare Annäherung an die christliche Seele, wie sie optimaler wohl nicht konstruierbar ist. Entsprechend gibt es Skeptiker, die Würde für ein christliches Ideologem halten. Nicht selten sind sie auch politische Liberale, die in Würdeappellen nur Unterdrückungsmethoden sehen, sich selbst aber mit der Illusion behelfen, mit Interessen und instrumenteller Vernunft allein wäre eine lebenswerte Gesellschaft schon hinzukriegen (s. Hoerster 2002; 2003). Was lässt sich diesen leider allzu realen Skeptikern noch entgegenhalten, wenn die Berufung auf Kant nicht mehr zieht?

Ein völlig praktischer Kant

Am besten die Berufung auf einen Kant, der sich nicht durch einen unpraktikablen Skeptizismus dazu verführen hat lassen, eine logische Theorie der Moral entwickeln zu wollen. Auf einen Kant, der eine völlig praktische Wende vollzogen hat und sich nicht genötigt sieht, eine transzendentale Voraussetzung allen Handelns zu finden. Der unsere Würde hinreichend darin belegt sieht, dass wir einander und uns selbst in unseren Lebensversuchen beachten; der unsere darin manifestierten menschlichen Eigenschaften als ausreichend ansieht, um sie moralisch zu schützen und der eine Gesellschaft für ärmer hält, in der die Menschen einander nicht achten, in der ihnen ein Sinn für Würde fehlt. Dieser pragmatistische Kant hätte dem realen Würdeskeptiker die Augen für den Wert seines Tuns zu öffnen versucht, mit Vergleichen wie dem Farbsehen und dem Schwarzweiss-Sehen. Er hätte ihm vorgeschlagen, Würde letztlich als Konvention zu betrachten, die man nicht beweisen kann, aber die zu haben das Leben erträglicher macht. Vielleicht hätte er den Skeptiker damit überzeugt, vielleicht auch nicht.

Kants Position ist heute nicht mehr zu ändern. Wir können sie allerdings ehren, indem wir sie zum Anlass nehmen, seine halbe praktische Wendung ganz zu vollziehen.

Kantische und Post-Kantische Moral

1. Kants Ethik im Überblick

Kants Ethik ist selbst für diejenigen, die mit ihr nicht sonderlich vertraut sind, mit Universalität verbunden. Dabei ist der Begriff nicht nur geographisch etwa im Sinn der weltweit Geltung beanspruchenden universellen Menschenrechte gemeint; er kennt auch eine biologische Lesart, wie der beliebte Rückgriff auf ‚menschliche Würde' oder den Schutz der ‚Humanität im Menschen' im Kontext bioethischer Debatten veranschaulicht. Kants Ethik soll Menschen in allen Erscheinungs- und Entwicklungsformen vor anderen Menschen schützen, in den bioethischen Debatten nicht zuletzt auch vor sich selbst. Insbesondere diese bioethischen Anlässe für Appelle an Kants Ethik verdeutlichen allerdings auch, wie hochselektiv die Inanspruchnahme Kants in öffentlichen Moraldebatten ist. Wer sich auf Kant beruft, ist kaum der Meinung, dass sich die von ihm in Anspruch genommenen Teile von Kants Moral *nur in Verbindung* mit anderen Teilen übernehmen lassen. Die Berufung auf Kant geht selten mit der Bereitschaft einher, seine philosophische Theorie zu unterschreiben. Mit Kants Ethik wird vielmehr auf eine Weise verfahren, die implizit die Frage aufwirft, was von ihr wir akzeptieren können. Oder genauer: Worauf legen wir uns moraltheoretisch fest, mit der Inanspruchnahme der Moral dieser Ethik? Welche unserer moralischen Überzeugungen sind am stärksten mit denjenigen von Kant in Übereinstimmung, und inwieweit sind sie gebunden an seine philosophische Theorie?

Um diesen Fragen näher zu kommen, will ich zunächst einen Überblick über die verschiedenen Merkmale der Kantischen Ethik gewinnen, wobei ich den Zusammenhang zwischen einzelnen Teilen nur skizzieren kann. Im Licht dieses Überblicks lässt sich dann darüber nachdenken, wo das eigentliche Zentrum von Kants Moral und Ethik liegt, so dass wir schließlich daran gehen können, die Plausibilität dieses Kantischen ‚Kerns' einer Moral unter veränderten Prämissen zu testen. Mit einiger Vereinfachung lässt sich Kants Ethik anhand einer *begründungstheoretischen*, fünf *normativ-ethischer* und dreier *meta-ethischer* Thesen umreißen. Da es mir hauptsächlich darum geht, das inhaltliche Profil von Kants Moralverständnis zu kennzeichnen, wird die nachfolgende Darstellung weder den Reichtum der Kantischen Texte, noch ihre historische Entwicklung, noch die Vielfalt der aktuellen philosophischen Diskussion einfangen können.[1] Auf Belege der

[1] Für einen erhellenden Überblick zu den verschiedenen Teilen von Kants Ethik unter dem Aspekt ihrer werksgeschichtlichen Entwicklung siehe Schneewind 1992.

Thesen an Kants Texten werde ich weitgehend verzichten. Zudem werde ich mich nicht auf das terminologische Selbstverständnis Kants bzw. auf typische Kantische Begriffe und Ausdrücke (z.B. „Moralität") beschränken, sondern die Begriffe der aktuellen Moralphilosophie verwenden.

Kants Begründungstheorie: Begründungsfundamentalismus

Kants Begründungsfundamentalismus gegenüber der Moral folgt aus dem Begründungsfundamentalismus seiner kritischen Philosophie und drückt sich in der Überzeugung aus, dass nur in vernünftiger Hinsicht *notwendige* Voraussetzungen die Objektivität und Richtigkeit von Erkennen und Handeln garantieren können. Diese rationale Begründungsabsicht wird in ‚praktischer Hinsicht' nicht aufgegeben, auch wenn sie sich in ‚theoretischer Hinsicht' als für das Handeln unmöglich erweist. Für notwendige Gründe des Handelns gilt dabei, dass sie nicht aus empirischen Gegebenheiten hervorgehen können, sondern die Grundlage einer nicht-empirisch verstandenen praktischen Vernunft benötigen. Es ist, in Kantischer Sprache, ein „synthetischer Satz *a priori*" gesucht, mit dem die moralischen Inhalte ebenso bestimmt wie begründet werden sollen. Kant nennt diesen Satz das „praktische" oder „moralische Gesetz". Es soll auf „reiner" oder apriorischer praktischer Vernunft basieren, seine Geltungsart ist die der „absoluten Notwendigkeit".[2]

Kants normative Ethik:

1. Pflichten (Deontologie)

Der notwendige Begründungsanspruch übersetzt sich in das notwendige Gelten der Moral, und dabei in einen moralinhärenten Zwang, der sich als Pflicht ausdrückt.[3] Die Pflichten stehen im Gegensatz zu unserer sinnlichen Natur, aufgrund derer allein wir das Richtige nicht tun können. Als der sinnlichen Natur gegenüber externe, der Vernunft entspringende Kräfte müssen uns vielmehr die Pflichten zum Richtigen zwingen. Die Pflichten gebieten dabei kategorisch, also unabhängig von unseren Wünschen und

---

2 GMS 389. Kant unterscheidet in der GMS zwei Arten von Begründen, das „Aufsuchen" und das „Festsetzen" (392) des Kategorischen Imperativs, die den unterschiedlichen Argumentationen in den Abschnitten I/II und III entsprechen. Manche Autoren unterscheiden entsprechend zwischen ‚Herleiten' und ‚Deduzieren' (siehe Kerstein 2002, 4–7). Korrespondierend könnte man auch von zwei Arten eines Kantischen Fundamentalismus sprechen, dem *analytisch-begrifflichen* der ersten beiden Abschnitte und dem *a priori-synthetischen* der Freiheitstheorie. Kant war der Meinung, dass die Begriffsanalyse allein die „objektive Realität" der Begriffe, das ihnen objektiv Entsprechende, nicht beweisen könne, weshalb ohne eine Deduktion die Moral ein „Hirngespinst" (445) bleiben müsse. Angesichts der Abhängigkeit dieser Deduktion von Kants problematischer Freiheitstheorie ist die neuere Diskussion mehr oder weniger auf die Begriffsanalyse und damit das ‚Herleiten' zurückgefallen.

3 Man kann die normativ-ethischen Merkmale der Reihe nach als Folgerungen zunächst aus der Begründungsposition, dann auch auseinander, auffassen, wenn man „folgern" versteht als „führt zu", „legt nahe" oder ähnlich. Wie zwingend das eine Merkmal die anderen zur Folge hat und wie eng sie miteinander argumentativ kohärieren, muss hier im Detail offen bleiben.

uneingeschränkt bzw. bedingungslos. Sie lassen keinerlei Abwägungen oder Kompromissbildung zu.[4]

2. Universalität (Universalismus)

Die Universalität der Kantischen Moral fordert moralische Gleichrangigkeit der Vernunftwesen. Als Wesen, die nicht über Vernunft verfügen, sind Tiere aus der Moral ausgegrenzt. Moralisch beurteilt werden können nur diejenigen Wesen, die ihrerseits zur Moral fähig, also Vernunftwesen sind. Unter ihnen herrscht deshalb moralische Gleichrangigkeit, weil die Moral *einzig* auf die Vernunfteigenschaften zurückgeht, über die Vernunftwesen *per definitionem* verfügen. Im Kern sind diese Eigenschaften im „moralischen Gesetz" enthalten, das Kant überindividuell und in analytischer Form einführt (GMS II).

3. Wille (Voluntarismus)

„Wille" ist Kants handlungstheoretischer Begriff für praktische Vernunft. Im Willen, oder noch konkreter in den Absichten, manifestiert sich die praktische Vernunft, wiederum in Abgrenzung zu den Wünschen und Gefühlen. Weil die praktische Vernunft zugleich der Ursprung der Moral sein soll, ist der Wille keine wertneutrale psychologische und handlungsinhärente Fähigkeit, sondern eine normativ gehaltvolle, anhand derer sich das moralische Urteilen und Handeln entwickeln soll. Moralisch zu handeln bedeutet, aus dem Willen heraus zu handeln; und moralisch zu urteilen erfordert ein Beurteilen des Willens oder der Handlungsabsichten.

4. Autonomie

Begründungsfundamentalismus, Notwendigkeitsanspruch und Voluntarismus führen zur Gleichsetzung von Wille und Gesetz mit Autonomie. Wenn man Phänomenen wie Freiheit oder Autonomie in der soweit geschilderten Kantischen Moral einen Platz einräumen will, sind diese Gleichsetzungen kaum vermeidbar. *Negativ* gesehen ergibt sich Autonomie als die vollständige Unabhängigkeit des Handelnden von der eigenen Natur, *positiv* wird Autonomie bestimmt über die Gleichsetzung mit Vernunft und moralischem Handeln. In Anschluss an das „praktische Gesetz" ist die Formel der „Selbstgesetzgebung" unausweichlich.

5. Rechte

Einem großen Teil der Pflichten entsprechen nach Kant Rechte, allerdings keine eigentlichen ‚moralischen' Rechte. Rechte sind äußerliche Zwangsinstitute, mit denen ein moralkonformes Handeln (ungeachtet der Pflichten) erzwungen werden soll. Moralkon-

---

[4] Wie insbesondere Kants berühmte Diskussion des Lügenverbots in seiner Erwiderung an Benjamin Constant belegt (Lügen). Siehe auch MdST 481. Neben den „vollständigen" Pflichten, wie dem Lügenverbot, nennt Kant allerdings die „unvollständigen" Pflichten der eigenen Vervollkommnung und der Wohltätigkeit, bei denen reziproke Güterkonflikte gesehen und Abwägungen zugelassen werden (MdST § 31). Siehe auch Hill 1992, Kap. 8; Baron 1995, Kap. 3.

form ist ein Handeln dann, wenn es dem moralischen Handeln im äußerlichen Verlauf gleicht, jedoch nicht aus einem moralischen Motiv folgt, das als solches nicht erzwingbar ist. Welchen moralischen Pflichten Rechte entsprechen, hängt neben den praktischen Umständen der Erzwingbarkeit des Handelns insbesondere vom Wert der Freiheit ab, die durch Rechte geschützt werden soll.

Kants Metaethik:

1. Kognitivismus

In Verbindung mit Voluntarismus und Autonomie besagt der moralische Universalismus, dass über das Handeln verschiedener Menschen unter gleichen Bedingungen die gleichen moralischen Urteile gefällt werden müssen. Die Kriterien, nach denen das Handeln verschiedener Akteure moralisch zu beurteilen sind, gelten dabei als ‚erkennbar'.[5]

2. Motivationaler Internalismus

Die Einsicht in das moralische Gesetz ruft ein spezielles, rationales Gefühl der „Achtung" hervor, das zugleich die Motivation zum moralischen Handeln liefert.[6] Eine Person, die eine Handlung als richtig bzw. moralisch geboten beurteilt, ist deshalb notwendig zum entsprechenden Handeln motiviert.

3. Konstruktivismus

Die mit ‚Vernunft' bezeichnete Fähigkeit steuert sich gleichsam selbst, sie hat keine Maßstäbe außer sich, bildet ihre Maßstäbe aber erst in ihrer eigenen Anwendung. Das Handeln ist nicht nur *Gegenstand* des moralischen Urteilens, sondern auch *Quelle* des Urteilens. Handeln ist notwendig intrinsisch vernünftig und damit notwendig selbstkorrigierend sowie selbstbeurteilend. Erst im Rahmen einer solchen vollständigen rationalen Form der moralischen Selbsterzeugung erhellt sich die Rede von der „Selbstgesetzgebung".[7]

---

5 Im Licht des Gegensatzes von ‚Kognitivismus' und ‚Nonkognitismus' in der analytischen Metaethik ist Kants Kognitivismus entweder nur ein ‚halbierter' oder (besser) ein unklarer. Diese Unklarheit liegt an der Ambiguität des Begriffs „Wille", der je nachdem als kognitive oder motivationale Fähigkeit verstanden werden kann. Da sich die Begriffe „Erkennen" und „Wollen" aufeinander nicht reduzieren lassen, muss Kants ‚Wille' entweder als ein Wollen verstanden werden, das aus dem Erkennen des Gesetzes entspringt, oder als ein Erkennen, das Produkt des Wollens ist. Akzeptiert man Kants ontologisch-realistische Annahme eines ‚Gesetzes' nicht, liegt ein nonkognitives Verständnis des Willens näher. Kants Metaethik hat dann große Ähnlichkeit mit derjenigen Richard Hares. Nach beiden ist ein ‚Erkennen' einzelner Gebote unter der Voraussetzung möglich, dass ein selbst nicht wahrheitsfähiges (wenn auch in seinem psychischen Gegebensein ‚erkennbares') Wollen unterstellt wird. Siehe Hare 1989a; 1989b und 1995.

6 Das ist eine vereinfachte, aber meines Erachtens insgesamt treffende Zusammenfassung der wesentlich unklareren Sachlage bei Kant: siehe die Diskussion neuerer Literatur bei Stratton-Lake 2000, Kap. 2.

7 Die metaethische These des Konstruktivismus korrespondiert mit der systematischen Verbindung von inhaltlicher Moral und Autonomie. Meines Wissens hat in der neueren Literatur erst Rawls

Die eben genannten Schwerpunkte der Kantischen Ethik sind nicht so zu verstehen, dass sie alle anderen Begriffe dieser Moraltheorie – etwa den des „guten Willens" oder die von „Form und Inhalt" – erläutern würden oder ersetzen könnten. Es geht mir insofern nicht darum, die Begriffe in einem pyramidenförmigen Verfahren streng konstruktiv einzuführen. Eine solche strenge Konstruktionsabsicht ist meines Erachtens nicht sinnvoll. Sich auf bestimmte Schwerpunkte zu konzentrieren kann deshalb nur den Zweck haben, unter ‚Kennern' der Kantischen Texte eine Verständigung über deren systematische Struktur zu erleichtern. In einer enger an Kants Texten orientierten Darstellung müssten dagegen eine Reihe von typischen Kantischen Begriffen und Unterscheidungen erläutert und eingeführt werden, wie eben „praktische Vernunft", „Guter Wille", „Form und Inhalt", „Vernunft und Sinnlichkeit", „Kategorischer Imperativ", „Kritische Philosophie" usw. Ich hoffe dennoch, den Inhalt dieser Begriffe in Verbindung mit den genannten Thesen mindestens andeutungsweise anhand ihrer systematischen Absicht erhellt zu haben.

Allerdings bedarf es der Erklärung, warum zwei berühmte Kantische Moralelemente bisher nicht explizit genannt wurden: der Gedanke der *Universalisierung* und der von Menschen als „*Selbstzweckwesen*" mit „absolutem Wert". Universalisierung ist ein spezielles, mit der Gesetzesformel des Kategorischen Imperativs eng verbundenes Verfahren, das moralische Universalität garantieren soll. Aufgrund wiederholter Kritik (zuletzt Parfit 2001) hält kaum noch jemand dieses Verfahren für prozedural vielversprechend, ohne dass allerdings Kants Ethik dadurch einen Glaubwürdigkeitsverlust erlitten hätte. Der absolute Wert der „Zwecke an sich" ist dagegen dem Inhalt nach in einem angemessenen Verständnis der Kantischen Autonomie mit aufgenommen. Autonomie und Begründungsfundamentalismus, oder Autonomie ‚notwendig' interpretiert, ergeben den absoluten Selbstzweckcharakter der Vernunftwesen.[8]

2. Mit Kants Ethik arbeiten

Dem Kantischen Selbstverständnis entsprechend, sollten sich Philosophen mit denjenigen Teilen seiner Ethik ausführlicher beschäftigen, die Ausdruck seines Begründungsprogramms sind. Die Auseinandersetzung mit Kant sollte also auf die Begründungstheorie und Metaethik fokussieren, sowie auf deren Verbindungsglieder in die inhaltliche Moral hinein, vor allem die Begriffe des *Willens* und der *Universalität*. Kants Ethik ist auf den ersten Blick ungewöhnlich kohärent, so dass man gleichsam von Etage zu Etage gehen kann und auf dem Rückweg dennoch wieder am Ausgangspunkt angelangt. Ein solcher Nachvollzug würde allerdings den Schwerpunkt auf die

(1980) für diese metaethische Eigenart diesen Titel geprägt (siehe auch Rawls 2000, 235–252). Vor allem dann, wenn man eine realistische Ontologie des ‚Gesetzes' vermeiden will, ist ein konstruktivistisches Verständnis die einzige Alternative. Siehe genauer Korsgaard 1996, sowie zuletzt 2004. Siehe kritisch Kerstein 2002, Kap. 4–5.

8 „Ergeben" ist gemeint im Sinn der Kantischen Begrifflichkeit. Wie der Notwendigkeitsanspruch zu verstehen ist und ob man ihn aufrecht erhalten kann, ist natürlich die Frage der Fragen, um die es im Folgenden geht.

abstrakteren Teile des Begründungsprogramms legen und nicht etwa auf die Inhalte der Kantischen Moral.[9]

Entgegen dieser begründungstheoretischen Priorität halte ich die inhaltliche Moral für die wichtigere Entscheidungsbasis. Mir scheint es günstiger, Kants Vernunfttheorie, Freiheitstheorie und andere theoretische Teile seiner Philosophie darauf hin zu prüfen, ob und inwieweit sie sich mit unserem (geläuterten) alltäglichen Moralverständnis vereinbaren lassen. Ob man diese Umkehrung akzeptiert, ja, ob es überhaupt sinnvoll ist, von einer Umkehrung zu sprechen, hängt davon ab, was man *unabhängig* von Kant unter der „Begründung“ oder „Fundierung“ von Moral versteht und wie man Kants Begründung dabei einordnet. Weil eine abstrakte Auseinandersetzung mit dem Begründungsbegriff aufwendig und umständlich sein würde, reicht an deren Stelle vielleicht bereits die Überlegung, dass die tatsächliche Moral in dem Sinn gegenüber philosophischen Begründungen vorrangig sein muss, dass unwahrscheinlich ist, bestimmte zentrale unserer moralischen Überzeugungen könnten durch *irgendeine* philosophische Theorie umgeworfen werden. *Wenn* es solche resistenten Überzeugungen gibt, dann gilt für sie offensichtlich, dass sie einer Begründung durch eine philosophische Theorie nicht bedürfen. Die entsprechenden moralischen Überzeugungen besitzen dann eine theorie-, wenn auch nicht unbedingt begründungsunabhängige Eigenständigkeit, und die Arbeit der philosophischen Ethik besteht vor allem darin, diese Eigenständigkeit bewusst zu machen und als Ausgangspunkt der Kritik gegenüber den mit ihr unvereinbaren philosophischen Theorien zu nutzen.[10]

Ausgehend von diesem Methodenverständnis sollten wir Kants Ethik als eine Systematisierungsmethode verstehen, bei der die Kohärenz zwischen abstrakten Begriffen und konkreten Urteilen geprüft wird. Meiner Meinung nach stellt sich dabei tatsächlich eine weitgehende Harmonie zwischen den akzeptablen und – gegeben die Alltagsmoral – schwer akzeptablen Teilen der Kantischen Ethik heraus, so dass wir in der Folge vor einem eigenartigen *Dilemma* stehen. Einerseits *decken* sich wichtige Züge von Kants inhaltlichem Moralverständnis mit unseren heutigen Überzeugungen (jedenfalls in Ländern mit einer christlich geprägten Kultur); andererseits stehen kaum weniger wichtige Züge von Kants inhaltlicher Moral in klarem Widerspruch zu eben diesen Überzeugungen. Die verschiedenen Versuche von Philosophen in der kantianischen Tradition,

---

[9] Kant hat die Bedeutung der „Kritik“ (sein umfassender Begriff für die philosophische Tätigkeit) der *praktischen* Vernunft für wesentlich geringer gehalten als die der *theoretischen* Vernunft. Die Alltagsmoral ist ihm zufolge bereits soweit aufgeklärt (GMS 404, KpV 36), dass sie in keine Antinomien führt. Überdies hat er den Deduktionsversuch der praktischen Vernunft (in der GMS) durch die ‚Faktum-der-Vernunft-Position‘ (in der KpV) ersetzt, deren Gehalt jedoch umstritten ist (siehe Ameriks 2002; O’Neill 2002).

[10] Ich werde später diese Prioritätsthese der Alltagsmoral etwas abschwächen. Die Alltagsmoral ist häufig nicht in der Lage, feine begriffliche Unterschiede zu belegen, wie sie sich erst im Rahmen einer ethischen Theorie als relevant herausstellen, wie z.B. den Unterschied zwischen einem Wunsch als Motiv oder als Begleiterscheinung einer Handlung aus Pflicht. Nichtsdestotrotz enthält sie eine Reihe von ‚sicheren‘ Überzeugungen, anhand derer sich die Prioritätsthese veranschaulichen lässt. (Siehe dazu unten 4.) Die Unterscheidung zwischen Begründen und Theorie ist deshalb angebracht, weil man andernfalls dem normativ-theorielosen Alltag moralisches Begründen absprechen müsste.

Kants Ethik zu retten, indem sie diese Züge entweder weginterpretieren oder mithilfe entsprechender Revisionen auf passende Weise umbauen, scheinen, so ingeniös sie teilweise sind, insgesamt nicht erfolgreich. Wenn wir Kants Theorie und Moral für weitgehend kohärent halten, sind wir deshalb gezwungen, auch seinem Begründungsanspruch gegenüber den uns vertrauteren Teilen der Moral zu misstrauen, insbesondere dem Anspruch der Universalität. Wir sehen uns damit in einer Situation, in der wir nicht nur Kants Moral *und* Kants Begründungsprogramm aufgeben sollten, sondern auch vor der *offenen Frage* stehen, welche Moral und welche Art von Begründung wir selber heute vertreten können. Da Kant eine ungewöhnlich innovative neue Theorie mit einer ungewöhnlich traditionellen Moral verbunden hat, eignet sich seine Ethik besonders, um den heute teils real stattfindenden, teils bevorstehenden Moralwandel zu erforschen.

Zu diesem Zweck werde ich zunächst die intuitiv zustimmungsfähigen von den nicht zustimmungsfähigen Zügen von Kants Moral zu unterscheiden versuchen. Moral und Theorie sind dabei insofern schwer zu trennen, als wir bei der Klärung strittiger Fragen gegenüber Kants Moral unweigerlich auf Argumente und Begriffe seiner Moraltheorie zurückgreifen müssen. Schwierigkeiten mit seiner Moral gehen deshalb unweigerlich mit begrifflichen Schwierigkeiten einher. In Übereinstimmung mit einer langen Tradition der Kantkritik sehe ich den Kern der Schwierigkeiten in Kants Suche nach *notwendigen* Gründen einer bestimmten Sorte, in seinem speziellen Verständnis von „notwendig", oder eben in Kants Begründungsprogramm (siehe 3.). Will man wissen, wie ein alternatives Begründen möglich ist, beginnt man am besten damit, die Züge einer post-Kantischen Moral zu umreißen, ausgehend von einer Revision derjenigen Elemente, die Kants Moral wesentlich prägen (siehe 4.). Besonders interessieren sollte uns dabei, ob das berühmteste Merkmal der Kantischen Moral, die Verbindung von Vernunft und moralischer Gleichheit, in einer post-Kantischen Moral noch aufgefunden werden kann oder ob dieser Anspruch definitiv droht, verloren zu gehen. Mein Vorschlag wird sein, die Universalität der Moral, anstatt vonseiten eines abstrakten moralischen Gesetzes, aus der konkreten Erfahrungsgeschichte mit einem gemeinsamen Kern menschlicher Lebensweisen heraus zu erwarten (siehe 5.).

3. Elemente von Kants Moral

Ich habe eben Kants Moral anhand der Elemente Pflicht, Universalität, Wille, Autonomie und Rechte umrissen, und dabei handelt es sich eindeutig um Elemente, die sich auch in unserer Alltagsmoral wiederfinden. So glauben wir tatsächlich, dass wir nicht lügen *sollten*, und nennen das ein *Verbot*, wenn auch nicht klarerweise eine Pflicht.[11] Ebenso sind wir von der grundsätzlichen moralischen *Gleichheit* aller Menschen überzeugt, glauben an die vorrangige Bedeutung der *Handlungsabsichten* beim Bewerten von Handlungen, und wir fordern in Verbindung mit der Gleichheit auch die Geltung von moralischen *Rechten*. *Autonomie* gehört zudem zu den in unserem Verständnis kaum erschütterlichen Werten, und es erweist Kants Ethik als konkurrenzlos aktuell,

---

[11] Wie ich im weiteren zeigen will, haben wir im Alltag deshalb keinen klaren Begriff von Pflichten, weil wir uns nicht hinreichend bewusst sind, was es heißt, *aus* Pflicht zu handeln.

dass sie diesen Wert mit Moral verbunden hat – und das vor 200 Jahren.[12] Tatsächlich sind es nicht die einzelnen Elemente der Kantischen Ethik, deren moralische Repräsentativität strittig ist. Vielmehr sind es die speziellen Interpretationen, die Kant ihnen in seiner Theorie gibt und die durchweg Anlässe sind für umfangreiche rekonstruktive wie systematische Auseinandersetzungen innerhalb wie außerhalb von Kants Ethik. Werfen wir kurz einen Blick auf diese Interpretationen.

Pflichten: Auch wenn die Alltagsmenschen glauben, manchmal etwas aus moralischen Gründen tun zu müssen, so haben sie doch eine deutliche Distanz gegenüber dem Gedanken, dass es ‚aus Pflicht' geschehen sollte. Wer das Gegenteil behauptet, verwechselt möglicherweise das Verhältnis von moralischen Gründen und Pflichten. So sind wir zwar der Überzeugung, dass man aus ‚moralischen Gründen' heraus – etwa aufgrund des Leids anderer Menschen – handeln muss, Pflichten selbst gehören jedoch nicht zu diesen moralischen Gründen. Bestenfalls führen moralische Gründe zu Pflichten, so dass man das Sollen dann als ‚Pflicht' ausdrückt. Hingegen sind wir kaum der Meinung, dass Pflichten, die sich selbst nicht aus anderen moralisch relevanten Sachverhalten, wie etwa Interessen oder Rechten, heraus begründen lassen, als solche moralische Gründe sein könnten. Etwas nur deshalb zu tun, ‚weil es Pflicht ist', ist für uns kein überzeugender Handlungsgrund. Dagegen ist das Gebot, ‚nur aus Pflicht' zu handeln, eine gleichermaßen eindeutige wie zentrale Forderung in Kants Moral: Moralisch zu nennen ist ihr zufolge allein das Handeln aus Pflicht.

Die Formulierung „nur aus Pflicht zu handeln" gibt die Kantischen Überlegungen allerdings nur verkürzt wieder. Kant zufolge ist nicht ein beliebiges Befolgen von Pflichten moralisch, sondern nur eines, das aus dem Bewusstsein (in der Form des Achtens) des Gesetzes erfolgt (GMS 400). Dieses Motiviertsein aus dem Bewusstsein des Gesetzes wiederum erfordert, den „Einfluss der Neigung" „ganz absondern" (GMS 400) zu müssen. Dabei wirft das „pflichtmäßige" Handeln aus dem Bewusstsein des Gesetzes heraus zwei Schwierigkeiten auf. *Erstens* die Schwierigkeit zu erhellen, warum die Rückkoppelung der Pflichten an das Gesetz tatsächlich insoweit kognitiv ist, dass die Pflicht zum Grund werden kann: Weil das Gesetz begründend ist, ist ein Handeln aus Pflicht, weil aus dem Gesetz folgend, nicht ‚bloß' ein Handeln aus Pflicht, also nicht bloß pflichtenkonform, sondern ein ‚einsichtiges' Handeln aus Pflicht. Doch inwiefern ist das Gesetz begründend? *Zweitens* führt die Forderung des ‚Absonderns' der Neigungen im pflichtmäßigen Handeln zu der erstmals von Schiller aufgeworfenen Frage, welche Rolle den Neigungen im moralischen Handeln dann noch zukommen kann. Zwei mögliche Antworten auf diese Fragen liefern ein *kognitives* Verständnis oder ein *neigungskompatibles* Verständnis von Pflichten. Beide Interpretationen führen allerdings zu erheblichen, wie es aussieht unlösbaren Problemen.

Das erste Modell der Pflichten wird teilweise unter dem Titel „Pflichten und moralischer Wert" diskutiert (siehe Kerstein 2002, Kap. 5–6). Dass es keine Lösung für das skizzierte Problem liefert, wird schnell sichtbar. Wie soll etwas ‚Kognitives', ein Begriff oder Urteil, als solches zu einer Pflicht führen, wenn es im Kantischen Sinn ‚rein' zu verstehen ist, also kein Rückgriff erlaubt ist auf die empirischen Umstände menschli-

---

[12] Eingeschränkt allerdings dadurch, dass sich unser aktuelles, persönlich-existenzialistisches Verständnis von Autonomie mit Kants Autonomieverständnis nicht deckt, ja ihm widerspricht.

chen Zusammenlebens? Urteile sind als solche keine Pflichten, so dass bestenfalls die Erkenntnis einer Pflicht ein Grund für eine Pflicht sein könnte. Vielleicht muss man Kants Rede vom Bewusstsein des Gesetzes als Bewusstsein einer (impliziten) Menge von Pflichten verstehen. Aber dann wird diese Menge von Pflichten vorausgesetzt und nicht erklärt oder begründet. Es wird nicht erklärt, was Pflichten *als solche* sind und wie es dazu kommt, dass sie auf die behauptete (kategorische) Weise zwingen können. Kurzum, aus Begriffen und Urteilen *allein* folgen keine Pflichten, weshalb ein ‚rein' kognitives Verständnis von Pflichten nicht einsichtig erscheint.

Man kann das Problem auch als Schwierigkeit zweier Teilgedanken darstellen: Wenn Pflichten gebieten, indem sie erkannt werden, ist offen, wie es ihnen gelingt, durch ihr Erkanntwerden zu gebieten. Manche Erkenntnisse setzen sich im Erkennenden zu einem Zwang zusammen, nach dem Muster des Praktischen Syllogismus. Die Rede von Pflichten ist aber mit der Assoziation verbunden, dass das Erkennen *von etwas bereits Gebietendem* gebietet. Doch sind Pflichten als solche gebietend? Wie schaffen sie es, an sich gebietend zu sein?[13] Oder sind Pflichten nicht gebietend, sondern nur fordernd, so dass erst durch das Erkennen dieser Forderung ein Gebot oder Zwang entsteht? Nehmen wir an, Forderungen wären eine Art Hinweis, und das Erkennen des Hinweises würde einen entsprechenden Zwang hervorrufen. Doch auch das ist kaum ohne eine vorausgesetzte begehrliche Natur denkbar. Die Freundschaft mit A gibt mir den Hinweis, ihn vor einem Fehler zu bewahren. Aber was wäre eine Freundschaft ohne Gefühle? Wenn der Zwang aus den Gefühlen entspringt, was uns plausibel erscheint, dann sind diese Pflichten nicht auf die von Kant gewollte Weise notwendig.

Die zweite, neigungskompatible Verständnisweise von Pflichten ist erst in den letzten Jahren ausführlich diskutiert worden (siehe Herman 1993, Kap. 1; Baron 1995, Kap. 4–5; Fairbanks 2000, Kap. 3; Stratton-Lake 2000, Kap. 3–4; Kerstein 2002, 100–109). Die Konsequenz des kalten und gefühllosen Pflichtenakteurs soll dabei mithilfe verschiedener Varianten eines zweistufig motivierten Handelns vermieden werden. Das gefühlsmotivierte Handeln soll mit dem pflichtenorientierten Handeln so harmonisiert werden, dass es ihm auf bestimmte Weise unterstellt wird. Das Pflichtmotiv wird dabei entweder zu einer im Hintergrund wirkenden ‚Einschränkung' (Herman), zu einem ‚Sekundärmotiv' (Baron) oder zu einem generellen Bekenntnis zur Moral (Stratton-Lake) erklärt. Obwohl alle diese Versuche faszinierend erfindungsreich sind, drücken solche zweistufigen Erklärungen eine zentrale Problematik von Kants Moral eher prägnanter aus als sie zu beheben. Alle zweistufigen Erklärungen der Beziehung zwischen dem Handlungswunsch und der Pflicht sind nur so lange ‚kantianisch', als sie der Pflicht letztlich eine Dominanz über die Wünsche einräumen. Das Pflichtbewusstsein mag phänomenal noch so weit in den Hintergrund treten, die moralische Qualität der Handlung resultiert normativ *einzig aus dem Inhalt dieses Bewusstseins.* Das aber *entwertet* notgedrungen die Wünsche und Gefühle, zumindest dann, wenn man sich der Verhältnisse zwischen Wünschen und Pflichten bewusst wird.[14]

---

[13] Dieses Problem entspricht Mackies bekanntem Einwand der ‚Absonderlichkeit'. Siehe Mackie 1977, Kap. 1.9.

[14] Der vielleicht überzeugendste Versuch von Stratton-Lake lässt auf eine Weise offen, worin der Rückhalt der zweiten Stufe besteht, die leicht erkennbar auf die vorhin geschilderte Problematik

Beide, der nicht kognitiv rekonstruierbare Pflichtbegriff wie die schwerlich neigungskompatible Fassung von Kantischen Pflichten, sind Ausdruck einer tiefer liegenden Schwierigkeit, die sich auch in anderen Teilen von Kants Handlungstheorie, insbesondere im Willens- und Autonomiebegriff, wiederfindet. Ursache dieser Schwierigkeit ist Kants Ansicht, dass eine moralische Handlung nicht richtig vollzogen wird, wenn sie nicht auf eine bestimmte Weise ‚notwendig' vollzogen wird. Ich werde das im folgenden Kants *nicht-naturalistischen Rationalismus* nennen. Bis heute sind viele mit Kant der Meinung, dass der Gebrauch normativer Begriffe, insbesondere des Begriffs der „Pflicht", nur in Verbindung mit einer *völligen* Trennung der Bereiche des Normativen und des Empirischen möglich ist. Wer (wie Kant) die begriffliche Trennung mit einer des Begründens identifiziert, der vertritt einen nicht-naturalistischen Rationalismus. Wer hingegen trotz des begrifflichen Unterschieds die Bereiche als voneinander abhängig versteht, zeigt sich dadurch bereit, das Normative zu ‚naturalisieren'.

Es sind vor allem zwei Befürchtungen, die zum nicht-naturalistischen Rationalismus zu drängen scheinen: einerseits die Sorge, Normativität könnte generell wegfallen, und andererseits die Vermutung, eine auch auf Wünsche gestützte Begründung sei eine schlechte oder zu schwache Begründung. Beide Befürchtungen sind aber falsch. Erstens sind ein *nicht-reduktives* Verhältnis von Pflichten und Wünschen und damit ein nicht-reduktiver Naturalismus möglich. Die begrifflich getrennten Bereiche des ‚Sein' und ‚Sollen' lassen sich beispielsweise als ‚Supervenienz' beschreiben.[15] Zweitens muss eine solche ‚naturalistische', im weiteren auf die ‚menschliche Natur' zurückführende Begründung nicht auf die Wünsche zurückführen, sondern kann menschliche Güter oder Bedürfnisse im Auge haben, die für Menschen unausweichlich sind, unter denen sie also leben *müssen*. Unverständlich ist dann, warum so beschaffene Gründe nicht ‚notwendig genug' sein sollen. Der von Kant angedeutete Grund, wonach entweder die mangelnde individuelle psychologische Ausstattung oder die Wankelmütigkeit der Gefühle ein stabiles Pflichtbewusstsein verhindern (GMS 398), ist wenig überzeugend. Manche unserer Gefühle, wie etwa die wankelmütigen und flüchtigen, belegen zwar, dass wir auf ein Erkennen unserer selbst nicht verzichten können, legen aber nicht nahe, eine von Gefühlen und Wünschen *völlig unabhängige* Wertquelle zu suchen. Ein Erkennen dessen, was aufgrund der begehrlichen menschlichen Natur für Menschen gut ist, reicht zur Stabilität *im Erkennen* vollkommen aus, vorausgesetzt, es ist tatsächlich ein Erkennen. Kant hat sich diese Alternative allerdings mit seinem zu engen, empiristischen Begriff der Gefühle und Wünsche verbaut.[16]

---

zurückführt: „To act from such a secondary motive is not to act from some desire or other, but is simply to regard oneself as having sufficient reason to act in a certain way in so far as one judges that one ought to act in that way …" (Stratton-Lake 2000, 90).

15 Siehe Jackson 1998, Kap. 5. Diese Analyse des moralischen Sollens geht bekanntlich auf Hare zurück und sollte die Naturalismusphobie bereits mildern. Zu zeigen wäre allerdings, dass sie nicht an eine nonkognitive Metaethik gebunden ist.

16 Siehe die inzwischen gängige ‚kognitive' Interpretation von Gefühlen und die ‚kognitive' Interpretation von Wünschen. Zur ersteren siehe Pitcher 1965 und Greenspan 1988; zu letzterer siehe in diesem Buch Kap. 3.4.

Wille: Die Befürchtung, mit einem naturalistischen Begründungsverständnis fiele die begriffliche Differenz zwischen ‚Sein' und ‚Sollen' weg, geht auch mit der Sorge einher, Pflichten würden dann durch Motive ersetzt. Dagegen tendieren Kantianer dazu, einen moralischen Internalismus zu postulieren, um so das ‚Motivationsproblem' zu lösen, also zu erklären, wie die Pflichten uns motivieren. Um den Notwendigkeitsanspruch der Moral nicht auf der Ebene des tatsächlichen Handelns wieder einzubüßen, sollte die moralische Motivation durch Pflichten ebenfalls quasi-logisch notwendig sein, und eben das behauptet der Internalismus. Kant hat diese Befürchtung gleichsam vorweggenommen und Teile seiner Theorie des Willens verstehen sich als Reaktion auf sie. Doch auch in diesem Punkt lässt sich meines Erachtens leicht zeigen, dass harmlosere Verbindungen der entsprechenden Teile viel plausibler sind.[17]

Das moralische Urteil richtet sich in der Kantischen Ethik auf die Handlungsabsichten, weil nur sie moralischen Wert oder Unwert haben, insofern sie Ausdruck des Willens sind. „Wille" ist dabei ein auch kognitiver Begriff. Der Kantische Wille ist ‚vernünftiger Wille' und wird an einer Stelle sogar mit ‚praktischer Vernunft' gleichgesetzt (GMS 412). Zum Willen dürfte deshalb gehören, dass er in Übereinstimmung mit dem Kategorischen Imperativ (Gesetz) steht. Willentliches Handeln ist demnach eines, das diesem Imperativ gehorcht. Doch wie antwortet Kant auf die Frage, wie der Wille motiviert oder zum tatsächlichen Handeln führt?

Wie Kants Bemerkungen zur Pflicht unmissverständlich zeigen, handelt die gutgewillte Person aus dem *Bewusstsein* der Pflicht heraus und nicht nur in Übereinstimmung mit ihr. Der gutgewillte Akteur weiß, was er tun soll und tut es deshalb. Dieser Zusammenhang lässt sich jedoch auf zwei Weisen rekonstruieren. Erstens, wenn sich jemand der Pflicht bewusst ist, wird er *notwendig* motiviert, sie zu erfüllen; zweitens, wenn sich jemand der Pflicht bewusst ist, entwickelt er *notwendig* ein Gefühl der Achtung, das ihn motiviert, entsprechend zu handeln. Beide Erklärungen, insbesondere die zweite, werden von Kant angedeutet (siehe Stratton-Lake 2000, Kap. 2), sie sind jedoch, was den mit ihnen verbundenen Notwendigkeitsanspruch angeht, wenn nicht irreparabel unplausibel, so doch mindestens nicht entscheidbar.[18] In der Argumentation um diese Thesen kann daher leicht ein Patt entstehen, weshalb es klüger erscheint, wie Stratton-Lake den Finger auf eine andere Konsequenz zu legen, nämlich das eigenartige Verständnis von Moral, das mit Kants Erklärung einher ginge, wenn sie denn erfolgreich wäre.

Nach Kants Erklärung, als erfolgreich unterstellt, helfe ich dem Bettler, weil das Gesetz Hilfe gebietet oder weil ich ein Gefühl der Achtung vor dem Gesetz empfinde. Eine solche Erklärung verträgt sich aber nicht mit unserem alltäglichen Verständnis. Nach ihm helfe ich dem Bettler, weil er Hilfe nötig hat.[19] Kant freundlich interpretierend

---

[17] Es ist hier unmöglich, die verschiedenen Lesarten des Motivationsproblems ausführlicher darzustellen (siehe aber Leist 2000, Vorl. 7). Da sich das Motivationsproblem ebenso für Naturalisten stellt, ist es ein sehr allgemeines Problem.

[18] Beide Thesen umfassen das Problem der Willensschwäche und wenn die seit Platon lange anhaltende Debatte über die Möglichkeit von Willensschwäche etwas belegt hat, dann vor allem, dass diese Frage nicht phänomenal entscheidbar ist.

[19] Wir würden uns außerdem schnell auf unser Mitleid berufen. Da praktische Gründe nicht mit subjektiven Zuständen identifizierbar sind, ist das allerdings ein Beispiel für die alltägliche Verwirrung

könnte man die Berufung auf das Gesetz als ein *allgemein* reflektiertes Sichberufen auf moralisch relevante Handlungssituationen verstehen. Jedoch ist in diesem Rekurs auf Situationen wie diejenige des Bettlers auch ein Rekurs auf ‚sinnliche' und keineswegs nur ‚vernünftige' Lebenssituationen von Wesen mit einer animalischen Natur versteckt, und das Verständnis, warum man allen diesen Bettlern oder Bedürftigen helfen sollte, entspränge nicht dem Umstand, dass es sich um viele Situationen handelt, sondern dass es solche von animalischer Bedürftigkeit sind. Einen solchen Rekurs muss Kant natürlich ablehnen, weshalb er außerstande ist, den Begriffen „Gesetz" und „Wille" einen moralischen Sinn zu geben.

Autonomie: Die starke Betonung der Autonomie in Kants Moral ist einzigartig, und viele sympathisieren mit Kants Ethik schon deshalb, weil sie Moral und Autonomie zu versöhnen scheint. Eine moderne Moral scheint eine Moral ‚aus' Autonomie, oder eine mit Autonomie zu vereinende Moral sein zu müssen. Und Kant suggeriert, dass seine Moral diese Eigenschaft hat. Dagegen glaube ich, dass Kants rationalistischer Anspruch einen plausiblen Begriff der Autonomie im Rahmen seiner Moral eher verhindert als zulässt. Die Überzeugung, Moral und Autonomie müssten verbunden werden, ist deshalb eher ein Grund, Kants Moral abzulehnen als zu akzeptieren.

Wie bei allen zentralen Fragen zu Kants Moral, liegt der Anstoß zu möglichen Antworten in seinem Versuch, Moral und Vernunft miteinander gleichzusetzen. ‚Autonomes Handeln' nennen wir üblicherweise ein Handeln ‚aus uns selbst' heraus oder ein Handeln in Übereinstimmung mit unserem Selbst, also der Person, die wir sind. Für eine autonome Moral ist deshalb das zentrale Kriterium, ob deren konstitutive Elemente mit unserem Selbst vereinbar sind, ob wir, bildlich gesprochen, ‚zuinnerst' moralisch sind oder nicht. Kant scheint auf diese Frage eine ebenso radikale wie treffende Antwort geben zu können, insofern er, im *Gegensatz* zu großen Teilen der ethischen Tradition, ‚Moral' und ‚Vernunft' gleichsetzt. Vernunft muss doch, könnte man sagen, gewiss zu unserem ‚Selbst' gehören, und wenn Vernunft Moral ‚ist', so gehört auch die Moral zum Selbst. *Voilà*, Moral ‚sind' wir, und das heißt, die vernünftige Moral ist die autonome.

Dieser Gedanke ist aber viel zu bildlich. Wir sind auch *darin* individuelle Personen, dass wir *unvernünftig* handeln können und tatsächlich handeln. Unsere Irrationalitäten sind sicher nicht weniger individuell als unsere Vernunft. Und gleiches gilt für unsere unmoralischen Verhaltensweisen. Manchmal sind wir gerade darin wir selbst, dass und wie wir unmoralisch handeln. Ist Autonomie Handeln aus einem Selbst, so sind wir auch autonom unmoralisch. Doch vielleicht ist dieser Begriff der Autonomie zu weit; vielleicht ist ein ‚vernünftiges Selbst' nötig für Autonomie. Dann wäre irrationales Handeln, etwa sich in eine unkontrollierbare Gefahr zu stürzen, nicht autonom. Könnte unmoralisches Handeln dann immer noch autonom sein? Wenn unvernünftiges Handeln gleichbedeutend wäre mit unmoralischem ja, wenn nicht, nicht. Vor allem in der empiristischen Denktradition sind beide Prädikate üblicherweise nicht identisch. Es kann vernünftig sein, in einer Notlage zu lügen, so wie es unvernünftig sein kann, in einer Notlage die Wahrheit zu sagen. Damit würden Autonomie und Moral auseinanderfallen.

über die Doppelbedeutung von „Grund". Jemand, der sein Mitleid als Grund nennt, nennt ein *Handlungsmotiv* und begründet sein Handeln nicht, es sei denn, er meint ein Prinzip der Art „aus Mitleid sollte geholfen werden".

Indem Kants Moral auch in Notsituationen gebietet, die Wahrheit zu sagen, ist sie gerade nicht autonom.[20]

Für die Kantische Ethik ist deshalb entscheidend, ob Moral und Vernunft sich decken. Da der Vernunftbegriff außerhalb der Kantischen Tradition weiter gefasst wird als der Moralbegriff, ist für eine Antwort im Kantischen Sinn der Nachweis nötig, dass unmoralisches Verhalten *per se* unvernünftig ist. Ein autonomes unmoralisches Handeln könnte es dann nicht geben, weil das mit ihm verbundene Selbst unvernünftig wäre. Da Kants praktischer Vernunftbegriff in den Ideen ‚Gesetz' und ‚Universalität' zentriert ist, liegt es nahe, das unvernünftige *und* (in einem das) unmoralische Selbst als ein Selbst anzusehen, das dazu unfähig ist, sich durch Regelhaftigkeit zu stabilisieren. Erst an dem Phänomen der Regelhaftigkeit, könnte man sagen, *bildet sich das Selbst* und es ist deshalb notwendigerweise in einem vernünftig *und* moralisch.[21]
Eines von vielen Problemen dieser Argumentation liegt in der Annahme, so ließe sich Moral mit einer unausweichlichen Notwendigkeit versehen. *Wenn* Regelhaftigkeit für das Selbst notwendig ist, was plausibel scheint, dann nur in einem weitest möglichen Sinn des Begriffs, der sich nicht einmal mit einem brauchbaren Begriff der praktischen Vernunft, geschweige denn mit einem der Moral deckt. *Wenn* man Regelhaftigkeit hingegen im Sinn von Kants Gesetz versteht und dies wiederum so, dass es konkrete moralische Gebote zu begründen erlaubt, dann ist sie nicht offenkundig notwendig für ein Selbst. Die Menschen in einer nicht-Kantischen Moral hätten andernfalls kein Selbst. Am ehesten könnte man vermuten, dass die Regeln der *instrumentellen Vernunft* notwendig sind für ein Selbst, denn ohne diese Regel könnte die Person nicht instrumentell handeln und ihre Lebensfähigkeit wäre stark eingeschränkt. Diesen Teil der praktischen Vernunft hält Kant aber gerade nicht für den Ursprung von Notwendigkeit. Das *Fazit* lautet darum einmal mehr, dass Kants Rationalismus eine plausible Verbindung von Autonomie und Moral nicht herstellt, und durch die enge Perspektive von Begriffen wie „Vernunft", „Gesetz" oder „Maximen" eher verhindert.

Universalität: Kants Moral scheint vielen überzeugend, weil sie die moralische Bedeutung aller Menschen ‚als Menschen' ins Zentrum stellt. Seine Ethik wird angerufen, weil sie diese Überzeugung zu verteidigen ankündigt. Tatsächlich aber führt Kants Rationalismus an zwei Punkten zu tiefgreifenden Konflikten mit unseren üblichen Ansichten zum universellen Charakter der Moral. Vereinfacht lässt sich die Differenz so ausdrücken, dass wir in der Alltagsmoral eine begrenzte Universalität im Sinn haben, Kants Moral hingegen eine unbegrenzte Universalität fordert. Darin führt sie, im Licht unserer heutigen moralischen Überzeugungen, zu tendenziell anstößigen Konsequenzen. Begrenzt ist die Universalität der Alltagsmoral nämlich vor allem an zwei Stellen: In unserem Verhältnis zu Tieren und im Verhältnis zu Freunden bzw. (allgemeiner gesagt) im

---

[20] Kant erklärt originellerweise das Lügenverbot aus dem vernünftigen Selbstverhältnis heraus und sieht im Verstoß eine drohende Selbstzerstörung. „Die Lüge ist Wegwerfung und gleichsam Vernichtung seiner Menschenwürde." (MdST 429) Entsprechend gewichtig ist die Verbotskraft. Extrem und schwer akzeptabel ist aber die eigenartige Folgerung, dass wir, wenn wir sehenden Auges durch unsere Ehrlichkeit unseren Tod herbeiführten, wir uns dennoch dadurch nicht schädigten.

[21] Das ist eine Rekonstruktion, die in mehreren Schriften Christine Korsgaard verfolgt hat (zuletzt in Korsgaard 2004). Siehe auch Leist 2000, Vorl. 11.

Verhältnis zu Partnern in persönlichen sozialen Beziehungen. ‚Unbegrenzte Universalität' ist anstößig, weil sie fordert, die Tiere aus der Moral auszuschließen und Freunde und Fremde moralisch einander gleichzusetzen.

Offensichtlich gebietet der Kategorische Imperativ keine tierschützenden Handlungen. So ist schwer zu sehen, was (der ersten Formel zufolge) widersprüchlich an einer „allgemeinen Gesetzgebung" wäre, die der Maxime gälte, jeden Tag zum eigenen Spaß ein Tier zu quälen. Ebenso wenig verbietet (nach der zweiten Formel) der mangelnde Selbstzweckcharakter von Tieren, sie „bloß" als Mittel zu gebrauchen. Die zweite Formel legt im Gegenteil ein solches Gebrauchen von Tieren als Mittel geradezu nahe (siehe GMS 428). Weil in der Kantischen Moral die Pflichten ‚logozentrisch' (Wood 1998), nämlich aus der Werthaftigkeit der Vernunft heraus gewonnen werden, Tiere aber nicht über Vernunft verfügen, gelten ihnen gegenüber bestenfalls indirekt begründete Pflichten. Tiere können nur in dem Ausmaß moralisch wahrgenommen werden, als sich das *indirekt* über Verhaltensgewohnheiten unter Menschen rechtfertigen lässt. Soweit Kant den Tieren gegenüber Pflichten einräumt, geschieht das aus Sorge um die Moralgewohnheiten unter Menschen (MdST § 17).

Manche Kantianer versuchen diese schwache Begründung durch direktere Argumente zu verstärken, doch es ist schwer zu sehen, warum solche Argumente über die Vernunftwesen hinaus gültig sein sollen. Die Tiere moralisch aufzuwerten wäre nur dann plausibel, wenn die mit den Tieren geteilten Bedürfnisse mindestens zu einem Teilursprung der moralischen Pflichten aufgewertet werden, was freilich den Kantischen Vernunftanspruch der Moral entsprechend verwässert.[22] Eine weitere, mit dem Los der Tiere eng verbundene Anstößigkeit ergibt sich aus der Beobachtung, dass aktuell nichtrationale Menschen wie sehr kleine Kinder, geistig Behinderte oder demente Alterspatienten in Kants Moral ebenso wenig direkte Subjekte der Moral sein könnten wie die Tiere. Vielleicht kann man Kinder, wie Allen Wood empfiehlt (1998, 198), als künftige Repräsentanten der ‚rationalen Natur' achten, bei geistig Behinderten und Dementen ist das aber nicht möglich. Unsere Haltung ihnen gegenüber könnte, ja müsste dann dieselbe sein wie gegenüber Tieren.

Die Kehrseite der gleichen moralischen Achtung *aller* ist in Kants Moral der Zwang, die Motive und Handlungsgründe innerhalb *persönlicher Beziehungen* als von der Moral völlig unabhängig einzustufen. In Grenzen ist das durchaus sinnvoll, die Freunde sind (im Vergleich mit den Fremden) eben keine ‚Gleichen'. In der Kantischen Moral wird das unter uns übliche Verständnis der höheren lebensgeschichtlichen Bedeutung der Freunde und Geliebten gegenüber der ‚Menschheit' jedoch gerade ins Gegenteil verkehrt. Nur als Repräsentanten der Vernunft haben auch die Freunde ‚wahren Wert' und sind darin gleich mit dem Rest der Menschheit; dass sie uns außerdem am Herzen liegen, ist zweitrangig. Bei den unvollständigen Pflichten, wie der Hilfspflicht, die ein offenes, aus der Sicht der Moral aber immer erweiterbares Maß an Anstrengung erfordern, ergibt sich deshalb ein Problem. In der Kantischen Moral ist ausgeschlossen, dass wir in einer Konfliktsituation die Freundin bevorzugt behandeln, und es ist sogar gefordert, die eigene Familie aufgrund einer nötigen Hilfe gegenüber

---

22 Korsgaards (2004) Versuch in diesem Sinn scheint deshalb inkohärent; die argumentativen Widersprüche in den entscheidenden Passagen ihres Versuchs (32–33) sind leicht erkennbar.

völlig Unbekannten zu vernachlässigen (siehe ausführlich Cunningham 1999). Das Ausmaß dieses Kantischen Egalitarismus ist alles andere als bewunderungswürdig; vielmehr zeigt sich die Kantische Ethik eben darin den persönlichen Beziehungen als solchen gegenüber gleichgültig – eine Indifferenz, die in der realen Praxis diese Beziehungen zerstören würde.

Rechte: Kants Rechtebegriff unterscheidet sich von dem, was in der heutigen Alltagsmoral die meisten mit ‚moralischen Rechten' assoziieren. Sein Begriff ist ein juridischer und kein moralischer Begriff. Die Aufgabe von Rechten liegt nach Kant nicht darin, moralische Forderungen zu verankern, sondern darin, das staatliche Erzwingen eines moralgemäßen Verhaltens zu rechtfertigen. Mit der Kantischen Moral kongruiert dieser Rechtsbegriff teilweise in den konkreten Verhaltensforderungen und in der Betonung von Freiheit. Zugleich unterscheidet er sich von ihr durch die Funktion eben der zu erzwingenden ‚äußerlichen' Verhaltenskonformität, unter Absehen von den moralischen Motiven der Handelnden. Der Begriff „moralischer Rechte" in unserem Sinn ist für Kant deshalb bedeutungslos.

Wie sind Rechte dann im Rahmen der Kantischen Theorie normativ legitimiert, wenn nicht moralisch? Bekanntlich durch ihre Rückführung auf ein *einziges Recht auf Freiheit*, das selbst nicht als moralisch im Sinn der Kongruenz mit dem moralischen Gesetz verstanden wird, sondern die in der Moral für ideal gesetzten Verhältnisse pragmatisch abschwächt.[23] Dass das Recht auf Freiheit und damit die juridisch-politischen Verhältnisse auf diese Weise der Moral gegenüber abgeschwächt werden, ist eher Ausdruck eines Menschenpessimismus als einer normativen Argumentation. In den Konsequenzen sind Kants Rechte dem Lockeschen oder Nozickschen Libertarianismus sehr ähnlich und rufen entsprechende Einwände hervor: Warum sollte man juridische Rechte einzig über das Element der Erzwingbarkeit definieren? Warum sollte es unmöglich sein, Rechte moralisch zu kritisieren oder zu rechtfertigen? Und warum sollte Freiheit einzig auf die libertäre Weise verstanden werden? Warum sollte man sich, moralisch gesehen, mit einem Minimalstaat begnügen?[24]

Mit Kants Bedürfnis nach einem nicht-naturalistischen Pflicht- und Moralbegriff hängt diese einseitige Rechtstheorie insofern zusammen, als Recht und Moral in unvermittelbare Bereiche auseinanderfallen *müssen*, wenn man wie Kant den Bereich der Moral auf eine nicht-natürliche Notwendigkeit zurückführen will, um danach mit den praktischen Problemen in der großen Gesellschaft konfrontiert zu sein, wonach es ‚Notwendigkeiten' natürlicher Art gibt, nämlich Freiheitsverletzungen aus verschiedensten natürlichen Interessen heraus. Führt man dann wie Kant die Rechte als Antwort auf diese praktischen Probleme ein, hat man endgültig zwei getrennte normative Berei-

---

[23] „Das Recht ist also der Inbegriff der Bedingungen, unter denen die Willkür des einen mit der Willkür des andern nach einem allgemeinen Gesetze der Freiheit zusammen vereinigt werden kann." (MdSR 230) „Freiheit (Unabhängigkeit von eines Anderen nötigender Willkür), sofern sie mit jedes Anderen Freiheit nach einem allgemeinen Gesetze zusammen bestehen kann, ist dieses einzige, ursprüngliche, jedem Menschen, kraft seiner Menschheit, zustehende Recht." (MdSR 237)

[24] Siehe für die Aktualität dieser Fragen eine Kritik Christine Chwaszczas an Otfried Höffes kantianischer Rechtstheorie: Chwaszcza 2002.

che geschaffen, die nur der Suggestion ihrer Begriffe wegen noch verbunden erscheinen. Tatsächlich sind Moral und Recht inkohärent geworden, wie sich an Kants Verbindungsversuchen selbst zeigt. Obwohl nicht moralisch, soll das einzige Naturrecht auf Freiheit apriorisch sein (MdSR 237). Obwohl mit Erzwingbarkeit begrifflich verbunden, soll es mit Sinnlichkeit nichts zu tun haben. Recht und Moral sollen beide zu den „Sitten" gehören, aber dennoch völlig getrennt sein.

4. Wie könnte die post-Kantische Moral aussehen?

Eine kantianische Vorgehensweise bestünde darin, in Anschluss an diese Kritik der Kantischen Moral ein alternatives Begründungskonzept zu schildern, um damit zu sehen, welche Möglichkeiten des Begründens uns nach dieser Kritik noch bleiben und wie sie sich in einer konkreten Moral abbilden. Ich denke, dass das der falsche Weg wäre. Ein allgemeines Begründungsmodell gegenüber oder innerhalb der Moral muss meines Erachtens entweder (erstens) mehr oder weniger nichtssagend bleiben oder (zweitens) in die Tendenz des Rationalismus zurückfallen, der die Fähigkeit zu Gründen zu einer isolierten und eigenständigen Fähigkeit stilisiert, die eigenartigerweise von inhaltlichem Interesse sein soll. Dieses in beiden Möglichkeiten immer noch rationalistische Begründungsmodell führt auch leicht zur Tendenz, die sozialen und politischen Verhältnisse rationalistisch zu verzeichnen.

Die erste, relativ harmlose Gefahr der nichtssagend bleibenden Begründungsmethode, lässt sich an den Versuchen ablesen, Rawls' Rede von einem ‚*Überlegungsgleichgewicht*' weiter zu präzisieren. Bisher ist das, ähnlich wie für den Kohärenzbegriff, nicht gelungen, was zu belegen scheint, dass ein allgemeines, von einem ontologisierten Grundbegriff wie „Vernunft", „Interesse" oder „Autonomie" freies Begründungsverständnis nicht verbindlicher ausgedrückt werden kann als eben so, dass in einer gültigen Begründung unsere relevanten Überzeugungen einander ‚stützen' oder miteinander ‚harmonieren' sollen.[25] Die Rede von Kohärenz ist, könnte man folgern, in allgemeinster Form nicht informativ, weil die Elemente, zwischen denen Kohärenz hergestellt werden soll, entsprechend verallgemeinert nichts mehr sagen. (Leicht zu beobachten ist das beispielsweise an Rawls' informationslos werdenden ‚Grundgütern'.)

Die zweite Gefahr des verzerrenden Rationalismus lässt sich am ehesten an der *Diskursethik* veranschaulichen. Die Diskursethik stilisiert die Fähigkeit, mit anderen über die normativen Bedingungen des Zusammenlebens zu argumentieren, so weit zu einer isolierten und eigenständigen Fähigkeit, dass ihr – ähnlich wie bei Kant – eine elementare, mit dem ‚Menschsein' verbundene moralische Gleichheit entnommen werden soll. Ebenfalls wie bei Kant wird diese Gleichheit als eine des ‚rationalen Zwangs' verstanden, so dass über allen moralischen Verhältnissen ein dem moralischem Gesetz vergleichbares Diskursgesetz schwebt. Dieses Gesetz erlaubt zwar keine unmittelbare Deduktion konkreter Pflichten, dennoch legt es den diskutierend Zusammenlebenden

---

[25] Siehe die Zusammenfassung verschiedener Versuche von Daniels 2003. Für eine erkenntnistheoretische Erörterung siehe Schoubye 2003.

Bedingungen ihres Zusammenlebens auf.[26] Je nachdem, wie man das verstehen will, können sich die Zusammenlebenden entweder nur in ihren diskursiven Fähigkeiten anerkennen und dürften dann unter der einseitig-rationalistischen Idee von Personen leiden, oder es bleibt – mit nicht weniger fatalen Folgen – völlig offen, wie sich die Sprechenden gegenseitig anerkennen. Die Faszination der Diskursethik verdankt sich der verwirrenden Mischung beider Möglichkeiten.

Versuchen wir deshalb besser, Beobachtungen zu einer post-Kantischen Moral einfach aus den Zusammenbruchstendenzen von Kants Moral selbst zu beziehen. Das ist der *leichtere* Teil der Frage, wie eine von Kants Rationalismus befreite Moral aussehen würde. Viele in der heutigen Alltagsmoral teils nicht einmal mehr geläufige, teils nicht mehr akzeptierte Aspekte in Kants Moral fallen dabei weg, beginnend mit der strikten Unterscheidung zwischen Moral und Klugheit und dem Vorrang der Moral vor anderen Lebensgütern. Kehrseite dieser Befreiung von Kants Rigorismus ist allerdings ein großer Verlust an Klarheit, und das betrifft den *schwierigeren* Teil der Frage nach der post-Kantischen Moral. An die Stelle einer – zumindest in der Theorie – rational zwingenden Moralarithmetik tritt eine unbegrenzt offene und fortwährend neu herzustellende Gleichgewichtsmoral. Im Folgenden betrachte ich zu diesem Zweck erneut die bisher diskutierten Elemente der Kantischen Ethik, nun als mögliche Elemente einer post-Kantischen Moral. Dabei werden einige Tendenzen sichtbar, wie sich unsere gegenwärtige Moral auf verschiedene Weisen weiter entwickeln könnte.

Pflichten: Pflichten sind keine bedingungslos geltenden Pflichten, und sie sind (neben Rechten) nicht die einzigen Elemente der Moral. Motive, Wünsche, Gefühle und Gewohnheiten spielen eine ebenso zentrale und häufig entscheidendere Rolle. Pflichten gelten nicht absolut, sondern in Abwägung mit je anderen Pflichten und Wünschen oder weiteren Gesichtspunkten.[27]

Mit Wegfall auch der Idee eines weltlichen moralischen ‚Gesetzes' wird der Pflichtbegriff im originären Sinn überflüssig. Tatsächlich sprechen wir gleichbedeutend mit „Pflichten" bereits von „Forderungen" oder „Gründen". Der Zwang, den eine Pflicht ausübt, kann nur dem Grund entspringen, den man mit der Pflicht verbindet. Von Pflicht redet man nur noch im Sinn des deontischen Aspekts eines praktischen Grunds. Obwohl wir den Begriff der Pflicht äußerlich gesehen beibehalten, hat er seine ursprüngliche, gründeerzeugende Rolle soweit eingebüßt, dass er durch eine Reihe von anderen Begrif-

---

[26] Die berühmteste und knappste Formulierung dieses Gedankens stammt von Habermas und spricht vom „zwanglosen Zwang des besseren Arguments" (siehe Habermas 1973a, 148; 1999, 261). Sofern es sich dabei um einen sozialgestalterischen Zwang handeln muss und nicht einen der ‚bloßen' Argumente, ist diese Floskel weder in dem, was sie sagt, noch in dem, was aus ihr folgt, so harmlos wie es auf den ersten Blick scheint. Habermas hat meines Wissens nie eine *schwächere* Version seines Gedankens erwogen, wonach das argumentative Gespräch ein *Gut* ist, das zu nutzen sich einfach nur lohnt. Siehe das Ende dieses Kapitels und Kap. 7.

[27] Veranschaulicht wird das durch den Ratschlag, den der Berater für ‚Gewissensfragen' einer Zeitung auf die Frage einer Leserin gibt, ob sie die Untreue ihrer Freundin gegenüber dem Lebenspartner zu decken verpflichtet sei (SZ-Magazin vom 17.9.04). Ja, meint der Berater, denn Freundschaft sei ein „eigener moralischer Wert", der verpflichte, in diesem Fall zur Teilnahme am Betrug. Das ist ein typischer Ratschlag im Rahmen einer post-Kantischen Moral.

fen ohne Verlust ersetzt werden kann. Auch die Idee der ‚Pflichten gegen sich selbst' ist insofern nicht mehr möglich, als sie ja voraussetzt, dass sich der Akteur so dem moralischen Gesetz unterstellt verstehen muss, dass es sich an ihm im Handeln gleichsam manifestiert. Dazu müsste es aber ein vom Akteur unabhängig zu benennendes Gesetz (eine von ihm unabhängige und zugleich inhaltlich informative Vernunftstruktur) geben. Fällt dieses Gesetz weg, treten an die Stelle der Idee der Pflichten gegen sich selbst so etwas wie moralische Stenogramme, Erfahrungsregeln, Gewohnheiten, die es sich lohnt, in der Zukunft zu beachten oder beizubehalten, wenn sie sich bewährt haben.

Universalität: An die Stelle einer fixen, ‚formalen' oder ‚quasi-biologischen' Gleichheit aller Menschen tritt eine *experimentelle* Gleichheit, die beschreibungsabhängig ist. Welche Beschreibungen einschlägig sind, hängt von der Situation ab, in der man sich befindet. Beschreibungsrelevant ist dabei ebenso die Zugehörigkeit der Menschen zu verschiedenen Arten von Gemeinschaften und Gruppen wie der Einbezug in verschiedene Formen sozialer Beziehungen. Die Eigenschaft, ‚Vernunftwesen' zu sein, dominiert nicht mehr uneingeschränkt und mit unbestreitbarem rationalen Zwang alle anderen Eigenschaften. In manchen sozialen Kontexten kann sie von der *Zugehörigkeit zu Gemeinschaften* außer Kraft gesetzt werden. Wenn wir uns, was nicht zwingend, aber immerhin möglich ist, im Konfliktfall eher über unsere kritische Haltung als über eine bestimmte Gruppenloyalität definieren, so bleibt Kants Gleichheit der Vernunftwesen annähernd erhalten und wird nur in Grenzbereichen, etwa der Familie und der Freundschaft, aufgekündigt. Ob damit eine gemeinschaftsgebundene Moral *völlig* in eine gemeinschaftsrelative übergehen muss, ist vielleicht die wichtigste Frage der post-Kantischen Moral, auf die ich gleich wieder zurückkomme.

Wille: Handlungsabsichten sind nicht die einzigen Kriterien für moralisch gutes Handeln. Die *persönliche Eigenart* eines Akteurs spielt häufig eine wichtigere Rolle als seine unmittelbaren Absichten. Eine *Akteursethik* oder eine Tugendperspektive sind häufig ein angemessenerer Rahmen für moralische Urteile als die enge Fixierung darauf, was jemand in einer einzelnen Situation mit seinem Handeln beabsichtigt.

Offen ist, ob damit auch Kants moralischer Individualismus und Nonkonsequentialismus aufgelöst werden. Auch in diesen Punkten spielt die Frage eine zentrale Rolle, inwieweit die kritische Haltung Bestandteil der persönlichen Identität ist, denn sie löst die Akteure aus Gruppenloyalitäten und kulturellen Werten heraus und verschafft ihnen eine argumentative Distanz zu den eingelebten Bindungen ihres sozialen Milieus. Der moralische Individualismus ist nicht rational zwingend, wie Kant meint, aber er liegt in einer Aufklärungskultur nahe. Man braucht gute Gründe, um ihn abzulehnen, und es ist fraglich, welche das sein sollten. Eine einmal innerhalb einer Kultur eingeführte Form der Kritik ist vermutlich mit Argumenten nicht mehr zurückzunehmen.[28]

Der *Konsequentialismus* ist eng mit einer objektiven Wertlehre oder einer kollektivistischen Sicht der Moral verbunden, wie sie für Utilitaristen typisch ist. Moralische Individualisten müssen ihn deshalb jedenfalls in einer Form ablehnen, die mit der Betonung der Absichten unvereinbar wäre. Die Absichten können und sollten natürlich auch anhand der beabsichtigten Folgen beurteilt werden. Ein solcherart die Absichten *einbezie-*

[28] Denn alle Gründe für Grenzen der Kritik, etwa Tabus, bleiben nach dem aufgeklärten Verständnis tentative Gründe und die kritische Einstellung wird damit nicht aufgegeben.

hender Konsequentialismus ist in der post-Kantischen Moral jedoch sinnvoll (siehe Adams 1976). Die post-Kantische Moral ist deshalb *eher* konsequentialistisch als deontologisch, wobei dieser Gegensatz allerdings seine in gegenwärtigen Lehrbüchern noch übliche typologisierende Bedeutung für Moral und Ethik verliert. Die post-Kantische Moral ist konsequentialistisch *und* deontisch in einem abgeschwächten und damit veränderten Sinn beider Prädikate.

Autonomie: In der post-Kantischen Moral sind die von Kant begrifflich behaupteten Identifikationen von Vernunft und Moral, von Autonomie und Moral aufgelöst. Das scheint auf den ersten Blick so plausibel, wie es plausibel erscheint, dass man autonom unmoralisch sein kann. Bei genauerem Zusehen ist es eine *offene Frage*, ob und in wieweit bestimmte Grade von Amoralismus mit einem entsprechenden Mangel an Vernunft und Autonomie einhergehen. Ein typischer Amoralismus ist der von Gruppen, Familien, Clans oder Banden, die sich Vorteile auf Kosten anderer verschaffen. Die eigene Moral auf die Mitglieder der eigenen Gruppe begrenzen zu wollen, wäre nicht *per se* irrational. Der Wert der Rücksichtnahme auf die anderen hängt von dem Wert ab, den man mit sozialen Beziehungen im Allgemeinen verbindet, und damit vom Ausmaß der Gleichheit, die angemessen erscheint.

Wie Kants Gleichsetzung von Autonomie, Moral und Vernunft weiter beurteilt werden sollen, hängt vor allem von der Klärung nicht-Kantischer Begriffe der Autonomie und Vernunft ab. Ein guter Einstieg für diese Diskussion ist ein Verhalten wie dasjenige von Gauguin. Gauguin, im Beispiel von Bernard Williams (1981), scheint mindestens in einer vorstellbaren Version (vielleicht nicht in der tatsächlichen Geschichte) autonom zu handeln, wenn er seine Familie verlässt, um in der Südsee ein besserer Künstler zu werden. Und gleichzeitig fügt er damit seiner Familie so erhebliches Leid zu, dass man sein Handeln unmoralisch nennen kann.[29] Wenn es zur Moral alternative, von der Moral nicht notwendig dominierte Lebensgüter gibt, so ist das autonome Verfolgen dieser Güter nicht ausgeschlossen und amoralische Autonomie scheint möglich.

Zu bedenken ist aber, dass wir nicht wirklich wissen, wovon wir sprechen, wenn wir den Begriff „Autonomie" so einfach benutzen. Mit der Kritik an Kant wird nicht nur die Identifikation von Autonomie mit Moral, sondern auch die von Vernunft und Autonomie aufgelöst, so dass in Frage steht, was Autonomie eigentlich sein soll. Grundsätzlich scheinen zwei Alternativen denkbar. Einem *individualistischen* Autonomiebegriff zufolge, der etwa auf überlegten selbstbezogenen Wünschen beruht, wäre Gauguin autonom, weil er sich von moralischen Fesseln befreit, die seine eigene Entwicklung, zumindest seinem Selbstverständnis nach, hemmen. Amoralische Autonomie wäre dann möglich. Dem gegenüber steht ein *sozialer* Autonomiebegriff, der Autonomie in der Übernahme sozialer Verantwortung realisiert sieht.[30] Autonomie ist dieser Theorie zufolge die sozialpsychologisch gegründete und normativ anhaltend *konstitutionsabhängi-*

[29] Siehe auch Fairbanks 2000, Kap. 6, die Kant gegen Williams zu verteidigen sucht. Der Fall Gauguins ist insofern nicht unbedingt exotisch, als er auf eine zugespitzte Weise den heute weit verbreiteten Konflikt zwischen den (egoistischen) Berufswünschen von Familienvätern und ihren Familienpflichten vorwegnimmt, ein Konflikt, in dem sich die Mehrzahl der Männer wie Gauguin verhalten.

[30] Ich verteidige diesen Begriff in Kap. 3.3.

ge Fähigkeit, in sozialen Beziehungen Verantwortung für das eigene Handeln in seinen Folgen für andere zu übernehmen; die konkrete Übernahme der Verantwortung gegen andere ist das Autonomie erst ‚erzeugende' Kriterium, ohne das Autonomie ein leeres Wort bleibt. Diesem sozialen Begriff zufolge fällt es schwer, Gauguins Entscheidung autonom zu nennen, sofern er den Verantwortungskontext der Familie nicht durch einen ähnlichen ersetzt, in dem er vergleichbare soziale Beziehungen eingeht. Autonomer Amoralismus wird unter diesem Begriff, der mir der richtigere erscheint, eine widersprüchliche Konstruktion. Interessanterweise wird damit Autonomie wieder, ähnlich wie bei Kant, moralisch interpretiert, wenn auch in umgekehrter Reihenfolge.

Rechte: Kants Rechtsbegriff vermag seine Moraltheorie schon deshalb zu überleben, weil er von ihr unabhängig ist (jedenfalls nach der vorhin gegebenen Skizze). Das Recht als gegenseitiges Zuerkennen von begrenzten Freiheitsspielräumen wird heute von verschiedenen Versionen der libertären Politiktheorie mithilfe von Vertragsmodellen oder ökonomisch-rationalen Argumenten verteidigt. Während die bisher geschilderten Tendenzen Kants Moral eher abschwächen und durch eine Art moralischen Pluralismus ersetzen, wird sich eine von Kants Trennung zwischen Moral und Recht *befreite* Ethik eher *im Gegenteil* um ein moralisch gestärktes Recht bemühen. Während Kants Moral aufgrund der in ihr herrschenden Dominanz der Pflichten einen Begriff *moralischer* Rechte ausschließt, versteht die Alltagsmoral moralische Rechte als Forderungen, die ihren Ursprung in der Person des Fordernden haben.[31]

Das ist nicht so zu verstehen, dass die Rechte zu einem Grundbegriff moralisch geregelter Beziehungen *generell* werden. Vielmehr bietet sich eine *Zweiteilung* auf die folgende Weise an. Im eher persönlichen *Nahbereich* herrschen Pflichten, die der Besonderheit der in diesem Bereich gepflegten sozialen Beziehungen entspringen. Aristoteles' Freundschaftsmodell und die darin enthaltene Bindung von Moral und werthaft erfahrenen sozialen Beziehungen sind vorbildhaft für diesen Bereich. Im *Fernbereich* sozialer Beziehungen innerhalb einer Gemeinschaft herrschen Pflichten, die den Rechten der in dieser Gemeinschaft sich gegenseitig anerkennenden Mitglieder entspringen. Wiederum kann die Rechtfertigung dieser Rechte nur auf sozialpsychologischen Gründen des Vorteils oder auch der psychologischen Notwendigkeit dieser moralischen Anerkennung beruhen. „Gerechtigkeit" ist der klassische Begriff, unter dem diese überpersönlichen Beziehungen geordnet werden. Gerechtigkeit und moralische Rechte gelten dann aber nicht einfach unter Menschen ganz allgemein, sondern nur unter denjenigen, die sich als eine spezielle Gemeinschaft verstehen. Die Akzeptanz moralischer Rechte unterstellt notwendig eine Gemeinschaft derer, die sich als Träger dieser Rechte anerkennen, so dass Inhalt und Reichweite dieser Rechte von den aktuellen Möglichkeiten zu einer Gemeinschaft beschränkt werden.

---

[31] Feinberg 1992 hat dieses Rechteverständnis mit seinem berühmten Gedankenexperiment von einer Gesellschaft, die nur Pflichten, aber keine Rechte kennt, anschaulich entwickelt.

5. ‚Vernünftige' Moral durch moralische Erfahrung

Diese allgemein gehaltenen Bemerkungen zu einer post-Kantischen Moral wären nicht vollständig, wenn sie nicht um einen wie immer spekulativen Versuch ergänzt würden, das Schicksal einer Überzeugung zu skizzieren, die viele für den Inbegriff der Ethik Kants halten und die insbesondere von der Diskursethik am Leben erhalten wird. Ich meine die Überzeugung, wonach *moralische Gleichheit* im Sinn gleicher Rücksichtnahme und Achtung ihre Grundlage in einer gleichen *menschlichen Vernünftigkeit* hat. Wie wir sahen, ist diese Idee vor allem mit zwei Fragen konfrontiert. Wieso soll erstens die menschliche Vernünftigkeit überhaupt eine moralische Qualität besitzen oder eine Brücke zu moralischen Forderungen zu schlagen erlauben? Liest man den Begriff entsprechend gehaltvoll, steigen die Zweifel, die entsprechende menschliche Qualität könnte irgendwo bereits problemlos gegeben sein. Und wieso soll zweitens menschliche Vernünftigkeit eine weitgehend homogen und gleich verbreitete Eigenschaft sein? Wiederum hängt die Bedeutung der Frage vom Gehalt der gemeinten Eigenschaft ab. In der schwächsten Version, derzufolge Vernunftfähigkeit nur als eine Fähigkeit des Problemlösens und Sprechens verstanden wird, wird eine solche Fähigkeit kaum moralische Folgerungen zulassen; versteht man sie anspruchsvoller, dann ist das Merkmal der Vernünftigkeit unter Menschen nicht gleich verbreitet.[32] Ist die Eigenschaft nicht homogen und gleich gegeben, wie soll sie dann für moralische Gleichheit einstehen können?

Übereinstimmend mit der vorangegangen Kritik an Kants Ethik schlage ich vor, die Betrachtungsweise gegenüber Vernunft und sozialen Verhältnissen *umzukehren*: nicht die sozialen Verhältnisse mit der Brille einer abstrakt vorauszusetzenden Vernunft zu prüfen, sondern die mögliche allgemeine Vernunft unter dem Blickwinkel der sozialen Verhältnisse zu ermitteln. Wenn wir menschliche Vernünftigkeit etwas realistischer ansehen, zeigen elementare ethnologische Einsichten ebenso wie unsere individuell-soziale Erfahrung, dass es so etwas wie *einen* Begriff der Vernünftigkeit nicht gibt. Vielmehr fassen wir mit einem solchen Begriff eher *verschiedene* konkrete Fähigkeiten zusammen, die sowohl in ihrem Entstehen wie in ihren Inhalten von einer vorausgesetzten menschlichen Gemeinschaft abhängig sind. Wie sich an praktischen Konflikten zwischen verschiedenen Kulturen, etwa gegenwärtig zwischen der christlichen und der islamischen, aber auch zwischen Menschen mit verschiedenen Lebensgeschichten und Lebensstilen, nachdrücklich zeigt, ist die ‚universelle' Diskursfähigkeit von geringer praktischer Relevanz, sofern die mit den unterschiedlichen Lebensstilen verbundenen *inhaltlichen* Relevanzkriterien entsprechend verschiedene sind. Es ist diese *inhaltliche* Kongruenz, nicht eine abstrakte Vernunftfähigkeit, aus der eine gemeinsame Moral entspringt.

Wenn man diese zu Kant konträre These der Möglichkeit der Vernunft durch eine geteilte inhaltliche Lebensweise akzeptiert, ist dennoch offen, wie bedeutsam die soziale Funktion ist, die eine selbst scheinbar inhaltslose prozedurale Vernünftigkeit spielen kann. Zwei einander gegenüberstehende Theorien sind die ‚*kommunitaristische*' und die

---

[32] In diesem Konflikt findet sich gerade auch die Diskursethik wieder, die aus minimalistischen Voraussetzungen gehaltvolle Folgerungen gewinnen will.

‚modernistische‘.[33] Nach der kommunitaristischen bleibt die Argumentationsfähigkeit notgedrungen an den Horizont geteilter Lebensrelevanzen gebunden. Das Konfliktlösungspotential von Argumenten ist demnach immer durch den Rahmen dieser Relevanzen gebunden. Die Zunahme von Diskussionen ist eher ein Krisensymptom der sich auflösenden Gemeinschaft. Nach der modernistischen Theorie beschleunigt die prozedurale Vernünftigkeit die Auflösung der gemeinsamen Lebensrelevanzen zwar, vermag sie aber teilweise auch zu ersetzen oder zu transformieren. Während für die Kommunitaristen unser Selbstverständnis und die Gemeinschaft durch Diskurse bedroht sind, wird die Gemeinschaft für die Modernisten transformiert, hin in eine allein im Diskursprozess zunehmend egalitäre Gemeinschaft. Die historische Entwicklung in Europa, beginnend mit dem vor allem von Rawls gern zitierten Westfälischen Frieden von 1648 als dem Ende des 30jährigen Glaubenskriegs, scheint tendenziell die modernistische Theorie, und damit in gewisser Weise Kant, zu *bestätigen*. Solange wir jedoch keine Erklärung für die Substituierbarkeit lokaler Überzeugungen durch die allgemeine Diskursfähigkeit haben, bleibt diese Beobachtung unsicher.

Eine optimistische, Kant und die Diskursethik im Ergebnis, wenn auch nicht in den Argumenten, unterstützende Erklärung könnte darin bestehen, dass die Wertrelevanzen, die man in traditionellen Gesellschaften ebenso wie in frühen Stufen der persönlichen Entwicklung vorfindet, durch den Einbezug in einen diskursiven Prozess in einem *für alle Menschen wichtigen Kern* nicht aufgelöst, sondern vielmehr ‚verbessert‘ werden. Eine solche Erklärung wäre zirkulär, wenn nur gesagt würde, dass die sozialen Beziehungen durch gegenseitig zuerkannte gleiche Begründungsansprüche ‚besser‘ werden – besser eben im Sinn dieser Ansprüche. Eine nicht-zirkuläre Erklärung muss zeigen, dass menschliche Wertrelevanzen durch einen Prozess der ‚Verallgemeinerung‘ nicht aufgelöst, sondern *als solche* verbessert werden. Mir scheint, dass es eine verhältnismäßig einfache Erklärung gibt, die mit Ausnahme extremer Kulturrelativisten jeder akzeptieren müsste.

Die Erklärung benötigt drei Annahmen. Erstens die Annahme, dass sich alle normativen Phänomene, insbesondere auch moralische Normen, als *Erfahrungen* von und Reaktionen auf *Lebensweisen* und Ausschnitte von Lebensweisen ausdrücken lassen. Alles Normative entspringt einer Erfahrung von Lebensweisen. Zweitens die These, dass Diskurs und Argumentation eine *Versprachlichung* unterschiedlicher Erfahrungen von und Reaktionen auf Lebensweisen repräsentieren. Eine mit eben dem Relativismus kollidierende Annahme ist, dass drittens ‚mehr‘ Erfahrung besser ist als ‚weniger‘. Das dürfte vor allem für im durchschnittlichen Leben wichtige Erfahrungen gelten, um die es unter dem Begriff der „Lebensweisen“ ja gehen soll, beispielsweise um verschiedene Arten von sozialen Beziehungen, Familienstrukturen, intellektuelle und handwerkliche Tätigkeiten, usw. Eine Expansion der Perspektiven auf zentrale menschliche Lebensweisen ist *gut*, so wie die Expansion der Erfahrung mit allen wichtigen menschlichen Gütern gut ist, beginnend mit so einfachen Fällen wie dem erweiterten Wissen darüber, wann Lawinen ins Tal gehen oder wann und wo Blitze einschlagen.

---

[33] Diese Gegenüberstellung versucht nicht, dem ‚Kommunitarismus‘ gerecht zu werden, sondern nur, ein möglichst einfaches und kontrastreiches Bild zu zeichnen. Für die Unterscheidung zweier Varianten von Kommunitarismus siehe Kap. 6.3.

Nur wenn man zwischen ‚empirischer' und ‚moralischer' Erfahrung hohe Mauern aufrichten will, ein Unternehmen, an dem Kant nicht ganz unbeteiligt war, hat man mit einem solchen Begriff der ‚moralischen Erfahrung' Schwierigkeiten. Wenn man es hingegen für absurd hält, das Wichtigste in unserem Leben, die Lebensweisen, und insbesondere die mit anderen geteilten und organisierten Lebensweisen, aus der Erfahrung auszuschließen, können wir dem Kantischen Lob der Universalität voll zustimmen, wenn auch aus ganz anderen Gründen als er. Weil es eine Erfahrung mit der Erfahrung ist, dass sie unseren Umgang mit der Welt besser werden lässt, haben alle etwas davon, *die Erfahrung aller* mit den Lebensweisen zu berücksichtigen. Die moralische Erfahrungsgemeinschaft ist zugleich die weitest mögliche moralische Gemeinschaft.

Normativität im Kontext

1. Wie „gut“ gebraucht wird

Manche metaethische Debatten waren leicht dem Missverständnis ausgesetzt, als ginge es in ihnen nur um sprachliche Details der Moralsprache. Im Nachhinein, da die Streitpunkte der metaethischen Dispute zwischen ‚Kognitivisten‘ und ‚Nonkognitivisten‘ allmählich in Vergessenheit geraten, könnte eine Diskussion wie die über den attributiven oder prädikativen Charakter des Wörtchens „gut“ leicht als ein Spezialdiskurs unter Sprachphilosophen erscheinen. Tatsächlich ging und geht es bei dieser Debatte, die vor längerer Zeit zwischen Peter Geach und Philippa Foot auf der einen, Richard Hare auf der anderen Seite geführt wurde, um nichts geringeres als die Vereinbarkeit der antiken Ethik mit der modernen, oder auch um die Schwierigkeit, beide Perspektiven auf die Moral entweder miteinander zu verbinden oder sich im Fall der unauflösbaren Exklusivität zu einer von beiden Positionen zu bekennen.[1] Die vorrangige Frage der damaligen Debatte war, ob die Moral ‚deskriptiv‘ bzw. ‚kognitiv‘ oder ‚präskriptiv‘ bzw. ‚nonkognitiv‘ ist. Wenn man sich diese technischen Begriffe nicht vorgeben lassen will, könnte man die Debatte auch anhand der Fragestellung charakterisieren, ob und wieweit die Grundlagen der Moral in ‚objektiven‘ menschlichen Gegebenheiten wie ‚Gütern‘ enthalten sind, oder ob sie alternativ aus ‚subjektiven‘ Einstellungen, Wünschen oder Entscheidungen entspringen.

Auf den ersten Blick ist nicht so leicht sichtbar, inwiefern diese Alternativen unvereinbar sein sollten; könnten sich Güter nicht in Einstellungen ausdrücken? Tatsächlich sind sie unvereinbar nur im Sinn von ‚Grundlagen‘. Grundlagen sind Bedingungen, die anderes ermöglichen. Sind Grundlagen so gemeint, dass sie als Gegebenheiten dem Handeln vorausliegen, dann können *Entscheidungen zu* einem Handeln nicht gleichzei-

---

[1] Im engeren Sinn ist die Diskussion zwischen Geach, Hare und Foot enthalten in Geach 1956, Hare 1957 und Foot 1961. Für Hares Argumentation ist dabei einschlägig Hare 1952, während Foot erst in ihren späten Arbeiten die Konsequenzen aus dieser Diskussion gezogen hat: s. Foot 1995; 2001. Die ausführlichsten Analysen von „gut“ sind enthalten in Ziff 1960, Kap. 6 und Von Wright 1963. Für eine kurze Darstellung der metaethischen Debatte s. auch Leist 2000, 3. Vorl. Ich versuche in diesem Kapitel meinen, wie ich inzwischen glaube, falschen Weg aus dieser Konfrontation zu korrigieren. Dabei muss ich mich auch darin korrigieren, dass ich glaubte, zwischen Foot und Hare bestünde ein ‚Patt‘. Foots Position ist von Beginn an die vielversprechendere.

tig solche dem Handeln vorausliegende Bedingungen sein. Entweder ermöglichen die Gegebenheiten das Entscheiden, oder die Entscheidungen schaffen Gegebenheiten. Anhand dieser Begriffe „Gegebenheiten" und „Entscheidungen" (oder „Gutsein und Entscheiden" (Foot 1961)) ist ein ausschließlicher Gegensatz am leichtesten zu erkennen; ein ähnlicher Gegensatz besteht aber auch zwischen anderen subjektiven Eigenschaften wie Einstellungen, Gefühlen oder Wünschen und akteurs-externen Gegebenheiten wie Geschichten, Beziehungen, Gemeinschaften oder Lebensmitteln.

Grundsätzliche Unterschiede, Unterschiede in den Grundlagen, haben die Eigenheit, weitreichende Differenzen nach sich zu ziehen. Im Fall des Unterschieds zwischen der ‚kognitiven' und ‚nonkognitiven' Position erstrecken sich diese Differenzen vor allem auf dreierlei: erstens auf unterschiedliche Begriffe praktischer Rationalität, zweitens auf unterschiedliche Vorstellungen vom Verhältnis der Moral zum außermoralisch Guten, und drittens auf unterschiedliche Auffassungen bezüglich der Frage, inwieweit die Moral bindet oder inwieweit Freiheit gegenüber der Moral besteht. Man kann den dritten Punkt auch so ausdrücken, dass die beiden Positionen der Freiheit in Fragen der Moral einen unterschiedlichen Raum geben und ihr unterschiedliche Bedeutung zumessen. Ich werde auf diese weitreichenden Folgen zurückkommen, will aber zuerst die eben angesprochene Debatte zum Gebrauch von „gut" schildern.

Attributiv wird ein Adjektiv dann verwendet, wenn es in seiner Bedeutung vom Substantiv abhängig ist, das es qualifiziert; *prädikativ* wird es verwendet, wenn eine solche Abhängigkeit nicht besteht. In „x ist ein kleiner Elefant" und in „y ist ein großer Floh" werden „klein" und „groß" attributiv verwendet, weil die Bedeutung des jeweiligen Adjektivs *gebunden* ist an das Elefantsein bzw. das Flohsein. Wäre dem nicht so, könnte man aus dem Satz „x ist ein kleiner Elefant" folgern, dass x ein kleines Tier ist. (Elefanten sind bekanntlich Tiere.) Und analog könnte man aus dem Satz „y ist ein großer Floh" folgern, dass y ein großes Tier ist. (Flöhe sind bekanntlich Tiere.) In der Verknüpfung beider Konklusionen ergäbe sich, weil große Tiere größer sind als kleine Tiere, dass der Floh ein größeres Tier ist als der Elefant.

In „x ist ein roter Ferrari" wird „rot" dagegen prädikativ verwendet, denn die Bedeutung von „rot" ist unabhängig davon, dass es sich in diesem Satz um einen Ferrari handelt (selbst wenn Ferraris üblicherweise rot sind). Bei der attributiven Verwendung benötigt das Wort also einen Urteilsrahmen, bei der prädikativen nicht. Das *Attribut* qualifiziert einen Gegenstand, von dessen Bezeichnung es zugleich im Qualifizieren abhängig ist; das *Prädikat* qualifiziert einen Gegenstand ohne eine solche Abhängigkeit. Diese Abhängigkeit gilt für ‚empirische' Adjektive wie „groß", „tief" oder „schwer", für konkret-wertende Adjektive wie „jung", „schnell", „laut", und für das allgemeinwertende Adjektiv „gut" und sein Gegenteil „schlecht".

Nicht jede, aber eine erhebliche Teilklasse der Verwendungsweisen von „gut" ist im beschriebenen Sinn attributiv. Dieser Umstand legt eine ‚*funktionale*' Interpretation von „gut" nahe. Von einer solchen funktionalen Interpretation kann man dann sprechen, wenn die Bedeutung von „gut" in der Tauglichkeit für einen Zweck besteht, der mit dem Substantiv (direkt oder indirekt) ausgedrückt wird, dem das Adjektiv attributiv zugeordnet ist. Das klassische Beispiel für diese Interpretation ist „gutes Messer", wobei „Messer" für „Schneidewerkzeug" steht und die mit „gut" benannte Qualität des

Messers in den Eigenschaften liegt, die eben diesen Zweck des Messers unterstützen. Ob ein Messer gut ist, zeigt sich daran, ob es scharf, handlich, spitz, usw. ist. Wie allgemeingültig diese funktionale Interpretation von „gut“ ist, hängt insbesondere davon ab, inwieweit sich das funktionale Muster innerhalb der attributiven Klasse aufrecht erhalten lässt.[2] Das Vorbild – also das „gute Messer“ – betrifft ein Qualifizieren von Artefakten, aber neben Artefakten reden wir auch von vielen anderen Gegenständen als guten. Fügen sie sich in dieses Muster bzw. lässt es sich entsprechend erweitert interpretieren? Schieben wir diese Fragen für einen Augenblick auf und sehen vielmehr, was die funktionale Interpretation für alternative Theorien von „gut“ bedeuten würde.

Geach grenzt seine Analyse der Bedeutung von „gut“ gegen zwei alternative Konzeptionen ab. Er wendet sich einerseits gegen die Auffassung von George E. Moore und anderen, wonach „gut“ ein allgemeinstes Wertprädikat ist, das einen ‚intrinsischen‘ oder ‚nicht-natürlichen‘ Wert benennt, der nicht definierbar sein soll. Diese Position hat zunächst die ontologische Bürde, die Welt mit einem abstrakten Gegenstand des ‚Guten‘ zu bevölkern, sie ist aber auch (bewusst) unfähig, sagen zu können, was „gut“ bedeutet. Die ‚Objektivisten‘, wie Geach sie nennt, versuchen die Verwendung von „gut“ analog zu der eines typisch prädikativ verwendeten Adjektivs zu lesen, wie beispielsweise „gelb“. Sie müssen die attributive Verwendung entweder prädikativ rekonstruieren oder den alltäglichen Sprachgebrauch als Verwirrung entkräften. „Gut“ einen nicht-definierbaren und einfachen Begriff zu nennen, wie Moore, ist auch deshalb nicht überzeugend, weil wir im Unterschied zu „gelb“ ziemlich hilflos sind angesichts der Frage, wie sich gute Dinge wahrnehmen lassen.

Andererseits richtet sich Geach gegen eine präskriptivistische Analyse des Wortes „gut“, wie sie insbesondere von Hare vorgeschlagen wurde. Demnach ist „gut“ mit einem oder mehreren Ausdrücken zu umschreiben, die eine Empfehlens- oder Vorzugshaltung benennen. Dem Präskriptivisten zufolge bedeutet „das ist ein gutes Buch“ soviel wie „ich empfehle dieses Buch“. Diese Interpretation von „gut“ ist subjektivistisch und damit von vornherein gegen die eben genannten Schwierigkeiten gefeit, mit denen die Objektivisten konfrontiert sind. Dennoch scheint sie ebenso wenig der Verwendung des Ausdrucks gerecht zu werden. Wenn man seine Frau als Ehepartnerin gut findet, ist man nicht schon bereit, sie als Ehepartnerin zu empfehlen. Die Eigenschaft des Gutseins als Vater scheint nicht notwendig damit verbunden, jemanden als Vater zu empfehlen. Vielmehr muss man die positive Einstellung zu etwas als eine Haltung verstehen, die ihrerseits, soll sie nicht willkürlich sein, dessen Gutsein gerade voraussetzt.[3] Die Alltagssprache legt insofern recht eindeutig eine ‚wertobjektivistische‘ Verwendung von „gut“ nahe, weshalb der Präskriptivist seine Theorie nicht als deren Rekonstruktion, sondern als einen Reformvorschlag vorbringen sollte. Ein guter Dieb, so scheint es,

---

2 Daneben auch davon, ob die nicht oder nicht klar attributiven Verwendungen von „gut“ in denselben Rahmen passen.

3 Geach kritisiert die präskriptive Analyse mit Beispielen wie „X ist ein guter Dieb, aber ich empfehle ihn nicht“, in denen der Sprecher durch seine moralische Einstellung am Empfehlen gehindert wird. Solche Beispiele sind dem Präskriptivismus gegenüber ungeeignet, weil sie eine möglicherweise schwache Empfehlung nicht ausschließen können, die durch die vehemente moralische Einstellung nur unterdrückt würde. Siehe auch Ziff 1960, 223f.

könnte man auch sein, wenn man nie als Dieb empfohlen wird – weil in einer Gemeinschaft starke moralische Gefühle ein solches Empfehlen ausschließen und nie von einem guten Dieb gesprochen wird.

Während sich niemand gegen Geachs Kritik der Position Moores in die Bresche warf, verteidigte Hare seine Analyse gegen Geach. Hare gesteht Geach die ‚deskriptive' Analyse von „gut" in typisch funktionalen Kontexten mehr oder weniger zu, beharrt aber auf ihrer Unergiebigkeit für alle übrigen Fälle, in denen das Bewerten von etwas nicht durch vorgegebene Zwecke festgelegt ist, die an einen Ausdruck wie „Dieb" gebunden sind (Hare 1957, 107). Diese übrigen Fälle sieht er mindestens teilweise mit Bewertungsstandards verknüpft, wie bei „guter Sonnenuntergang". Während wir darin übereinstimmen, dass gute Sonnenuntergänge etwa den ganzen Horizont mit Farbe erfüllen müssen, stimmen wir darin, was ein „guter Mensch" ist, oft nicht überein. Die Standards für „gutes Menschsein" sind unklar und umstritten, und sind jedenfalls, anders als bei funktionalen Ausdrücken, in diesen nicht-funktionalen Ausdrücken (wie dem des Menschseins) nicht schon enthalten. Was ein Mensch ist, sollte Hare zufolge biologisch definiert werden, etwa nach der Formel „ein Mensch ist ein Lebewesen mit den folgenden physiologischen Eigenschaften ...". Eine solche Definition wäre nicht funktional und würde weder konkrete Menschen, noch konkrete menschliche Handlungen funktional (in ihrem Gutsein) festlegen.

Menschen und menschliches *Handeln* nicht-funktional zu verstehen ist Hare zufolge deshalb nötig, weil erstens die alltägliche sprachliche Verwendung dieser Begriffe nicht funktional ist, und weil zweitens ein funktionales Verständnis von Menschen und Handlungen in Konflikt gerät mit der Vorstellung, wir könnten uns für oder gegen Handlungen frei entscheiden.[4] Im Fall von *Einzeldingen* wie Messern schränkt die Tatsache, dass ihre Bewertung als gut an die vorgängig fixierte Zweckmäßigkeit von Messern gebunden ist, als solche die Entscheidungsfreiheit noch nicht ein. Denn hier können wir wählen, ob überhaupt und wenn ja, wozu wir Messer benutzen. Werden dagegen Handlungen und Menschen ganz allgemein funktional interpretiert, bleibt kein vergleichbarer Spielraum. Als Menschen oder Akteure können wir uns ja nicht außerhalb des Mensch- oder Akteurseins stellen, um dann mit Menschen oder Handlungen so oder so zu verfahren. Hare zieht aus dieser Beobachtung den Schluss, dass insbesondere die Verwendung von „gut" *in moralischen* Kontexten nicht funktional verstanden werden kann, sondern die funktionale Verwendung Bereichen der Klugheit vorbehalten ist, wie eben solchen des Umgangs mit Messern. Die präskriptive Analyse scheint dann für den Bereich der Moral eher passend, wobei es möglich scheint, die funktionale Analyse in die präskriptive Verwendungsweise über die eingeräumten sozialen Standards einzubauen.

Spätestens durch den Verweis auf so allgemeine Begriffe wie „Handlung" und „Mensch" wird klar, dass diese Debatte mit den Mitteln der Sprachanalyse nicht nur nicht entschieden werden kann, sondern dass die Orientierung an detaillierten Ausdrucks- und Satzanalysen allein zu keiner ethischen Theorie führt, wie sie mit solchen allgemeinen Begriffen gefordert ist. Die Sprachanalyse kann eher die Rolle spielen, Ver-

---

4 Zum ersten Einwand: „At any rate, in the common expression ‚good action', ‚action' is not functional. One may know the meaning of ‚action' without knowing anything which determines, even to the smallest degree, what actions are to be called good or bad." (Hare 1957, 109)

zerrungen und Vereinfachungen, wie sie mit einer *Theorie* typischerweise verbunden sind, sichtbar zu machen und zu korrigieren. Foots Fortsetzung der Auseinandersetzung um die Bedeutung von „gut“ löst sich jedenfalls zunehmend von sprachlichen Analysen und geht in eine anthropologische Beschreibung menschlicher Lebensumstände über. Um den unentschiedenen Stand der Debatte zwischen Geach und Hare zu überwinden, muss sie erstens die Erweiterbarkeit der funktionalen Analyse von „gut“ über Gegenstände wie Messer hinaus belegen. Dabei geht es insbesondere auch darum, den Eindruck der völligen funktionalen Offenheit von Handlungen und Menschsein zu berücksichtigen. Zweitens muss sie den subjektiven Einstellungen, auf die Hare seine präskriptive Analyse aufbaut, einen plausiblen Stellenwert in diesem Funktionalismus geben. Die funktionalen Zwecke unserer Handlungen dürfen uns nicht soweit in ein Korsett sperren, dass Entscheidungen für oder gegen Handlungen nicht mehr möglich sind.

In *Goodness and Choice* unterscheidet Foot funktionale Wörter wie „Messer“ und „Feder“, also Wörter, die in ihrer Bedeutung eine Funktion enthalten, von nichtfunktionalen Wörtern wie „Landwirt“, „Lügner“ und „Vater“, die zwar ebenfalls Kriterien des Gutseins enthalten, allerdings Menschen nicht auf eine eng begrenzte Funktion festlegen. Die Rede von Funktion, wie bei Artefakten oder Organen, ist an einen künstlichen oder natürlichen Funktionsrahmen gebunden, den Foot bei Landwirten und Vätern nicht gegeben sieht. Man könnte allerdings zwischen den künstlich-funktionalen Beispielen und den (wie ich sagen will) ‚Rollen‘-Beispielen eine Brücke herstellen, indem man beide mit einer Handlungspraxis verbindet, die Kriterien für Dinge und Rollen vorgibt. Die Handlungspraxis des Schneidens ist mit Messern verbunden, deren Funktion entsprechend bestimmt ist, in Verbindung mit der Praxis des Schneidens; die Praxis der Landwirtschaft ist in vergleichbarer Weise mit der Rolle, in diesem Fall genauer dem Beruf, verbunden, den Landwirte ausfüllen. Wenn man will, kann man die Rede von Funktionen auf die *natürliche Funktion*, wie bei Organen, beschränken, und bei Handlungspraktiken im engeren (Gebrauch von Artefakten) und weiteren Sinn (Rollen, Handlungsweisen) eben von *Rollen* sprechen. Dem auf die Natur begrenzten *Funktionsbegriff* stünde dann der künstliche *Rollenbegriff* gegenüber, der so zu verstehen ist, dass in der Rolle natürliche Funktionen durch ein sozial-konventionelles Rollenverständnis mindestens geprägt, teilweise aber auch von natürlichen Voraussetzungen unabhängig geschaffen werden. „Vater“ und „Tochter“ sind gemischt natürlich-künstliche Rollenbegriffe, „Lügner“ und „Reiter“ hingegen vollständig künstliche.

Mit diesem Rollenbegriff kann Foot viele für unsere soziale Welt typische Handlungsweisen erfassen und zeigen, dass sie normativ gesehen von einer entsprechenden Praxis abhängig sind.[5] „Rolle“ darf dabei nicht im engen soziologischen Sinn konventioneller Normen, wie bei „Präsident“ oder „Kapitän“, verstanden werden, sondern soll für das ganze Spektrum gemischt natürlich-sozialer Handlungspraktiken gelten. (‚Rollen‘ sind dann auch immer ‚Handlungsrollen‘.) Was auf diese Weise überzeugend rekonstruiert wird, sind die Werturteile, die wir im Rahmen funktionaler Handlungspraktiken fällen. Offen ist soweit aber, erstens, wie repräsentativ diese Rekonstruktion ist. Insbesondere sollten wir genauer zu sehen versuchen, inwieweit sich die Moral und die

[5] Wohlgemerkt, Foot spricht selbst nicht von Rollen, aber ihre Argumentation wird mit diesem Begriff eindeutiger.

mit ihr verbundenen Urteile im Rahmen dieser Rollentheorie des Guten verstehen lassen. Auf diesen Punkt komme ich gleich wieder zurück. Unklar ist soweit auch, wie man sich als einzelner Akteur zu den offensichtlich sozial vorgegebenen Rollen verhalten soll oder kann. Bleibt dem Akteur nichts anderes, als die Rollen zur Kenntnis zu nehmen, oder kann er sie selbst irgendwie verwenden, kann er sie verändern oder sogar neue erfinden? Wenn wir uns nicht scheuen, einen ebenso beliebten wie unklaren Begriff zu verwenden, könnte man auch fragen, inwieweit die Handlungsrollen einen Platz für ‚persönliche Autonomie' lassen. Das ist die zweite Frage, die wir klären müssen.

Ohne große Schwierigkeit gelingt es Foot in *Goodness and Choice* zu zeigen, dass eine selbst *nicht* auf Kriterien zurückgreifende Wahl eines Gegenstands nicht hinreichend dafür sein kann, dass der Gegenstand eine Wertqualität besitzt. Die übliche Beziehung zwischen guten Gegenständen und einer Wahl ist die, zu einem Zweck den am besten geeigneten Gegenstand zu wählen, während man nicht in der Lage ist, die ‚Eignung', sprich die Qualitätskriterien, des Gegenstandes selbst zu wählen. Nur in ungewöhnlichen sozialen Praktiken, wie in Spielen oder Wettbewerben, wird ein bestimmtes Ziel (wer die meisten Bratwürste isst) oder eine bestimmte Eigenschaft (lange Ohren bei Hunden) willkürlich als Qualitätskriterium festgelegt. Spiele wollen sich aber durch absichtliche Zwecklosigkeit vom ernsthaften Handeln absetzen und sind deshalb nicht typisch für die Handlungspraxis.

Ohne Rekurs auf vorausgesetzte Qualitäten können wir also in der Regel Qualitäten nicht einfach wählend festlegen. Darüber hinaus will Foot zeigen, dass die Werteigenschaften von Gegenständen die Akteure ihrerseits nicht auf bestimmte Wahlen fixieren. Diese Absicht, das Gutsein und das Wählen *völlig* voneinander trennen zu wollen, wird bestenfalls aus der oppositionellen Haltung heraus verständlich, in der Foot ihren Artikel in Antwort auf die präskriptivistische Reduktion des Gutseins auf das Empfehlen (und weiter das Wählen) geschrieben hat. Denn tatsächlich würde sie die Rollentheorie doch eher widerlegen, wenn sie zu zeigen vermöchte, dass die möglichen Handlungsrollen keinerlei Einfluss auf die Handlungszwecke besitzen. Im Sinn dieser Theorie wäre doch eher zu vermuten, dass die Handlungsrollen Entscheidungen wenn auch nicht determinieren, so doch vielleicht ermöglichen.[6]

Das ist eine gute Schreibfeder (weil sie nicht kleckst), aber wenn ich sie wähle, um Kleckse zu machen, so ist sie mit Blick auf diese Absicht eher eine schlechte Feder. Das ist ein schlechter Lehrer, aber der böswillige Onkel wählt ihn als Hauslehrer, um die Entwicklung seines Neffen zu behindern (Foot 1961, 57f.). Mit Blick auf diese Absicht ist er ein guter Lehrer. Diese Beispiele belegen sicher, dass Absichten aus Handlungsrollen nicht notwendig hervorgehen müssen. Man kann einen Gegenstand zu einem Zweck wählen, für den er nicht geeignet ist, entweder aus Mangel an Alternativen und deshalb aus Notwendigkeit, oder um absichtlich schlechte Zwecke zu erreichen. Nicht belegen die Beispiele jedoch, dass die Absichten *in ihrem Erfolg* von Handlungsrollen völlig unabhängig sind – und damit unabhängig darin, gute oder schlechte Absichten zu

---

6 Foots Fazit im zweiten Teil ihres Artikels lautet, „that a connexion with the choices of the speaker is not a necessary condition of the use of the word ‚good' in its ordinary sense" (60), und das sagt nichts anderes, als dass überhaupt keine Verknüpfung besteht – eine Behauptung, die damit *unvereinbar* ist, dass die sozialen Rollen und Handlungspraktiken wichtig sind für unser Handeln.

sein. In der Absicht, Kleckse zu erzeugen oder die Entwicklung zu verhindern, legen die Akteure sich auf Ziele fest, *über die* sie ihrerseits an den Handlungserfolg und damit in der Handlungssituation an Handlungsrollen gebunden sind. In beiden Absichten ist man nicht frei, Beliebiges zu tun, sondern man wählt Handlungspläne, durch die ihrerseits das tatsächliche Handeln als mehr oder weniger gelungen bewertet wird. Auf den ersten Blick sieht es dennoch so aus, als ob die Wahl der Handlungspläne selbst völlig frei wäre, also die von Foot (und übrigens auch von Hare) behauptete völlige Unabhängigkeit bestünde. Ich will in Kürze zeigen, dass das nicht zutrifft.

Offen ist an diesem Punkt also, inwieweit unsere Einbindung in Handlungsrollen für die Moral und vielleicht im weiteren für soziales Handeln repräsentativ ist. Die hier resümierte Debatte zwischen Geach, Hare und Foot stößt ihrer detailbezogenen sprachanalytischen Methodik wegen zu so allgemeinen Aussagen nicht vor. Offen ist auch, inwieweit die unser Handeln tragenden Rollen, sollten sie tatsächlich die vermutete ermöglichende Kraft besitzen, einen subjektiven Standpunkt und die mit ihm verbundenen Eigenschaften zulassen. Die Rollen besitzen eine objektivierende Kraft, mit der unvereinbar sein könnte, dass die Akteure die Rollen eigenständig ausüben. Den ersten Punkt könnte man das *Moralproblem* der Rollentheorie nennen, den zweiten das *Autonomieproblem*. Wie weit ist die Rollenauffassung mit Moral vereinbar bzw. wie weit ist sie mit Autonomie vereinbar?

2. Moralproblem: Interessen, Rollen, Beziehungen

Wie gesehen ist es nicht schwierig, die Rollentheorie mit konventionellen sozialen Rollen in Übereinstimmung zu bringen. Aus Berufsrollen oder Ämtern folgen mehr oder weniger deutliche Kriterien für die Qualität der mit diesen Rollen verbundenen Handlungen; es folgt auch, wozu die Träger dieser Rollen legitimiert sind, welches ihre Rechte und Pflichten sind. Diese normativen Bindungen sind umso klarer, je expliziter die Rollen konventionell, meist rechtlich, geregelt sind. Diese letzteren Rollen werden sozial geschaffen und dabei von ihren ‚Schöpfern' mit normativen Qualitäten versehen. Wenn wir fragen, wie allgemein brauchbar das Rollenmodell für die Analyse der Normativität von Handlungen ist, fragen wir am besten danach, ob es auch noch für die Standpunkte zutrifft, von denen her man solche konventionellen Rollen zu beurteilen sucht. Diese Standpunkte kann man mit ‚Klugheit', ‚Moral' und ‚Autonomie' umschreiben. Ist es klug oder vorteilhaft, moralisch akzeptabel und autonomiekompatibel, solche Rollen in der Gesellschaft einzunehmen? Betrachtet man diese Standpunkte ihrerseits unter dem Rollenmodell, also einer bestimmten sozialen Existenzweise wie Vatersein oder Landwirt, dann erweist sich die Differenz zwischen Klugheit und Moral schon deshalb als gering, weil beides soziale Existenzweisen sind.[7] Um das Rollenmodell zu erweitern, sind deshalb Moral und Autonomie einschlägige Testfälle.

[7] Zwei übliche Kriterien des Unterschieds zwischen Klugheit und Moral sind erstens Sorge für sich vs. Sorge für andere, und zweitens konditionale Sorge und unkonditionale Sorge. Die zweite Unterscheidung ist in einer Rollentheorie sicher nicht aufrecht zu erhalten.

Bevor wir fragen, was Handlungsrollen mit Moral verbindet, ist es hilfreich, einen möglichen *Einwand* gegen diese Terminologie und die damit verbundene Annahme zu behandeln, die attributive Verwendung von „gut" sei am besten als Bezugnahme auf eine Rolle oder eine soziale Existenzweise zu interpretieren. Viele Autoren, am ausführlichsten aber Ziff (1960, Kap. 6), vertreten eine ‚Interessenanalyse' von „gut". Danach bedeutet die Bezeichnung von etwas als ‚gut', dass es bestimmten Interessen entspricht, und zwar Interessen, die durch das sprachliche Qualifizieren mittels „gut" oder durch die Situation angedeutet werden. Interessen werden dabei abgesetzt gegen Ziele oder Zwecke bzw. gegen Wünsche. Wenn es gut ist, dass der Patient gestorben ist, muss damit kein *Ziel* oder *Zweck* im Spiel sein, dass der Patient gestorben ist. Der Tod des Patienten kann natürlich eingetreten sein. Auch kann zutreffen, dass der Patient nicht mehr in der Lage ist, einen *Wunsch* des baldigen Sterbens zu haben, während sich dennoch sagen lässt, es sei gut für ihn zu sterben. Wie Ziff an vielen Beispielen belegt, bedeutet die Qualifikation von Gegenständen mittels „gut" den betreffenden Gegenstand als im weiten Sinn brauchbar für Lebewesen, aber vorzugsweise Menschen unter dem Gesichtspunkt ihrer *Interessen*, zu bezeichnen. Interessen sind dabei Interessen im Allgemeinen, jemandes Interessen, nicht die eines speziellen Individuums.

Mit dieser Analyse wird zurecht die engere funktionale Analyse korrigiert, der zufolge gute x gut sind entweder zuhanden eines biologischen Ziels oder eines Handlungsziels. Es ist gut, dass sie sterben konnte (weil ihr Leiden damit beendet ist), auch wenn ihr Tod nicht nur keinem Handlungsziel, sondern auch keinem biologischen Ziel, wie offenkundig nicht ihrem Leben diente. Interessen können zudem gegeben sein, ohne dass sie in einem Wunsch tatsächlich ausgedrückt werden.[8] Auf der anderen Seite scheinen Interessen elementarer als Rollen, selbst als Rollen im *weitest möglichen* Sinn einer sozialen Existenzweise. Eine soziale Existenzweise ist notwendig mit einer bestimmten Menge von typischen Handlungen verbunden, die durchaus rein negativ, beispielsweise in Abgrenzung zu konventionellen sozialen Rollenmustern, definiert sein können, wie bei Anarchisten, Nichtsesshaften, Eremiten oder anderen Sonderlingen und Randfiguren der Gesellschaft. Eine bestimmte Menge von typischen Handlungen muss dennoch anvisiert werden, um die Existenzweise sozial zu nennen. Wenn man sagt, dass es gut für jemand ist zu sterben, scheint dies hingegen auch nicht in einem solchen weitest gefassten Sinn der sozialen Existenzweise gemeint, wenn man damit sagen will, es sei für ihn gut, weiteres Leid nicht erleben zu müssen.

Eine solche Situation des Sterbens ist sicher für allgemeine Beobachtungen zur Abhängigkeit von Interessen und sozialen Rollen ein extremes Beispiel, weil aufgrund der körperbedingten Begleiterscheinungen beim Sterben der biologische Kern unserer menschlichen Eigenschaften viel stärker in den Vordergrund tritt als bei durchschnittlichen Handlungen und Ereignissen im durchschnittlichen Leben. Und tatsächlich: Weil beim Sterben jemand *als einzelner* die Welt verlässt, lässt sich an dieser extremen und darin einzigartigen Situation schwer widerlegbar zweifeln, dass die Interessen des Sterbenden in *jeder* Hinsicht sozial mitbedingte sind. Im Sterben scheint sich der Sterbende

---

[8] Natürlich ließen sich Wünsche dispositional so *definieren*, dass sie Interessen gleichkämen. Warum sollte man dann aber von Wünschen und nicht gleich von Interessen sprechen?

der Gemeinschaft als Einzelner zu entziehen. Auf der anderen Seite ist das Sterben klarerweise doch auch ein soziales Handeln, nicht nur der Reaktionen der Anderen und des Umgangs mit dem Sterbenden wegen, sondern sichtbar auch daran, was als im Interesse des Sterbenden liegend gilt. Nicht beliebige Verhaltensweisen des Sterbenden, soweit er sich noch verhalten kann, sind angemessen, und auch die Reduktion der Interessen auf solche der physischen Existenz, wie in der modernen Sterbesituation üblich, lässt sich als Bestandteil einer ‚Sterberolle' beschreiben. Dass der Sterbende trotz seines Leids möglichst lange leben soll und ein früheres Sterben, vor allem auch durch ärztliche Beihilfe, für ihn ‚schlechter' wäre, war ja sogar im Rahmen unserer christlichen Religion bis vor kurzem eine verbreitete Ansicht. Während die Sterberolle also traditionell religiös geprägt war, ist sie jetzt gleichsam spirituell entlastet und damit der vorwiegend medizinischen Interpretation freigegeben. Die auf das Vermeiden von körperlichem Leid reduzierte Interessenzuschreibung beim Sterbenden ist deshalb von einer medizinischen Rolleninterpretation abhängig, die uns heute zwar selbstverständlich erscheinen mag, es aber nicht unbedingt ist.

Diese Beobachtungen am extremen Beispiel des Sterbens lassen meines Erachtens durchaus die Folgerung zu, dass es nicht ‚allgemein menschliche Interessen' sind, um die ‚herum' sich soziale Rollen bilden, sondern dass soziale Rollen bestimmten Interessen ihr Gewicht und ihre Bedeutung verleihen. Interessen sind damit von sozialen Interpretationen abhängig, und „sozial" heißt in diesem Zusammenhang, dass sie mit einer sozial bekannten Menge von typischen Handlungen verbunden sind. Weder muss die Menge der eine Rolle konstituierenden Handlungen klar abgegrenzt und gewusst sein, noch muss sie allen Gesellschaftsmitgliedern bekannt sein, noch müssen die Ziele aller Handlungen klar abgrenzbar und benennbar sein. Konventionelle soziale Rollen sind in diesen Punkten eindeutig strukturiert, nicht-konventionelle soziale Rollen sind offen und einer fortwährenden Neuinterpretation und Veränderung unterworfen.[9] Dennoch scheint unstrittig, dass jede Gesellschaft zu ihrer Organisation solcher enger oder weiter, strikter oder offener definierter und praktizierter Rollen bedarf, und dass sich ein Großteil der normativen Urteile auf sie zurückbeziehen muss, um überhaupt verständlich zu sein. Nur wenn Philosophen sich wie die Sprachanalytiker auf die semantische Analyse von Begriffen wie „Interesse" oder „Wunsch" im unmittelbaren, lexikonnahen Sinn beschränken, können sie die soziale Bedeutung der Rollen, also typisierter Mengen von Handlungen, so ausblenden, wie Ziff und andere dies praktizieren.[10]

---

[9] Und wie sich in Auseinandersetzung mit der soziologischen Rollentheorie ergeben hat, sind die konventionellen Rollen von den nicht-konventionellen bzw. nicht-konventionalisierten Handlungsfähigkeiten abhängig: s. Krappmann 1973; Habermas 1973.

[10] Die Vorliebe für den Interessen- und Wunschbegriff geht in der Philosophie auf Hume zurück, während Adam Smith als Erster eine dezidiert sozialpsychologische Analyse der moralischen Gefühle und damit der Moral vorgelegt hat. Dass Humes Moraltheorie in der Gegenwart jedoch eine bei weitem bedeutendere Rolle spielt als die viel modernere von Smith, lässt sich vielleicht am ehesten aufgrund des Rezeptionsfilters der analytischen Philosophie erklären, der so vermeintlich ‚klaren' und isolierbaren Begriffen wie ‚Interessen', ‚Wünschen' und ‚Präferenzen' den Vorzug gibt gegenüber vermeintlich diffusen wie ‚Rollen', ‚Praktiken' oder ‚Gewohnheiten'. Neben dem einseitigen Kriterium der begrifflichen Handhabbarkeit ist vermutlich ein stillschweigender Bedeutungs- und Er-

Rollen im Sinn sozialer Existenzweisen, können enger oder weiter gefasst sein. Was wir üblicherweise ‚Moral' nennen, ist eher mit Rollen im weitest möglichen Sinn verbunden, obwohl spezielle nicht-konventionelle Rollen wie Vatersein und spezielle konventionelle Rollen wie die des Kapitäns, Journalisten oder Arztes auch je eine spezielle Moral kennen. Beim Vater besteht die spezielle Moral in seinen speziellen väterlichen Pflichten und Verantwortungen, bei Berufen wie Kapitänen und Ärzten in den berufsspezifischen Pflichten gegenüber Passagieren und Patienten. Diese speziellen moralischen Verhältnisse sind im Prinzip gut bekannt, wenn auch im Detail anhaltend strittig. So hat sich in den letzten Jahren eine umfangreiche Literatur zur Neuinterpretation der berufsspezifischen ‚Ethiken' entwickelt, in denen unausweichlich die berufstypischen Erfordernisse und Handlungsweisen als Ausgangsbasis für veränderte moralische Prinzipien und Richtlinien dienen.[11] Erstaunlich angesichts einer Fülle von doch sehr sozial- und praxisnahen spezifischen (wie man verwirrenderweise sagt) ‚Ethiken' ist jedoch, dass *gleichzeitig* die Fiktion einer sozial gleichsam freischwebenden allgemeinen Moral aufrechterhalten wird. Erstaunlich ist es deshalb, weil eine funktionale Sicht der Berufsethiken kaum mit einer absoluten Sicht der allgemeinen Moral harmoniert. Erklärbar ist der widersprüchliche Zustand am ehesten damit, dass eine funktionale Analyse für die ‚allgemeine Moral' bei weitem nicht so leicht formulierbar ist wie eine funktionale Begründung etwa der journalistischen Wahrheitspflicht oder der ärztlichen Schweigepflicht.[12]

Ein Versuch in Richtung der funktionalen Analyse der allgemeinen Moral könnte jedoch folgendermaßen aussehen. Anstatt mit ‚allgemeiner Moral' (im Folgenden immer nur ‚Moral') Werte und Pflichten zu benennen, könnte man mit diesem Sammelbegriff verschiedene Arten von Einstellungen und Verhaltenstendenzen im Rahmen sozialer Beziehungen bezeichnen, unter denen solche des *Fürguthaltens* und des *Erwartens* die wichtigsten sind. Verallgemeinert wird dabei insofern, als jetzt die Funktion von Einstellungen innerhalb von sozialen Beziehungen die bisher spezialisierende Rede von Rollen ersetzt. Rollen im ‚weitest möglichen Sinn' der sozialen Existenzweise sind zwar mit sozialen Beziehungen im weitest möglichen Sinn identisch, aber die Rede von Rollen ist dabei leicht irreführend und sollte deshalb besser durch die von sozialen Beziehungen ersetzt werden. Mit sozialen Beziehungen sind tatsächliche und in gewissem Ausmaß regelmäßige soziale Handlungskontakte gemeint, nicht die indi-

---

kenntnisfundamentalismus der andere Grund für die Vorliebe für Interessen, während die Rollenterminologie eher mit einer holistische Methode verbunden ist.

11 So haben sich typischerweise die medizinethischen Zeitschriften so weit von den philosophischen Ethikzeitschriften weg entwickelt, dass die Leserschaften dieser Zeitschriften weitgehend getrennt sind.

12 Kohärenz wird bis heute auch so aufrecht erhalten, dass die Berufsethiken gerade nicht funktional formuliert werden. Eine gegenwärtig beliebte Universalmethode der angewandten Ethik, das ‚Überlegungsgleichgewicht', erleichtert die Fiktion, die für spezifische Handlungsprobleme relevanten moralischen Orientierungen würden aus unserem kontextfreien Reservoir ‚moralischer Intuitionen' bezogen. Am einflussreichsten für dieses Missverständnis waren Beauchamp/Childress 1989, die in der metaethischen Verteidigung ihres berühmten Buchs immer mehr auf einen Rosschen Intuitionismus zurückgriffen.

rekten und häufig nicht beabsichtigten (und teilweise nicht einmal gewussten) Handlungsfolgen für andere. Mit Einstellungen sind Weisen der Bereitschaft zum sozialen Handeln gemeint, die ihrerseits den Rahmen für kognitive Akte des Urteilens oder eben des Fürguthaltens und Erwartens bilden. Weder sind rein emotive Einstellungen (wie teilweise im Nonkognitivismus) die ‚Basis' für kognitive Akte, noch sind bloße Urteile (wie teilweise im Kognitivismus) die ‚Basis' für emotive und motivationale Einstellungen.[13] Verfällt man nicht eigenwilligen philosophischen Annahmen, *sind* Einstellungen beides, motivationale Dispositionen und Überzeugungen, die sprachlich artikuliert und manifestiert werden.

So lassen sich die beiden Einstellungen des Fürguthaltens und Erwartens mit der üblichen ‚axiologischen' und ‚deontischen' Sprache in Verbindung bringen, ohne dass damit Reduktionsabsichten der Sprache gegenüber den Einstellungen bzw. der Einstellungen gegenüber der Sprache (sowie auch der Einstellungen untereinander) verbunden werden müssten. Um das Fürguthalten auszudrücken, sicher auch um es differenziert zu entwickeln, benötigt man „gut" und andere Wertausdrücke. Um das Erwarten auszudrücken, sicher auch um es differenziert zu entwickeln, benötigt man Ausdrücke wie „sollen" oder „müssen". „Es ist *gut*, dass du ihm hilfst" und „du *solltest* ihm helfen" drücken solche unterschiedlichen moralischen Einstellungen aus. Wenn wir allerdings wie bisher bei der attributiven Interpretation des Guten und Gesollten bleiben, stellt sich sofort die Frage nach der Perspektive, unter der solche Verwendungen generell stehen und unter die sie (noch spezieller) gebracht werden müssen, wenn man das moralisch Gute und Gesollte vom Guten und Gesollten im Allgemeinen unterscheiden will. Anhand von Ziffs Vorschlag können wir noch einmal nachvollziehen, wieso die Interessen für eine solche Perspektive keinen ausreichend präzisen Begriff benennen.

„Es ist gut, dass du ihm hilfst" und „du solltest ihm helfen" sind Paradebeispiele für die Auffassung, eine als gut oder gesollt bezeichnete Handlung sei so bezeichnet unter der Perspektive von jemandes Interesse. Im einen Fall wird die Handlung als zweckmäßig beurteilt, im anderen Fall als nötig oder gefordert unter dem Gesichtspunkt des Interesses. Dass diese Analyse nur notwendige, nicht hinreichende Bedingungen angibt, zeigt sich an den bekannten Schwierigkeiten, die mit dieser Erklärung im Allgemeinen aufkommen. Üblicherweise halten wir es zum Beispiel nicht für gut, wenn der Vater im Konfliktfall einem Fremden hilft, nicht aber seiner Tochter, obwohl doch der Fremde ein ebenso großes Interesse an Hilfe hat wie die Tochter und der Vater sein Interesse gleichermaßen gut bedienen kann wie das Interesse der Tochter. Ähnlich scheint es kaum gefordert, dass ich jedem anderen Bettler ebenso viel gebe wie diesem Bettler, den ich zufällig treffe. (Jedem Bettler in der Nähe, jedem in diesem Land, jedem weltweit?) Wären aber die Interessen der anderen nicht ebenfalls wert, erfüllt zu werden? Im ersten Beispiel wird missachtet, dass eine spezielle Beziehung zwischen Vater und Tochter besteht, im zweiten Beispiel wird missachtet, dass ich dem einen Bettler tatsächlich begegne, dem anderen nicht. Sicher ist es ein Zufall, dass ich diesem Bettler begegne, aber ebenso zufällig ist (sucht man nur nach genü-

[13] Die neuerdings barocke Diskussion des ‚Motivationsproblems' im moralischen Intuitionismus, Realismus und Kantianismus ist eine Folge der Annahme, dass die Moral wesentlich aus Urteilen und kognitiven Akten besteht.

gend starker Notwendigkeit), dass ich ausgerechnet diese Tochter habe. Nur ein unterstellter Bedarf an kontextfreier Notwendigkeit kann die Idee hervorbringen, eigentlich seien es nur Interessen – und Interessen ohne jeden konkreten Kontext –, aus denen das Gute und Geforderte entspringt. Was in Ziffs Analyse seine irreführende Allgemeinheit einer begrenzten Auswahl von Beispielsätzen verdankt, hat in der utilitaristischen Argumentation eine ähnlich irregeleitete Analogie in der orientierungslosen Abstraktion von unserem konkreten Handeln, das doch faktisch immer in soziale Beziehungen eingebettet ist.

Warum, könnte der Utilitarist entgegnen, sollten wir aber auf bestimmte Beziehungen, weil wir sie nun einmal haben, beschränkt sein? Und warum, könnte er ebenfalls einwenden, sollte das Beispiel einer Rolle, eben der des Vaterseins, ausschlaggebend sein, wenn es doch darum geht, allgemeinste soziale Beziehungen als Kontexte für die Moral zu finden? Was den ersten Einwand betrifft: wir sind nicht beschränkt auf bestimmte Beziehungen, obwohl wir natürlich in der Art von Beziehungen zu anderen Menschen Einschränkungen und Zwängen unterliegen. Sicher *kann* ich mit dem Fremden eine Bekanntschaft herstellen oder andere Bettler aufsuchen oder diesen Bettler näher kennen lernen, usw. Wie weit wir unsere Beziehungen verändern können, hängt allerdings von den bereits bestehenden Beziehungen ab, insbesondere davon, wie gut oder schlecht, wie zahlreich oder vielfältig sie bereits beschaffen sind. Um diese Möglichkeiten einschätzen zu können, sind konkrete Urteile aus der Art dieser Beziehungen heraus nötig, so dass es eigenartig erscheint, die *einzige* Alternative zu den konkreten Beziehungen, in denen wir stehen, seien ‚die' Interessen im generellen und abstrakten Sinn. Dass wir uns im normalen Leben solchen Abstraktionen mit Recht verweigern würden, wirft auf die für Philosophen automatische Gewohnheit des Abstrahierens ein kritisches Licht.[14]

Zum zweiten Einwand: Man kann sich vorstellen, dass unsere sozialen Beziehungen in konzentrischen Kreisen um uns herum aufgebaut sind, so dass die verschiedenen Personen uns ferner und näher sind. Die Familie, die Freunde, die Bekannten, die Kollegen, die Landsleute, die Europäer, die Menschen überhaupt, die Lebewesen. Je nachdem, welche Begriffe wir wählen, wird die Anzahl der entsprechenden Kreise variieren. Die sozialen Beziehungen können konkrete und anschauliche sein, wie mit den Menschen, denen wir im Alltag begegnen, sie können aber auch abstrakte sein, wie unsere Beziehungen zu den Landsleuten oder Kollegen, mit denen man einen Beruf oder ein Projekt teilt, von denen man ab und zu etwas liest oder hört. Wenn einem am gemeinsamen Land und dessen Strukturen oder an dem gemeinsamen Beruf oder Projekt etwas liegt, wird einem auch etwas an den Landsleuten und den Beteiligten an dem Projekt liegen. Diese sozialen Beziehungen sind durchaus reale, auch wenn man den Landsleuten und Kollegen nicht begegnet, jedenfalls nicht allen. Im Fall der Landsleute trifft außerdem Rawls' Bild der ‚Kooperationsgemeinschaft' durchaus zu (Rawls 1971, §§ 1, 22), denn ohne eine geregelte ‚Zusammenarbeit' über gemeinsame soziale und politische Institutionen wäre ein durch eine soziale Ordnung gesichertes Zusammenleben

[14] Aus Fairness gegenüber Utilitaristen sei erwähnt, dass sie sich mittels indirekter Argumente bemühen, den alltäglichen Gewichtungen von Interessen wieder näher zu kommen. Allerdings scheint damit der Umweg über ein abstraktes Prinzip eher noch klarer verfehlt.

nicht möglich. Über diesem Eigeninteresse an der Zusammenarbeit sollte man jedoch nicht übersehen (eine Gefahr, der Rawls' Bild teilweise unterliegt), dass sich nicht alle Interessen an der Zusammenarbeit auf individuelle reduzieren lassen, dass die soziale und politische Ordnung einen Eigenwert hat, der sich nicht auf die isolierbaren Interessen aller Mitglieder zurückführen lässt.[15]

Dieser Kontrast mit dem jedenfalls beim frühen Rawls noch dominierenden Bild des Gesellschaftsvertrags ist hilfreich, um die Herkunft der Moral aus den sozialen Beziehungen noch etwas enger zu fassen. Auch im Vertragsmodell, etwa dem Bild der Zusammenarbeit zum individuellen Vorteil aller Beteiligten, werden die moralischen Forderungen aus sozialen Beziehungen erklärt. Die Vertragstheorie ist deshalb klar eine Variante der hier vorgeschlagenen funktionalen Begründung der Moral. Leider bedienen sich die meisten Vertreter dieser Theorie einer zu einfachen, von Hume übernommenen Unterscheidung, wonach wir an sozialen Beziehungen im ‚Fernbereich' nur eigennützig interessiert sind, etwa um die Wasser- und Stromversorgung zu organisieren, während uns im ‚Nahbereich' auch an den Menschen selbst liegt. Dieser Kontrast ist deshalb vereinfacht, weil sich die Beziehungen im ‚Fernbereich' nicht auf die Versorgung mit materiellen Gütern reduzieren lassen. Vielmehr müssen darüber hinaus eine gemeinsame Sprache und Geschichte, gemeinsame Kriterien und Standards der sozialen und politischen Ordnung geteilt werden, um die materiellen Güter zu erwirtschaften; und es ist unmöglich, die kulturellen Güter auf einen instrumentellen Zweck zu reduzieren, vergleichbar mit der Wasser- und Stromversorgung. Die Annahme wäre absurd, dass wir gemeinsam deutsch sprechen, weil sich nur dann die Stromversorgung effektiv organisieren lässt, ohne dass umgekehrt gelten muss, die Stromversorgung diente einzig dem Zweck, die deutsche Sprache am Leben zu erhalten. Soweit sich diese Verhältnisse einigermaßen einordnen lassen, sind es unsere materiellen *und* sozial-kulturellen Bedürfnisse, die in einer Gemeinschaft beantwortet werden müssen, und eine Übereinstimmung in diesen Bedürfnissen ist eine Voraussetzung dafür, dass sich die materiellen Güter längerfristig beschaffen lassen.

Wenn diese Abhängigkeit der materiell orientierten Handlungsziele in einer großen Gesellschaft von geteilten sozial-kulturellen Gütern zutrifft, dann kann die ‚Zusammenarbeit' aller Beteiligten nicht nach dem Muster einer Kooperation unter Egoisten beschrieben werden. Egoistische Kooperationen stellen vielmehr Enklaven innerhalb einer sozial stabilisierten Gemeinschaft dar.[16] Hume und viele seiner Nachfolger in der aktuellen Vertragstradition (so etwa Gauthier 1986 und Stemmer 2000) übersehen die Bedeutung der kulturellen Güter für das Ausbilden und Verfolgen individueller Interessen, weil sie nur die konkret nachweisbaren ‚altruistischen Gefühle' als Belege für moralische Bindungen gelten lassen. Unsere effektiven Gefühle gegenüber den nur abstrakt erfahrbaren Gesellschaftsmitgliedern sind tatsächlich schwach bis nicht vorhanden. Die

---

[15] Das hat Rawls in seinen späteren Formulierungen auch klar herausgestellt: s. 2001, 6, §§ 7–9.

[16] Völlig irreal ist die Hobbessche Variante der Vertragstheorie, wonach alle einander zunächst bedrohen, um dann zu einer sozialen Ordnung überzugehen. Dieses Bild unterschlägt neben der Bedingung einer gemeinsamen Kultur auch noch die offensichtlichen Vorteile einer gemeinsam organisierten Arbeitsteilung und passt bestenfalls auf pessimistische Schilderungen aggressiver Naturvölker, wie etwa denen von William Golding (etwa Golding 1955).

Bedeutung der sozialen Beziehungen am Maßstab effektiver Gefühle zu messen, ist aber eine eigenartige Perspektive, die in vielen Situationen, gerade auch solchen von persönlichen Beziehungen, großes Unheil verursachen würde, und tatsächlich verursacht.[17]

Um diese Bemerkungen zusammen zu fassen: Die Beziehungstheorie lässt die *persönlichen Beziehungen* nicht unvereinbar werden mit dem, was wir üblicherweise die (allgemeine) Moral nennen, beschränkt also die Moral nicht künstlich auf die allgemeinsten Beziehungen. Damit wird eine willkürliche Unterscheidung zwischen moralischen Pflichten gegen Fremde und als nicht-moralisch anzusehenden Pflichten gegen Kinder oder Angehörige vermieden, diese – und im übrigen alle – Beziehungen werden gleichermaßen, wenn auch nicht im gleichen Ausmaß von Pflichten, moralische Beziehungen. Darüber hinaus liefert die Beziehungstheorie eine *teleologische* Analyse der Moral, ohne das Verhältnis zwischen Moral und Gütern, wie die Vertragstheorie, einseitig instrumentell zu fassen und damit nur rechtsanaloge, nicht moralische Bindungen gelten zu lassen. Schließlich nimmt die Beziehungsanalyse die herausragende Bedeutung der *Absichten* auf, die Kant so betont, ohne in Kants Fehler der Reduktion auf die Absichten zu verfallen. Für absichtlich handelnde Wesen sind die Absichten aussagekräftig, wenn es darum geht, soziale Beziehungen um ihrer selbst willen aufrecht zu erhalten.

3. Autonomieproblem: Autonomie als soziale Verantwortlichkeit

3.1. Bedarf an Autonomie

Viele soziale Rollen sind konventionelle Rollen, in denen eine bestimmte Menge von Handlungen in einer bestimmten Gesellschaft erwartet wird, andere Handlungen nicht erwartet oder sogar, wenn vollzogen, bestraft werden. Die ‚Moral' dieser Rollen, etwa die eines Arztes oder Vaters, ist dann eine konventionelle Moral. Die Menge von Handlungen, die mit dem Begriff der Rolle, etwa der Rolle des Arztes, zusammengefasst werden, lässt sich auch mit dem Begriff der sozialen Beziehungen identifizieren, etwa der sozialen Beziehungen, die der Arzt zu den Patienten oder möglicherweise zum Gesundheitspersonal eines Krankenhauses hat, in dem er angestellt ist. Wie eng oder weit man die sozialen Beziehungen auch fasst, es sind Beziehungen, die von *verbreiteten* sozialen Erwartungen bestimmt sind (den Erwartungen an Väter, Freunde, Kollegen, Landsleute, usw.), so dass die Einstellungen des Fürguthaltens und Erwartens innerhalb dieser Beziehungen von den in der Gesellschaft faktisch verbreiteten Erwartungen beeinflusst werden. Weil sie verbreitet sind und viele Leute sich nach ihnen richten, üben

---

[17] „Da aber die verwandte Lust die Tätigkeiten schärft, anhaltender und besser macht, fremde Lustgefühle aber sie schädigen, so kann man sehen, wie sehr sie voneinander verschieden sind. Die fremden Lustgefühle haben fast die gleiche Wirkung wie die verwandten Unlustgefühle. Diese letzteren heben die Tätigkeiten auf, wie z.B. wenn jemandem das Schreiben oder das Rechnen unlieb und verhasst ist: der eine schreibt dann nicht und der andere rechnet nicht, weil ihn die Tätigkeit verdrießt. ... verwandt aber sind die Gefühle, die bei der Tätigkeit an sich entstehen." (NE 1175b14–23)

sie sozialen Druck aus, dem schwer zu entkommen ist. Aus Angst, Bequemlichkeit und Mangel an Phantasie beugen wir uns diesen Erwartungen, wenn wir mit ihnen nicht bereits so vertraut sind, dass wir sie nicht einmal bemerken. Wie und woher können wir eine kritische, ‚eigenständige' Haltung zu diesen Erwartungen aufbauen, und insbesondere eine gegenüber der Moral?

Sowohl in der Ethik wie in der Entwicklungspsychologie ist es üblich, auf diese Frage nach einer eigenständigen moralischen Haltung eine ‚rationalistische' Antwort zu geben.[18] Dabei sind vor allem *zwei Versionen* der rationalistischen Antwort möglich, je nachdem, ob man eher in einem *humeanischen* oder *kantianischen* Rahmen argumentiert. Man kann entweder diejenige moralische Haltung eigenständig nennen, die den eigenen ‚überlegten Wünschen' entspricht, oder diejenige, die dem ‚moralischen Gesetz' gehorcht. Ich finde beide Antworten unbrauchbar. Welche Wünsche bezüglich der Moral insgesamt ‚überlegte' sind, möchte man ja gerade wissen, und das moralische Gesetz ist eine Fiktion, die als Autonomiefiktion widersprüchlich erscheint – wie kann ein Gesetz *zugleich* konkrete Handlungen fordern *und* uns eigenständig werden lassen? Die Problematik beider Versionen einer rationalistischen Antwort liegt darin, dass sie *in einem* inhaltlich informativ *und* allgemein gültig sein wollen, eine Forderung, die unerfüllbar scheint. Wenn wir aus diesen Gründen die Vorstellung verwerfen, dass es für die Moral so etwas wie eine ‚rationale Basis' gibt, sei es in bestimmten Wünschen und Interessen oder einem Begriff der praktischen Vernunft, dann scheidet eine rationalistische Antwort auf das Problem der moralischen Eigenständigkeit aus.

Soweit die rationalistischen Versionen einen Irrtum *teilen*, liegt er in der Vorstellung, es könnte einen der Moral gegenüber externen normativen Standpunkt geben, und damit allgemeiner, es könnte überhaupt einen Standpunkt außerhalb von sozialen Beziehungen geben. Mit Blick auf die Frage, wann wir uns in diesen Beziehungen eigenständig verhalten, kann die Antwort umgekehrt *nur in einer Qualität der Beziehungen selbst* liegen, und darum nicht anhand eines externen Maßstabs gegeben werden. Diese Formulierung ist möglicherweise missverständlich, insofern sie zu suggerieren scheint, dass die an sozialen Beziehungen Beteiligten in diesen völlig aufgelöst werden sollen. Aber eine Beziehungsanalyse sollte so verstanden werden, dass die individuellen Verhaltensweisen *in der Beziehung* als autonom oder nicht-autonom unterschieden werden können, ohne damit der Beziehung gegenüber extern sein zu müssen. Nach dem üblichen, rationalistischen oder individualistischen Gebrauch des Begriffs „Autonomie" ist es denkbar, von sozialen Beziehungen, Moral und vielleicht sogar von praktischen Gründen und Rationalität anzunehmen, dass sie autonom *und* nicht-autonom sein können, dass Autonomie ihnen gegenüber also unabhängig ist. Derart begrifflich aus allen sozialen Phänomenen herausgelöst, wird ‚Autonomie' dann zu der fiktiven Größe, als die sie in vielen Theorien erscheint. Demgegenüber werde ich versuchen, Autonomie eher aus ihrer Funktion in Verbindung mit sozialen Phänomenen, insbesondere der mo-

---

[18] Siehe Habermas 1983; 1991, in diskursethischer Interpretation des 6-Stufen-Modells der Moralentwicklung von L. Kohlberg. Zur Frage des Verhältnisses von moralischer Autonomie und Kognition s. Nucci/Lee 1993. Eine dezidiert beziehungstheoretische Perspektive der Moralentwicklung vertreten Keller/Edelstein 1990; 1993.

ralischen Qualität von sozialen Beziehungen heraus zu verstehen. Dafür spricht nicht nur das Scheitern rationalistischer Analysen, sondern auch die Forderung, dass der Begriff praktisch informativ sein sollte.[19]

Versucht man Autonomie aus ihrer Funktion in sozialen Beziehungen heraus zu verstehen, droht sich der Begriff allerdings tendenziell aufzulösen. Diese Tendenz zeigt sich daran, dass mit der Skepsis gegenüber einem möglichen Verständnis von Autonomie aus sich selbst heraus auch der generelle Zweifel verbunden ist, die Vorstellung eines eigenständigen ‚Selbst' sei ein bloßes Wort, eine philosophische Fiktion. Damit ist der Begriff der Autonomie insofern auflösungsbedroht, als „Autonomie" wörtlich soviel wie „Selbstgesetzgebung" oder, einfacher, „Selbstkontrolle" heißt. In vielen Theorien der Autonomie, paradigmatisch aber in derjenigen von Harry Frankfurt, wird tatsächlich der Versuch unternommen, durch Rückbezug auf das Selbst bzw. auf eine bestimmte Verfasstheit des Selbst normative Kriterien für die Autonomie von Personen zu gewinnen (s. Frankfurt 1971; 1999a). Dass dies zum Scheitern verurteilt scheint, liegt an der Inhaltslosigkeit des Begriffs „Selbst". Was unser Selbst inhaltlich ist, ist schwer zu sagen, weshalb – aufgrund der nötigen attributiven Verwendung von „gut" – nicht gesagt werden kann, was ein ‚gutes' Selbst ist – und ein ‚autonomes Selbst' ist doch offensichtlich mindestens auch ein gutes Selbst. Die einzig verbleibende Strategie besteht dann darin, Autonomie nicht vom Selbst, sondern von den sozialen Beziehungen aus zu bestimmen, Autonomie als eine Eigenschaft von Beziehungen und nicht des Selbst zu verstehen. Entsprechend der funktionalen Erklärung von Wertadjektiven ist die methodisch einschlägige Frage: welche *Funktion* kann Autonomie in diesen Beziehungen spielen?

3.2. Freiheit und Autonomie

Eine naheliegende Methode, die Schwierigkeiten des Autonomiebegriffs offen zu legen, benutzt den Kontrast zwischen Autonomie und *Freiheit*. Autonomie ist mit Freiheit nicht identisch, unklar ist, ob beide Dinge überhaupt etwas gemeinsam haben. Andererseits hat Freiheit eindeutig mit sozialen Beziehungen zu tun, so dass der Kontrast vielleicht Hinweise auf den Zusammenhang von Autonomie und sozialen Beziehungen gibt.

Ein sowohl klarer wie einfacher Begriff der *Freiheit* ist derjenige von Freiheit als Gegenteil von Zwang, oder weiter gefasst als Gegensatz zu Handlungseinschränkungen. Weil damit „Freiheit" nur so definiert wird, dass etwas *nicht* gegeben ist, nämlich Einschränkung, spricht man üblicherweise von ‚negativer' Freiheit. Diesen einfachen Begriff der Freiheit verwenden wir auch bei Tieren, indem wir etwa sagen, dass das Pferd

[19] Ich glaube, dass beides einen gemeinsamen Kern hat: dass die rationalistischen Analysen scheitern, weil sie autonome Personen nur aus sich heraus und ohne Bezug zu anderen erklären wollen, was praktische (soziale) Relevanz ausschließt. Die dazu nötige Kritik der wichtigsten gegenwärtigen Autonomietheorien würde den vorliegenden Rahmen übersteigen. Siehe als Überblick die Einleitung von James Taylor in Taylor (ed.) 2005. Die beste Kritik von Frankfurts frühem Ansatz scheint mir enthalten in Wolf 1988. Leider hat sie diesen ‚aristotelischen' Versuch später zugunsten eines kantianisch-diskurstheoretischen ersetzt: Wolf 1990, Kap. 4. Beziehungstheoretische Analysen unternehmen Meyers 1989; Oshana 1998 und Friedman 1997; 2003, Kap. 3.

frei ist, wenn es nicht eingesperrt ist. Daraus könnte man folgern, dass dieser Freiheitsbegriff die Freiheit von Menschen, die sich von derjenigen der Tiere doch erheblich unterscheidet, nicht erfassen kann. Das trifft aber insofern nicht zu, als Menschen eben zu anderem fähig sind als Tiere und dementsprechend auch anders eingeschränkt sein können, so dass menschliche Freiheit aufgrund der verschiedenartigen Einschränkungen eine andere Qualität hat als die von Tieren. Lässt sich dann vielleicht sagen, dass ein Mensch, der frei ist im Sinn von nicht in seinen menschlichen Fähigkeiten eingeschränkt, eben autonom ist?

Betrachten wir die Person A. A steht vor der Entscheidung, ein Haus zu kaufen. Diese Entscheidung benötigt das Abwägen einer Menge von Informationen. Nehmen wir an, was nicht immer der Fall ist, niemand täuscht A oder hält bestimmte, für ihn relevante Informationen vor A zurück. A ist also frei hinsichtlich der für ihn relevanten Informationen. Dennoch würden wir ihn, wenn er sich die Informationen nicht tatsächlich beschafft, nicht ‚autonom' nennen. Obwohl er in seiner Entscheidung frei sein kann, muss er nicht bereits autonom sein.

Betrachten wir die Person B. B entscheidet sich, ein Leben als Mönch zu führen. Dieses Leben wird von ihm verlangen, dass er sich den Diktaten der Religion unterwirft, und es wird seinen Alltag fast vollständig prägen. Nehmen wir an, B wird von niemandem gehindert, sich für dieses Leben zu entscheiden, aber auch nicht gehindert, sich dagegen zu entscheiden. Niemand zwingt B, sich für oder gegen ein Leben als Mönch zu entscheiden. Dennoch würden wir ihn, nur mit Blick auf die Abwesenheit einer zwingenden Instanz, etwa einer fanatischen Vertrauensperson von B, nicht bereits ‚autonom' nennen. Ob er es ist, scheint mindestens von einer weiteren Qualität seiner Entscheidung abzuhängen.

Aus beiden Beispielen lässt sich folgern, dass negative Freiheit *nicht* identisch ist mit Autonomie. Autonomie fordert eine Art *Selbstkontrolle*, die *positiv* formulierbar sein sollte. Autonomie bedeutet eine Art von Selbstorientierung oder Selbstbestimmung, in deren Verlauf das ‚Selbst' oder eben der Akteur eine wesentliche Rolle einnimmt. Lässt sich außerdem folgern, dass jemand auch autonom sein kann, wenn er *nicht* frei ist, so dass Autonomie und Freiheit gar nichts mehr miteinander zu tun hätten? A müsste dann in der Lage sein, eine (positiv zu bestimmende) informierte Entscheidung zu treffen, obwohl ihm Informationen vorenthalten werden. B müsste zu Ähnlichem in der Lage sein, obwohl er beispielsweise religiös indoktriniert wird. Der Grenzfall der völligen Unabhängigkeit der Autonomie von negativer Freiheit ist, wie man sieht, ‚denkbar': es ist nicht auszuschließen, dass jemand, obwohl völlig unfrei, gegen alle Unfreiheit seine Autonomie bewahrt. Obwohl nicht auszuschließen, ist ein solcher Fall aber sehr unwahrscheinlich. *Realerweise* setzt Autonomie Freiheit deshalb voraus und unterstützt sie. Freiheit ist eine praktisch wichtige Voraussetzung der Autonomie.

Ein Fazit dieser Beobachtungen ist, dass Personen dann über Autonomie verfügen, wenn die Person zu einer Form positiv bestimmten Handelns fähig ist. Doch was kann „positiv bestimmt" dabei heißen?

3.3. Autonomie über soziale Beziehungen

Wenn das Handeln von A positiv bestimmt sein soll, dann ist klar, dass alle Tatsachen, die zum Beleg für As Autonomie anzuführen sind, auf A bezogen werden müssen. Doch diese Tatsachen können sich unterscheiden: Es können solche sein, die *Handlungen* von A im Allgemeinen betreffen, solche, die sich nur auf den *psychischen Zustand* von A beziehen, und solche, die Einstellungen und Handlungen von A *gegenüber anderen Personen* betreffen.

Erklärungen der *ersten* Art werden wohl deshalb nicht ernsthaft vorgebracht, weil sie nicht elementar genug erscheinen, sondern ihrerseits nach einem allgemeinen Kriterium verlangen. A ist autonom, weil er sein Haus mühelos finanzieren konnte oder weil er sich allen Moden der Architektur widersetzt hat. A hat bewiesen, dass er von anderen unabhängig ist, aber ist er damit schon autonom? Selbst wenn A klug gerechnet oder sein Haus selbst entworfen hat, warum ist er dann schon autonom? Ein allgemeines Kriterium wird von diesen Beispielen nicht geliefert, weshalb wir auf die beiden anderen Alternativen verwiesen sind. Ein allgemeines Kriterium muss eine Eigenschaft des psychischen Zustands von A *oder* eine Einstellung von A anderen gegenüber nennen, nach denen man seine Handlungen beurteilen kann.

Die Erklärungen von Autonomie der *zweiten* Kategorie entsprechen dem, was ich vorhin die rationalistischen Theorien nannte. Jemand ist autonom, wenn er seinem Handlungswunsch von einem höherstufigen Wunsch aus zustimmt, wenn er mit dem ursprünglichen Handlungswunsch zufrieden ist oder sich mit ihm identifiziert – das sind beispielsweise Frankfurts Erklärungen (s. 1999a). Oder bildlicher gesprochen: Jemand ist autonom, wenn sein Handeln ‚ihn selbst' ausdrückt oder wenn es in Übereinstimmung steht mit seinem ‚wahren Selbst' oder auch nur mit seinem ‚Selbst'. Diese Vorschläge sind entweder falsch oder nichtssagend. Falsch beispielsweise dann, wenn jemand mit seinem Handeln zufrieden ist, aber zur Zufriedenheit verleitet wurde und damit unfrei und folglich nicht autonom ist (vorausgesetzt, dass Autonomie Freiheit verlangt). Die Vorschläge sind nichtssagend, wenn das Handeln das ‚wahre Selbst' ausdrücken soll. Wir kennen unser wahres Selbst nicht, und wenn es dergleichen gäbe, müsste das Handeln doch dieses Selbst seinerseits erst zu bestimmen erlauben, also das erst als autonom zu erklärende Handeln müsste seinerseits die Autonomie der Person erklären. Derlei Versuche sind darum tatsächlich entweder falsch oder unbrauchbar.[20]

Damit bleibt der *dritte* Erklärungsversuch, bei dem bestimmte Einstellungen und Handlungen in sozialen Beziehungen dazu genutzt werden, Autonomie zu erklären. Um von vornherein ein Missverständnis auszuräumen: Bei dieser Erklärung geht es nicht darum, die elementare Fähigkeit der Person, zwischen sich und den anderen überhaupt unterscheiden zu können, zu erklären. Nicht-autonome Personen können durchaus wissen, wer sie sind, wer die anderen sind, und dass sie und die anderen verschieden und nicht dieselben sind. Sklaven, auch wenn sie keinen Begriff von Autonomie besitzen, wissen durch-

---

[20] Der geläufigere Teileinwand ist, dass sie *zirkulär* sind. Da für Holisten (im Unterschied zu Fundamentalisten) nicht jedes zirkuläres Verhältnis, wenn es nur weit genug ist, einen Einwand darstellt, ist es treffender, vom Einwand der Unbrauchbarkeit zu sprechen. Ob der Zirkel nicht doch weit genug ist, ließe sich allerdings weiter prüfen.

aus, dass es Herren gibt und dass sie deren Sklaven sind. In der gesuchten Erklärung geht es vielmehr darum, eine spezielle Eigenschaft ihrer selbst zu bestimmen, die sie so auszeichnet, dass sie sich nicht mehr als Sklaven verstehen können. Selbst wenn sie dann sozial gesehen Sklaven sind, aus bestimmten Machtverhältnissen nicht ausbrechen können, sind sie beim Verfügen über diese Eigenschaft keine Sklaven mehr, weil sie sich mittels dieser Eigenschaft von der sozialen Rolle distanzieren *können und müssen.*

Die beste Strategie, um der mysteriösen personalen Eigenschaft der Autonomie von außen näher zu kommen, scheint mir die pragmatistische Methode, eine Eigenschaft allein anhand der praktischen Konsequenzen zu messen, die mit ihr verbunden sind.[21] Die These ist demnach die, dass Autonomie *in nichts anderem* besteht als bestimmten, im Handeln beobachtbaren oder sich auswirkenden Verhaltensweisen. Autonomie ist im Sinne der hier verwendeten Terminologie demnach anhand ihrer Funktion innerhalb sozialer Beziehungen zu verstehen, und nur daran. Offensichtlich ist eine funktionale Definition von Autonomie unter Bezugnahme auf Personen von einem Zirkel bedroht: Autonomie scheint nur wichtig für Personen, die autonom sind. Nichtautonome Personen, etwa Sklaven, haben nicht eindeutig Vorteile davon, autonom zu werden, vielleicht werden sie, wenn sie ihr Sklavendasein zugunsten einer autonomeren Existenzweise aufgeben, sogar weniger häufig satt, müssen größere Gefahren auf sich nehmen, usw. Autonomie scheint nur wichtig für autonome Personen, so dass sich die Eigenschaft nur an sich selbst und damit gar nicht erklären ließe. Derselbe Zirkel droht aber auch in sozialen Beziehungen. As Autonomie ist nur in einer Beziehung von Bedeutung, in der die anderen die Autonomie von A schätzen, während in einer sozialen Situation, in der Sklaven gesucht sind, As Autonomie nicht gefragt ist. Wenn man die Verhältnisse auf diese abstrakte Weise formuliert, scheint kein Ausbruch aus dem Zirkel möglich. Hingegen könnte sich ein Ausweg zeigen, wenn man anstatt von Autonomie eben von den konkreten Verhaltensweisen redet, um die es eigentlich geht.

Mein Sammelbegriff für diese Verhaltensweisen ist *Verantwortungsbereitschaft.* Diesem Vorschlag zufolge erlaubt es die qualifizierte Form der Verantwortungsbereitschaft für das eigene Handeln zu erklären, was eine autonome Person ist. Dabei dürfte die generelle Annahme, Eigenschaften von Personen ließen sich über die Eigenschaften ihrer Handlungen erklären, nicht auf großen Widerstand stoßen. Wie sollte eine Person Verantwortung für mentale Akte übernehmen können, wenn sich diese mentalen Akte nicht in Handlungen manifestieren? Deshalb scheint mir die Vorstellung kaum strittig, dass sich die Verantwortungsbereitschaft einer Person an ihren Handlungen beurteilen lässt. Woran sonst ließe sich ein entsprechendes Urteil fällen? Allerdings ist eine andere Qualifikation nötig, nämlich die Einschränkung auf *freiwillige* Verantwortungsbereitschaft. Die Sklavin könnte auch Verantwortung einfach deshalb übernehmen, weil sie ansonsten Strafen fürchtet. Ein solches Verhalten würden wir nicht autonom nennen, einfach weil es nicht sozial frei ist und die Unfreiheit das Handeln der Person soweit diktiert, dass nicht erkennbar ist, wie sie sich gegenüber diesem Zwang selbst verhält. Das äußere Zeichen von Verantwortungsbereitschaft allein reicht dann nicht, die betreffende Person

---

[21] Diese Strategie entspricht dem, was man üblicherweise die ‚pragmatistische Maxime' nennt. Eine allgemeine Klärung und Verteidigung dieser Maxime versuche ich hier aber nicht.

autonom zu nennen. Insofern es hier nur darum ginge, Sanktionen vermeiden zu wollen, wäre die gesuchte ‚positive Qualität' der entsprechenden Handlungen nicht erkennbar.

Leider ist auch freiwillige Verantwortungsbereitschaft noch nicht hinreichend, um die gesuchte Handlungsqualität zu benennen. Diesem Ziel stehen noch drei Hindernisse im Weg: Erstens die *‚sozialisierte Unterwerfung'*, zweitens die *‚asymmetrische Verantwortung'*, drittens die *‚enge Handlungsverantwortung'*. Mit der ‚sozialisierten Unterwerfung' sind Beispiele von zufriedenen Sklavinnen gemeint, die ihre Rolle soweit internalisiert haben, dass sie freiwillig Verantwortungsbereitschaft zeigen, aber tatsächlich so unfrei sind, dass sie kaum als autonom gelten können.[22] Mit ‚asymmetrischer Verantwortung' ist die Übernahme von Verantwortung für das eigene Handeln nur anderen gegenüber gemeint. Jemand, der sich in seinem Handeln nur anderen gegenüber verantwortungsbereit zeigt, legt den Verdacht nahe, dass er mindestens indirekt oder versteckt unter einem sozialen Zwang seitens der anderen steht. Vermutlich lassen die realen Beispiele von Menschen mit mangelnder Autonomie *beide* Merkmale erkennen, also deren Sozialisation in eine einseitige und unterdrückende Denkweise und die Asymmetrie der entsprechenden Verantwortungszüge. Die Personen fühlen sich überwiegend für andere verantwortlich und nicht für sich selbst. Mit ‚enger Handlungsverantwortung' wird auf die Angemessenheit des Verantwortungsbewusstseins verwiesen – ein Verantwortungsbewusstsein kann zu eng sein, um als angemessen zu gelten. Jemand mag sich dann zwar für einzelne Handlungen verantwortlich fühlen, aber dennoch ein ungenügendes Bewusstsein von sich als Akteur besitzen, insofern er nur diese Handlungen im Blick hat.

Ein präzisierter Begriff der Verantwortungsbereitschaft, der diesen drei Problemen entgegenkommt, ist der folgende: Autonomie ist eine Akteurseigenschaft, die in der *freiwilligen* Übernahme von Verantwortung für das eigene Handeln besteht, verstanden als *Akteursverantwortung in egalitären sozialen Beziehungen*. Die Bezugnahme der Verantwortungsbereitschaft auf egalitäre soziale Beziehungen löst die ersten beiden Probleme, die Forderung nach Akteursverantwortung löst das dritte Problem. Um mit diesem dritten Punkt zu beginnen: Jemand ist ein verantwortlicher Akteur, wenn er nicht nur für die Folgen einzelner Handlungen einsteht, sondern sich *als Akteur* in Verbindung mit seinem Handeln beurteilt und verbessert. Er übernimmt dann Verantwortung für sich als Akteur. Die eigentliche ‚positive Qualität' seiner Verantwortung ergibt sich jedoch über die sozialen Beziehungen, in denen er selbst die gleiche Rolle spielt wie die Beziehungspartner. Damit ist eine sozialisierende Unterwerfung ebenso ausgeschlossen wie die asymmetrische Übernahme von Verantwortung. Die *Testfrage* an sich selbst ist: „Übernehme ich Verantwortung für meine Handlungen auf eine Weise, die damit vereinbar ist, dass ich und die Anderen dieselben Handlungsfreiheiten besitzen?" Basis des Vergleichs sind die negativen Freiheiten, d.h. die Egalität wird negativ anhand der Verteilung der jeweiligen Freiheiten verstanden, könnte aber ebenso gut auch positiv über inhaltliche Ansprüche (Rechte) bestimmt sein.

Zusammenfassend ist dann Autonomie eine Eigenschaft von Personen, deren Funktion darin besteht, in egalitären sozialen Beziehungen Verantwortung zu übernehmen.

---

[22] Siehe das Beispiel Fatmas, einer afrikanischen Frau der Gegenwart, in Kristinsson 2000. Ähnlich Oshana 1998, 89. Die Kombination von Frauenrolle und Repression ist ein bekanntes Thema im Feminismus.

Anders als häufig gedacht, kann nach diesem Verständnis Autonomie *nicht vor und außerhalb* von egalitären Beziehungen erfasst und aufrecht erhalten werden.[23] Eine Sklavin könnte nicht autonom sein oder autonom werden, so lange sie Sklavin bleibt. In der Praxis ist jeder Mensch, um autonom zu sein, mindestens teilweise auf die persönliche Erfahrung von und Teilhabe an egalitären sozialen Beziehungen angewiesen, durch die er Kriterien für das richtige Maß an Verantwortungsbereitschaft gewinnt, die allein ausmachen, was „Autonomie" heißen kann. Für sich selbst allein, außerhalb von sozialen Beziehungen, kann niemand sagen, worin seine Autonomie oder die ‚positive Qualität' seines Handelns als des seinen besteht.

3.4. Autonomie durch Moral

Nach diesem Vorschlag kann man das mysteriöse Wort „Autonomie" ohne Verlust durch einen entsprechend spezifizierten Begriff der „Verantwortungsbereitschaft" ersetzen, so dass ein verantwortungsbereites Verhalten in egalitären sozialen Beziehungen alles ausmacht, was wir mit einer ‚autonomen' Moral verbinden könnten. Eine Konsequenz dieser Rekonstruktion ist jedoch, dass es schwierig ist, jemanden ‚autonom unmoralisch' zu nennen, wenn das unmoralische Verhalten, das als autonom bezeichnet wird, einen groben Verstoß gegen die Anerkennung anderer als Gleicher betrifft. Wenn wir als Akteure in so hohem Maß von der Beurteilung von Verantwortung im Rahmen egalitärer sozialer Beziehungen *abhängig* sind, wie eben behauptet, kann der unmoralisch Handelnde nicht gleichzeitig seine Handlungsfähigkeiten behalten, oder eben seine Autonomie. Bestenfalls kann er, wenn er teilweise unmoralisch handelt, seine ‚Verantwortungsressourcen' einschränken und Modelle egalitärer Beziehungen soweit aufrecht erhalten, dass er sein Verantwortungsverständnis nicht verliert. Das könnte der Grund sein, warum selbst stark unmoralisch handelnde Menschen wie Mafiabosse und KZ-Kommandanten Refugien intakter sozialer Beziehungen benötigen, um sich handlungsfähig zu erhalten. Wenn Autonomie aber grundsätzlich auf die geschilderte Weise von der Teilhabe an egalitären sozialen Beziehungen abhängig ist, ist ein solches Leben in verschiedenen Welten immer auch ein Verlust an Eigenständigkeit. Wir als ‚uns eigene', so der hier verteidigte Gedanke, entstehen nur in sozialen Beziehungen, und wir verhindern uns gleichsam selbst, wenn wir uns diesen Beziehungen verweigern oder auch wenn sie uns verweigert werden oder einfach nicht verfügbar sind.

Gegen diesen Rückbezug der Autonomie auf die moralischen sozialen Beziehungen scheint aber nicht nur zu sprechen, dass „Autonomie" und „Unmoral" scheinbar leicht miteinander verbunden werden können, sondern auch, dass moralisches Handeln allein Autonomie noch keinesfalls zu garantieren scheint. Der im katholischen Glauben sozialisierte strenggläubige Katholik dürfte doch ein guter Moralist sein, und in der Regel wird er auch egalitäre soziale Beziehungen kennen und pflegen, aber ähnlich wie bei der sozialisierten Sklavin bezweifeln wir seine Autonomie. Mit der Rede von einer

---

[23] Selbst Kant, der dieser Verbindung in der dritten (der Autonomie-) Formel des Kategorischen Imperativs sehr nahe kommt, suggeriert individualistisch die Fähigkeit zur Autonomie vor den sozialen Beziehungen.

‚autonomen' Moral versucht man häufig den Unterschied eben zwischen einer unfreiwillig übernommenen und konventionell befolgten Moral auf der einen Seite und einer freiwillig und bewusst befolgten Moral auf der anderen Seite auszudrücken. Da, wie es scheint, beide Formen der Moral in ihren Inhalten übereinstimmen können, müsste die ‚autonome' Haltung außerhalb der Moral liegen. Meine Rekonstruktion wäre demnach falsch.

Dieser Einwand leidet jedoch unter einem zu stark vereinfachten Verständnis des moralischen Handelns, demzufolge es wesentlich darum geht, Pflichten zu befolgen, die als solche immer klar und eindeutig wären. Doch das ist nicht der Fall. Mit dem Begriff der „Akteursverantwortung" habe ich die Verantwortungsbereitschaft tugendethisch interpretiert, so dass bereits ausgeschlossen ist, die konventionell befolgte Moral könnte die selbe sein wie die akteursverantwortliche. Wie bei den Sklaven auch bleiben die Handlungsfähigkeiten von Akteuren in gewalttätigen und nicht-egalitären Beziehungen begrenzt, da sie unfähig sind, ihre Akteursverantwortung zu entwickeln. Das dürfte für die instrumentell nützlichen Handlungsfähigkeiten ebenso gelten wie für die moralischen Fähigkeiten des sozialen Zusammenlebens – und diesen materiellen und sozialen Nachteilen und Grenzen haben wir es vermutlich zu verdanken, dass eine Eigenschaft wie Autonomie entstanden ist.

3.5. Geach und Foot vs. Hare revisited

Diese Überlegungen begannen mit dem Konflikt zwischen zwei metaethischen Erklärungsmodellen für „gut", dem funktionalen und dem präskriptivistischen. Das *funktionale Modell* bindet alle evaluativen Termini in die Grenzen eines Handlungsziels, das als zu verfolgend unterstellt werden muss. Wählen und Entscheiden wird in diesem Modell zu einem Erkennen der Ziele und der angemessenen Mittel, die ‚immer schon' in objektiver Relation zu den Zielen stehen. Dieses Modell hat offensichtlich Schwierigkeiten, der Idee autonomen Entscheidens einen Sinn zu geben, denn der Akteur ist in eine funktionale Welt fest eingepasst. Das *präskriptivistische Modell* bindet alle evaluativen Termini nur an Folgenerwägungen bezüglich möglicher Entscheidungen, in Verbindung mit Wünschen, die im Entscheider als gegeben angenommen werden. Während das funktionale Modell dadurch Schwierigkeiten hat, dass es für die Idee des ‚selbständigen' Entscheidens kaum Platz lässt, führt das präskriptivistische Modell dann in Probleme, wenn für ein zu behauptendes Gutes keine klaren Wünsche vorliegen, die man unterstellen könnte. Für ‚gute Kakteen' lassen sich vielleicht noch Wünsche angeben, die Wünsche von Kakteenliebhabern, aber können ‚gute Wurzeln' oder ‚schlimme Verletzungen' überhaupt von Wünschen abhängig sein? Bei ersteren ist dies fraglich, weil Pflanzen nicht wünschen können, mit Blick auf letztere, weil Verletzungen auch ohne Rückhalt in Wünschen schlimm sind (Foot 1958; 1961).

Beide Modelle sind auf ihre Weise einseitig: das funktionale Modell wegen der Fixierung auf gegebene Güter und Ziele, das präskriptivistische wegen seiner fundamentalistischen Fixierung auf Wünsche. Diese missliche Lage lässt sich allerdings eher im Rahmen des funktionalen Modells auflösen, indem Güter und Ziele beachtet werden, die für die menschlichen Fähigkeiten typisch sind *und zugleich* diesen Fähigkeiten genügend Raum geben, um entfaltet werden zu können. Biologische Beispiele wie ‚gute

Wurzeln' liefern dafür ungeeignete Vorbilder, wohingegen der Begriff ,guter sozialer Beziehungen' eindeutig sowohl ein zentrales menschliches Gut aufnimmt als auch einen großen Spielraum lässt, was gute soziale Beziehungen sein können. Ein solcher Spielraum mag auf den ersten Blick misslich sein, er entspricht aber der Eigenart menschlicher Verhältnisse, im Unterschied zu tierischen.[24] Er muss gefüllt werden durch unsere bereits erworbene sowie noch zu erwerbende Erfahrung mit sozialen Beziehungen. Bei manchen dieser Beziehungen, etwa solchen, in denen klar definierte Produkte ,hergestellt' werden sollen, wie ein Haus oder der Sieg in einem Fußballspiel, legt die Handlungssituation einigermaßen fest, woran die Verantwortungsbereitschaft der Beteiligten zu messen ist, was es heißt, ihre sozialen Rollen im gemeinsamen kooperativen Handeln zu erfüllen. Bei anderen sozialen Beziehungen, in denen etwa gemeinsam Erkenntnisse gewonnen oder neue Ziele gefunden werden sollen, kann die Verantwortungsbereitschaft ihrerseits der sozialen Beziehung ein Profil geben.

Dass die Ziele gerade der wichtigsten sozialen Beziehungen zwischen Menschen nicht *extern* festgelegt sind, im Gegensatz zu den durch die Produktion und den Tausch lebensnotwendiger Güter definierten Kooperationsbeziehungen, erklärt die Abhängigkeit der sozialen Beziehungen von den *intern* praktizierten Handlungsfähigkeiten. Verantwortungsbereitschaft als die individualisierende Kraft, für sein Handeln in sozialen Beziehungen einzustehen, ist dabei nur eine, wenn auch vielleicht die wichtigste Eigenschaft. Die moralischen Tugenden, wie wir sie aus der Ethik des Aristoteles' kennen, erschöpfen weitgehend die übrigen. Als Leser der *Nikomachischen Ethik* stößt man irgendwann auf die Frage, warum Aristoteles, nachdem er mit dem ersten Satz des Buchs alle menschlichen Handlungsweisen auf Ziele festgelegt hat, die für den Inhalt seiner Ethik zentralen Tugenden erstaunlicherweise nicht durch konkretere Ziele charakterisiert als die unbestimmt bleibende *eudaimonia*.[25] Eine Antwort ergibt sich daraus, dass eben die Tugenden selbst zu den vorrangigen Handlungszielen werden. Binden sich die Tugenden jedoch überhaupt nicht mehr an extern zu benennende Handlungsziele, werden sie zwecklos und verlieren einen Maßstab, an dem sie ihrerseits beurteilt und gemessen werden könnten. Worin sich beispielsweise Mut von Tollkühnheit unterscheidet (1115b24), ließe sich dann nicht mehr sagen. Die Freundschaft ist deshalb der einzig geeignete allgemeine Rahmen, in dem die Tugenden einerseits ihren übergeordneten Zweck finden, andererseits inhaltlich bestimmen können, worum es in der Freundschaft geht. ,Freundschaft' benennt damit das soziale Beziehungsgeflecht, innerhalb dessen die Tugenden den Sinn dieses Geflechts nicht nur inhaltlich gestalten, sondern überhaupt erst erzeugen. Freundschaft ist der soziale Ort, an dem das funktionale Handeln sich selbst fortwährend reproduziert.

---

[24] Die Schwäche von Foots zuletzt gegebener Skizze des funktionalen Modells (Foot 2001) besteht vor allem darin, dass sie keinen systematischen, anthropologisch informierten Übergang vom natürlichen Guten bei subhumanen Wesen zum menschlichen Glück anbietet, ja nicht einmal das Problem benennt (s. insbes. 2001, Kap. 3).

[25] Der erste Satz lautet: „Jede Kunst (techne) und jede Lehre (methodos), dergleichen jede Handlung (praxis) und jeder Entschluss (prohairesis) scheint ein Gut (agathon) zu erstreben, wonach man das Gute treffend als dasjenige bezeichnet hat, wonach alles strebt."

Im funktionalen Modell kann so die anthropologische Einsicht in die Offenheit menschlichen Handelns (s. insbes. Gehlen 1993) berücksichtigt werden, ohne dass die These der Gebundenheit dieses Handelns selbst völlig aufgegeben würde. Eingebunden ist das Handeln in die Sinn- und Gewohnheitsstrukturen der sozialen Beziehungen, *innerhalb* derer es seine Ziele reinterpretieren und restrukturieren muss, so dass die Ziele zugleich Ansprüche gegenüber Anderen sind, diese Ziele zu kritisieren oder anzuerkennen, sie zu übernehmen oder zu verändern. Natürlich ließe sich die humeanische Metaethik Hares zum selben Punkt führen, wenn beachtet wird, inwiefern unsere ‚Interessen' unsere Wünsche und Entscheidungen fixieren oder inwieweit ein implizit vorweg genommener sozialer Konsens über Interessen die scheinbar einsame Präskription der Hareschen Akteure bestimmt. Die auf diese Weise umgeschriebene Metaethik Hares ist aber offensichtlich viel weiter von ihrem Ursprung in den einzelnen Akten des Empfehlens und Vorschreibens entfernt, wie das sozial verflüssigte funktionale Modell von der funktionalen Interpretation von „gut" bei Artefakten wie guten Messern.

4. Teleologischer Naturalismus und interne Handlungsgüter

Dieses Argument zugunsten des funktionalen Modells von Normativität lässt sich abschließend noch durch einige Bemerkungen zu zwei notorischen Problemen in der Ethik unterstreichen. Beide Probleme hängen zusammen oder sind Ausdruck ein und desselben Problems, manifestieren sich aber unterschiedlich. Das erste Problem könnte man das *‚inhaltliche Kohärenzproblem* der praktischen Vernunft' nennen, denn es besteht darin, zu erklären, wie *Vernunft und Moral* zusammenhängen. Trifft es zu, wie Teile der modernen Ethik annehmen, dass „praktische Vernunft" und „Moral" nicht dasselbe meinen und deshalb Moral durch praktische Vernunft erhellt und begründet werden kann?[26] Von diesem ‚inhaltlichen' Kohärenzproblem lässt sich das *‚metaethische'* Problem unterscheiden, bei dem es um die Frage geht, inwieweit praktische Vernunft (oder ein praktischer Grund) in der Lage ist, zum Handeln zu motivieren. Um Kohärenz geht es auch hier insofern, als ‚richtige Gründe', ‚Tatsachen', ‚moralische Einsichten', ‚Motive', ‚tatsächliche Handlungen' nicht klar begrifflich miteinander harmonieren, insbesondere nicht ‚Gründe' und ‚Motive'. Nach meiner Erfahrung lässt sich das metaethische Kohärenzproblem seiner Abstraktheit wegen nicht überzeugend behandeln, so dass man es erst sekundär, als Bestandteil des gelösten inhaltlichen Problems angehen sollte.

4.1. Sein-Sollens-Problem

Das zweite Problem hat einen berühmten Namen und ist möglicherweise eine Variante des inhaltlichen Kohärenzproblems: das *‚Sein-Sollens-Problem'*. Trotz seiner Promi-

[26] Das gilt, auch wenn er am Ende die Identität behauptet, vor allem für Kant. Es gilt nicht klar für Hume, wohl aber für viele Humeaner und insbesondere für die Vertreter eines instrumentell-eigeninteressierten Vernunftbegriffs. Hume ist zu sehr Rationalitätsskeptiker, um zu glauben, von unvernünftigen Handlungen ließe sich mehr sagen als sie seien unvernünftig, „in a figurative and improper way of speaking" (Treatise, 459). Für eine humeanische Position s. Stemmer 1997. Kritisch s. auch Quinn 1993a.

nenz ist nicht so einfach zu sagen, warum es sich dabei um ein Problem handelt, oder worin das Problem eigentlich liegt. In der Tradition von Humes so bekannten wie unklaren Bemerkungen zum Übergang von ‚Sein-Aussagen' zu ‚Sollen-Aussagen' im *Treatise* wird das Problem von einer Klasse von Philosophen als Vorwurf oder Hinweis an andere gesehen, sich die normativen Prämissen ihrer Argumente hinreichend klar zu machen. (Das ist ja auch Humes eigene Absicht: die Hintergründe des Sollens seien, so die Aufforderung, entweder zu erhellen oder das Sollen sei zu vermeiden.) Diese methodische Kritik mag gegen naturrechtliche Dogmatik oder wissenschaftliche Naivität einmal berechtigt gewesen sein, und ist es vielleicht noch. Das eigentliche und ernsthaftere Problem ist aber das Sein-Sollens-Problem selbst: nämlich zu verstehen, warum in einer bestimmten Tradition der Ethik zwei Dimensionen begrifflich so weit voneinander entzerrt werden konnten, warum dieses Entzerren selbst zu einem unlösbaren Problem führt und inwiefern die Lösung des Problems in seiner Auflösung besteht.[27]

Viele vermeintlich unlösbare philosophische Probleme sind das Resultat einer meist unbemerkten Generalisierung begrenzt richtiger Einsichten. So auch bei Humes Sein-Sollens-Hinweis. Um ihn an einem auch heute noch beliebten Beispielargument zu gunsten einer normativen Forderung zu illustrieren:

> „Ein Embryo ist menschliches Leben; wenn etwas menschliches Leben ist, ist es von Beginn an schützenswert bzw. hat Lebensrecht; darum hat der Embryo ein Lebensrecht."

Der klassische humeanische Einwand gegen die zweite Prämisse in diesem Argument lautet: indem man etwas als Embryo und als menschliches Leben bezeichnet, hat man nur etwas über die physiologische oder biologische Beschaffenheit dieses Wesens gesagt, so dass in diesem Argument, wenn es denn überhaupt eines sein will, ein ‚unbemerkter Übergang' zum Lebensrecht enthalten scheint. Diesen Übergang gilt es explizit zu machen. Meist wird diese Aufforderung so verstanden, dass eine weitere Prämisse eingeführt und verteidigt werden sollte, warum jedes menschliche Leben Lebensrecht hat. Diejenigen, die den humeanischen Vorwurf erheben, sind allerdings meist ebenfalls der Meinung, dass die Prämisse im konkreten Beispiel nicht verteidigbar ist, sie sehen keinen relevanten Zusammenhang zwischen menschlichem Leben und Lebensrecht.[28]

---

[27] Zu Hume: „In every system of morality which I have hitherto met with, I ... am surpris'd to find, that instead of the usual copulations of propositions, *is*, and *is not*, I meet with no proposition that is not connected with an *ought*, or an *ought not*. ...." (Treatise III.i.1, 469) Die Unklarheit dessen, was Hume beabsichtigte, wurde diskutiert von MacIntyre 1967. Zur Abhängigkeit der Sein-Sollens-Problematik von der empiristischen und den vor-quineschen ‚Dogmen' der analytischen Philosophie s. Putnam 2002, Kap. 1–2, sowie Casebeer 2003, Kap. 2. Siehe auch Hares Zuordnung seiner Position zu Hume und Moore in Hare 1952, 29f. und Kap. 5, sowie Foots Kritik in Foot 1958; 1961; 2001, 24. Foot kommentiert das Kohärenzproblem in Foot 2001, Kap. 1, bes. 9–13, 21–23, folgt allerdings im wesentlichen Quinn 1993b.

[28] Für das Lebensrecht von Menschen am Lebensbeginn wird meist nicht so explizit argumentiert wie in diesem Beispiel. Meist besteht das ‚Argument' nur in der zweiten Prämisse, das Argument wird nicht als Prämisse in einem Argument verstanden.

Genauer kann diese methodische Kritik zu drei möglichen Positionen führen. Der Kritiker kann *erstens* die wertende und gebietende Rede in jeder Form als irregeleitet und darum als zu vermeiden ansehen. Diese extreme Position würde bedeuten, dass wir für unsere Handlungsorientierung keinerlei Worte mehr hätten – wodurch diese Orientierung weitgehend unmöglich würde, einschließlich des Wegfalls von Moral und Recht. Angesichts solcher Folgen scheint diese Alternative absurd. Der Kritiker kann *zweitens* die normative Rede insgesamt als mit der nicht-normativen unverbunden, wenn auch möglicherweise als prinzipiell verbindbar ansehen. Hume lässt offen, ob er dieser Meinung ist, aber Moore hat mit seinem ‚Argument der offenen Frage' zu belegen versucht, dass die beiden Dimensionen tatsächlich nicht verbunden sind (Moore 1903, Kap. 1). Moore zufolge wäre es eine sinnvolle *und* offene Frage, von einem menschlichen Embryo zu fragen, ob er Lebensrecht hat, obwohl er eine Form von menschlichem Leben ist, so dass beide Eigenschaften nicht identisch sein können. Eine *dritte* Position ergibt sich dann, wenn man diese Frage bei bestimmten Anlässen *nicht mehr* als offen ansieht: dann ist ein enger Zusammenhang zwischen einer nicht-normativen und einer normativen Eigenschaft nachgewiesen. Hume selbst und viele seiner heutigen Nachfolger in der ‚analytischen' Ethik sind am ehesten dieser dritten Position zuzuordnen, wenn sie etwa das Lebensrecht von Menschen an menschliches Lebensinteresse knüpfen (s. Singer 1979, Kap. 4; Hoerster 2003).

Die philosophischen Konsequenzen von Moores Argument der offenen Frage zeigen, dass die zweite Position so unhaltbar ist wie die erste. Die Konsequenz von Moores Argumentation liegt in einer prädikativen Verwendung von „gut" und der damit verbundenen Annahme, dass man abstrakt sehen könnte, was „gut" bezeichnet. Um diese These zu stützen, postuliert Moore eine Idee des Guten. Zu derartig waghalsigen Konsequenzen müsste man nicht Zuflucht nehmen, würde man das Argument der offenen Frage nicht zu schnell akzeptieren. Es ist doch tatsächlich eigenartig, „das ist jemandes menschliches Lebensinteresse – aber ist es gut, wenn es beachtet wird?" eine ‚offene Frage' zu nennen! Wichtige menschliche Interessen, vor allem die eigenen, berücksichtigt zu sehen, *veranschaulicht* doch für uns *paradigmatisch*, was es heißt, dass etwas „gut" ist, ohne dass die Verwendung von „gut" damit erschöpft sein muss. Jemand, der *das* bestreitet, nimmt eine extrem skeptische Haltung ein, die ihn am Ende dazu bringt, entweder jede Bedeutung von „gut" schlechthin zu bestreiten oder – wie Moore – eine abstrakte Idee des Guten postulieren zu müssen. Besser scheint es dagegen, das skeptische Fragen in Grenzen zu halten und von bestimmten Beispielen relativer Gewissheit auszugehen, wie eben dem Gut des Berücksichtigens von Interessen. Ein Beispiel relativer Gewissheit von ‚guten' Dingen, wie berücksichtigte Interessen, schließt dabei andere Beispiele nicht aus, so dass in der dritten Position weiter zu klären wäre, was in Hinblick auf das Leben des Embryo alles gut sein kann.[29]

Damit die Sein-Sollen-Dichotomie nicht zu einem Dualismus wird, sollte man deshalb die Mooresche *unbegrenzte* offene Frage als eine immer *begrenzte*, nämlich auf

[29] Siehe auch Kap. 4. So sind etwa menschliche Fähigkeiten gut. Wenn Fähigkeiten gut sind, warum dann nicht auch deren körperliche Grundlagen? Im Zug der körperlichen Abhängigkeit ist kaum vermeidbar, menschliches Leben generell gut zu nennen – wobei graduelle Unterschiede nicht ausgeschlossen sind.

vorgegebene (oder notfalls zu postulierende) funktionale Erfordernisse bezogene Frage verstehen: „Dies ist so und so beschaffen, ist es deshalb gut?“ als die Frage: „Dies ist ein F, ist es in dieser Rolle als F gut?“ Das F-Sein (die mit F bezeichnete Funktion) gibt uns dann geeignete Hinweise darauf, welche empirischen Eigenschaften etwas haben muss, um gut zu sein. Der Zweck, unter dem wir das Ding betrachten, hilft uns die praktische Frage zu beantworten, einschließlich zunehmend allgemein werdender praktischer Fragen zur Moral und damit zur Struktur sozialer Beziehungen. Diese Orientierung an Handlungszielen berechtigt, von einem ‚teleologischen‘ Naturalismus zu sprechen, der nicht reduktionistisch ist im Sinn biologischer oder evolutionärer Ziele.[30]

4.2. Das Kohärenzproblem der praktischen Vernunft

Wir können jetzt sehen, ob diese Antwort auf das Sein-Sollens-Problem mit einer Antwort auf das erste Problem harmoniert, das inhaltliche Kohärenzproblem. Bevor ich darauf eingehe, will ich kurz skizzieren, wie das Sein-Sollens-Problem mit dem Vernunftbegriff aus der Sicht der Humeaner, wenn auch nicht unbedingt Humes, harmoniert.[31] Die humeanische Überlegung lautet etwa folgendermaßen. Aus Empirischem kann nichts Normatives folgen. Woher kommt dann Normatives? Eine Erklärung bezieht sich entweder (individuell) auf *Wünsche*, so dass man tun sollte, was man wünscht, oder (sozial) sie bezieht sich auf verschiedene Interessenten an einer *Norm*, die sich auf diese Norm einigen. Der Unterschied ist nicht allzu groß, weil die sich auf die Norm Einigenden ihrerseits aus ihren individuellen Wünschen heraus entscheiden. Praktisch rational ist etwas dann, wenn es den eigenen Wünschen entspricht; Wünsche, gegebenenfalls informierte, konsistente, usw. Wünsche, sind praktische Gründe. ‚Folgt‘ dann aber nicht doch etwas Normatives aus Wünschen, so dass die Sein-Sollen-Differenz missachtet wäre? Nein, und zwar deshalb nicht, weil Wünsche in diesen Fällen ‚praktische‘ Einstellungen sind, im Unterschied zu ‚bloß empirischen‘ Wünschen, sie tendieren sozusagen bereits zum Handeln. Ungefähr so bleibt der Humeaner seiner Dichotomie treu, vermeidet die erste der beiden vorhin genannten Alternativen und erklärt praktische Gründe aus informierten Wünschen heraus.

Eine alternative Auffassung von praktischen Gründen und praktischer Vernunft setzt mit der wichtigsten Schwachstelle dieser Wunschtheorie ein (s. Quinn 1993b; Scanlon 1998, 37–77). Indem Wünsche ‚praktisch‘ oder ‚expressiv‘ sind, sind sie noch keine geeigneten Träger von Normativität. Tatsächlich eliminiert die soweit geschilderte Wunschtheorie praktische Vernunft. Das zeigt sich daran, dass Wünsche

---

[30] Reduktiv-naturalistisch sind soziobiologische und ökonomische Varianten der Ethik. Siehe z.B. Arnhart 1998. Gegen diese Versuche ist allerdings Moores offene Frage noch so schlagkräftig wie zu Moores Zeit gegen Herbert Spencer: s. Moore 1903, Kap. 2. Kritisch auch Williams 1995. Als Kriterium für den Unterschied zwischen einem nicht-reduktiven und einem reduktiven Naturalismus kann das Ausmaß gelten, in dem wir unser alltägliches, wenn auch wissenschaftlich aufgeklärtes Selbstverständnis wiederfinden. Das scheint weder in einem evolutionistischen noch in einem ökonomischen Naturalismus möglich. Siehe für eine Kritik in diesem Sinn auch Leist 2005a.

[31] Humes Position ist in vielen Punkten deshalb weniger provokativ, weil er als durchgängiger Skeptiker starke Positionen, außer eben skeptische, vermieden hat.

in ihr nur als Begehrzustände gelten und Begehrzustände allein noch keine Gründe sind. Von praktischen ‚Gründen' ist gefordert, dass sie das entsprechende Handeln ‚erhellen', also zu sagen vermögen, was an der begründeten Handlung es ist, das sie vollziehenswert macht. Und tatsächlich sind viele Wünsche in unserem Alltagsverständnis mit Beschreibungen assoziiert, die Dinge nicht nur als begehrt, sondern als begehrens*wert* erscheinen lassen, als *wert*, gewünscht zu werden. Der Wunsch, die Hände zu waschen, ist mit der Beschreibung oder Vorstellung verbunden, dass die Hände sauber sind, und diese Vorstellung (sowie die Grenzen und die Brauchbarkeit der Vorstellung) lässt den Wunsch, die Hände zu waschen, zu einem Grund werden. Ohne diese Vorstellung oder bei einer außer Kontrolle geratenen Vorstellung wird der Wunsch zu einem bloßen Begehrzustand oder Drang. Das ist der Fall, wenn jemand sich zwanghaft die Hände wäscht, ein Zwang, der das Händewaschen nicht erhellt und damit auch nicht begründet. Damit ist klar: Wünsche benötigen Beschreibungen, um als Gründe zu gelten. Ihre Normativität entspringt nicht aus dem Begehren, sondern aus dem Beschreiben.

Wie bereits Hume anlässlich seiner Sein-Sollen-Bemerkung reagieren alle guten Humeaner gegenüber der Behauptung, Gründe und Normativität entsprängen Beschreibungen, mit einem Metaphysikverdacht. Müssen dann nicht Werte oder Normen ‚irgendwo' angenommen werden, um Gegenstand von Beschreibungen werden zu können (s. insbes. Mackie 1977, Kap. 1.9)? Und tatsächlich ist es keine Erklärung, das zu Erklärende einfach zu postulieren. Sicher ist erklärungsbedürftig, warum Beschreibungen Dinge als wertvoll erscheinen lassen und damit Gründe für Handlungen liefern. Eine Erklärung scheint umso nötiger, wenn man den möglichen humeanischen Vorschlag ablehnt, wonach die Beschreibungen das Ergebnis lustvoller Erfahrungen sind und an diese Erfahrung entweder erinnern oder mögliche neue Erfahrungen versprechen. Unsere Lustempfindungen sind *ihrerseits* zu sehr von Beschreibungen abhängig, um so reduktionistisch wirksam zu sein. Die nicht-reduktive Erklärung des teleologischen Naturalismus ist vielmehr die folgende: Beschreibungen von Dingen sind deshalb und in dem Sinn ‚werthaft', als sie unsere *lebensfördernden Handlungsfähigkeiten* ausdrücken. Diese Erklärung knüpft an die vorhin geschilderte interne Zielsetzung in sozialen Beziehungen durch die Tugenden an.

Orientieren wir uns an einigen Beispielen. Jemand hat einen guten Satz im Tennis gespielt. Dass der Satz ‚gut' war, sagt zunächst, dass er dem Ziel des einzelnen Spielers gedient hat, das Spiel zu gewinnen. Warum ist dieses Ziel aber seinerseits gut? Weil die Spieler im Tennisspiel die Fähigkeiten ausdrücken können, die typischerweise in diesem Spiel benötigt werden. Die Fähigkeiten werden zwar benötigt, um das Spiel zu spielen; aber da erklärungsbedürftig ist, warum gerade dieses Spiel gespielt wird, ist die beste Erklärung wohl die, dass das Spiel geeignet ist, bestimmte menschliche Fähigkeiten zu entwickeln und anzuwenden.

Jemand hat ein gutes Essen gekocht. Dass das Essen ‚gut' ist, könnte heißen, dass es vielen schmeckt, und dass es vielen schmeckt ist sicher nicht irrelevant. Nur greift die Erklärung wiederum zu kurz. Es ist durchaus erklärungsbedürftig, warum das Essen vielen schmeckt, und warum es eine letzte Erklärung ist, dass es vielen schmeckt. Die Antwort ist, dass Koch und Gäste ihre Fähigkeiten in diesem Essen ausdrücken, teils als Produzent, teils als Konsumenten. Zu diesen Fähigkeiten gehört auch, dass sie Geschmacksurteile fällen und Regeln einhalten, in deren Rahmen erst der Genuss zustande kommt.

Ein Reicher hat für die Armen Geld gespendet, wir finden das gut. Dass wir es gut finden, scheint manchmal bereits dadurch erklärbar, dass anderen damit geholfen wird, also Leid gemildert. Diese Erklärung greift aber (ähnlich wie beim Essen) zu kurz. Sie überzeugt zwar bei extremer Not, aber nicht generell. Generell gilt sie nur für Tiere. Bei Menschen ist zu beachten, welche soziale Beziehung im Spenden hergestellt wird, ob das Spenden etwa eine anerkennende Hilfe oder eine verächtliche Beruhigung des eigenen Gewissens ist. Um diese Differenz einzufangen, ist es nötig, die Handlungsabsichten zu berücksichtigen. Welche Beziehung beabsichtigt der Spender mit seiner Spende, welche will er herstellen? In diesen Absichten und Handlungen drückt sich dann eine Fähigkeit aus, etwa die Fähigkeit, anderen zu helfen, ohne sie erniedrigen zu wollen.

Diese Beispiele haben gemeinsam, dass in ihnen Werturteile an Handlungsziele geknüpft sind: im Tennis siegen zu wollen, die Gäste zufrieden stellen zu wollen, den Leidenden helfen zu wollen. Betrachtet man diese Ziele als (vorläufige) Endziele, muss erklärt werden, warum sie als gut gelten sollen. Man kann nicht ohne weiteres unterstellen, dass sie gut sind. Würde man sie als gute Ziele aus übergeordneten guten Zielen heraus erklären, verschöbe sich nur das Problem. Deshalb müssen diese Ziele *intern-gute* Ziele sein, gut innerhalb des Handelns, das jeweils praktiziert wird. Und die Erklärung hierfür ist, dass sie Ausdruck lebensfördernder menschlicher Fähigkeiten sind, in diesen Fällen des Tennisspielens, des Kochens und des Helfens. Diese einschränkende Kennzeichnung der Fähigkeiten als ‚lebensfördernd‘ ist leicht irreführend und könnte selbst mit „gut“ identifiziert werden, was zu einem völlig zirkulären Verhältnis zwischen den Fähigkeiten und den Zielen führte, in denen sie sich ausdrücken. Demgegenüber ist „lebensfördernd“ spezieller gemeint als „gut“, so dass tatsächlich eine Erklärung zustande kommt, eben durch ein Verhältnis, in dem die ‚letzten‘ Handlungsziele den lebensfördernden Fähigkeiten Ausdruck verleihen. An dieses Verhältnis richten sich zwei Fragen.

Wann und woher weiß man, dass ein Ziel die so eingeschränkten Fähigkeiten ausdrückt, und wie lässt sich zwischen lebensfördernden und lebensstörenden Fähigkeiten unterscheiden? *Allgemein* lassen sich diese Fragen nicht beantworten. Das scheint aber auch deshalb unnötig, weil es einerseits unstrittig klare Gegensätze zwischen lebensfördernden und lebensstörenden Fähigkeiten gibt und andererseits komplizierte Fälle, die sowieso in den Einzelheiten der Ziele untersucht werden müssen. Wir sind uns im Groben über das Leben ‚befördernde‘ und ‚behindernde‘ Fähigkeiten und deren Anwendung einig, und im Einzelfall müssen wir in den konkreten Klärungsprozess eintreten, dem das Ausbilden von ‚guten Zielen‘ notgedrungen fortwährend unterliegt.

Der Kritikerin, die im Geist Moores etwa fragt, warum es gut sein soll, die Fähigkeiten des Tennisspielens auszudrücken oder warum es gut sein soll, für viele zu kochen, und die sich mit der allgemeinen Antwort, dass beide Unternehmen doch offensichtlich lebensfördernd sind, nicht zufrieden gibt, kann man deshalb nur antworten, dass sie ihre Frage doch etwas konkreter stellen und den Grund ihrer Nachfrage nennen sollte.

Was meint man, wenn man bezweifelt, dass diese Dinge gut sind? Was will man wissen, wenn man auf diese Weise nachfragt? Hat man Angst vor einem Tennisarm oder hat die Geschirrspülmaschine ihren Geist aufgegeben? Sollte man elitäre Tennisvereine nicht unterstützen oder lieber alle gemeinsam kochen lassen? Hält sie Golf für eleganter und vielseitiger als Tennis oder Trinken für geselliger als Essen? Wenn die Kritikerin *solche* Einwände hat, ist sie hoch willkommen, denn alle Handlungsziele und Projekte können geprüft und gegebenenfalls verändert werden. Wenn sie hingegen ihre Sehnsucht nach ‚letzten' Gründen – und offensichtlich *isolierten* letzten Gründen – befriedigen will, kann man sie nur bitten, eine Funktion zu nennen, unter der das gut sein soll.

II. Menschliches Leben an der Grenze

Gegen die Suche nach dem ‚moralischen Status'

1. Frühes menschliches Leben und Moralphilosophie

Meines Erachtens leidet die aktuelle Moralphilosophie unter einem unausgetragenen Konflikt zwischen ihrer Unfähigkeit, dem frühen menschlichen Leben nach ihren eigenen Maßstäben einen angemessenen moralischen Schutz zu gewähren, und der starken Intuition, dass ihm ein solcher Schutz zukommen sollte. Bedeutung und Ausmaß dieses Konflikts werden in der Regel mithilfe verschiedenster Tabuisierungstechniken innerhalb der Ethik verdeckt. Statt den Konflikt zu tabuisieren, sollte sich die Moralphilosophie jedoch zu den Grenzen ihrer Argumente bekennen – schon deshalb, weil sie angesichts eines so massiven Konflikts mit der Alltagsmoral ihre eigenen Voraussetzungen überprüfen muss. Die zentrale und in diesem Fall auch inhaltlich-moralisch relevante Voraussetzung ist dabei diejenige der *Rationalität* moralischer Normen. Der Konflikt zwischen intuitiven Einstellungen gegenüber dem frühen menschlichen Leben und der Moralphilosophie sollte deshalb als Anlas dienen, die Rationalitätsvoraussetzung sowie ihre Verbindung mit der Moral kritisch zu beleuchten.

Man kann denselben Sachverhalt auch so ausdrücken, dass sich gegenwärtig die akademischen Moralphilosophen in einem zunehmenden Konflikt mit den Nichtphilosophen, oder den durchschnittlichen Bürgern in der Gesellschaft, wiederfinden, wenn es um Fragen des Schutzes frühen menschlichen Lebens geht. Da sie sich aus ihren verschiedenen Theorien heraus überwiegend mit deren Details befassen, übersehen sie leicht die Gesamttendenz ihrer moralisch konflikthaften Urteile. Statt dessen sollten sie prüfen, ob sie zu ihren Urteilen auch moralisch stehen können. Solange nicht klar ist, ob man den rationalen Moraltheorien immer dorthin folgen muss, wohin sie auch führen, bleibt der Beitrag dieser Theorien zur öffentlichen Debatte zwiespältig.

Das sind etwas kühne und provozierende Behauptungen, für die im Folgenden einige Gründe angeführt werden sollen. Dazu will ich zunächst in zwei Schritten zu belegen versuchen, dass in Bezug auf das beginnende menschliche Leben zwischen Moralphilosophie und Alltagsmoral tatsächlich ein massiver Konflikt besteht. Der erste dieser Schritte behandelt die rationale Form dessen, was ich eben (polemisch) ‚Tabuisierungstechniken' nannte: indirekte Argumente zugunsten des Lebensschutzes. Der zweite Schritt betrifft eine generelle Skepsis gegenüber solchen indirekten Argumenten im Licht einer Aufklärungsanforderung, der sich die Moralphilosophie unterwerfen muss. Dabei zeigt sich meiner Meinung nach ein offen bleibender Spielraum zwischen einer unkritischen oder konventionellen Haltung gegenüber der Moral auf der einen, und einer rational ‚zwingenden' Haltung auf der anderen Seite, wie sie der Moralphilosophie als Ideal vorschwebt. Meines Erachtens liegt das, was wir unter „Moral" verstehen, zum größten Teil im Bereich des ‚rational (bloß) Möglichen' aber keineswegs ‚Zwingenden'. In Anerkennung dieses Sachverhalts sollten Moralphilosophen etwas vorsichtiger in ihren Lebenswerturteilen sein als sie es teilweise sind. Ihre Vorschläge sind Einladungen, wie man die Welt sehen *kann*, nicht Vorschriften, wie man sie sehen *muss*.

2. ‚Moralischer Status'

Der Argumentationshintergrund bezüglich der Frage, wann beginnendes menschliches Leben moralischen Schutz genießen soll, lautet in knappster Form etwa so: Maximalen moralischen Schutz gewähren in der Moral moralische Rechte. Wesen, die moralische Rechte haben, werden moralisch vollständig anerkannt bzw. sind Wesen mit (vollem) ‚moralischem Status'. Dabei wird der moralische Status auf verschiedene Weise mit dem Begriff der Person verknüpft. Wesen, die vollen moralischen Status besitzen, gelten als ‚Personen', bzw. Personen besitzen vollen moralischen Status. Die Frage nach der Schutzwürdigkeit und Schutzfähigkeit frühen menschlichen Lebens wird deshalb als Frage nach dessen moralischem Status und seinem Personsein formuliert.

Während die Frage nach dem moralischen Status eine rein moraltheoretische ist, ist die nach der Personenqualität eine ontologische. Eine Person zu sein ist jedenfalls nach üblichem Verständnis keine ausschließlich moralische Eigenschaft. Obwohl die Frage nach dem Personsein für die Frage nach dem moralischen Status bedeutsam sein kann, wird die Antwort auf das Personenproblem die Frage nach dem moralischen Status nicht schon als solche definitiv entscheiden können. Selbst wenn Embryonen zweifelsfrei Personen wären, wäre damit noch völlig offen, wie man Personen, die sich in ihren Eigenschaften so deutlich von erwachsenen menschlichen Personen unterscheiden, moralisch gesehen behandeln soll.[1] Wegen dieser Asymmetrie der Problemstellungen werde ich im Weiteren nicht mehr von Personen reden, sondern nur noch vom moralischen Status.

Aufgrund der extremen Unterschiede zwischen dem frühen und dem durchschnittlichen erwachsenen menschlichen Leben (dem ‚Normalfall' der Moral) ist die Frage der Schutzwürdigkeit des frühen Lebens zugleich eine nach den Grundbegriffen der Moral. In den Grundbegriffen sowie den damit verbundenen Argumenten unterscheiden sich die Moraltheorien voneinander. Eine repräsentative Auswahl unter den Grundbegriffen umfasst die folgenden drei: erstens, „Interesse", insbesondere „Lebensinteresse", zweitens, „Droh- und Kooperationsfähigkeit" und drittens, „rationale Handlungsfähigkeit". Diese Begriffe fungieren jeweils als Grundbegriffe der drei bedeutendsten Moraltheorien, nämlich a) des *Utilitarismus*, b) der *Vertragstheorie* und c) des *Kantianismus*. Obwohl sich diese Theorien unterschiedlicher Begründungsfiguren bedienen, lässt schon ein Blick auf

---

1 Das ist auch mein Einwand gegen den Versuch von Jeff McMahan, die Ethik des menschlichen Lebensbeginns mit einer Theorie der personalen Identität fundieren zu wollen. Siehe McMahan 2002 sowie meine Besprechung in Leist 2002.

ihre Grundbegriffe erkennen, dass sie den Kontext der Interaktion zwischen bewussten oder gar selbstbewussten Lebewesen voraussetzen, und damit Merkmale annehmen, die dem frühen menschlichen Leben mehr oder weniger vollständig fehlen. Dass Neugeborene und sogar Kleinstkinder bis mehrere Jahre nach der Geburt weder Droh- noch Kooperationsfähigkeit, noch rationale Handlungsfähigkeit besitzen, versteht sich von selbst; dass sie nur beschränkt und sukzessiv Lebensinteresse entwickeln, ist in ausführlichen Analysen des Interessebegriffs gezeigt worden.[2] Um es – zusammenfassend – klar und deutlich zu sagen: Beginnendes menschliches Leben kann nach diesen Moraltheorien seiner (fehlenden) aktuellen Eigenschaften wegen keinen *direkten* moralischen Schutz genießen. Mit anderen Worten: Es gibt keine (je nach Theorien unterschiedlich gefassten) *direkten* zwingenden moralischen Gründe, das Leben von Embryonen, Föten, Neugeborenen und (!) Kleinstkindern zu schützen.

Damit bleiben zugunsten eines möglichen Lebensschutzes nur solche Argumente, die sich nicht, jedenfalls nicht direkt auf den *aktuellen* Zustand des beginnenden menschlichen Lebens beziehen. Solche Argumente könnte man *indirekte* Argumente nennen. Drei Arten von indirekten Argumenten sind die folgenden: erstens ‚begrifflich-indirekte Argumente‘, zweitens ‚politische Argumente‘ und drittens ‚Dammbruch-Argumente‘.

Begrifflich-indirekte Argumenten explizieren *begriffliche Voraussetzungen* jener Grundbegriffe, mit denen die schutzbegründenden Eigenschaften von Personen festgehalten werden. Auf diese Weise sollen Merkmale identifiziert werden, die bereits dem frühen menschlichen Leben zukommen, auch wenn es noch nicht über die Eigenschaften verfügt, die durch die Grundbegriffe als normativ entscheidend markiert worden sind. So wird etwa behauptet, dass ein Lebensinteresse ein ‚Lebensentwicklungsinteresse‘ voraussetze, oder dass rationale Handlungsfähigkeit von organischen Bedingungen abhänge, deren Entwicklung bereits als Entwicklung der rationalen Handlungsfähigkeit betrachtet werden müsse.

Dass es mit dem Nachweis solcher Vorbedingungen allein nicht getan ist, ist jedoch leicht zu sehen. Es muss vielmehr zusätzlich gezeigt werden, dass diese Voraussetzungen gleichermaßen moralisch relevant sind wie die grundbegrifflich benannten Eigenschaften. Das ist aber schon deshalb kaum möglich, weil die Voraussetzungen, sofern sie nicht Bestandteil des Grundbegriffs sind, mit dessen moralischem Relevanzanspruch konkurrieren müssten. Doch selbst wenn sich zeigen ließe, dass etwa das Lebensentwicklungsinteresse notwendiger und vorgängiger Bestandteil des Lebensinteresses ist, reicht dieser Nachweis allein noch nicht aus, um den Schutzanspruch auf das frühe menschliche Leben auszudehnen. Das zeigt exemplarisch der bekannte und berechtigte

---

2 Für Arbeiten in der (im weiten Sinn) utilitaristischen Tradition s. Singer 1979; Leist 1990; Hoerster 1991; 1995; 2002; Lenzen 1999; McMahan 2002. Für die vertragstheoretische s. Stemmer 2000, Kap. 7. Aus der kantianischen Tradition heraus gibt es eigenartigerweise keine klare Äußerung zum frühen menschlichen Leben. Da jedoch Rationalität auch in einer kantianischen Position nicht bewusstseinsunabhängig verstanden werden dürfte, wird das Entwicklungsniveau psychologischer Fähigkeiten vernünftiger Wesen mindestens dieselben Anforderungen erfüllen müssen wie bei den anderen Theorien. In wörtlichem Verständnis müsste man sogar die *aktuelle* Autonomiefähigkeit fordern, eine Eigenschaft, die sich bei kleinen Kindern vielleicht mit dem Vorschulalter zu entwickeln beginnt.

Einwand gegen das ‚Potentialitätsargument', demzufolge potentielle Eigenschaften, oder potentielle Wesen, nicht *per se* denselben Status haben können wie aktuelle (Leist 1990, Kap. 2). Begrifflich-indirekte Argumente fügen deshalb zu den direkt grundbegrifflichen nichts hinzu, es sei denn, die moralkonstitutive Bedeutung letzterer würde zurückgenommen.

Bei *politischen* Argumenten geht es darum, die *moralischen Ansichten* oder die Gefühle anderer oder der meisten Menschen zum Thema Lebensschutz zu berücksichtigen. Das grundsätzliche Problem solcher politischer Argumente besteht darin, dass ohne ein verbindliches *Kriterium* der Rücksichtnahme auf bestimmte Gefühle und Ansichten nicht klar ist, welche Ansichten der Bürger in welchem Umfang berücksichtigt werden sollen. Ein rein formal-rationales Kriterium wird den erforderlichen Zweck nicht erfüllen können. Erforderlich wäre ein inhaltlich-moralisches Kriterium, doch eben das steht nicht zur Verfügung. Ein solches Kriterium müsste auf direkten Gründen beruhen, deren Schwäche es durch indirekte Gründe ja gerade zu beheben gilt.[3]

Dammbruch-Argumente wenden sich gegen die Erlaubnis einer bestimmten Praxis (wie dem Töten von Föten oder behinderten Neugeborenen), indem sie auf deren zwangsläufig zu erwartende schlechte *Folgen* aufmerksam machen. Die gröbsten Argumente dieser Art weisen auf die Schwierigkeit des Festlegens und der Kontrolle einer zeitlichen Grenze der Tötungserlaubnis vor allem nach der Geburt hin, sowie auf die Gefahr der Verrohung bzw. der sukzessiven Entwertung menschlichen Lebens. Auch gegen Dammbruch-Argumente spricht die Aufklärungsforderung. Dammbruch-Argumente sind nämlich insofern vage, als sie sich im Rahmen der Folgenkalkulation auf eine veränderliche (und sich *de facto* permanent verändernde) soziale Realität beziehen, in der moralische Überzeugungen selbst eine ursächliche Rolle gegenüber dem tatsächlichen Moralverhalten spielen. Dammbruch-Argumente führen daher leicht in Widersprüche: Wer sie vorbringt, ist versucht, die moralische Verurteilung dessen, was anhand des Übels seiner Folgen indirekt kritisiert werden soll, zum Zweck des Arguments vorauszusetzen.

Das ist leicht zu sehen bei der vielfach beschworenen Verrohungsgefahr im Fall einer Freigabe der Tötung frühen menschlichen Lebens. Derartige Verrohungstendenzen lassen sich bei den Ärzten, die Schwangerschaftsabbrüche oder Embryonenforschung praktizieren, nicht nachweisen, wie eine negative moralische Wirkung generell bei Akteuren kaum zu erwarten ist, die ihr Tun mit einer positiven moralischen Überzeugung verbinden. Auch ist bei Grenzziehungen, weil es bei ihnen um moralisch sensible Handlungen geht, eine starke Abhängigkeit vom geeigneten moralischen Bewusstsein zu erwarten. So wäre die Geburt als ‚rein pragmatisch' gerechtfertigte Grenze für den vollen moralischen Status, wie es etwa Norbert Hoerster vorschlägt (1991, Kap. 10; 1995, Kap. 2–3), ohne eine ‚nicht-pragmatische', also sich positiv auf die moralisch relevanten Eigenschaften von Neugeborenen stützende Argumentation, die von durchschnittlichen Menschen nachvollziehbar ist, kaum eine wirksam einzuhaltende Grenze. Ohne Selbstkontrolle ist soziale Kontrolle unwirksam, Selbstkontrolle aber benötigt Überzeugungen.

---

3 Ein weiterer, zusätzlicher Einwand gegen politische Argumente als indirekte Argumente entspringt einer Aufklärungsforderung an moralische Argumente, auf die ich gleich ausführlicher eingehen werde (s. 3.).

Wenn ein Physiker mit einer Theorie konfrontiert ist, der zufolge Wasser unter Normalbedingungen fortwährend verdampfen müsste, wird er darum bemüht sein, Gründe zu finden, die erklären, warum sich dieses Ereignis wider Erwarten nicht beobachten lässt. Die Vertreter der drei Moraltheorien befinden sich in einer ganz ähnlichen Situation, wenn sie indirekte Argumente suchen, die belegen, dass es moralisch nicht beliebig ist, Kleinkinder bis einige Monate oder Jahre nach der Geburt zu töten. Wie wir eben sahen, ist diese Suche bisher nicht erfolgreich gewesen, sondern hat mindestens teilweise zu Widersprüchen geführt. Die direkten Argumente untergraben die Bedeutung oder die Wirksamkeit der indirekten. Gegenüber allen drei Theorien bzw. der modernen Ethik im Allgemeinen lässt sich nun eine kaum zu bestreitende Anforderung nennen, die, wenn man sie nur akzeptiert, diese Schwierigkeiten als erwartbar erweist und damit zeigt, dass sie nicht zu beheben sind.

3. Aufklärungsfähigkeit und rationale Moral

Diese Anforderung kann nur in der *Aufklärungsfähigkeit* einer Moraltheorie liegen, mit der im öffentlichen Raum argumentiert wird. ‚Aufklärungsfähig‘ ist eine Moraltheorie dann, wenn sie die moralische Praxis – gemessen an ihrem eigenen Verständnis der Moral – dadurch zu verbessern erlaubt, dass die von ihr als richtig ausgewiesenen Überzeugungen *im Alltag bekannt* werden. Aufklärungs*un*fähig ist eine Moraltheorie dann, wenn sie ihre Grundlagen nicht öffentlich bekannt machen darf, ohne der von ihr favorisierten Moral zu schaden.

In diesem Sinn aufklärungs*un*fähig ist etwa der *Egoismus* im Rahmen einer selbst nicht völlig egoistischen Gemeinschaft. Für die Egoisten ist es günstiger, ihre rational-egoistischen Gründe für sich zu behalten, da sie nur so vom Altruismus der anderen profitieren können. Ähnliches gilt für den Wertkonservatismus. Seinen Vertretern zufolge hängt die soziale Zuverlässigkeit der Moral wesentlich davon ab, dass sie gerade nicht öffentlich problematisiert und diskutiert wird. Wertkonservative können daher ihre Gründe für den Erhalt der bestehenden Moral nicht öffentlich zur Diskussion stellen, da sie auf diese Weise eben diejenige Wirkung erzielten, die sie ja vermeiden wollen. Die bestehende Moral würde dann schneller verändert als es den Wertkonservativen lieb ist.

Muss das Kriterium der Aufklärungsfähigkeit nun nicht selbst gerechtfertigt werden? Seine Rechtfertigung kann wohl nur darin bestehen, verständlich zu machen, was mit Aufklärung gemeint ist, nämlich ein öffentlich verbreiteter Reflexionszustand, der im Rahmen von Interessenkonflikten individuell beginnt, aber bei ähnlichen Interessen größerer Gruppen schnell Verbreitung findet. Die Suche nach Gründen ist eine menschliche Eigenart, die sich in einer geeigneten Umgebung unausweichlich entwickelt. Mindestens in unserer gegenwärtigen abendländischen Kultur müsste sie aktiv unterdrückt werden, wollte man sie begrenzen. Aufklärung muss dabei als tendenziell grenzenloser Prozess verstanden werden, wobei offen bleibt, ob dieser Umstand notwendig ist oder ob eine entsprechende Beschränkung denkbar, ja vielleicht sogar wünschenswert wäre.[4]

---

4 Vielleicht lässt sich zeigen, dass die Idee der Grenzen der Aufklärung widersprüchlich ist. Ein solcher Nachweis setzt allerdings eine werthafte oder begriffliche Priorität des Begründens als *öf-*

Natürlich ist Aufklärung nur der Möglichkeit nach grenzenlos und wirksam. Der Zwang von Gründen gilt immer nur für diejenigen, die sich ihm freiwillig unterstellen. Aufklärung kann insofern nicht erzwungen werden.

Alle drei Moraltheorien sollten an diesem Ideal der Aufklärungsfähigkeit gemessen werden, wobei zu betonen ist, dass sowohl der Utilitarismus als auch der Kontraktualismus über längere Zeit nicht unbedingt als öffentliche Aufklärungsethik im eben geschilderten Sinn verstanden wurden.[5] Aufklärungsfähigkeit fordert dann, dass die mit Moraltheorien verbundenen Grundbegriffe sowie die mit ihnen verbundene Argumentationsideen Allgemeingut werden sollten. Formulieren lässt sich das sowohl *positiv* als auch *negativ*. „Es wäre ‚gut', wenn die moraltheoretischen Grundbegriffe öffentlich verbreitet wären" ist die positive Fassung der Aufklärungsforderung, und sie scheint mir naheliegend. Aber auch die schwächere Formulierung, wonach eine in Kenntnis der philosophischen Gründe realisierte Moral möglich und akzeptabel sein sollte, reicht bereits, um die Schwierigkeit im hier relevanten Zusammenhang des Schutzes frühen menschlichen Lebens sichtbar werden zu lassen.

Diese Schwierigkeit ergibt sich daraus, dass unter aufgeklärten Bedingungen ein gesellschaftlicher Zustand zumindest theoretisch unvermeidbar ist, in dem alle Bürger, und vor allem alle jungen, zeugungsfähigen Menschen, über die direkten Argumente zum Schutz des frühen menschlichen Lebens verfügen bzw. in dem alle Bürger die Mentalität der philosophischen Vertreter der drei Theorien teilen. Es liegt auf der Hand, dass die indirekten Argumente dann umso bedeutungsloser würden. Ihre Wirksamkeit hängt schließlich davon ab, dass *nicht* klar im Licht von Gründen gehandelt wird (Verrohungs- bzw. Dammbruch-Gefahr) oder dass unterschiedliche herrschende Meinungen toleriert werden müssen (politisches Argument). *De facto* ist es natürlich so gut wie unmöglich, dass alle Bürger einer Gesellschaft den philosophischen Theorien entsprechend handeln – dazu müssten die meisten Menschen philosophische Neigungen entwickeln. Aber es scheint dennoch bedenkenswert, dass wir guten Grund haben, uns davor zu *fürchten*, dass die ‚Philosophen' in der Gesellschaft die Überhand gewinnen. Es wäre ein Zustand, in dem – auf der Grundlage der soweit erwähnten direkten Argumente – Kleinkinder aus moralischer Sicht heraus bedenkenlos getötet werden könnten, und es ist zu erwarten, dass dies auch irgendwann geschähe.

Dieser Folgerung stehen Bedenken entgegen, die eben bereits mit dem Hinweis darauf angedeutet worden sind, das unakzeptable Kindertötungsszenario sei ‚theoretisch' nicht vermeidbar. Die Vertreter der drei Positionen werden sich bemühen, diese Behauptung auf verschiedene Weise zu entkräften. Sie könnten *erstens* behaupten, die Folgerung stimme zwar für die Theorie, aber es sei unfair, die Anwendung der Theorie bzw. das theoretische Argumentieren unter konkreten sozialen Umständen auszuklammern. Oder sie könnten *zweitens* die These vertreten, die Folgerung treffe nicht einmal

---

fentliches Begründen voraus. Eine solche Priorität wird insbesondere von der Diskursethik behauptet, ohne dass ihre Gründe bis heute völlig überzeugend wären.

5 Dazu muss man sich nur an Henry Sidgwicks Empfehlung erinnern, die Philosophen sollten ihre Begründungsprobleme für sich behalten, oder an die Tendenz im kontraktualistischen Gedankengang, das Selbstaufhebungsparadox des Gefangenen-Dilemmas dadurch zu vermeiden, dass man den Glauben an die eigentlich als irrational angesehene Moral weiter unterstützt.

theoretisch zu, da die Theorie nicht auf die direkten Argumente reduziert werden könne. Die zweite Replik scheint allerdings notwendig mit einer Aufklärungsverweigerung verbunden zu sein, von der ich unterstellt habe, dass sie nicht akzeptabel sein kann. Denn wenn die indirekten Argumente zum zentralen Gehalt der Theorie gehören, dann kann das nichts anderes heißen, als dass mit einem gewissen Grad der Unaufgeklärtheit *notwendig* zu rechnen ist. Ein bestimmter Bestand an Verwirrung, Widersprüchlichkeit, Trägheit, usw. muss demnach *notwendig* erhalten bleiben. Da ich mir nicht vorstellen kann, wie sich eine solche Grenze rechtfertigen ließe, scheint mir diese zweite Art der Replik nicht überzeugend.

Schwächer und plausibler ist die erste Replik. Nach ihr wäre die Kritik unfair, weil sie ausblendet, dass prinzipielle moralische Argumente immer in einem vorgegebenen psycho-sozialen Kontext vorgebracht werden müssen. Dieser Kontext muss nicht unbedingt nur als Hindernis für ‚rationale Argumente‘ verstanden werden, was sofort den entsprechenden Gegeneinwand nach sich ziehen würde. Er kann vielmehr, zumindest in bestimmtem Ausmaß, in die Argumentation mittels der direkten Gründe einbezogen werden. So würden etwa manche derer, die sich am Grundbegriff der Interessen orientieren, zusätzlich die *moralischen Gefühle* einbeziehen. Unsere Gefühle beginnen gegenüber den Neugeborenen so stark zu wirken, dass schon aus diesem Grund die Erörterung eines bedenkenlosen Tötens akademisch bleiben muss. Indem man also neben dem (fehlenden) Lebensinteresse des beginnenden Menschen die (vorhandenen) Gefühle der Erwachsenen berücksichtigt, wie sie mindestens im Augenblick kulturell vorherrschen, wahrscheinlich aber sogar biologisch verursacht werden, vermeidet man das befürchtete Horrorszenario. Es verdankt sich entweder einer zu eng verstandenen Theorie oder einer einseitig idealisierten Theorie.[6]

Mir scheint, dass man auch gegenüber dieser Replik zunächst an der Forderung der Aufklärungsfähigkeit festhalten muss, so dass eine Entscheidung unausweichlich wird, ob der Einbezug der moralischen Gefühle (oder noch weiterer Elemente des alltäglichen Moralbewusstseins) *im Rahmen* der Grundbegriffe der moralischen Argumente oder *ergänzend* zu diesen berücksichtigt werden soll. Meines Erachtens kommt eine nur ergänzende Berücksichtigung nicht in Frage, weil auf diese Weise der rationale Anspruch des moralischen Argumentierens in Gefahr geriete. Sollen diffuse Ängste und Abneigungen, irreale oder absonderliche Wünsche allesamt und gleichermaßen beachtet werden? Ohne rationale Kontrollkriterien gerät das von starken Gefühls- und Wunschkonflikten geprägte Entscheidungsfeld bereits der normalen, geschweige der künstlich assistierten Schwangerschaft leicht völlig aus den Fugen. In moralischer Sicht können solche Kriterien aber letztlich nur durch die Grundbegriffe der Moraltheorien geliefert werden. Schon um die ‚moralischen‘ von den ‚nicht-moralischen‘ Gefühlen abzugrenzen, etwa um ersteren eine stärkere Priorität einzuräumen, ist ein Rekurs auf das generell verteidigte Verständnis der Moral unausweichlich.

Entgegen dem ersten Anschein versteckt sich hinter der ersten Replik, soll sie tragfähig sein, deshalb eigentlich ein Revisionsvorschlag gegenüber den drei Moraltheorien.

---

6 Vertreter dieser Art von Replik könnten Dieter Birnbacher oder Peter Stemmer sein. Siehe Birnbacher 1996; 2002; Stemmer 2000, Teil 3. Auch der Warnock-Report von 1985 berücksichtigte die (im weiten Sinn) moralischen Gefühle zur Embryonenforschung. Siehe dazu Warnock 1986, bes. 224–225.

Diese Replik ist sozusagen nur als Misstrauensantrag gegen sich selbst ernst zu nehmen. Wir sollen ihr zufolge die moralisch relevante Qualität des frühen menschlichen Lebens nicht allein nach objektiven Kriterien der moralischen Relevanz beurteilen, sondern zusätzlich unter dem Aspekt moralischer Gefühle oder wünschenswerter sozialer Beziehungen. Wie eine Synthese dieser beiden Anforderungen möglich sein soll, ist aber nicht einfach zu sehen, so lange mit diesen Theorien an einem engen rationalen Kern der Moral festgehalten wird.

Eingangs habe ich polemisch von ‚Tabuisierungstechniken' gesprochen, ein Begriff, der insofern nicht ganz zutreffend ist, als die fehlende Aufmerksamkeit gegenüber dem Urteilsproblem der Moraltheorien beim frühen Leben weniger auf bewusster Entscheidung beruht als vielmehr durch eine undurchschaute Verwicklung in die Grenzen dieser Theorien bedingt ist. Deren Kern ist mit dem Anspruch der Rationalität verbunden. Alle drei Moraltheorien verstehen sich auch, und insbesondere, als Varianten einer ‚rationalen Moral'. Damit erheben sie nicht einfach nur den Anspruch auf ‚rational zwingende' Argumente, sondern müssen diesen Anspruch mit einer generellen Abgrenzung eines ganzen Bereichs solcher Argumente flankieren. Eine beliebte Unterscheidung ist in diesem Zusammenhang die zwischen ‚moralischen Normen' und ‚Vorstellungen des guten Lebens'. Demnach sind moralische Normen rational zwingend und (angeblich) konstitutiv für das soziale Zusammenleben, während die Lebensvorstellungen bloß als mögliche gelten, die deshalb individuell variabel und beliebig wählbar sein sollen.[7] Meines Erachtens ist eine solche Unterscheidung in der Ethik erstens nicht möglich, und zweitens in keiner der genannten Theorien bisher trennscharf gezogen worden. Zwischen den strenger normierten sozialen Beziehungen und dem, was insgesamt (im Leben) gut und dadurch befolgenswert ist, bestehen vielmehr bestenfalls graduelle Unterschiede. Die Moral ist ein *Lebensgut* unter anderen, und der mit ihr verbundene Zwang ist durchaus dem Zwang vergleichbar, der von anderen Lebensgütern ebenfalls ausgeht.

4. Interessen als rationalistische Projektion

Der Unterscheidung zwischen einem stark und einem schwach verbindlichen Bereich des sozialen Lebens liegt ebenso wie den aktuellen Fassungen des moralischen Status beim frühen Leben die Idee zugrunde, dass die Moral rational begründet werden kann und muss. Damit ist die Vorstellung verbunden, dass die Rationalität ihre Eigenschaften ihrerseits verbindlich auf die Moral überträgt. Wenn man die moraltheoretische Argumentation zum moralischen Status unter diesem Gesichtspunkt nachvollzieht, so lautet sie etwa folgendermaßen. Wenn wir uns zur Moral begründend verhalten, dann sind wir (versteht sich) bereits dadurch gebunden, *dass* wir uns begründend verhalten. Wir kön-

---

7 Diese Unterscheidung spielt insbesondere in der politischen Ethik – etwa bei Rawls und Habermas – eine Rolle, weil sie für ein theoretisches Verständnis des Liberalismus als unverzichtbar angesehen wird. Für die Moral hat vor kurzem Peter Stemmer in der humeanischen Tradition nachdrücklich die Abgrenzung zwischen einem rational zwingenden, auf ‚rationalen' Sanktionen beruhenden, und einem nur möglichen, auf ‚nicht-rationalen' Gefühlen beruhenden Teilbereich vorgeschlagen (Stemmer 2000).

nen nicht einerseits zu begründen versuchen und andererseits die in diesem Tun enthaltenen Voraussetzungen und Annahmen bestreiten oder übergehen. Worin diese Voraussetzungen *genauer* bestehen, darüber herrscht Uneinigkeit. Aber das kollektive Verfolgen von Interessen (Utilitarismus), das individuelle Verfolgen (Kontraktualismus) und das Handeln nach universellen Regeln (Kantianismus) sind drei passable Alternativen, an die das Handeln, will es rational sein, *per se* bereits gebunden ist. Und so auch die Moral, wenn sie denn als rational gelten will.

Dass die Rationalitätsannahmen für das moralische Handeln *zwingend* sind, hat zweierlei zur Konsequenz. *Erstens* die Folge, dass inklusiv alles Handeln rational zwingend wird, wenn es den Annahmen entspricht, dass aber exklusiv alles Handeln entweder rational erlaubt oder irrational wird, wenn es nicht zwingend ist. Darin zeigt sich die bereits erwähnte Zweiteilung in Handlungsbereiche (Normen/gutes Leben). *Zweitens* hat es die noch bedeutsamere Folge, dass nicht nur das Handeln im engeren Sinn, sondern die ‚Dinge in der Welt‘, auf die das Handeln gerichtet ist, ebenso (überspitzt gesagt) entweder rational zwingende Dinge werden oder nicht zwingende Dinge. Unterschiedliche Dinge werden so in den Aufmerksamkeitsbereich einer rationalen Moral ein-, andere aus ihm ausgeschlossen. Die rationale Moral misst nicht nur ihr Handeln, sondern auch die Handlungsgegenstände nach ihrem Maßstab. Können aber Gegenstände ‚rational‘ sein, im Unterschied zu Handlungen? Nicht direkt, aber sie können Eigenschaften tragen, die sie rationalitätsfähig machen. In diesem Sinn sind sie dann rational geeignete, oder zwingende, Gegenstände.

Um diese These, dass in der rationalen Moral der Gegenstandsbereich der Moral auf einer *Projektion der Rationalitätseigenschaften* beruht, zu illustrieren, betrachten wir den einfachsten Fall der Argumentation mithilfe eines *Interessenbegriffs* der Rationalität.[8] Rational handelt demnach, wer die (eigenen) Interessen verfolgt. Voraussetzung des rationalen Handelns ist damit, dass man überhaupt Interessen hat und nach ihnen handeln kann. Das Handeln gegenüber Dingen wird dadurch sinnvoll, dass sie entweder den eigenen Interessen dienen oder selbst Interessen haben. Da meine Interessen mir rational gebieten oder unverzichtbarer Bestandteil *meines* rationalen Handelns sind, gilt das auch für *andere*, und folglich sollte ich die *anderen*, oder allgemeiner: Dinge in der Welt, unter dem Gesichtspunkt besonders ernst nehmen, dass sie Interessen haben. Dieses „besonders ernst nehmen“ ist eine Umschreibung für „moralisch ernst nehmen“. Etwas moralisch ernst zu nehmen heißt, ihm eine Priorität einräumen, wie sie für moralische Rechte üblich ist.

Der Rückbezug auf den Anspruch der Rationalität ist in dieser Überlegung unverzichtbar. Ansonsten würde aus einem begrifflichen Argument ein unbegründetes moralisches Argument, oder sogar nur eine skurrile persönliche Weltanschauung. „Weil *für mich* die Interessen das Wichtigste sind, beachte ich nur Dinge, die Interessen haben.“ Jemanden, der nur *das* sagt, würden wir nicht ernst nehmen.[9] Die Interessentheoretiker

---

8 Ob mit oder ohne Maximierungsprinzip bzw. mit oder ohne sozialer Konfliktsituation kann offen bleiben.

9 Wären Peter Singer oder Norbert Hoerster nur mit dem *persönlichen Bekenntnis* aufgetreten, dass ihrer Meinung zufolge einzig Interessen von praktischer Relevanz sind, hätten sie vermutlich kaum Zuhörer gefunden, geschweige denn wütende Diskurse entfacht.

behaupten statt dessen: Weil Interessen ‚eine Bedingung der Rationalität sind', kann es nicht rational geboten sein, Dinge als solche zu beachten, die keine Interessen haben. Dinge, die keine Interessen haben, sind für sich nicht rational beachtenswert. Dinge ohne Interessen können wir für unsere Interessen nutzen, aber das bedeutet nicht, sie zu *beachten*. Sie zu beachten setzt vielmehr, aufgrund der Verbindung von Rationalität und Interessen, Interessen auf Seite der Dinge selbst voraus.

Die wie immer empirisch beschriebene Ausstattung des moralisch relevanten menschlichen Wesens (Empfindungsfähigkeit, Bewusstsein, Selbstbewusstsein, Kommunikationsfähigkeit, usw.) ist deshalb in der rationalen Moral *in Korrespondenz* mit dem Rationalitätsbegriff zu verstehen. Dieser Begriff zeichnet bestimmte unserer Eigenschaften als so solide aus, dass wir uns im Begründen auf sie verlassen können und müssen. Und er begrenzt die Welt für unsere Rücksichtnahmen unter dem Anspruch dessen, was sich rational erzwingen lässt. Eine solche Verbindung von gespiegelten Eigenschaften in der Welt und den Voraussetzungen rationaler Begründung scheint generell unvermeidlich. Da die Vernunft nur aus sich selbst heraus begründen kann, muss sie ihre Grenzen des Begründens auch auf die Gegenstände übertragen. Allerdings ist damit noch keineswegs gesagt, dass wir generell durch die drei Moraltheorien, und insbesondere durch eine strenge Unterscheidung des rational Zwingenden und Möglichen, gebunden sind.

Im Folgenden will ich vielmehr zeigen, dass der starke Rationalitätsanspruch der drei Moraltheorien auf diversen Irrtümern und einseitigen Sichtweisen ihrer Vertreter beruht. In der Konsequenz ist die strenge Unterscheidung zwischen der rational *zwingenden* Moral und der *möglichen* Lebenshaltung eine schlechte philosophische Fiktion. Gleiches gilt für den üblichen Begriff des ‚moralischen Status', wie ich ihn eingangs beschrieben habe und wie er in den rationalen Moraltheorien benutzt wird, um in einer Ethik des frühen menschlichen Lebens die verschiedenen konkreten Entscheidungsprobleme zu beantworten. Was in den verschiedenen Ansichten zum moralischen Status *bestenfalls* zum Ausdruck kommt, ist eine in sich stimmige Sicht auf die eigene Lebensweise. Häufig ist diese Sicht nicht nur nicht zwingend, sondern nicht einmal besonders anziehend. Man muss sich nur konkret klarmachen, was es heißt, das eigene Leben *nur* im Licht von (vorgegebenen) Interessen zu sehen, um an einem solchen Vorschlag schnell jeden Gefallen zu verlieren.

Jede Kritik ist so glaubwürdig wie die Alternative, zu der sie führt. Die Alternative zum rationalistischen, die Moral auf Rationalität *reduzierenden* Moralverständnis ist ein Verhältnis von Moral und Gründen, das eine begründete Haltung *nicht* mit einer Deduktion der Moral aus einem rationalen Standpunkt gleichsetzt, ein Verständnis, demzufolge rationale Gründe nicht notwendig *und* hinreichend sind für moralische Gebote. Eine solche *schwach*-rationale Moral führt eher zu einer gradualistischen Position mit Blick auf die Schutzwürdigkeit des frühen menschlichen Lebens, wie die folgende Skizze zeigen wird.

5. Moral aus Lebensgütern

Eine begründende, aber dennoch nicht-reduktive Haltung gegenüber der Moral kann nur darin bestehen, dass wir die Gründe für moralische Handlungen oder Gebote *in der Moral selbst* entdecken. Diese Vorstellung führt nur dann in einen dogmatischen moralischen Realismus oder Intuitionismus, wenn man die Moral auf eine Menge von Urteilen oder Geboten reduziert. Wird die Moral nach dem Modell der Erkenntnistheorie als eine Art Erkenntnis angesehen, könnten nur die Urteile selbst die Gründe für sich sein, gemäss dem Descarteschen Muster unmittelbarer Evidenz. Aber die Moral ist nicht nur eine Menge von erkenntnisförmigen Geboten, die gleichsam einen abstrakten Erkenntnisursprung in der Welt haben. Vielmehr benennt die Moral eine bestimmte Qualität von etwas, das mindestens zeitweise unabhängig von der Moral existiert: den *sozialen Beziehungen;* und deshalb hat sie konkrete Ursprünge aus den sozialen Beziehungen heraus. Die Moral ist eine Qualität der menschlichen sozialen Beziehungen, der Art und Weise, wie Menschen zusammenleben und mit- und gegeneinander handeln. Da die sozialen Beziehungen für das menschliche Leben außergewöhnlich wichtig sind und ein hohes Gut darstellen, ist die Moral selbst ein Gut oder Bestandteil eines Guts (den sozialen Beziehungen). Die Moral ist ein Lebensgut.

In einer Lebensgut-Ethik wird man nicht versuchen, die Gesprächspartner mit rational zwingenden Argumenten zu überzeugen, etwa indem man ausgehend von den von ihnen akzeptierten Interessen argumentiert. Man wird vielmehr bemüht sein, die Lebensqualität bestimmter moralischer Beziehungen anhand unserer Erfahrungen mit ihnen verständlich zu machen. Die Beziehungen des Achtens liefern ein Beispiel dafür. Es scheint unmöglich zu sein, jemandem, der nicht weiß, warum es gut ist, andere und sich selbst zu achten, mit rational zwingenden Gründen davon zu überzeugen, dass es besser ist, Beziehungen des Achtens zu kennen als sie nicht zu kennen. Sicher lebt man nicht länger oder gesünder, wenn man achtet und geachtet wird. Eine nicht-reduktionistische Begründung oder eine begründete Haltung gegenüber dem Achten besteht darin, sich die Qualität bzw. die Eigenart des Achtens selbst *konkret* vor Augen zu führen, und die Art solcher sozialer Beziehungen im Kontrast zu anderen, denen diese Qualität fehlt, genauer wahrzunehmen. Wie andere Lebensgüter auch (beispielsweise Gesundheit) kann das Lebensgut des Achtens nur aus sich selbst heraus verständlich und in seinem Wert gewürdigt werden.

Wie immer diese Methode genauer zu entwickeln ist und wohin sie im Einzelnen führt: die *Grenzen* des menschlichen Lebens werden in ihr nicht durch einen reduktionistischen Rationalbegriff fixiert, sondern durch die Gesamtheit der Lebensgüter, bzw. durch das Gut, das das menschliche Leben insgesamt darstellt. Wenn man sich nach der Lebensgut-Methode die Frage vorlegt, wann das menschliche Leben beginnt und wann es endet, wird man die Frage von einem Blickpunkt her beantworten müssen, der ein *gesamtes* menschliches Leben betrachtet, nicht nur einzelne Lebensgüter oder Bestandteile von solchen Gütern. Diese Sichtweise hat insbesondere zur Folge, dass ein konkretes menschliches Leben *nicht nur* nach seinem *aktuellen* Zustand beurteilt wird, wie es durch die Rationalbegriffe vorgegeben wird. Der aktuelle Zustand muss vielmehr in einen zu erwartenden Lebensverlauf eingeordnet werden.

Fragt man ausgehend von der Überzeugung, dass die Moral vorrangig Lebensinteresse schützt, ob beispielsweise ein 7-monatiger Fötus ein Lebensinteresse hat, will man nicht nur wissen, ob ein Lebensinteresse vorliegt, das zu schützen ist, sondern sicher auch, ob es sich dabei um ein schutzwürdiges menschliches Wesen handelt. Den Schutz dieses Wesens bemisst man aber *einzig* an dem Kriterium seines aktuellen Lebensinteresses. Ob dieses selbe Wesen zu einem späteren Zeitpunkt ein Lebensinteresse entwickeln wird, bleibt aus der Betrachtung ausgespart, weil der Begriff des Lebensinteresses, und allgemeiner des Interesses, nicht dazu zwingt, die Betrachtung auf diese Weise zu erweitern.[10] Doch was zwingt uns eigentlich dazu, diese zeitlich hoch selektive Perspektive zu wählen? Fragt man nach dem *Lebensgut* des betreffenden Wesens, so ist aufgrund des zeitlich erweiterten Begriffs von vornherein *ausgeschlossen*, dass das aktuell betrachtete menschliche Wesen nur aufgrund seiner zum gegenwärtigen Zeitpunkt gegebenen Eigenschaften betrachtet und beurteilt wird. Der Lebensgut-Begriff ist im Gegensatz zum Interessenbegriff nicht zeitlich selektiv.

Die Vertreter zeitlich selektiver Begriffe wie „Lebensinteresse“ oder „Bewusstseinsfähigkeit“ werden gegenüber der Lebensgut-Perspektive vermutlich die folgenden beiden Einwände erheben. *Erstens* werden sie bestreiten, dass es ihnen darum ginge, alle Qualitäten eines menschlichen Lebens auf den von ihnen favorisierten Begriff zu *reduzieren*. Sie werden die eben aufgestellte Behauptung, der Interessen-Begriff (beispielsweise) sei für ein Leben viel zu beschreibungsarm, unverständlich finden. Die Rationalbegriffe seien ja eben nicht als erschöpfende Beschreibungsbegriffe, sondern als notwendige *Voraussetzungen* aller menschlichen Lebensqualitäten gemeint. Die mit der Statuszu- oder Statusaberkennung verbundene Voraussetzung für andere Lebensqualitäten reiche aber, um über die Qualität des Lebens insgesamt zu urteilen. Eben das mache ihren Charakter als Voraussetzung aus.

Zweitens werden sie der Lebensgut-Methode gegenüber den Vorwurf des *bloßen Beschreibens* erheben. Diese Methode scheint anhand des frühen menschlichen Lebens einfach in das weiter argumentationslose Urteil überzugehen, dass es sich bei diesem Leben um den Beginn eines möglichen umfangreicheren, eben sich entwickelnden Lebens handelt. Soviel ist natürlich unstrittig. Doch worin steckt dann das ‚Argument‘, das zeigt, wie man sich moralisch gesehen diesem Leben gegenüber verhalten soll? Dass sich ein x zeitlich weiter erstrecken kann oder natürlicherweise entwickeln wird, ist noch kein hinreichender normativer Grund dafür, dass man diese Entwicklung befördern soll, d.h. etwas tun *soll*, damit x sich entsprechend entwickeln kann. (Das ist eine bekannte Überlegung aus der Diskussion über Potentialität.)

Der erste Einwand ist wichtig, weil er eine Unklarheit über die Art der rationalen Reduktion beseitigt. Mit ihr kann tatsächlich nur diese Voraussetzungsbehauptung gemeint

---

[10] Das ist das Problem des bereits erwähnten Übergangs im Begriff des ‚Entwicklungsinteresses‘. Für die Zuschreibung solcher Interessen gelten wie für alle Interessen Bewusstseinsbedingungen, so dass ein ‚Lebensentwicklungsinteresse‘ ein widersprüchlicher Begriff ist, weil das Wesen, das ein Interesse am Entwickeln seines Lebensinteresses haben sollte, über den Begriff des Lebensinteresses bereits verfügen können müsste. Würde man die Bewusstseinsbedingung für Interessen fallen lassen, entstünde gerade die Unsicherheit, die in diesen Traditionen der Ethik vermieden werden soll, die aber sachlich zutreffender ist.

sein, nicht die von vornherein unsinnige These, die Fülle der Lebensereignisse ließe sich mithilfe eines einzigen abstrakten Begriffs einfangen. *Alle* Lebensqualitäten (also alles, was in oder an einem Leben gut sein kann) ließen sich unter die Bedingung eines einzelnen Begriffs bringen, müssten beispielsweise bewusst sein oder sein können – das genau ist der reduktive Anspruch, der meist mehr behauptet oder suggeriert als tatsächlich begründet wird.

Der zweite Einwand ist ebenso wichtig, weil mein Vorwurf des rationalen Reduktionismus dadurch entkräftet würde, ließe sich *alternativ* nur noch mit argumentlosen Beschreibungen reagieren. Argumente benötigen in irgendeiner Form abstrahierend wirksame Begriffe, und es kommt darauf an, das angemessene Niveau dieser Begriffe zu finden. Die Lebensgut-Ethik ist offen für verschiedene Niveaus des Begriffs „Lebensgut“. Gesundheit ist sicher ein Lebensgut, das Lachen eines Kindes und der Wolkenbruch im Juni aber ebenso, so dass es darauf ankommt, die Beziehungen zwischen diesen Gütern genauer zu ermitteln und darzustellen. Diese Methode wird abstrahierend sein, weil sie die konkreteren Güter bündelt und ordnet, und ihrer Bedeutung nach unterschiedlich organisiert – eine Arbeit, die so argumentativ ist wie jede bekannte Wohlfahrtstheorie, wenn auch vermutlich weniger schematisch.

Der Vorwurf des bloßen Beschreibens zielte aber gegen die Rede vom Lebensgut in Hinblick auf frühes menschliches Leben. Was folgt eigentlich aus ihr für die moralischen Probleme am menschlichen Lebensbeginn? Zuverlässig lässt sich meines Erachtens nur zweierlei sagen: zum einen, dass das menschliche Leben *zunehmend wertvoller wird*, entsprechend der *graduellen* Entwicklung, die es bei einem normalen Verlauf nimmt; und zum andern, dass ihre moralische Relevanz *vage* bleiben wird – soweit sich Wertgesichtspunkte zu den verschiedenen Stufen dieser Entwicklung anführen lassen.[11] Die konkreten moralischen Entscheidungsprobleme werden sich so jedenfalls nicht klar lösen lassen. Die erste Folgerung steht im Kontrast zu der ‚entweder/oder‘-Haltung gegenüber dem frühen menschlichen Leben, wie sie sowohl bei den Vertretern eines absoluten Lebenswerts als auch bei den rationalistischen Ethikern üblich ist. Die zweite Folgerung steht im Gegensatz zu der vor allem in der analytischen Ethik lange gehegten Erwartung, mit der Präzisierung der entsprechenden Begriffe ließen sich die moralischen Fragen zum Lebensbeginn ebenso präzise beantworten.

Ungeachtet dieser methodischen Differenz teilt die Lebensgut-Ethik mit den säkularen Positionen auch einige Überzeugungen, und dabei insbesondere, dass zwischen den empirischen Eigenschaften eines menschlichen Wesens und dem ihm gegenüber moralisch gebotenen Handeln ein systematischer Zusammenhang besteht. Die moralisch relevanten Qualitäten eines menschlichen Wesens sind nicht unabhängig von seinen empirischen Eigenschaften. Damit ist klar, dass sich Rückschlüsse auf den Wert verschiedener Erlebnisse und Fähigkeiten nicht nur, aber immerhin auch, aus unseren Beobachtungen und Erfahrungen an uns selbst als Erwachsenen und an einem normalen Leben und dessen Inhalten ziehen lassen. So ergibt sich eine Werthierarchie, derzufolge ein *empfindendes* Leben besser ist als ein *empfindungsloses*, ein *bewusstes* besser als ein nur *empfindendes*, ein *selbstbewusstes* besser als ein nur *bewusstes*, ein *kommunikatives*

---

[11] Diese Gesichtspunkte können sich nur auf das Einsetzen verschiedener Fähigkeiten in der kindlichen Entwicklung beziehen, eine grobe Skala werde ich gleich nennen.

und *soziales* besser als ein *einsames*, ein *rationales* besser als ein *irrationales*. Diese Verhältnisse stützen die These von der zunehmenden Werthaftigkeit des menschlichen Lebens im Verlauf seiner Entwicklung.

Wenn wir also fragen, wie ein menschliches Leben geschützt werden soll, stehen nur die Gründe zur Verfügung, die sich auf sein Lebensgut beziehen. Alle Gründe zugunsten von moralischen Geboten müssen auf der Grundlage der Lebensgüter formuliert werden und können nicht auf eine abstraktere Weise aus der Vernunft entspringen. Die Lebensgüter legen aber nicht von sich aus hinreichend und präzise fest, wie stark die jeweiligen moralischen Gebote sein sollen. Sie liefern bestenfalls Gründe, *die mit anderen Gründen verglichen und in Relation zu ihnen eingeordnet* werden können. Sehen beispielsweise ist zweifellos ein äußerst wichtiges Lebensgut. Aber daraus folgt nicht, dass alles Mögliche getan werden muss, um die Sehfähigkeit zu erhalten oder herzustellen. Es folgt nur, dass ein gewichtiger Grund dazu vorliegt, der mit gewichtigen Gegengründen in Konkurrenz treten kann und dann in seinem relativen Gewicht beurteilt werden muss. Analog verhält es sich mit allen Lebensgütern. Auf diese Weise ergibt sich ein Netz von Gründen bzw. Geboten, innerhalb dessen man bestenfalls hoffen kann, auch dem beginnenden menschlichen Leben einen zunehmend präzisierbaren Schutz zu gewähren.

6. Die Offenheit des Lebenswerts

Diejenigen, die in der philosophischen Diskussion nach dem moralischen Status frühen menschlichen Lebens fragen, sind auf die eine oder andere Weise in einer realistischen Vorstellung gefangen. Ihrer Suche nach entsprechenden Kriterien liegt die Vorstellung zugrunde, dass sich mit den richtigen begrifflichen Mitteln ein für allemal zeigen lassen müsste, welche moralische Wertigkeit das frühe menschliche Leben hat – im Rahmen einer selbst ein für allemal in den natürlichen Tatsachen und der Vernunft fest verankerten Moral. Dieser mindestens prozedurale Realismus scheint mir verfehlt, weil mit dem Fehlen eines *reduktiv* wirksamen rationalen ‚Fundaments' die Abhängigkeit der Lebensgüter *untereinander* in seiner Bedeutung allererst sichtbar wird. Alle unsere moralischen Urteile, und damit auch die zum frühen menschlichen Leben, sind vor allem auf zwei Weisen offen und veränderbar.

Auf der einen Seite sind die Lebensgüter, das, was wir in unserem Leben gut finden, offen für neue Erfahrungen und Interpretationen. Neue Erfahrungen führen dazu, dass wir selbst unsere elementarsten Fähigkeiten neu bewerten, ja im Verlauf des Lebens überhaupt erst zu schätzen lernen. Die Lebensgüter sind nicht ‚real' in sich gut. Ihre jeweilige Qualität entsteht erst durch unsere lebensgeschichtliche ‚Aneignung' dieser Güter. Auf der anderen Seite ist ein einzelnes Urteil, oder der Wert eines Einzelphänomens, nur innerhalb eines Netzes von anderen Urteilen oder im Vergleich mit anderen Wertigkeiten möglich. Da die Werte kein reales Fundament haben, ist dieses Netz offen und veränderbar.

Gegenüber den rein medizin-technischen Möglichkeiten des Erzeugens oder des Umgangs mit dem frühen Leben bedeutet das, dass wir weniger in naturwissenschaftlicher Manier auf den ‚moralischen Status' des frühen Lebens starren sollten – als handelte es sich dabei nur um eine weitere, bisher unentdeckte natürliche Eigenschaft. Vielmehr sollten wir uns bemühen, diese Techniken *kulturell* zu interpretieren. In gewisser Weise geschieht das sicher unausweichlich, aber der Versuch einer kulturellen Interpretation und damit eines Einbezugs in die uns bekannten Lebensgüter kann mehr oder weniger forciert werden. Nur so lässt sich nämlich klären, welchen Sinn die Embryonenforschung, die künstlich assistierte Befruchtung, die selektive Diagnostik und andere neue Techniken für ein menschliches Leben haben können. Die Suche nach dem moralischen Status beruht demgegenüber auf dem Missverständnis, der Sinn des menschlichen Lebens sei durch universelle natürliche Tatsachen unveränderbar festgelegt. Es wird Zeit, dieses Missverständnis durch eine fruchtbare Diskussion über das Netz der Lebensgüter, in dem die Embryonen bisher unbekannt sind, aufzulösen. Eine *moralische* Embryonenforschung könnte auf diese Weise allererst beginnen.

Menschenwürde als Ausdruck

1. Warum die Aktualität von Menschenwürde?

Es ist gegenwärtig schwierig, über die ethischen und rechtsphilosophischen Debatten zum Begriff der Menschenwürde einen Überblick zu behalten. Die Schwierigkeit betrifft weniger die steigende Zahl der sich äußernden Stimmen, als vielmehr die Vielfalt von Diskussionsstilen, normativen Positionen und Metapositionen (siehe Geyer (Hg.) 2001; Kettner (Hg.) 2004; Damschen/Schönecker (Hg.) 2003; Jaber 2003). Im deutschen Sprachbereich resultiert diese Vielfalt teilweise aus dem Verfassungsrang des Begriffs „Menschenwürde" in Art. 1 GG und des damit eröffneten ethisch-verfassungsrechtlichen Diskussionsfelds. Der Begriff der Menschenwürde ist durch seinen grundrechtlichen Rang mit einem nicht mehr zu überbietenden politisch-rechtlichen Konstruktionsauftrag belastet, und inzwischen an eine Rechtstradition und deren Herkunft aus der deutschen Vergangenheit des Nationalsozialismus gebunden. Schwierige Fragen der moralischen und eventuell weltanschaulichen Bindung einer Verfassung sind damit angeschnitten. Ein zweiter, von dieser rechtlichen Funktion unabhängiger und für viele gegenwärtige Gesellschaften typischer Grund für die Vielfalt von Menschenwürde-Theorien ist jedoch ein philosophischer. „Menschenwürde" ist der Begriff, auf den sich viele bei der Reaktion auf Grenzprobleme der Moral stützen, die uns die biotechnologische Forschung in den letzten Jahren vor Augen geführt hat.

Dabei muss man sich im Klaren darüber sein, was ein ‚Grenzproblem' der Moral ist. Nicht dass Fragen wie die, welches Ausmaß an mangelnder Betreuung von alten Menschen in Pflegeheimen gegen deren Würde verstößt, nicht ebenfalls strittig sein können. Der Streit über die Menschenwürde des beginnenden menschlichen Lebens ist von einer zusätzlichen Brisanz. Beim beginnenden Leben steht nicht nur in Frage, was die Moral gegenüber Menschen in bestimmten Situationen fordert, sondern vielmehr, ob die Moral am absoluten Lebensbeginn *überhaupt* etwas fordert, ob die Moral für solche Fälle zuständig ist, und inwiefern diese Zuständigkeit mithilfe des Begriffs „Menschenwürde" entschieden werden kann. Am Lebensbeginn geht es nicht nur um konkrete moralische Urteile, sondern um die prinzipielle moralische *Beurteilbarkeit.* Deshalb gewinnen moralische Fragen am Lebensbeginn ihre eigentümliche philosophische Qualität – im Unterschied zu durchschnittlichen moralischen Problemen.

Warum sollte – angesichts dieser Schwierigkeit – gerade der Begriff „Menschenwürde" für moralische Fragen am Lebensbeginn geeignet sein, also dafür, *zugleich* die Moral für zuständig zu erklären *sowie* ein bestimmtes Urteil abzugeben? Vor einigen Jahrzehnten hat die gleiche Gesellschaft in der Abtreibungsfrage einen Kompromiss gefunden, der inzwischen politisch kaum mehr umstritten ist, auch wenn sich damit die ethischen Positionen nicht unbedingt angenähert haben. Dieser Kompromiss kam, soweit das Leben des Fötus betroffen war, eher im Rahmen einer Diskussion über Begriffe wie „menschliches Leben" und „Lebensrecht" zustande, und weniger mithilfe des Begriffs der Menschenwürde. Warum kann dieser Kompromiss nicht auf die neuen Fragen erweitert werden, ohne dass dabei über Menschenwürde zu reden wäre? Ginge es bei den biotechnisch angestoßenen Problemen nur um einen Konflikt der Art, dass man das Leben eines ungeborenen menschlichen Wesens im Interesse anderer Güter beendet, müsste die Logik gleicher Prinzipien zu gleichen Lösungen führen.

Tatsächlich hat die aktuelle Situation insofern eine *andere Qualität*, als es bei den biotechnischen Problemen – darunter fallen Embryonenforschung, Stammzellforschung und Präimplantationsdiagnostik – um ein experimentierendes *Forschen mit* menschlichem Leben geht, ein zweckrationales Forschen mit Todesfolge ohne ‚informierte Zustimmung' von seiten eines Patienten. Mit Embryonen wird ‚verbrauchend' geforscht. Bei der Präimplantationsdiagnostik wird der Gesundheitszustand ermittelt und genetisch geschädigte Embryonen werden ‚verworfen'. Vergleichbare Motive kennen abtreibende Schwangere normalerweise nicht. Es scheint dieser Aspekt des systematischen Verwendens mit Todesfolge zu sein, der in unserer moralischen Kultur, und in der deutschen zumal, derart anstößig ist, dass er mit der Frage nach dem Lebensrecht allein nicht abgedeckt und erfasst erscheint. Insbesondere Kant hat mit seiner Gegenüberstellung von „Wert" und „Preis", oder absolutem und relativem Wert (GMS 434), ein Argumentationsmuster vorgegeben, genauer ein im christlichen Denken bereits vorhandenes präzise ausgedrückt, auf das sich die Debatte jetzt zurückbezieht. ‚Menschenwürde' erscheint als dasjenige, was dem verbrauchenden Forschen entgegensteht, was es verbietet, über ein Recht auf Leben hinaus. Versuchen wir uns zunächst klar zu machen, warum das so sein soll.

2. Ontologische Begründung

Ein wichtiger Unterschied zwischen Menschen*würde* und Menschen*rechten* liegt darin, dass ersterer ein *Wert-*, letztere *Normbegriffe* sind. Normen wie Rechte oder Pflichten haben eine klare Funktion, nämlich mit moralischem oder juristischem Zwang dafür zu sorgen, dass bestimmte Sachverhalte eintreten oder nicht eintreten. Ein Recht auf Leben soll dafür sorgen, dass Leben geschützt oder gefördert wird. Normen dieser Art sind praktisch konkret, ihre Funktion und Brauchbarkeit ist verhältnismäßig klar, so dass auch klar ist, warum wir ihnen zustimmen oder sie kritisieren sollen. Wir beurteilen sie an ihrer *Funktion* und rechtfertigen oder kritisieren sie mithilfe der *Interessen*, die wir an sie herantragen oder denen sie dienen sollen. Für manche Ethiker und Juristen sind die Interessen für die Begründung der Normen nicht ausreichend oder sie glauben nicht, dass es eine stillschweigende Übereinstimmung in den Interessen unter den Normadressaten geben kann. Sie sind deshalb der Meinung, dass für die Begründung der Normen eine weitere Kategorie der Moral angerufen oder ins Spiel gebracht werden muss, eben die Werte. Auch die berühmte ‚Sein-Sollen'-Differenz scheint so etwas wie Werte nahe zu legen, denn Interessen dürften doch empirische Sachverhalte sein, so dass eine Kluft zwischen den Interessen und den Normen droht. Überdies legt unsere Sprache mit einer Reihe von Begriffen – Substantiva wie „Gerechtigkeit", „Gleichheit", „Solidarität", „Hoffnung", „Friede", „Sicherheit" – nahe, dass es einen eigenständigen ‚Bereich' der Werte gibt und man Werte somit gar nicht umgehen kann, wenn man die Geltung bestimmter Normen rechtfertigen will.

Diese allgemeine Differenz zwischen Normen und Werten steht auch hinter der Differenz zwischen Menschenrechten und Menschenwürde, und die Fundierungsvorstellung leitet auch die besondere Stellung des Art. 1 GG. Die Rechte benötigen nach dieser Vorstellung ein ‚Fundament' durch Werte, ansonsten sind sie nicht oder nicht ausreichend begründet (siehe z.B. Gewirth 1992). Ein allgemeiner und ein spezieller Grund stehen hinter dieser Vorstellung. Der allgemeine Grund ergibt sich durch unseren *Alltagsrealismus*, die Vorstellung, dass etwas, um begründet zu sein, ‚wahr' sein muss, und dass es nur dann ‚wahr' ist, wenn es irgendwie existiert. Damit Normen ‚wahr' sein können, müssen sie auf etwas Existierendes und Normenähnliches zurückgeführt werden, wie eben auf Werte. Der spezielle Grund liegt im *moralischen Realismus*. Wir haben meist die Vorstellung, dass die Moral etwas anderes ist als unsere Handlungen und Einstellungen, und dass sie nur deshalb geeignet ist, uns zum Handeln zu zwingen, weil sie irgendwo außerhalb unserer existiert. In diesen moralischen Realismus fügt sich ein *Werterealismus* dann gut ein. Diese drei Arten von Realismus legen uns nahe, dass Normen gar nicht anders als über Werte begründet werden können. Und der Versuch, Menschenwürde anzurufen, um die sozialen Verhältnisse in einer Demokratie zu kontrollieren, oder um die Rechte zu garantieren, entspricht bündig diesem Realismus.

Diesen Hintergrund des Bemühens um Werte zugunsten der Rechte muss man sich bewusst machen, um zu verstehen, warum *überhaupt* die Idee entstehen kann, Werte könnten geeignet sein, um Normen, und insbesondere Rechte, zu begründen. Denn wie gesagt, *Normen* haben eine relativ klare Funktion, wir wissen, wozu wir sie brauchen und wozu sie gut sein sollen. In dieser Hinsicht sind sie wie Werkzeuge, die wir einschätzen können in Bezug auf ihre Tauglichkeit oder Untauglichkeit, sogar Gefährlichkeit. Anders verhält es sich bei den Werten. Ihre Funktion ist viel weniger klar. Sie empfehlen oder versprechen uns etwas, aber wie wir es erhalten, ist unklar. Was sie versprechen, ist ebenfalls häufig unklar – denken wir an Werte wie Gerechtigkeit oder Schönheit. Und wie sie es schaffen, etwas zu empfehlen, ist noch unklarer. Diese Dimensionen von Unklarheit sind alle Ausdruck des vagen und selbst dubiosen ontologischen Status von Werten. Wo und wie existieren sie? Sie sind nicht empirisch, also benötigen wir eine spezielle Art von Erkenntnis, eine ‚Werterkenntnis'. Wie erwirbt und wie verbessert man Werterkenntnis? Wie verhält sie sich zur empirischen Erkenntnis? Wie sind beide verbunden? Wenn sie verschieden sind, wie können sie sich aufeinander beziehen? Hält man sich alle diese offenen Fragen vor Augen, wird die Absonderlichkeit in dem Versuch allmählich deutlich, Normen durch Werte begründen zu wollen. Wie soll etwas zum Begründen taugen, das in *solchem Ausmaß* klärungs- und damit selbst begründungsbedürftig ist?

Warum wir so leicht dazu neigen, dieses Missverhältnis zu übersehen, ist also eine interessante Frage. Die erste und wichtigste Erklärung bietet der bereits geschilderte Realismus in seinen Spielarten, der eine ‚ontologische' Begründungsmethode vorschlägt. Eine zweite und positiv weiterführende Erklärung ergibt sich über die ebenfalls bereits angesprochene Unzufriedenheit mit dem Rechtfertigen der Normen über die Interessen. Da wir reflexive Wesen sind, sind unsere Interessen nicht so vorgefertigt, dass wir sie einfach benennen und abrufen könnten. Vielmehr müssen sie selbst erst artikuliert, also eigentlich erst gebildet werden, und dabei könnte, so der Vorschlag, eben ein Rekurs auf Werte helfen. Damit steht aber wiederum eine realistische Vorstellung im Hintergrund. Vorteilhafter wäre es deshalb, vom *Entwickeln* wertender Einstellungen zu sprechen – also von Einstellungen und nicht von Werten. Was das für die Menschenwürde bedeutet, werde ich im Weiteren zu zeigen versuchen.

3. Menschenwürde ontologisch oder praktisch?

Versuchen wir jetzt zunächst, die eben gemachten Beobachtungen am spezielleren Verhältnis von Menschenrechten und Menschenwürde zu wiederholen. Betrachten wir zunächst eine sehr verbreitete Art, wie mit Menschenwürde argumentiert wird. Ein erster Schritt ist der, Menschenwürde mit dem ‚Menschsein' zu identifizieren. Damit scheint sich dann zweitens eine Begründung zu eröffnen für unsere Intuition der ‚universellen' Menschenrechte. Im weiteren und drittens auch eine Begründung dafür, warum die Menschenrechte für alle Menschen gleich gelten. Die Menschenrechte sind dann nicht nur *universell*, sondern auch *egalitär*. Es gäbe keine Menschen mit verschiedenem moralischen Wert, sondern alle hätten auf gleiche Weise Würde. Damit wäre auch ausgeschlossen, dass bestimmte erwachsene Menschen aufgrund von Unfällen oder Krankheiten, die sie mehr oder weniger auf ihre biologische Existenz reduzieren, aus der Moral hinausfallen. Dieses ‚Paket' von moralischen Intuitionen, die viele Mitglieder einer heutigen westlichen Gesellschaft mit sich herumtragen, scheint mit dem Wert der Menschenwürde sowohl geschnürt wie bekräftigt zu werden.

Der eben geweckte Zweifel hilft aber, die realistische Begründungsillusion auch in diesem Fall zu durchschauen. Der Zweifel kann an der Frage ansetzen, inwiefern uns wirklich geholfen wird, wenn wir die Menschenrechte durch Menschenwürde begründen. Ist das tatsächlich ein Grund für jemanden, der an die Menschenrechte *noch nicht* glaubt? Und erweitert der Glaube an Menschenwürde jemandes Überzeugungen, der an die Menschenrechte *bereits* glaubt? Beides kann man bezweifeln.[1] Bestätigt wird dieser Zweifel, dass sich zwischen verschiedenen normativen Ebenen so klar nicht unterscheiden lässt, durch den Standardeinwand gegen die Verbindung von Menschenwürde und ‚Menschsein', also gegen den ersten Schritt im skizzierten Argument. Dieser Standard-

---

[1] Vorausgesetzt, dass man ein Kriterium für das Besitzen von Überzeugungen unterstellt, das sich nicht mit dem Nennen der Überzeugung begnügt, sondern über das Nennen hinaus praktisch folgenreich sein muss. Ein solches Kriterium scheint nötig, wie eng oder weit es auch genauer formuliert wird, ansonsten man nicht hinreichend weiß, ob wir die Überzeugungen wirklich haben – angesichts dessen, dass es sich um *praktische* Überzeugungen handelt.

einwand gegen die Rechtfertigung ist der Vorwurf des *‚Biologismus‘* oder des *‚naturalistischen Fehlschlusses‘* (siehe z.B. Merkel 2001; Neumann 2004, 49).

Methodisch verstanden sagt der Einwand, dass der biologische Begriff „Mensch“ ein empirischer Begriff ist, „Angehöriger der Gattung *homo sapiens*“, und „Menschsein“ deshalb nichts Werthaftes bedeutet, sondern eine biologische Kategorie ist. Obwohl der Einwand von manchen Philosophen als prinzipielle begriffliche Destruktion einer Begründungsmethode verstanden wird, handelt es sich weniger um eine solche Destruktion als um einen viel schwächeren Hinweis auf die Unabgeschlossenheit des Begründens. Dass Menschenwürde mit dem biologischen Menschsein ‚gegeben‘ ist, kann ja heißen, dass es mit ihm ‚verbunden‘, nicht identisch, ist, und dass es dafür gute Gründe geben kann. Der eigentliche Einwand müsste sein, dass die Vorstellung eines unabhängigen Werts Menschenwürde, der dann mit dem Menschsein verbunden wird, falsch ist. Diesen Einwand könnte man den *‚realistischen Fehlschluss‘* nennen. Er wird viel seltener vorgebracht und nicht selten begehen die Kritiker naturalistischer Fehlschlüsse ebenfalls diesen gewichtigeren Fehlschluss, hängen also selbst einer *sui-generis*-Idee von Werten, Intuitionen, Wahrnehmungen, Überzeugungen, Begriffen an, deren Herkunft dubios bleibt. Um den realistischen Fehlschluss zu vermeiden, oder besser gesagt, um die realistische Begründungsillusion zu durchbrechen, ist es nötig zu sehen, wie die verschiedenen Irrwege der Diskussion auf eine nicht-realistische, man könnte auch sagen, auf eine *praktische* Art des Begründens verweisen, die in einem verbesserten Selbstverständnis, einem tieferen Verstehen, was wir tun, wenn wir moralisch handeln, besteht, die uns aber keine Form absoluter Gewissheit und auch keine Quelle von absolutem Wert eröffnet.

Gehen wir ein paar Schritte auf den Irrwegen! Konfrontiert mit dem Biologismus-Vorwurf muss der Vertreter der Menschenwürde-gleich-Menschsein-Position Gründe nennen, *was* am Menschsein es denn sein soll, über die bloße Spezieszugehörigkeit hinaus, das Würde erzeugt oder ‚enthält‘. Da Spezieszugehörigkeit für alle Spezies gilt, müssen für Menschen besondere Eigenschaften wichtig sein, die Menschenwürde über die Würde anderer Arten erheben. Mit dieser Frage ist die Antwort bereits vorgezeichnet, nämlich als Antwort mit Bezug auf besondere menschliche Wesenseigenschaften. Für unsere heutige Diskussion hat Kant diese Antwort auf die einflussreichste Weise gegeben, indem er den moralischen Wert an die Vernunft- und Freiheitsfähigkeit gebunden hat. Würde kommt Menschen demnach deshalb zu, weil Menschen Träger der moralischen Vernunft sind und damit ein absolutes Gebot in sich tragen, das zu achten und zu ehren ist.

Nur bei Unverständnis von Kants Position wiederholt sich an diesem Punkt der Einwand des naturalistischen Fehlschlusses, denn Kant hat diese Eigenschaft der Vernunft nicht als psychische Eigenschaft konkreter Menschen gemeint. Nur in letzterem Fall könnte man den Einwand so vorbringen.[2] Was sich damit wiederholt, ist das tiefere Problem, die Schwierigkeit eines realistisch angesetzten Werts, jetzt des Werts der Ver-

---

2 George E. Moore hat eine Zwischenlösung gewählt, indem er den ‚Vernunftfehlschluß‘ für eine Spielart des naturalistischen ansah, was offensichtlich mit der Terminologie kollidiert. Aber er hatte sowieso einen Definitions-Fehlschluß im Sinn, den er vorrangig an Mill zu schildern versuchte: Moore 1903, Kap. 4.

nunft. Dieser Wert ist mindestens so unklar wie jeder andere, und auch die schmeichelhafte Unterstellung, dass wir unerschütterlich vernünftige Wesen sein sollen, kann dem Zweifel nicht lange standhalten, dass es diesen Wert doch kaum in einem Jenseits zu unseren konkreten psychischen Fähigkeiten geben wird.

Wählt man hingegen die andere Lesart und naturalisiert die Vernunft, wie viele Kritiker naturalistischer Fehlschlüsse, dann ist das Menschsein im biologischen Sinn nicht mehr durchgängig mit Eigenschaften der Vernunft verbunden. Das frühe menschliche Leben, Neugeborene und kleine Kinder, manche alte und manche behinderte Menschen sind nicht aktuell vernunftfähig. Sie hätten demnach, bei diesem Gedankengang, keine Menschenwürde, und diese Konsequenz ziehen manche Ethiker auf der naturalistischen Seite der Debatte tatsächlich. Sie sehen sich vor allem auch deshalb zu dieser Konsequenz gezwungen, weil die Hilfsargumente, die manchmal aufgeboten werden, nicht wirklich überzeugen. Wenig überzeugend ist das beliebteste Hilfsargument, das *potenzielle* Vernünftigsein (oder allgemeiner: das moralische Berücksichtigenswertsein). Da Potenzialität im Seinsmodus *geringer wertig* ist als Aktualität, wird nicht verständlich, warum der moralische Status dennoch *gleich* sein soll. Oder auch so gesagt: Dass potenzielle Vernunftträger gleiche Rechte haben sollen wie aktuelle, ist deshalb beim üblichen Verständnis von „potenziell“ ein widersprüchliches Unterfangen.

Die damit in Umrissen geschilderte Diskussion hat zwei Lager und die Situation *beider* Lager ist unbefriedigend. Auf der einen Seite ist die *Situation der ‚Realisten‘*, also aller Verteidiger von Menschenwürde als Wert, unbefriedigend, weil es ihnen nicht gelingt, den ontologischen Status dieses Werts zu erklären. Häufig glauben die Realisten selbst nicht mehr an den Wert, sondern empfehlen einen Glauben an Menschenwürde angesichts sonst drohenden Unheils.[3] Da ein Glauben kognitiv ist, reicht es aber nicht, nur auf seine günstigen Folgen hinzuweisen. Auf der anderen Seite ist die *Situation der ‚Naturalisten‘*, also aller Kritiker von Menschenwürde als Wert, unbefriedigend, weil sie im Grunde die Rede von Menschenwürde ersatzlos streichen müssen und damit ein Verlust entsteht, dessen Bedeutung und Ausmaß noch nicht überschaut und begriffen werden kann.[4] Während die Realisten uns zu einem uneinsichtigen Glauben mahnen wollen, können uns die Naturalisten nur den allzu glatten Verzicht auf den Glauben anbieten, und beides hinterlässt das Gefühl, dass wir nicht ganz verstanden haben, worin wir da verwickelt sind. Die beste Methode, diesem Dilemma zu entgehen, ist die des praktischen Konkretisierens: wofür könnte man solche Ausdrücke wie „Würde“ und dann gar „Menschenwürde“ *gebrauchen*? Wozu könnten sie gut sein, und wieso sollten wir sie aufgeben, wenn es für sie einen praktischen Verwendungszweck gibt?

---

[3] Das scheint teilweise die Haltung Robert Spaemanns zu sein, der aber manchmal auch die Wahrnehmbarkeit von Würde beschwört. Siehe Spaemann 1987; 2001.

[4] Siehe ähnlich stellvertretend wie Spaemann für die Realisten Norbert Hoerster für die Naturalisten: Hoerster 2002; 2003.

4. Kontingente und ausgedrückte Würde

Soweit wir im Alltag ein inhaltliches Verständnis von Würde besitzen, bezieht es sich fast überwiegend auf *würdevolle Handlungen und Ausdrucksweisen*, insbesondere, wenn auch nicht nur, im Rahmen sozial genormter Rollen. Die dazu geläufigen Beispiele sind von einigen als „expressive Würde“, „soziale Würde“ und „ästhetische Würde“ zusammengefasst worden (siehe Schaber 2004). Expressiv zeigt jemand Würde, der eine Niederlage mit Würde trägt. Soziale Würde könnte man auch die Rollenwürde gesellschaftlich repräsentativer Personen wie Präsidenten, Königinnen oder Priester nennen. Ästhetische Würde zeigen auch Tiere, wenn sie sich würdevoll bewegen. Diese Formen von Würde eint vor allem zweierlei. Erstens eint sie etwas, was von Peter Schaber und anderen auch mit *‚kontingenter Würde‘* angesprochen wird. Damit ist gemeint, dass die beobachtete oder zugeschriebene Würde eben von konkreten Voraussetzungen des Handelns und Verhaltens, teilweise sogar, wie bei Tieren, von Gewohnheiten oder Gesetzmäßigkeiten abhängt. Diese ‚Kontingenz‘ steht aus der Sicht dieser Autoren im Kontrast zur ‚tieferen‘, nicht-kontingent mit dem Menschsein verbundenen Menschenwürde. Menschenwürde kann danach nicht angenommen werden oder verloren werden, indem man sich etwa würdelos verhält. Vielmehr tragen sie alle Menschen, ungeachtet ihrer sonstigen konkreten Eigenschaften, irgendwie ‚in‘ sich.

Nach meinen bisherigen Bemerkungen ist verständlich, dass ich diesen Kontrast nicht akzeptiere und ebenso die notgedrungen mit einer nicht-kontingenten Würde verbundene Vorstellung der ‚Inhärenz‘ der Würde in Menschen für unerklärbar halte.[5] Meines Erachtens kann Würde nichts anderes sein als ‚kontingente‘ Würde. Denn was sollte prinzipiell dagegen sprechen? *Alle* Eigenschaften von Menschen sind kontingente Eigenschaften, es sei denn, man teilt eine Metaphysik der notwendigen Zugehörigkeit zu einer ‚natürlichen Art‘, eine Position, für die es in der Gegenwart nur einen berühmten Verteidiger gibt, den Philosophen Saul Kripke (Kripke 1982). Niemand hat uns nach einem Vorbild geschaffen, so dass wir notwendig wie ‚er‘ aussähen, kraft der Notwendigkeit ‚seines‘ Handelns. (‚Er‘ unterliegt selbst nicht der Kontingenz.) Hinter der Verbindung von Menschenwürde und Menschsein, wenn man beides nicht identifiziert, kann keine Notwendigkeit liegen, wenn man nicht annimmt, dass uns jemand diese Notwendigkeit aufzwingt oder geoffenbart hat. Und wer sollte das sein? Weder unsere faktischen noch unsere werthaften Eigenschaften (wenn man beide voneinander trennen will) können also notwendige sein. Deshalb können wir sie auch ändern, oder sie können sich von selbst verändern, und es ist offen, ob wir uns dann noch Menschen nennen. Die Annahme einer ‚begrifflichen Notwendigkeit‘, dass wir als Menschen bestimmte Eigenschaften haben, ist nur eine letzte Schwundstufe der Annahme, wir seien göttlichen Ursprungs.

Die genannten Beispiele eint zweitens, dass sie, wie Avishai Margalit hervorgehoben hat (Margalit 1996, 51), Beispiele für *symbolischen Ausdruck* sind. Nicht nur einiges,

---

[5] Schaber erklärt diese Relation im Weiteren auch nicht, sondern beruft sich auf unsere Intuitionen, die in diesem Punkt ebenfalls vage bleiben. Die Berufung auf Intuitionen ist unverzichtbar, aber ihre theoretische Rekonstruktion ebenfalls.

sondern alles Würdeverhalten hat expressiven Charakter. Margalits These ist allerdings nicht, sie als symbolischen Ausdruck *von Würde* zu sehen, denn dann wird Würde wiederum zu einer inhärenten Eigenschaft, die nur noch sekundär ausgedrückt wird. Nein, Würde *ist* symbolischer Ausdruck. Allerdings wovon? Die Beispiele geben konkrete Hinweise. Jemand, der die Fassung angesichts eines Unheils bewahrt, betont mit seiner Selbstkontrolle auch die *Bedeutung* dessen, deretwegen er sie aufbieten muss. Der Priester drückt die *Bedeutung* der Verwandlung von Wein in das Blut Christi aus, und in seinem gesamten Verhalten die Bedeutung seiner Rolle als Diener Gottes. Die Königin drückt ihre *Bedeutung* als Repräsentantin des Volks aus, wenn sie etwa eine Rede im Ausland hält. Die langsam schreitende Giraffe drückt nichts aus, weil sie als nicht-reflexives Tier zu Expression nicht fähig ist. Aber wir interpretieren ihr Verhalten nach dem gleichen Schema würdevollen Handelns wie bei Menschen und sehen es deshalb gewohnheitsmäßig als Ausdruck. Dabei ist anzunehmen, dass wir Würde bei Tieren nicht sehen könnten, wenn wir Menschen nicht imstande wären, diesen Ausdruck selbst bewusst hervorzubringen.

Diese Beispiele belegen ein alltägliches Verständnis von Würde, das nicht von einer realistischen Vorstellung von Würde abhängt, sondern eine praktische Analyse nahe legt. Selbst der Priester, könnte man sagen, drückt sein Verständnis der Bedeutung seines Amts aus, er drückt nicht eine göttliche Eigenschaft oder Gott selbst aus. Selbst wenn sich also die Vorstellung der Menschenwürde als säkulare Version der christlichen Religion entzaubern lässt, ist davon nicht jedes Verständnis von Würde getroffen. Dass bisher kaum jemand versucht hat, *Menschenwürde als symbolischen Ausdruck* zu verstehen, liegt vor allem, denke ich, an zwei Gründen.

Erstens an einer verbreiteten Assoziation in Verbindung mit Symbolen, wonach Symbolen keine eigentliche Bedeutung zukommt. Ein symbolisches Geschenk scheint ein ‚bloß' symbolisches Geschenk. Symbolische Würde wäre dann ‚bloß' symbolisch und keine echte Würde. Auch das Anknüpfen an ein Ausdrucksverhalten scheint zu wenig bedeutsam oder zu wenig objektiv. Wichtig scheint vielmehr, was erkannt werden kann und was existiert. Warum sollte man, kurz gesagt, aus einer Expression des Menschseins normative Folgerungen ziehen können, wie man sie mit der Berufung auf Menschenwürde gern verbindet?

Eine zweite Schwierigkeit liegt darin, dass nicht so leicht zu sehen ist, wie man von den genannten Beispielen konkreten Würdeverhaltens, mit denen Selbstkontrolle, bedeutsame Rollen und Gewohnheiten ausgedrückt werden, zu einer so allgemeinen Würdeexpression gelangen soll, die Menschenwürde ausdrückt – vor allem, wenn man dabei nicht wiederum eine ‚Menschensubstanz' unterstellt, die dann ausgedrückt wird.

Eine gegenwärtig beliebte Hilfskonstruktion bei Analysen von Menschenwürde bedient sich der *Selbstachtung*. Und tatsächlich ließe sich manche Rollenwürde auch als Ausdruck von Selbstachtung oder von Stolz des Betreffenden in dieser Rolle verstehen. Die Selbstachtung des Präsidenten wird allerdings aus seiner sozialen Aufgabe gespeist, und wenn man diese Basis zu verbreitern sucht, also von einer Selbstachtung kraft bloßem Menschsein spricht, wird unklar, ob das geht. Da wir alle Menschen sind, scheint es nichts Besonderes, ein Mensch zu sein. Man wird bereits als Mensch geboren, alternativlos und ohne Verdienst, warum sollte man sich also deshalb achten? Ein entsprechend konkretes Gefühl besitzen wir nicht, sogar dann nicht, wenn wir mit Kant der Überzeugung sind, dass wir es besitzen *sollten*. Das von Kant beschworene Gefühl der Achtung als vernünftigem Wesen (siehe GMS 401, Fn) ist eine bloße Idee, die niemand tatsächlich fühlen kann.[6] Kurzum, ein Vorschlag der Menschenwürde als Selbstachtung bleibt ebenso mysteriös wie die Menschenwürde als dem Menschsein inhärent.

Alle diese Einwände sind nicht wirklich destruktiv gegenüber einem Verständnis von Würde, von dem sich allerdings erst zeigen muss, ob es sich vor allem mit den moralischen Aspekten der Menschenwürde im heutigen Diskurs deckt. Dass es ein solches Verständnis von Würde, genauer dass es einen allgemeineren Begriff der Würde in Verbindung mit den geschilderten konkreten Beispielen geben muss, wird schon daraus klar, dass sich diese Beispiele sonst nicht miteinander verbinden ließen. Warum fallen sie alle in eine Kategorie? Das klingt leicht wie eine rein sprachliche Sortieraufgabe. Besser sollte man deshalb fragen, warum historisch und kulturell sehr verschiedene Menschen das Bedürfnis haben, etwas symbolisch auszudrücken, was für sie oder für eine Gemeinschaft von großer Bedeutung zu sein scheint. Abstrakt und vorläufig könnte man davon reden, dass sie das Bedürfnis haben, die *Bedeutung ihres Lebensprojekts* auszudrücken, oder wenn man dieses Bedürfnis nicht positiv zuschreiben kann, so mindestens das Bedürfnis, die Bedeutung ihres Lebensprojekts nicht infrage gestellt zu haben. Tatsächlich ist uns diese negative Form in Gestalt des Bedürfnisses, *nicht gedemütigt zu werden*, stärker bewusst; aber sie muss eine positive Kehrseite haben, die wir eben mit Stolz und Selbstachtung ausdrücken.

Von diesen Beobachtungen her liegt nahe, Menschenwürde unmittelbar mit einem *Bedürfnis, geachtet und nicht gedemütigt* zu werden, gleichzusetzen.[7] Solche Vorschläge bleiben aber so lange auf halbem Weg stecken, als sie nicht klarmachen, worin dieses Bedürfnis besteht. Sie sind nach wie vor offen für realistische Gründe und Scheinerklärungen. Vor allem das *Achten* ist in unserer Kultur kaum anders als mit den Konnotationen „Wertschätzen“ und „Fürchten“ zu verstehen, und lässt damit die Herkunft aus der Religion noch deutlich erkennen: aus dem Hochschätzen und Fürchten eines strafenden Gottes. Wenn dieser Hintergrund nicht bewusst wird, tritt an die Stelle Gottes die säkularisierte Sonne eines abstrakten Werts, wie klarerweise bei Kant. Die nahezu automatische Antwort, warum man jemanden achtet, ist jedenfalls: „weil er achtens-wert ist“ und damit hat man wiederum einen Wert als etwas irgendwie Reales unterstellt. Wenn der andere achtenswert ‚als Mensch‘ sein soll, ist man beim inhärenten Wert und der von Kant favorisierten Lösung, die „Menschheit“ an die Stelle Gottes zu setzen.

Nennt man Achten und Demütigen nicht einfach psychologische Bedürfnisse, die eigenartigerweise menschliche Tiere zufällig besitzen, sondern will man die normative Struktur dieser Bedürfnisse genauer kennen lernen – schon um besser beurteilen zu

---

6 Es ist nicht klar, ob Kant das nicht auch vorsieht, was aber die Terminologie noch eigenartiger erscheinen lässt. Und immerhin soll dieses Gefühl zum moralischen Handeln motivieren!

7 Das schlagen inzwischen eine Reihe von Autoren vor: siehe Baumann 2003; Schaber 2003; 2004; Stoecker 2003; Neumann 2004. Margalit 1996 ist in diesem Punkt vorsichtiger und hat nur das Pech, dass die deutsche Übersetzung seines Buchs („Politik der Würde“) „decency“ unter den unpassenden Titel „Würde“ bringt. Margalits ‚anständige‘ Gesellschaft ist auf verschiedene Weisen anständig und Würde spielt in seiner Darstellung so gut wie keine Rolle.

können, was und wie zu achten ist, was und wie gedemütigt werden kann –, dann ist eine Erklärung dieser Bedürfnisse nötig. Eine solche Erklärung kann meiner Meinung nach nur darin bestehen, die praktische Rolle des expressiven Ausdrucks und die mit ihm verbundene praktische Funktion symbolischer Bedeutung genauer herauszustellen.

5. Menschenwürde als existenziales Symbolisieren

Um dem allgemeinen Phänomen der Menschenwürde näher zu kommen, bieten sich in unserem Rahmen vor allem zwei Möglichkeiten an. Erstens können wir ausgehen von den Beispielen *konventionellen Würdeverhaltens*, wie beim Priester oder beim König. Es wäre kurzsichtig, das würdevolle Verhalten des Priesters oder des Königs nur anhand bestimmter Normen erklären zu wollen. Denn damit bleibt ja offen, wie es zu diesen Normen kommt. Eine naheliegendere Erklärung ist, dass solche an Normen gebundenen Verhaltensweisen nur möglich sind aufgrund eines *allgemeineren* Sinns für Würde und würdevolles Verhalten. Das wird auch dadurch bestätigt, dass man ein konventionelles Würdeverhalten nicht nur aufgrund der entsprechenden Normen, sondern aus einem allgemeineren Verständnis von Würde heraus kritisieren kann. Ein konventionelles Würdeverhalten ist häufig ritualisiert und kann kritisiert werden, wenn das Ritual nicht korrekt vollzogen wird. Es kann aber auch kritisiert werden, wenn das Ritual zu buchstäblich, engstirnig, selbstgefällig, unpassend, autoritär vollzogen wird. Der Priester wäre nicht glaubhaft, würde er im Hawaiihemd die Messe lesen. Er ist aber auch nicht glaubhaft, wenn er Trauernden nur Zitate aus der Bibel vorhält oder das Heil des Glaubens so sehr anpreist, dass die Trauer über einen Verstorbenen daneben keinen Platz hätte. Das konventionelle und ritualisierte Würdeverhalten ist deshalb eingebettet in einen umfassenderen Sinn für Würde, aus dem heraus sich Kriterien für das Angemessene und Unangemessene der Rituale ergibt. Die ritualisierte Würde verweist auf dieses allgemeinere Verständnis.

Eine zweite Weise, ein Verständnis von Würde zu gewinnen, kann von der eben berührten *Demütigung* ausgehen. Wenn jemand gedemütigt wird, dann werden sein Stolz und seine Selbstachtung verletzt, und Stolz und Würde scheinen ja nahe beieinander zu liegen. Eine Differenz besteht jedoch darin, dass sich der Stolz auf konkrete Errungenschaften bezieht und die Selbstachtung, auch wenn sie eine umfassendere Einstellung zum eigenen Leben ist als der Stolz, ebenfalls an ein positives Gelingen geknüpft ist. Wenn jemandes Selbstachtung intakt ist, dann ist er mehr oder weniger mit seiner augenblicklichen Lage als Person im Reinen. Damit beziehen sich Stolz und Selbstachtung beide Male auf die individuelle Person, es handelt sich immer um den Stolz als Daniel Meier oder Viola Müller, nicht um Stolz oder Selbstachtung als Mensch. Viele Beispiele, die uns zu Demütigungen einfallen, sind von der Art, dass sie das positive Selbstverhältnis einer individuellen Person angreifen und erschüttern. Jemand vor Bekannten bloßstellen, jemandes Unfähigkeit verkünden, jemand mit seinen eigenen Mitteln oder nach seinem eigenen Muster betrügen, das sind Weisen des Demütigens, die sich auf Ereignisse einer konkreten Lebensgeschichte beziehen. Was Stolz und Selbstachtung von der Würde, und insbesondere von der Menschenwürde, unterscheidet, ist die mangelnde Abstraktion von diesen konkreten Ereignissen. Menschenwürde ist eine

Art ‚Menschenstolz‘ oder eine ‚menschliche Selbstachtung‘. Wie das aber möglich sein soll, ist nicht einfach zu sehen, denn ein Gefühl des Stolzes ‚als Mensch‘ ist uns eher fremd.

Wenn man, ausgehend von diesen Überlegungen, versucht, für die Menschenwürde eine allgemeinere Grundlage als die individuellen Errungenschaften im Leben zu finden, stößt man zunächst auf allgemeine menschliche Fähigkeiten, und dabei insbesondere auf die zur *Freiheit*. Damit sind wir wieder bei der Position Kants, denn ihm zufolge liegt die Würde in der Vernunft- als Freiheitsfähigkeit. Fällt man nicht einfach in eine realistische Werttheorie zurück, indem man einen Wert als Würde behauptet, muss am konkreten freien Handeln ausgewiesen werden, wieso es Würde haben soll. Dass jedes freie Handeln würdevoll sein soll, scheint phänomenal kaum zu belegen, denn viele freie Handlungen sind abstoßend, empörend, verletzend oder auch nur langweilig oder banal. Wie sollten sie dann würdebehaftet sein? Kant identifizierte das freie und das moralische Handeln, so dass ein Teil dieser Gegenbeispiele wegfiele. Immer noch blieben aber moralisch erlaubte Handlungen wie Wäsche waschen oder den Postboten grüßen. Sind das wirklich würdevolle Handlungen *per se*? Umgekehrt leuchtet auch nicht ein, dass jede Freiheitsbeschränkung entwürdigend oder demütigend sein soll. Jemand aufgrund einer gerechten Strafe im Gefängnis behalten, ist kein Verstoß gegen die Würde. Jemanden, der verletzen will, daran hindern, bedeutet nicht ihn demütigen. Nicht einmal jemand, der helfen will, daran hindern, ist demütigend, es ist nur schlecht und ärgerlich.

Eine Reihe von Hinweisen liegen jetzt auf dem Tisch, die zusammengefasst zu einer besseren Erklärung für Menschenwürde führen sollten. Erstens, es darf nicht einfach ein postulierter Wert sein, weil damit am Ende nichts gesagt wird, sondern nur eine Art *vis dormitiva* eingeführt. Zweitens, ausgehend vom konventionellen Würdeverhalten, sollte eine Verbindung zum Ausdruck ‚von etwas‘ vorhanden sein, das uns dieses Verhalten ebenfalls verständlich werden lässt. Das ist bisher der dunkelste Punkt. Drittens, Menschenwürde muss eine Art verallgemeinerter Selbstbezug sein, der über die individuellen Einstellungen Stolz und Selbstachtung verallgemeinernd hinausgeht. Mein Vorschlag, um diese Hinweise zusammenzufassen, lautet: Menschenwürde ist das *Bewusstsein des eigenen Lebens angesichts von existenzialen Notwendigkeiten*. Dieser Vorschlag ist an Heideggers Existenzialanalyse in *Sein und Zeit* orientiert, ohne dass ich seine bekannt künstliche Terminologie übernehmen und benutzen würde. Heidegger spricht schlicht von ‚Existenzialien‘ und statt vom Bewusstsein von der ‚Sorge‘ als einer Haltung, die sich vor allem in der Angst ausdrückt (Heidegger 1927, 44, 121, §§ 40–41). Obwohl vieles für die Heideggersche Darstellung spricht – Betonung der Gefühle anstatt cartesianisches Bewusstsein, eher Sorge als Freude und Glück, weil eher ein Verlust als ein Gewinn des Lebens – , kann für die Erklärung der Menschenwürde offen bleiben, wie sich das Bewusstsein der existenzialen Notwendigkeiten – man könnte schlichter auch sagen, der *Lebensnotwendigkeiten* – genauer ausdrückt. Wichtig ist nur, erstens, dass wir diesen Vorschlag mit der Rede von Würde im Alltag verbinden können, und zweitens und schwieriger, dass sich das spezielle Bewusstsein und der Sinn von Würde gegenseitig erhellen.

Um mit ‚Lebensnotwendigkeiten' zu beginnen: Dazu gehören Ereignisse wie Geburt, Krankheit, Tod, Personen wie die Eltern, die Kinder, die Geliebten und Freunde, aber auch abstraktere Gebilde wie Gemeinschaften, Wissenschaft oder die Vergangenheit. Diese Ereignisse und Erfahrungen sind im menschlichen Leben unausweichlich, zum Teil völlig, wie Geburt und Tod, zum Teil nur unter Verlust von Lebenssinn, wie bei Freunden und Gemeinschaft. Dass diese Ereignisse und Erfahrungen unausweichlich sind, bedeutet für Menschen aber nicht nur, dass sie ihnen passieren, dass sie ihnen unterliegen, sondern auch, dass es für sie folgenreich ist, welche Art von Verhältnis sie zu ihnen gewinnen. An Krankheit oder Freundschaft ist das leicht zu veranschaulichen. Wie man die Krankheit versteht, oder wie man eine Freundschaft pflegt, hat Folgen dafür, was die Krankheit und die Freundschaft aus dem Leben macht. Davon ausgehend ist uns ja auch vertraut, dass man eher ein ‚lebensnotwendig bewusstes' oder ein ‚lebensnotwendig bewusstloses', ein ‚selbstvergessenes' Leben führen kann, und dass das selbstvergessene Leben vielleicht leichter, aber auch uninteressanter, langweiliger und eben den menschlichen Möglichkeiten gegenüber ärmere Leben ist. Soweit befinden wir uns, wenn auch ein wenig mit Hilfe von Heidegger, einigermaßen im Common Sense. Unklar ist nach wie vor die Verbindung zur Würde.

An diesem Punkt hilft nur die Beobachtung weiter, dass Würde im konventionellen Würdeverhalten *ausgedrückt* wird. Es geht darum, dieses Verhalten angemessen zu verstehen. Zu beachten ist dabei, dass das angemessene Bewusstsein von den Lebensnotwendigkeiten nicht einfach schlicht ein *Wissen von* etwas, einem Gegenstand, ist, sondern ein reflexives Selbstwissen, das des symbolischen Ausdrucks bedarf. In der Tradition der Bewusstseinsphilosophie sind wir so sehr an die isoliert-inneren Akte des Bewusstseins gewöhnt, dass wir übersehen, inwieweit das Bewusstsein Ergebnis und Bestandteil einer öffentlichen Praxis ist, und damit auch eines symbolischen Ausdrucks. Ein solcher Ausdruck von Lebensnotwendigkeiten kann erstens eher *natürlich* und eher *konventionell* sein. Eher natürlich, wenn er an unsere Gefühle anknüpft, wie etwa bei Freude und Trauer, Begeisterung und Empörung; eher konventionell, wenn er solche Gefühle ritualisiert und kulturell ausgestaltet, wie bei der Messe, bei der Krönung, der Preisverleihung, bei Feiern und Trauerveranstaltungen. Zweitens ist zu beachten, dass der symbolische Ausdruck nicht einfach nur ein Ausdruck etwa eines natürlichen Gefühls ist, sondern ein *Symbolgeschehen.* In der Symbolik verlagert sich die praktische Relevanz der Einstellung zu den Lebensnotwendigkeiten auf die Symbole, das Ausdrücken oder ein Ritual. Ausdruck und Ritual gewinnen dann dieselbe Relevanz wie die Güter, die sie symbolisch ausdrücken.

Meine Erklärung ist also, dass sich die Bedeutung der Lebensnotwendigkeiten gar nicht anders fassen lässt als anhand einer solchen symbolischen Besetzung, dass sie kognitiv oder emotiv in einem einfachen Sinn nicht zugänglich ist, und dass Würde eine Qualität des Beherrschens des angemessenen Symbolisierens ist, Menschenwürde eine Qualität des angemessenen Symbolisierens der menschlichen Lebensnotwendigkeiten. Jemand verhält sich ‚menschlich' würdevoll, wenn er den Lebensnotwendigkeiten gemäß handelt, Trauer etwa nicht mit Trübsinn, Hoffnung nicht mit Lustigkeit verwechselt. Würdevoll wird ein Handeln, wenn es sich selbst aus einem Bezug auf das Lebensganze versteht oder in der Interpretation auf es bezogen wird. Insofern ist offen, was das würdevolle Handeln konkret ausmacht, wenn auch klar ist, dass die lebensnotwendigen Ereignisse und Erfahrungen die allgemeine Struktur vorgeben.

6. Verstöße gegen Menschenwürde

Wir können jetzt diese Erklärung daran testen, ob sie hilft, eine spezielle Klasse von Demütigungen als ‚Verstöße gegen die Menschenwürde' zu erhellen. Manchmal behilft man sich dabei, solche Verstöße ‚besonders schwerwiegende' Demütigungen zu nennen, lässt aber offen, was das heißt. Da in der deutschen Sozialstaat-Diskussion auch unterlassene Hilfeleistungen als Verstöße gegen die Menschenwürde bezeichnet werden, und in verschiedenen Kontexten viele andere Weisen des Handelns und Unterlassens, herrscht offensichtlich kein Konsens über die genauen Kriterien menschenwürdeverletzender Demütigungen. Wenn die Menschenwürde in einem angemessen-symbolischen Umgang mit Lebensnotwendigkeiten besteht, dann erklärt sich ein ‚Verstoß gegen Menschenwürde' aus denjenigen Handlungen, die einen solchen Umgang verhindern oder erschweren.

Um diese etwas umständliche Formulierung zu konkretisieren, ist zunächst zu bedenken, dass man für besonders schwerwiegende Fälle des Schädigens, wie Folter oder Mord, nicht unbedingt auf den Verstoß gegen Menschenwürde zurückgreifen muss, denn der Hinweis auf die konkreteren Folgen, Schmerzen, Krankheit, Tod, reicht doch eigentlich völlig, um das Ausmaß der Untat zu benennen. Verletzung von Menschenwürde liegt dann vor, wenn die Folter ein Verächtlichmachen der Gefolterten einbezieht, indem sie gezwungen werden, ihrer eigenen Ausdruckssymbolik untreu zu werden. Nicht dass man jemanden zwingt, sich nackt auszuziehen, ist bereits dieser Verstoß, sondern dass man ihn zwingt, dem zuzustimmen oder sich aktiv zu beteiligen. Das erzwungene Orchester im KZ, das Anlegen der Hundeleine auf einem Bild aus Abu Ghraib, oder der erpresste Verrat von Winston gegenüber Julia in Orwells *1984* sind solche Zwangsmethoden, die nicht unmittelbar darauf zielen, Schmerz, Krankheit oder Tod zu verursachen, sondern darauf, die eigenen Verständnisweisen dessen, was im Leben wichtig ist, zu verraten. Das ‚besonders Schwere' dieser Art von Demütigung liegt darin, dass die Betroffenen in einen unerträglichen Selbstzwiespalt gebracht werden – und dass das mit symbolischen Mitteln geschehen kann (Musik angesichts des Mordens, Hundeleine für einen Menschen, Geständnis von etwas, das bereits bekannt ist), belegt, dass der destruktive Eingriff in die Selbstdeutungsfähigkeiten der eigentliche Verstoß ist, weil nur über die Selbstdeutungsfähigkeiten der Lebenssinn und die Integrität der Person entstehen.

Bedrohungen der Menschenwürde in diesem Sinn können unmittelbar destruktiv sein, wie in diesen Beispielen, sie können aber auch langfristig verhindernd oder auch einfach nicht hilfreich sein. Das ist dann der Fall, wenn die sozialen Umstände nicht so sind, dass ein angemessenes Verständnis der Lebensnotwendigkeiten und einer in diesem Sinn würdevollen Lebenseinstellung entstehen kann. Ein materiell gesichertes Leben, dem gleichzeitig die Würde fehlt, ist durchaus denkbar. Das wäre ein Leben, dem der Sinn für ein angemessenes Verhältnis zu dem Guten und Schlechten im Leben fehlt.

Drei allgemeine Bedingungen, die für ein solches Verhältnis hilfreich sind, sind Zeit, Kultur und Gemeinschaft.

7. Würde und Lebensbeginn

Der aktuelle Ausgangspunkt zu diesen Überlegungen war der Appell an die Menschenwürde zugunsten eines Verbots des biotechnischen Experimentierens mit menschlichen Embryonen. Wieweit lässt sich mit meiner Rekonstruktion des Begriffs „Menschenwürde“ zu dieser Debatte Stellung nehmen? Nach meinem Vorschlag ist es die Fähigkeit, ein Bewusstsein der Lebensnotwendigkeiten, ein interpretierendes Verstehen dieser Notwendigkeiten, zu entwickeln und zu praktizieren, in der die Menschenwürde liegt oder in der sie zum Ausdruck kommt. Diese Fähigkeit kann, wie eben gesehen, zum Anstoß moralischer Forderungen und Verbote werden. Wenn auch nicht ‚absolut‘, wie manchmal gemeint, hat die Fähigkeit des Verstehens des eigenen Lebens als eines menschlichen doch insofern einen relativen Vorrang vor den anderen Fähigkeiten, insofern ohne die Möglichkeit dieser Selbstverständigung das menschliche Leben unerträglich wird.

Obwohl der Begriff „Menschenwürde“ damit durchaus, wenn auch im konkreten Ausmaß umstritten, moralische Folgerungen nahe legt, scheint auch klar, dass diese Folgerungen den Lebensbeginn *nicht* einbeziehen. Der Embryo kann nicht gedemütigt oder in seinem Selbstverständnis gestört werden, er kann sich an keiner Symbolisierungspraxis beteiligen. Um deshalb von einer Menschenwürde bereits des Embryo zu reden, müsste man die Fähigkeit einer Haltung zu den Lebensnotwendigkeiten begrifflich so weit dehnen, dass sie dem Umstand gleichkäme, den Lebensnotwendigkeiten selbst einfach ausgesetzt zu sein. So richtig es aber ist, dass das beginnende Leben diesen Notwendigkeiten ausgesetzt ist, ähnlich wie die Tiere, so richtig ist auch, dass es noch zu keiner symbolvermittelten Auseinandersetzung in der Lage ist, in der ja die spezifische *menschliche* Würde liegen soll. Deshalb ist eine direkte Verwendung des Würdebegriffs offenkundig unpassend.

Angesichts des Mangels *aktueller* Interessen bei einem Embryo und angesichts der Abschwächung, die *potenzielle* Interessen gegenüber aktuellen bedeuten, wird die moralische Frage, wie man mit Embryonen in der Forschung und Medizin verfahren soll, weitgehend eine Frage des *Symbolgehalts* des einen oder anderen Handelns. Die Frage lautet dann, was es symbolisch bedeutet, wenn wir mit unseresgleichen am Lebensbeginn so verfahren, dass wir sie zu Forschungszwecken ‚verbrauchen‘. Man könnte einwenden, dass man die Frage so nicht stellen kann, weil es ja darum geht, dass wir menschliche Wesen zu *medizinisch vielversprechenden* Forschungszwecken verbrauchen. In der so gestellten Frage ist der moralische Konflikt aufgenommen, wonach es um ein Verletzen zugunsten eines Helfens geht, und nicht einfach um ein Verletzen des theoretischen Wissens willen. Wenn wir einmal zugestehen, dass das Verbrauchen mindestens Gleichgültigkeit symbolisiert und der medizinische Zweck Sorge um andere Menschen – im optimalen Fall! –, dann kommt es weiter darauf an, welche dieser Symbolisierungen wichtiger ist. Da bei erwachsenen Menschen klar ein Vorrang besteht des Nichtverletzens gegenüber dem Helfen, dieser Vorrang aber bei den Embryonen ausgeklammert werden muss, muss man wohl auch sagen, dass das Verbrauchen der Embryonen unter dem Strich *eher die Gleichgültigkeit* als das Helfen oder als einen Konflikt zwischen beiden symbolisiert. Und dann stellt sich die Frage, ob eine solche symbolische Gleichgültigkeit gegenüber menschlichen Wesen akzeptabel ist, selbst wenn die Forschung Vorteile für andere Menschen hätte.

Der Güterkonflikt, den die verbrauchende Forschung damit anzeigt, ist einer zwischen symbolischer Gleichgültigkeit gegenüber dem frühen menschlichen Leben und den erwartbaren Vorteilen aus der medizinischen Forschung. Ziemlich sicher ist es nicht möglich, diesen Konflikt isoliert zu beurteilen, herausgenommen aus den generellen Tendenzen der Gleichgültigkeit, des Forschens mit Menschen und noch mehr des Ausmaßes, in dem ein biotechnischer Aufwand betrieben wird, um das menschliche Leben zu verlängern und zu verbessern. Der biotechnische Aufwand ist insbesondere dabei als *biotechnischer* zu sehen und zu gewichten, als eine Summe von Techniken, schöner, fitter, perfekter oder auch nur anders zu werden, während die nicht-technischen Methoden zum selben Zweck in den Hintergrund treten und vergessen werden. Im Rahmen dieser gesamten Entwicklung und ihrer je nachdem pessimistischen oder optimistischen Interpretation hat auch der verbrauchende Umgang mit dem frühen menschlichen Leben seinen entsprechend pessimistischen oder optimistischen Stellenwert. Ich fürchte, dass es ohne eine solche verwirrende und schwer überschaubare Gesamtsicht der gegenwärtigen Tendenzen nicht möglich ist, die symbolische Gleichgültigkeit gegenüber dem frühen Leben einzuschätzen. Aus dieser Gleichgültigkeit könnte, verbunden mit den sich steigernden Biotechniken, eine Gleichgültigkeit gegenüber menschlichem Leben generell werden. Wichtiger als der mögliche medizinische Gewinn durch die Forschung mit Embryonen scheint deshalb die Frage, was die Gesellschaft damit *sagen* will, dass sie verbrauchend forscht.

III. Moral und Gesellschaft

Moral, Gemeinschaften und soziale Beziehungen

1. Die normative und die soziale Perspektive

1.1. Zwei Fragen und ihre Verbindung

Wenn man sich fragt, wie soziale Normen ‚mit etwas anderem' – sozialen Gruppen, Verträgen, Sanktionen, Interessen, Erwartungen, usw. – ‚zusammenhängen', so kann das vor allem in zweierlei Hinsicht gemeint sein: erstens als Frage, wie die tatsächlichen Normen in ihrem Entstehen mit diesen realen Gegebenheiten verbunden sind, und zweitens als Frage, wie Normen unter Berücksichtigung dieser oder ähnlicher Gegebenheiten begründet werden können oder könnten. Das erste nenne ich vereinfacht die *soziologische* Frage, das zweite vereinfacht die *philosophische* Frage. Mit beiden Fragen sind unterschiedliche Erwartungen verbunden. Mit der soziologischen die Erwartung, eine Erklärung bestehender sozialer Normen zu erhalten, mit der philosophischen die Erwartung, bestehende soziale Normen entweder rational zu bestätigen oder zu kritisieren, oder eventuell auch andere als die bestehenden als rational auszuweisen.

Dass diese beiden Fragen nicht nur als unterschiedliche gelten, sondern auch als wenig miteinander verbundene Fragen, hat vor allem den Grund, dass die soziologische Frage als ‚*empirische*', die philosophische Frage als ‚*normative*' angesehen wird, und die Meinung verbreitet ist, dass zwischen dem ‚Empirischen' und dem ‚Normativen' Exklusivität herrscht. Diese Auffassung ist in den Sozialwissenschaften vermutlich weniger üblich, aber in der Philosophie mehr oder weniger Standard, so dass die meisten Philosophen tatsächlich meinen, eine empirische Theorie über Normen sei ‚etwas ganz anderes' als eine normative. Die einfachste Begründung dieser Meinung ist, dass die empirische und die normative Problematik einander insofern *begrifflich* ausschließen, als die eine nicht auf die jeweils andere rückführbar sei.

Die Rede von einer ‚normativen' Frage nach Normen ist etwas verwirrend und muss kurz erläutert werden. Dass die normative Frage von der empirischen *verschieden* ist, bleibt unverständlich, wenn „normativ" dabei nichts anderes heißt als „auf Normen zurückführend". Denn Normen können natürlich tatsächliche Geltung in einer Gesellschaft besitzen (und in diesem Sinne empirische Tatbestände darstellen). Und zweifellos kann die Frage: „Wie verhält es sich normativ?" bei unterstellter Geltung bestimmter Normen in die Frage übersetzt werden: „Wie verhält es sich im Licht welcher Normen?“ oder „Wie legitim ist es?“ Stellt man diese Fragen jedoch nicht als Jurist oder Steuerberater, also in einer Rolle, in der man bestimmte Normen bereits anerkennt bzw. als anerkannte voraussetzt, fragt man nicht nur nach der Vereinbarkeit einer bestimmten Praxis mit einer geltenden Norm, sondern will etwas anderes wissen. „Wie verhält es sich normativ?“ meint dann: „Wie richtig, wahr, rational, berechtigt oder begründbar ist es *generell*?“ Ohne Bezugnahme auf einen sozial vorgegebenen Verwendungskontext zielt die normative Frage auf die Richtigkeit von etwas, insbesondere bestimmter sozialer Normen sowie bestimmter Werte. Die Frage nach dem ‚Normativen‘ von Normen fokussiert also auf deren Berechtigung oder Vernünftigkeit und ist deshalb nicht tautologisch. Und so ergibt sich die Differenz zwischen der *normativen* und der *empirischen* Frage: Denn was ist, muss nicht berechtigt sein, und was berechtigt wäre, muss nicht tatsächlich gelten oder realisiert sein.

Meines Erachtens kann man die Unterscheidung zwischen der empirischen und der normativen Frage beibehalten, ohne sie so beziehungslos nebeneinander stellen zu müssen, wie das üblich ist. Nach diesem Vorschlag

- ist die *empirische* Frage eine Frage nach den *tatsächlichen*, wenn auch idealisierend rekonstruierten Ursachen der Normen; und
- ist die *normative* Frage eine Frage nach den *idealen*, wenn auch empirisch gehaltvollen Ursachen der Normen.

Das Verhältnis zwischen der empirischen Frage und der normativen scheint danach ungefähr so wie das Verhältnis zwischen einem tatsächlichen und einem idealen Haus, oder besser, irgendeiner tatsächlich existierenden ‚Behausung‘ und einem idealen Haus. Nicht jede Hütte gilt als Haus und ebenfalls gelten zufällige Höhlen oder Unterstände nicht als Haus. Andererseits haben auch ideale Häuser etwas gemeinsam mit Höhlen und Unterständen, oder umgekehrt letztere mit ersteren. Höhlen sind Behausungen, nur eben nicht unbedingt ideale. Hütten, Höhlen und Häuser haben den *Zweck* einer Behausung gemeinsam, und gemessen an diesem Zweck sind sie unterschiedlich ideal. Alle Häuser sind also immer schon unter einem Ideal des Hauses gebaut worden, unter dem Zweck der ‚Behausung‘ in Verbindung mit einer spezifischen Interpretation dieses Zwecks.

Die empirische und die normative Frage nach Normen sind also nicht identisch, aber sie sind eng miteinander verbunden. „Warum hat jemand dieses Haus gebaut?“ ist nicht dieselbe Frage wie: „Welches Haus wäre es gut zu bauen?“. Und doch kann man die erste Frage kaum stellen und noch weniger beantworten, ohne zu fragen: „Welches Ideal von einem Haus verfolgte er mit diesem Haus?“ Die Beantwortung dieser Frage setzt ihrerseits Wissen darüber voraus, wie Häuser gebaut werden, warum Leute im Allgemeinen Häuser bauen, welche Typen von Häusern sie bevorzugen, also Wissen darüber, was die Menschen beim Bau von Häusern tatsächlich antreibt. Das Ideal von Häusern sowie ihr unterschiedlicher Zweck in je konkreten Lebensumständen können sowohl unter ihrer *tatsächlichen Wirksamkeit* als auch unter ihrer noch *nicht ausgeschöpften Möglichkeit* betrachtet werden. Je nachdem, welche Perspektive wir wählen, befinden wir uns auf der Seite der empirischen oder der normativen Frage. Des inneren Zusammenhangs der beiden Fragestellungen im Ideal des Hauses (oder des Begriffs oder des Zwecks des Hauses) wegen ist klar, dass nur derjenige interessante Antworten geben wird, der sie auf *beide* Fragen geben kann.

Im Folgenden werde ich dieser Einsicht insofern untreu, als ich die philosophische bzw. normative Frage nach sozialen Normen (von der ich außerdem meine, dass sie vorrangig eine ‚moralische' Frage ist) *unabhängig* von der soziologischen bzw. empirischen Frage verfolgen werde. Diese Inkonsequenz muss ich hinnehmen, weil ich mir schlicht nicht zutraue, die soziologische Frage nach sozialen Normen in der Allgemeinheit zu verfolgen, in der ich die philosophische verfolge. Teilweise ist mein Mangel an Konsequenz in dieser Frage allerdings auch Ergebnis eines Sachzwangs, dem man sich nur schwer entziehen kann. Sofern es allgemeine empirische Erklärungsversuche zu sozialen Normen gibt, sind es meist solche, die bestimmte Rationalitätstheorien enthalten, also starke Vorstellungen darüber, was ideale Normen wären oder wie sie zustande kommen.[1] Wenn jemand einen Überblick über die Motive für den Bau *aller* Häuser gewinnen will, muss er sich stark an einem idealen Haus orientieren, ja er redet fast nur noch von diesem idealen Haus. Obwohl zunächst unausweichlich, müsste der Hausbauforscher bzw. der Soziologe dann aber den tatsächlichen Baumotiven bzw. den tatsächlichen Normmotiven näher kommen, und das ist ein aufwendiges Unternehmen. Dennoch glaube ich, dass sich fruchtbare Diskussionen der beiden Fragen – welche idealen und welche faktischen Motive haben soziale Normen? – gegenseitig ergänzen und erhellen, und dass sich die im Folgenden vorgeschlagene Antwort auf die philosophische Frage durch eine parallele Antwort auf die soziologische weiter erhärten und bestätigen lassen müsste.

1.2. Verbindung durch ‚praktische Notwendigkeit'

Wenn Normen in *empirischer* wie in *normativer* Hinsicht etwas gemeinsam haben sollen, dann muss es einen *Begriff* X geben, der beide Betrachtungsweisen zusammenführt. Es muss, mit anderen Worten, einen Begriff X geben, der sowohl in der Erklärung als auch in der Begründung von Normen enthalten ist und so die Verbindung der beiden Betrachtungsweisen einsichtig werden lässt. Wenn man ein solches X nicht angeben könnte, wären die empirische und die normative Frage irreduzibel verschiedene.

Die erste mögliche Antwort auf die Frage nach einem solchen X bietet die schon erwähnte *ideale* Perspektive.[2] Tatsächlich ist die Betrachtung von Dingen unter einem Zweck, diesen Zweck nach seinen Möglichkeiten in einer Lebenssituation interpretiert, eine ‚idealisierende' Betrachtung oder eine unter einem ‚Ideal'. Das ist aber nur die eine Seite und sie erfasst nicht, dass soziale Normen mit einem Zwang verbunden sind. Wenn wir jedoch eines von Normen wissen, dann dass sie uns zwingen. Eine speziellere Antwort darauf, welches X Normen in empirischer wie normativer Hinsicht gemeinsam

---

1 Die meisten aktuellen Ansätze entstammen der ökonomischen Tradition: siehe als Klassiker Ullman-Margalit 1977, erstrecken sich inzwischen aber auch auf die Rekonstruktion moralischer Normen. Siehe Baurmann 1996.

2 Von ‚Idealen' zu reden ist nicht ungefährlich, weil damit die Vorstellung nahegelegt wird, Ideale seien eine Art von Gegenständen in der Welt, während sie doch nur bestimmte Verhaltensweisen sein können.

haben, muss deshalb diesen Zwang erfassen, auf dem Hintergrund der gemeinsamen idealisierenden Perspektive.

Mein Vorschlag, das X zu benennen, bedient sich des Begriffs der *praktischen Notwendigkeit.* Praktische Notwendigkeit ist diejenige Eigenschaft, die

– Akteure *tatsächlich* dazu bringt, Normen zu folgen, und die (mit) erklärt, warum es Normen gibt;
– *begründet*, warum Normen einen bestimmten Inhalt haben sollen und warum es diese Normen oder überhaupt Normen geben sollte.

Man kann das auch die ‚*Realisierungs-*‘ und die ‚*Rationalisierungsbedingung*‘ für praktische Notwendigkeit nennen. Die empirische und die normative Frage beziehen sich nur dann auf dasselbe, wenn beide Bedingungen gleichzeitig erfüllt sind; und die Eigenschaft, die beide erfüllt, soll eben praktische Notwendigkeit sein. Vielleicht lässt sich diese Eigenschaft anders bezeichnen, häufig ist tatsächlich nur von ‚normativer Kraft‘, ‚normativem Zwang‘ etc. die Rede. Wichtig ist allein, dass etwas angenommen wird, das die Akteure einerseits dazu motiviert, tatsächlich zu handeln, und sie andererseits dazu bringt, ihr Handeln auf eine bestimmte Weise zu rationalisieren oder rational verständlich zu machen. Das aber kann kaum etwas anderes sein als eine *Eigenschaft von Akteuren.* Wenn diese Eigenschaft verursacht, dass Akteure regelmäßig handeln bzw. ihr Handeln regelmäßig auf bestimmte Weise verstehen, dann resultiert ein ‚Befolgen von Normen‘. So eigenartig es scheinen mag, es ist bis heute nicht klar, wie sich ein solches Befolgen von Normen erklären lässt, weil unbeantwortet ist, wie und wodurch die Realisierungs- bzw. die Rationalisierungsbedingung zugleich erfüllt werden. Im Folgenden schildere ich kurz zwei Vorschläge, die jeweils nur eine der beiden Bedingungen erfüllen und deshalb unzureichend sind.[3]

Erstere, also die *Realisierungsbedingung*, scheint leicht durch einen verbreiteten Begriff von ‚Wünschen‘ erfüllbar. Wünsche werden danach als eine Art *Begehren* verstanden, das eine Motivation umfasst, dem Wunsch entsprechend zu handeln. Warum jemand handelt, etwa eine soziale Norm erfüllt, wird aus entsprechenden Wünschen erklärt. Entgegen dem, was einmal von Donald Davidson vorgeschlagen wurde (Davidson 1963), ‚rationalisiert‘ der so verstandene Wunsch jedoch nicht, warum etwas getan *wird.* Der so gefasste Wunsch sagt nur in seltenen Fällen pathologischer Zustände, warum etwas getan werden *sollte,* und macht damit auch unzulänglich klar, warum etwas getan wurde (siehe besonders Bittner 2001, § 196). Bestenfalls ist die Angabe eines Wunsches die Kurzfassung einer *Tatsache*, die nicht nur den Wunsch enthält. „Warum sollte ich nicht bei Rot über die Strasse gehen?“ – „Weil ich nicht überfahren werden will“. Der Handlungsgrund würde dabei ausführlich heißen: „Wenn ich bei Rot über die Strasse gehe, werde ich voraussichtlich überfahren, und das möchte ich nicht.“[4] Wünsche der eben beschriebenen Art sind also nicht ausreichend, um zu rationalisieren oder

---

[3] Beides sind Vorschläge aus der philosophischen Literatur; analoge ließen sich auch aus der soziologischen nennen.

[4] Bittner verkürzt praktische Gründe sogar auf den ersten Teil und klammert den Wunsch aus. Bei Wünschen, die so klar und bekannt sind, wie der vorliegende, mag das irrelevant sein, bei anderen nicht. Ich komme später auf diesen Punkt noch genauer zurück.

die Handlungsziele zu begründen. Und daraus sollte man generell folgern, dass sie es auch nicht sind, die die Handlungen *realisieren*. Denn wie könnten Handlungen je rational (richtig, begründet, usw.) sein, wenn sie nicht *rational realisiert* werden? Dass sie nachträglich und unabhängig von ihrem Vollzug durch die Akteure rational werden, ist ziemlich unwahrscheinlich. ‚Praktische Notwendigkeit' kann also nicht in den genannten Wünschen liegen.[5]

Die *Rationalisierungsbedingung* scheint im Unterschied zur Realisierungsbedingung nicht durch Wünsche, sondern durch ‚Gründe' erfüllt zu werden. Einem verbreiteten Begriff zufolge sind Gründe *Urteile*, die entweder wahr oder falsch sind und im Fall ihrer Wahrheit bestätigen, dass eine mit ihnen übereinstimmende Handlung ebenfalls wahr oder richtig ist. „Es ist (wahr oder) richtig, dass man bei Rot nicht über die Strasse gehen sollte." – „Ich gehe nicht bei Rot über die Strasse, deshalb ist mein Handeln (wahr oder) richtig." Anders als im Fall von Wünschen ist bei Urteilen überhaupt nicht klar, inwiefern sie zum Handeln motivieren, und zwar schon deshalb nicht, weil Urteile allgemein sind, das Handlungsmotiv, insofern es je meines ist, persönlich. Gründe bzw. Urteile allein vermögen deshalb das Handeln nicht zu realisieren, d.h. nicht zu erklären, warum der sozialen Norm entsprochen wird. Wiederum liegt der Schluss nahe: Wenn Gründe das Handeln nicht realisieren, sind sie es wohl auch nicht, die das Handeln *rationalisieren*. Denn wie könnten Handlungen je hervorgebracht werden, wenn sie nicht *realisierungskräftig rationalisiert* werden? Dass Handlungen systematisch unabhängig von den Gründen, die der Akteur für sie hat, zufällig hervorgebracht werden, ist nicht nur unwahrscheinlich, sondern ausgeschlossen. ‚Praktische Notwendigkeit' kann also nicht in den Urteilen liegen.[6]

Praktische Notwendigkeit ist die zentrale, beide Anforderungen (Motivation und Begründung) *synthetisierende* Eigenschaft, die Handlungen und sozialen Normen zukommen muss. Die meisten Theorien über Normen (und auch die meisten Handlungstheorien) tun sich schwer, diese Bedingung zu erfüllen oder erfüllen sie eindeutig nicht. Diese doppelte Anforderung an die Eigenschaft X, Akteure tatsächlich zu motivieren und ihr Handeln zu begründen, ist jedoch eine Anforderung, ohne die eine Verbindung zwischen der empirischen und der normativen Seite der Normen nicht möglich ist. Werden die beiden Anforderungen zugestanden, hätten wir dann in diesem Fall keinen eigentlichen Begriff von Normen und allem, was mit Normen verbunden ist, wie generell dem Handeln. Soweit wissen wir nicht mehr, als dass praktische Notwendigkeit

[5] Sie könnte in anders verstandenen Wünschen liegen oder sie könnte in etwas anderem als Wünschen liegen. Beides ist wohl richtig. Vor allem ist die Auffassung von Wünschen als bloßes Begehren falsch. Siehe Quinn 1993b. – Vielleicht neigt jemand dazu, die Realisierungsbedingung zu verteidigen, indem er die Forderung fallen lässt, die Handlungsmotive müssten die Handlungen auch rationalisieren oder begründen. Aber man muss sich klarmachen, was das für unser durchschnittliches Handeln bedeuten würde: es wäre durchschnittlich nicht rational oder begründet. Das klingt nach einer zu hohen Hürde oder nach einem pessimistischen Menschenbild.

[6] In einzelnen Fällen kann der Akteur überrascht beobachten, dass er etwas getan hat, für das er schon seit einiger Zeit gute Gründe hatte, auch wenn er aktuell nicht aus diesen Gründen heraus gehandelt hat. Dass dies der Regelfall ist, würde sehr glückliche Umstände für diesen Akteur voraussetzen.

nicht einfach nur mit einem Wunsch (verstanden als Begehren) und nicht einfach nur mit einem Urteil identisch sein kann.

Ein *grober Vorschlag*, beide Bedingungen zu erfüllen, der dem Verbindungsversuch der soziologischen und der philosophischen Frage entspricht, lautet so: Praktisch notwendig sind *empirische Zustände*, die unter begrifflichen und generell sprachlichen Beschreibungen eine ideale Dimension erhalten, so dass praktische Gründe solche Zustände in idealer Sichtweise sind. Sieht man diese Zustände eher als Tatsachen, dann *erklären* sie, warum jemand tatsächlich handelt; sieht man sie eher idealisierend, also (im bereits genannten Sinn) unter einem Zweck und den Möglichkeiten in einer Lebenssituation, dann wird das Handeln *rationalisiert*, und genauer rational bestätigt oder kritisiert, je nachdem, ob es den Möglichkeiten entspricht oder nicht entspricht. Die Grundidee dieser Synthese der tatsächlichen und normativen Dimension bedient sich der idealisierend betrachteten (empirischen) Zustände. Empirische Zustände sind nach diesem Verständnis *von vornherein bereits beides*: Sie müssen begrifflich identifiziert sein und enthalten damit bereits ansatzweise eine idealisierende Dimension; und sie müssen über ein begriffliches Benanntsein hinaus tatsächliche Zustände sein.

Damit ist freilich die Anforderung an praktische Notwendigkeit im Grunde nur wiederum abstrakt beschrieben, versehen mit dem Postulat, dass eine solche Synthese nötig sei, weil es andernfalls kein X gebe, das die erforderlichen Bedingungen erfüllt. Die philosophische Frage nach der Begründung sozialer Normen führt also eine weitere philosophische Teilfrage mit sich: „Wie ist das, was soziale Normen begründet, so zu denken, dass es gleichzeitig soziale Normen in der sozialen Realität hervorbringt und nicht in eine Sackgasse der ‚reinen' (nicht realisierungsfähigen) Gründe führt?" Ich will diese Teilfrage an diesem Punkt nicht weiter verfolgen, sondern zur Hauptlinie zurückkehren, nämlich der philosophischen Frage selbst. Denn ich fürchte, dass die abstraktere Teilfrage zu leicht in die Irre führt, wenn man keine konkretere Vorstellung davon besitzt, wie sich soziale Normen begründen ließen. Allerdings gleitet auch die philosophische Frage leicht in die *weitere generelle Frage* ab, was „begründen" heißt.

1.3. Einsichtige praktische Notwendigkeit

Generelle philosophische Fragen, also die meisten philosophischen Fragen, sind dem Konflikt ausgesetzt, dass mögliche Antworten entweder nichtssagend oder auf häufig undurchschaute Weise voraussetzungsvoll sind. Das gilt auch für den Versuch, allgemein etwas über das Begründen von sozialen Normen zu sagen. Will man über eine erste Umschreibung hinausgehen, also sagen, was ‚Gründe' sind, was bestimmte ‚Gründe' zu Gründen macht oder wodurch ‚Gründe' gültige, richtige oder wahre Gründe werden, muss man eine ganze Praxis des Begründens schildern und damit Annahmen unterstellen, die selbst nicht begründet werden. Diese Annahmen sind deshalb nicht harmlos, weil eine vor allem mit der Metaethik verbundene These *falsch* ist, wonach im Sinn einer Trennung von ‚Form' und ‚Inhalt' zwischen der ‚begrifflichen' und der ‚inhaltlichen' Seite von Normen oder Werten (oder im Grunde von irgendetwas) unterschieden werden kann und die begriffliche Seite ‚notwendige' und inhaltlich neutrale Voraussetzungen umfassen würde. Sicher können Begriffe mehr oder weniger abstrakt und allgemein sein, aber dass sie allgemeiner sind, sollte einen nicht übersehen lassen, dass sie Repräsentanten eines notwendig auch konkreten Sprachspiels sind, ohne das sie gar nicht beherrscht werden könnten. Ohne konkrete Vorstellungen von *typischen* Wünschen könnten wir mit dem allgemeinen Begriff der Wünsche nichts anfangen. Mit allgemeinen und abstrakten Begriffen bewegen wir uns deshalb implizit immer schon in einem vorgegebenen und mitverstandenen inhaltlichen Überzeugungsfeld, ohne das wir zu reden gar nicht beginnen könnten. Soweit sich deshalb etwas Interessantes über Begründen im Allgemeinen sagen lässt, so bestenfalls in Form von Hinweisen, wie irreführende Abstraktionstendenzen vermieden werden können.

Im Grunde ist es daher am besten, bestimmte, damit auch inhaltliche Weisen des Begründens zu nennen, zu sortieren und vergleichend zu beurteilen. Um dafür einen Leitfaden zu haben, ist es aber hilfreich, zwei allgemeine Thesen zur Hand zu haben: Erstens, dass das Klären sozialer Normen in einem Präzisierungsversuch ‚praktischer Notwendigkeit' besteht, und dass damit zweitens *bestimmte Zustände oder Eigenschaften von Menschen* gemeint sein sollen, die eben die Realisierungs- und Rationalisierungsbedingung erfüllen müssen. Den ersten Schritt hin zum Begriff praktischer Notwendigkeit nachzuvollziehen scheint nicht schwer, den zweiten Schritt hin zu Zuständen und Eigenschaften von Menschen zu vollziehen, scheint hingegen sehr schwer. Liegt in diesem zweiten Schritt nicht eine ‚subjektive' Verengung des Begriffs der praktischen Notwendigkeit?

Tatsächlich ist auch der erste Schritt nicht so unkontrovers, wie es zunächst scheint. Sicher, mit Normen verbinden wir die Erfahrung eines Zwangs, weil wir von vielen konkreten Normen im Alltag tatsächlich gezwungen werden. So gibt es Rechtsnormen, die mit Strafe verbunden sind, und wenn wir die Strafe vermeiden wollen, müssen wir uns dem Zwang beugen und die Norm befolgen. Mit manchen moralischen Normen verbinden wir einen inneren Zwang, der dadurch entsteht, dass wir die tatsächlichen oder angedrohten Strafen internalisiert, nämlich als innere Sanktionen in unsere Gefühle übernommen haben. Diese Beispiele praktischer Notwendigkeit sind real, sie leiten tatsächlich einen Teil unseres Handelns und bringen es gleichsam hervor. Klar ist aber auch, dass sie unser Handeln nur begrenzt rationalisieren, dass dieser reale Zwang nur begrenzt einsichtig und bejahenswert ist. Häufig ist uns der Zwang, dem wir uns handelnd beugen, nicht einmal bewusst, wir haben von ihm keinen, und schon gar keinen allgemeinen, Begriff. Kaum jemand könnte auf Anhieb sagen, welchen moralischen Normen er folgt, was er unter Moral versteht, wie wichtig sie ihm ist, usw.

Am Phänomen praktischer Notwendigkeit lässt sich deshalb im Prinzip dieselbe Beobachtung machen wie bei den Häusern, wenn auch auf eine abstraktere Weise. Wir kennen immer bereits Beispiele für praktische Notwendigkeit und beobachten ihre Wirkung, sind uns aber nicht im Klaren darüber, ob und warum sie einsichtig sind. Wir sehen beispielsweise die rechtlichen Normen in ihrer Wirksamkeit, aber wir könnten nicht sagen, ob sie ihre Arbeit richtig verrichten. Im Alltag fragen wir uns kaum, wie der von sozialen Normen ausgeübte externe Zwang zu verstehen ist; wir nehmen ihn vielfach schlicht hin. Gleiches gilt für den inneren Zwang, der unser Handeln in eine bestimmte Richtung treibt. Doch immerhin dann, wenn wir auf praktische Hindernisse im Handeln stoßen, wollen wir diese Zwänge verstehen. Wir wollen wissen, ob wir sie bejahen können, und damit unter eine idealisierende Beschreibung stellen. Im Fall von

Normen ist diese Selbstverständigung im Vergleich zu der über die *Häuser* abstrakter und schwieriger, weil der Zweck solcher Beschreibungen viel weniger klar ist und in der Selbstverständigung erst gefunden werden muss. Wir haben zwar Ahnungen über mögliche Zwecke, und philosophische und sozialwissenschaftliche Theorien haben verschiedene Vorschläge über Zwecke zusammengetragen – letztlich muss sich jedoch jeder selbst Klarheit über seine Sicht auf die Zwecke verschaffen.

Statt von Begründungen könnte man vereinfacht auch vom *Gewinnen einsichtiger praktischer Notwendigkeit* sprechen. Dabei ist nicht gemeint, dass wir Einsicht in eine Notwendigkeit gewinnen, die als solche quasi automatisch abläuft – etwa so, wie der Süchtige beobachtet und erkennt, dass und warum er die Droge nimmt. Weder das „Gewinnen" der Einsicht noch die Einsicht selbst sind als bloße Kenntnis oder bloßes Wissen gemeint. Vielmehr verkörpern sie ein praktisches Herstellen und Realisieren, aus dem die Notwendigkeit folgt oder deren Inbegriff sie ist. Luthers Handeln aus Überzeugung („Hier stehe ich und kann nicht anders!"), ist ein Beispiel für diese Art der praktischen Notwendigkeit, in der Überzeugung und Antrieb sich so eng verbinden, dass sie sich nicht mehr zerlegen lassen: das effektive Tun ist so sehr Überzeugung wie die Überzeugung Antrieb ist. *Diese* Art von Notwendigkeit ist das Ziel des einsichtig-praktisch-notwendigen Handelns. Sich ihr zu nähern, ist ein (praktischer) Erfahrungsprozess, den vor allem auszeichnet, dass die für eine solche Synthese nicht geeigneten Einsichten verworfen werden.

Diese Schilderung des Gewinnens praktischer Notwendigkeit, und vor allem das Beispiel Luthers, sind vielleicht insofern irreführend, als sie eine Art existenzialistisches Modell nahe legen, das jedem maximale individuelle Freiheit bei seiner Suche nach praktischer Notwendigkeit einzuräumen scheint. Die soziale Welt würde aber in Atome zerfallen, wenn das zuträfe. Dass wir praktische Notwendigkeit individuell gewinnen müssen, lässt nicht die Folgerung zu, dass sie für jeden eine verschiedene ist. Dass wir unsere je eigene Haltung gegenüber glücklichen Zufällen oder Krankheiten, dem Jungsein oder dem Altsein, dem Lesen oder dem Reisen gewinnen müssen, heißt nicht, dass Krankheiten oder das Lesen für alle etwas Verschiedenes sind. Deshalb haben solche individuellen Beispiele für praktische Notwendigkeit und soziale und moralische Theorien auch keine verschiedenen, sondern dieselben Gegenstände. Diese Theorien, vor allem die philosophischen, versuchen ebenso einsichtige praktische Notwendigkeit zu gewinnen wie wir das als Individuen in unserer Lebenserfahrung versuchen. Beide Versuche können sich ergänzen und gegenseitig korrigieren. Begründen im Sinn des Gewinnens einsichtiger praktischer Notwendigkeit ist keine auf die Philosophie oder eine globale Fragestellung gegenüber sozialen Normen begrenzte Tätigkeit; wie bei der idealisierenden Betrachtung von Häusern ist es eine Tätigkeit, die sich als leichte Unzufriedenheit im Alltag ebenso manifestieren kann wie als aufwendige philosophische Theorie.

Wenn man will, kann man sich das Gewinnen praktischer Notwendigkeit als eine Art ‚anthropologischer Psychoanalyse' vorstellen, bei der es darum geht, die einsichtsfähigen Formen praktischer Notwendigkeit herauszufinden. Diese Formen sind nicht mit ihren jeweils individuellen Aneignungen identisch, sie sind für jeden von uns unverzichtbar und nicht ohne Verlust zu vernachlässigen. Warum praktische Notwendigkeit nur in Zuständen und Eigenschaften von Menschen liegen kann (das war der zweite Punkt), folgt allein aus den beiden Bedingungen, der Realisierungs- und Rationalisierungsbedingung. Wie sollte eine außer uns als Akteuren liegende praktische Notwendigkeit (etwa in Form einer gebietenden Norm) unsere Handlung hervorbringen, wenn wir sie uns nicht zueigen machen? Machen wir sie uns zueigen, ist es *unsere* Notwendigkeit bzw. eine, die wir mit unseren Eigenschaften und Zuständen identifizieren. Es bedarf spezieller, einseitiger Theorien, wie sie in der rationalistischen Philosophie allerdings nicht selten sind (denken wir an die vorhin geschilderte Variante der Urteile), um die zentrale Rolle unserer Eigenschaften auszuklammern und praktische Notwendigkeit zu einer realistischen Fiktion werden zu lassen. Diese Art von Theorien halte ich aber im Weiteren für gescheitert.

2. Vier Moraltheorien

Bisher habe ich von sozialen Normen allgemein gesprochen. Jetzt will ich den Blick einschränken auf *moralische* (soziale) Normen. Häufig werden diese Normen für Randphänomene des Sozialen gehalten, während ich übereinstimmend mit den meisten philosophischen Moraltheorien der Meinung bin, dass sie die wichtigsten sind. Sie für Randphänomene zu halten, liegt an einer irreführenden Auffassung dieser Normen, der zufolge sie häufig am falschen Ort gesucht oder vermutet werden. Mit dieser Auffassung geht allerdings eine einseitige Auffassung der Moral generell einher, nach der die Moral eine Menge von allgemeinen Pflichten ist, von denen niemand so genau weiß, warum er sie befolgen soll (und die er darum auch nicht befolgt). Soweit wir ‚moralisch' handeln, so die gängige (und darin sicher berechtigte) Vermutung, tun wir das eben nicht aus diesen Pflichten heraus, sondern aus psychologischen Motiven, die meist vage mit Wünschen oder Gefühlen angesprochen werden. Diese ‚psychologisierende' Uminterpretation eines auch im Alltag verbreiteten realistischen Moralverständnisses sei für das Folgende unterstellt. Die Gründe für die These, die Moralnormen seien unter den sozialen Normen die wichtigsten, werden im Weiteren noch deutlicher werden.[7]

Von Moraltheorien wird man erwarten, dass sie diejenigen menschlichen Eigenschaften systematisieren, die uns moralisch handeln lassen.[8] Weil die *Funktion* der praktischen Notwendigkeit nicht einfach zu bezeichnen ist, sind verschiedene Systematisierungen möglich. Man kann diese unterschiedlichen Vorschläge als Experimentierangebote sehen, auch wenn sie sich selbst meist anders verstehen. Die Experimente beziehen sich darauf, inwieweit wir unser individuelles und soziales Leben mit dem angebotenen Zweck in Übereinstimmung bringen können oder nicht. Die verschiedenen philosophi-

---

7 Auch die Rede von Normen, ob sozialen oder anderen, partizipiert am realistischen Bild von der Moral, denn es suggeriert ja ebenso, dass die Gesellschaftsmitglieder deshalb sozial konform handeln, weil diese Normen ihr Handeln von außen steuern oder erzwingen. Wenn der Inbegriff von Normen jedoch praktische Notwendigkeit im soweit geschilderten Sinn ist, bricht diese realistische Vorstellung für soziale Normen generell zusammen.

8 In der Literatur ist es üblich, zwischen ‚normativen' und ‚empirischen' Moraltheorien zu unterscheiden bzw. die Ethik normativ von soziologischen oder ökonomischen Theorien über Normen abzugrenzen. Übereinstimmend mit meinem Versuch einer Synthese, vermeide ich diese Prädikate.

schen Moraltheorien treffen unterschiedliche Diagnosen, wie wir praktische Notwendigkeit einsichtig gewinnen können sollen. Im Folgenden werde ich *vier Alternativen* betrachten und von dreien zu zeigen versuchen, dass ihr Angebot nicht überzeugt.

Für alle vier Theorien gilt, dass sie nach einer ‚Quelle' der praktischen Notwendigkeit in menschlichen Eigenschaften suchen. Unterschiede ergeben sich auf der einen Seite dadurch, dass sie diese Eigenschaften bei *Menschen als einzelnen* oder bei *Menschen in sozialer Verbindung* annehmen. Man kann das auch die individualistischen bzw. die sozialen Varianten der Moraltheorien nennen. Eine Vielfalt von Teilvarianten in diesen beiden ‚Lagern' könnte sich weiter so ergeben, dass unterschiedliche Erwartungen mit dem Begriff oder Phänomen der Notwendigkeit verbunden werden. Vor allem wenn man die Form/Inhalt-Dichotomie aufgibt, ist es jedoch schwierig, diese Erwartungen weiter allgemein zu differenzieren. Anstelle einer methodisch verteidigten Differenzierung muss deshalb reichen, die gesuchte praktische Notwendigkeit entweder ‚relativ konkret' oder ‚relativ abstrakt' zu nennen, womit ein Unterschied in der realen Abhängigkeit von konkreten sozialen Umständen bezeichnet sein soll. Ein relativ abstrakter Begriff der praktischen Notwendigkeit entfernt sich stärker als ein relativ konkreter von gesellschaftlichen Umständen, wie sie an einem Ort zu einem Zeitpunkt gegeben sind. Dazu, was „relativ" genauer meint, lässt sich wohl allgemein nicht mehr sagen. Doch beachten wir die folgenden philosophischen Moraltheorien, die sich bei dieser Einteilung ergeben.

	Individualistisch	*Sozial*
Relativ konkret	Vertragstheorie	Kommunitarismus
Relativ abstrakt	Kantianismus	Beziehungstheorie

Moraltheorien

Die wichtigsten individualistischen Moraltheorien sind die *Vertragstheorie* und der *Kantianismus*. Im einen Fall sind die egoistischen Einstellungen die Quelle für praktische Notwendigkeit, im anderen Fall die individuellen Vernunftfähigkeiten. Ihnen stehen mit dem *Kommunitarismus* und der *Beziehungstheorie* die wichtigsten sozialen Begründungsversuche gegenüber. Der Kommunitarismus wird weitgehend als politische Theorie angesehen, kann aber auch als der grundsätzlichere Versuch gelten, Normen aus den Gegebenheiten einer konkreten Gemeinschaft herzuleiten. Die Beziehungstheorie ist, mit Ausnahme von Aristoteles' Freundschaftsanalyse und Alasdair MacIntyres Theorie der ‚Praktiken', eine heute unterschätzte, wie ich glaube aber vielversprechende Normentheorie und Ethik. Im Folgenden werde ich für sie so argumentieren, dass ich sie zu den drei anderen Ansätzen in Kontrast setze, so dass ein jeweils kurzer Blick auf diese anderen Ansätze nicht einer beliebigen Dokumentationsabsicht entspringt, sondern dem Votum für die Beziehungstheorie dienen soll.

Mit diesen verschiedenen Ansätzen sind auch verschiedene Sichten der sozialen Welt und sozialer Beziehungen verbunden, deren kurze Darstellung zur Veranschaulichung des Kontrasts nötig ist.

3. Die individualistischen Varianten

Für die Vertragstheorie entspringt praktische Notwendigkeit den *egoistischen Einstellungen,* teils weil nach ihrem Begriff der Moral der Egoismus rein definitorisch im Gegensatz steht zur Moral, teils weil sie eine Anthropologie des Egoismus unterstellt. Die Grundidee ist, dass die Moral ein Selbstbegrenzungsprogramm für Egoisten ist, in dem nachgewiesen werden soll, dass sich ein solches Selbstbegrenzen auch für Egoisten lohnt. In dieser Perspektive gilt die Moral als kontingent, der Egoismus hingegen als notwendig. Der Gegensatz zwischen Egoismus und Moral kann dabei entweder ‚begrifflich' über das Begründungsproblem oder phänomenal anhand bestimmter Moralforderungen und der Behauptung über verbreitete Verhaltenstendenzen eingeführt werden.

Eine verzerrende Perspektive sowohl auf den Begriff der Moral wie auf die Idee des Begründens entsteht jedoch in diesem Programm bereits durch die Annahme, dass der Egoismus etwas Sicheres und die Moral etwas Unsicheres sei. In bestimmten sozialen Kontexten mag das der Fall sein, insbesondere in solchen, die Menschen selbst geschaffen haben und in denen ein vorwiegender Egoismus gepflegt und gestützt wird, wie im Markt. Problematisch scheint hingegen, diese Kontexte als Belege eines Szenarios zu deuten, nach dem der Egoismus eine sichere *allgemeine* Ausgangsbasis sein soll und die Moral erst zu begründen ist, und zwar insbesondere gegenüber dem Egoisten. Problematisch ist der Schritt aus zwei Gründen: Erstens, weil er mit dem unterstellten Begründungmaßstab des Egoismus eine nur noch verzerrte mögliche Moral liefert. Solange die egoistischen Motive durch die Moral nicht ‚reformiert', sondern nur bedient werden, ergibt sich keine Moral im üblichen Sinn, sondern bestenfalls ein Rechtssystem mit allen Folgeproblemen eines solchen Systems.[9] Zweitens, weil die Begründungsidee als solche nicht überzeugend ist, sondern eben so einseitig wie die gewählte Ausgangsbasis. Dass sie einseitig ist, lässt sich daran illustrieren, dass man in anderen Lebensbereichen als der Moral kaum auf die Idee käme, die entsprechenden Praktiken und Handlungen gerade unter dem Gesichtspunkt der zu diesen Praktiken *nicht Fähigen* begründen zu müssen! Man würde wohl kaum Argumente für Bildung oder Fleiß als Argumente vorzubringen versuchen, die einen Ungebildeten oder Faulen in jeweils ihrer Eigenschaft als Ungebildeten und Faulen überzeugen sollten![10]

Manchmal wird auch behauptet, die Gründe für eine vertragsanaloge Moral müssten nicht egoistische, sondern nur ‚rationale' sein, etwa solche des Maximierens von indivi-

---

[9] Das ist die übliche, vereinfachende Darstellung, denn reale ‚Rechtssysteme' benötigen wohl ihrerseits eine nicht-egoistische Motivationsquelle.

[10] Diese Kritik gilt in gleicher Weise der hypothetischen Version der Vertragstheorie, in der die Überlegung häufig vorgebracht wird. Danach ist ein vormoralischer Zustand fiktiv vorzustellen und eine Begründung der den Egoismus begrenzenden Moral ergibt sich so, dass egoistische Gründe zugunsten der Moral in diesem fiktiven Zustand sprechen. Der prinzipielle Einwand verändert sich nicht dadurch, dass die Überlegung hypothetisch formuliert wird.

duellem Nutzen. Solange es noch keine Moral gebe, eben im vormoralischen Zustand, könne es auch noch keinen Egoismus geben, weil diese Bezeichnung eine moralisch-wertende sei. Steht die Moral noch nicht zur Verfügung, dann lässt sich der Egoist auch nicht als eine pathologische Figur darstellen, sondern eben nur als jemand, der für sich das Beste will. Doch die Moral *steht* zur Verfügung, wir haben bereits unausweichlich eine Vorstellung und Praxis der Moral, wie anders kämen wir auf die Idee, sie begründen zu wollen! Sie gegenüber dem Egoismus zu begründen, ist auch nicht völlig unsinnig – solange der Egoist nicht die Prämissen vorgibt, wie begründet werden soll. Wie dem Unmusikalischen die Freuden der Musik demonstriert werden können und er sie dann vielleicht erkennt, so könnte man dem Egoisten moralische Verhältnisse schildern und vorführen, so dass er ein Verständnis für andere erhält. Dieses Verständnis müsste allerdings seine egoistischen Verhaltensweisen verändern, nicht sich als egoistisch nützlich erweisen.

Kant teilt den begrifflichen oder anthropologischen Gegensatz von Moral und Egoismus, versucht aber anders als das eben geschilderte Programm praktische Notwendigkeit nicht indirekt in menschlichen Wünschen oder Interessen, sondern allein in einer formalen Konzeption der *praktischen Vernunft* zu finden. Allerdings entsteht dadurch das erhebliche Problem, wie praktische Vernunft mit den konkreten Fähigkeiten konkreter Individuen in Beziehung zu setzen ist. Verschiedene Alternativen, wie das zu denken ist, sind durchgespielt worden, und nicht in jeder würde der Kantische Versuch individualistisch sein müssen. Eine solche Offenheit für Interpretationen entspringt daraus, dass unklar ist, inwieweit das ‚Gesetz‘ oder die praktische Vernunftstruktur *konstitutiv* ist für das Akteursein. Ist der Akteur ein Akteur im vollen Sinn, auch wenn er nur, obwohl in Kenntnis des Gesetzes, aus seinen Neigungen heraus handelt? Oder ist erst derjenige ein (vollständiger) Akteur, der das Gesetz befolgt, also vernünftig ist? Ersteres könnte man die *realistische*, das zweite die *konstruktivistische* Theorie nennen.

Mit „realistisch“ ist dabei nicht gemeint, dass die Individuen (was unverfänglich wäre), sondern dass die praktische Vernunft als real gegeben angenommen wird. Kant selbst tendiert, nehme ich an, zu einer solchen realistischen Theorie. Ihre, wie es scheint plausible, Kehrseite ist, dass Akteure auch dann Akteure sind, wenn sie die Moral nicht befolgen und nicht vernünftig sind – das entspricht unserer Alltagserfahrung. Dennoch ist der Anspruch problematisch, Vernunft und genauer vernünftige Notwendigkeit ‚außerhalb‘ des Akteurs zu lokalisieren. Wie soll man sich praktische Vernunft, beispielsweise, ohne Handlungen denken, so dass man der allgemeinen Vernunft allgemeine Handlungen hinterherschicken müsste! Und mit den Handlungen auch Absichten und Wünsche, Gefühle, Motive, Erinnerungen, usw. Auf diese Weise bevölkert sich die Welt mit vielen Elementen als *allgemeinen* Elementen, die es schwierig ist, mit unseren konkreten Handlungen und mit uns Einzelindividuen wieder in Beziehung zu setzen, weil wir nur je unsere einzelnen Wünsche, Gefühle und Motive kennen. Wünsche sind nicht einfach nur allgemeine Wünsche. Alle diese Elemente müssten dann ein Doppelleben führen, als allgemeine und individuelle, was reichlich kompliziert erscheint.

Die konstruktivistische Theorie sieht Akteursein und Vernunftfähigkeit unauflöslich miteinander verflochten und versucht so die ontologischen Probleme der realistischen

Variante zu vermeiden. Dennoch gerät sie in ein Dilemma, nämlich zwei gleichermaßen unangenehme Alternativen zur Auswahl zu haben, beginnend wiederum mit einem ontologischen Problem. Entweder die Vernunft (als eine allgemeine Struktur) konstituiert den Akteur *völlig* und erzeugt dann einen ‚allgemeinen' Akteur. Dann erzeugt sie ihn ebenso wie andere Akteure und löst damit das Problem, wie vernünftige Handlungen allgemein verbindlich sein können. Sie sind allgemein verbindlich, weil es nur noch allgemeine Akteure gibt. *Ungelöst* bleibt jedoch das Problem, inwiefern man überhaupt noch von einzelnen Akteuren sprechen kann, da der Akteur nur aus allgemeinen Eigenschaften bestehen soll. Oder die Vernunft (als allgemeine Struktur) konstituiert den Akteur nicht völlig. Dann ist so etwas wie Individualität des Akteurs zwar möglich, aber *ungelöst* ist wiederum, wie einzelner Akteur und allgemeine Vernunftstruktur verbunden sein können. Dass die Theorie ‚konstruktivistisch' sein soll, bedeutet ja nicht einfach, dass Prinzipien der Vernunft auf Akteurseigenschaften, etwa die individuellen Wünsche, ‚angewandt' werden. Vielmehr müssen die Prinzipien irgendwie ‚Bestandteil' des Akteurs sein. Und das wirft der unstrittigen Partikularität des einzelnen Akteurs wegen ein Problem auf. Ein Akteur aus Fleisch und Blut hat ein einzelnes, nicht ein allgemeines Herz. Wie kann er als einzelner Akteur eine allgemeine Vernunft ‚haben'?[11]

Aus diesen Beobachtungen an der Kantischen Theorie ziehe ich die Folgerung, dass Vernunft als eine allgemeine Struktur nicht taugt für praktische Notwendigkeit, im Gegensatz zum gerade in diesem Punkt klaren Anspruch Kants und vieler Kantianer. Wer angesichts der eben gestreiften diffizilen Verhältnisse von dieser Diagnose nicht überzeugt ist, kann sich auch zusätzlich das in dieser Theorie anstehende Problem der Beziehung zwischen *Moral* und *Klugheit* vornehmen. Die Moral muss entweder von der Klugheit streng getrennt werden, gemäß der Unterscheidung von (Moral ist) *notwendig* und (Klugheit ist) *kontingent*, oder die Klugheit muss in die Notwendigkeit einbezogen werden. Ersteres ist nicht plausibel, denn unsere Gesundheit ist für uns so ‚notwendig' wie je ein moralisches Ziel. Allerdings ist die Annahme, dass die Gesundheit für uns notwendig ist, nicht mit der These vereinbar, die Notwendigkeit entspringe der Vernunft. Es wäre eine eigenartige Vorstellung, dass wir den Anforderungen der Gesundheit folgen ‚müssen' entspränge einer praktischen Vernunft, die selbst getrennt ist von unserem Körper (oder zu ihm sogar in Gegensatz steht). Unsere Gesundheit ist doch offensichtlich die unseres Körpers, weshalb die Anforderungen der Gesundheit dem Körper entspringen müssen und nicht der Vernunft.[12]

---

[11] Üblicherweise würden wir ja auch sagen: ‚über sie verfügen'. Dann aber denken wir bereits in einem realistischen Modell, in dem die anzuwendenden Prinzipien von uns unabhängig gegeben sind.

[12] Eine Kantische Antwort wäre, dass sie der Vernunft ‚angesichts' des Körpers entspringen, was heißt, dass wir im reflexiven Umgang mit unserem Körper erkennen, was der Körper benötigt. Wiederum wäre aber unplausibel, dieses zugestandene Erkennen als isolierte Quelle der Notwendigkeit aufzufassen, aus der einzig die Forderungen des Körpers entspringen. Unser ewiges Leben wäre garantiert, wenn wir uns nur weigern, unsere Sterblichkeit zu erkennen!

4. Kommunitarismus

Praktische Notwendigkeit ist eine Eigenschaft (so die generelle Unterstellung) von Menschen. Sie könnte eine sein von Individuen als solchen oder von sozial eingebundenen Individuen. Egoismus und formale Vernunftfähigkeit scheiden nach der eben geschilderten Kritik aus, also bleiben die sozialen Eigenschaften von Menschen. Um wiederum eine einfache Unterscheidung zu benutzen, trenne ich zwischen Eigenschaften von Menschen in Gemeinschaften und solchen in sozialen Beziehungen.

Was ist mit Gemeinschaften und Beziehungen gemeint? *Gemeinschaften* sind in diesem Vergleich das speziellere Phänomen: Gruppen von Individuen, die Bestandteile einer Kultur so weitgehend miteinander teilen, dass wichtige persönliche Eigenschaften ihrer Mitglieder mit der geteilten Kultur verbunden sind. Andrew Mason charakterisiert Gemeinschaften anhand von vier Elementen: eine Gruppe von Menschen, die gemeinsame Werte oder eine Lebensweise teilen, sich mit der Gruppe insgesamt identifizieren und sich gegenseitig als Gruppenmitglieder anerkennen (Mason 2000, 21). Entscheidend für Gemeinschaften, im Unterschied zu Gesellschaften, ist der sozial- und persönlichkeitsintegrative Charakter gemeinschaftstypischer kultureller Überzeugungen und Gewohnheiten, häufig einer Religion.

Beziehungen sind demgegenüber ein allgemeineres Phänomen, nämlich Formen gemeinsamen Handelns zu einem bestimmten Zweck, der von den Beteiligten geteilt werden muss, damit eine Beziehung besteht. Dieser Zweck kann der Beziehung äußerlich sein, wie bei kooperativ-instrumentellen Beziehungen, oder er kann interner Bestandteil der Beziehung sein, die Beziehung ist sich dann selbst Zweck. Im Gegensatz zu den *externen Beziehungen* kann man diese zweite Sorte die *internen Beziehungen* nennen. Gemeinschaften sind idealtypisch durch interne Beziehungen charakterisiert, Gesellschaften idealtypisch durch externe, was auch heißt, dass sich die realen sozialen Gruppen immer durch ein Übergewicht der einen oder anderen Art von Beziehungen auszeichnen. Eine Gruppe kann beispielsweise ‚Grade' einer Gemeinschaft zeigen (siehe Mason 2000, 26).

Diese grobe Charakterisierung von Gemeinschaften ließe sich sozialtheoretisch weiter verfeinern, unter normativem Gesichtspunkt ist aber weniger eine präzisere Fassung der vier genannten Elemente wichtig als ein Urteil über den möglichen normativen, und insbesondere moralischen Gehalt von Gemeinschaften. Tatsächlich enthalten die meisten Verwendungen des Gemeinschaftsbegriffs noch ein fünftes Element, nämlich *moralische Verpflichtungen* der Gemeinschaftsmitglieder untereinander, insbesondere unter dem Stichwort ‚Solidarität', als Kehrseite und Ausdruck der gruppeninternen Identifikation und Anerkennung.[13] Eine Reihe von politischen Philosophen haben gegen ‚individualistische' Moral- und Politiktheorien (insbesondere der vertragstheoretischen und kantianischen Tradition) auf diese gemeinschaftsinternen moralischen Quellen verwiesen. Auf alle diese Philosophen trifft mit einiger Berechtigung der Begriff des „Kommunitarismus" zu, auch wenn einige diesen Begriff ablehnen und der Begriff tatsächlich

[13] Siehe Mason 2000, 27–33. Insbesondere der Marxismus und die sozialistische Tradition haben mit dieser moralischen Version des Gemeinschaftsbegriffs argumentiert.

nicht mehr sagt, als dass, in Abgrenzung zum sozialen Individualismus, gemeinschaftliche Sozialstrukturen als Basis sozialer Normen angesehen werden, und zwar in empirischer wie normativer Hinsicht.[14]

Wie kann man sich die normative Relevanz von Gemeinschaftsverhältnissen vorstellen? Mir scheint, dass es vor allem zwei Lesarten gibt. Den *konstruktiven Kommunitarismus* könnte man als den Versuch sehen, in den speziellen sozialen Beziehungen der Gemeinschaft normative Gehalte *mittels einer normativen Rekonstruktion* dieser Beziehungen zu finden. Im Gegensatz dazu beruft sich der *restriktive Kommunitarismus* auf die in speziellen Gemeinschaften *de facto* vorliegenden normativen Gehalte und pflegt ein skeptisches Verhältnis gegenüber normativen Rekonstruktionen und mehr noch gegenüber sozial kontextfreien rationalistischen Theorien. Den ‚Kommunitarismus' verstehe ich damit in beiden Fällen als eine normative, vor allem auch ethische Theorie, mit dem Unterschied, dass sich die konstruktive Version ein Ideal der Gemeinschaft zutraut, die restriktive nicht. Die meisten Autoren schwanken etwas zwischen beiden Positionen, jedoch scheinen Alasdair MacIntyre und Charles Taylor eher zur ersten, Michael Sandel und Michael Walzer eher zur zweiten Position zu gehören.

Wie sich schnell zeigt, ist die erste Position die interessantere, aber auch die weniger leicht präzisierbare. Zwei Untervarianten ergeben sich dadurch, dass sich zwischen der moralischen Inhärenz von *kulturell interpretierten* und der moralischen Inhärenz von *ethisch* sozialen Beziehungen unterscheiden lässt. Ein Beispiel für die kulturelle Variante ist eine sich auf einen Glauben oder eine nationale Tradition beziehende normative Rekonstruktion der Gemeinschaft. Beispiele für die ethische Variante sind alle diejenigen normativen Rekonstruktionen, die entweder soziale Beziehungen, soziale Güter oder soziale Prozesse anderer Art, wie etwa Lernprozesse, in den Mittelpunkt stellen, ohne sich dabei von den tatsächlichen Gegebenheiten einer Gemeinschaft, ihrer konkreten Geschichte oder ihrem speziellen Selbstverständnis, beeindrucken zu lassen.[15] Die Überlegung, die ich selbst im Weiteren skizziere, gehört ebenfalls in die erste Kategorie, und dabei genauer auf die Seite des ethischen Kommunitarismus. Warum diese erste Position, also Versuche, normative soziale Grundlagen zu benennen, wichtig ist, lässt sich leicht anhand der Auseinandersetzung von Sandel mit Rawls verdeutlichen.

---

[14] Obwohl die vielleicht wichtigste Figur in dieser Bewegung lehnt MacIntyre die Bezeichnung „Kommunitarismus" für sich ab. Sein wichtigster Einwand scheint zu sein, dass die Kommunitaristen nicht normativ genug bzw. nicht normativ im Sinn seines *polis*-Ideals sind. „Communitarians are apt to place great emphasis on their rejection of any merely individualist conception of the common good. But the communitarian conception of the common good is not at all that of a kind of community of political learning and enquiry participation in which it is necessary for individuals to discover what their individual and common good are. Indeed in every statement by the protagonists of communitarianism that I have read the precise nature of the communitarian view of the relationships between the community, the common good and individual goods remains elusive." (MacIntyre 1998, 246)

[15] Im Rahmen dieser Unterscheidungen gehört MacIntyre eindeutig auf die Seite des ethischen Kommunitarismus. So trifft er beispielsweise eine klare Abgrenzung zwischen einer vor- oder nichtrationalen ‚Volkskonzeption' der Gemeinschaft und einer politisch-rationalen, in der eine Verbindung zwischen dem individuellen und dem Gemeinschaftsgut gesucht wird: MacIntyre 1998, 241.

In seiner Kritik an Rawls hat Sandel (1982, Kap. 5) den Gegensatz zwischen einem ‚dichten' und einem ‚dünnen' Selbst angeführt. Zu einem kommunitaristischen Grundbegriff wird das ‚dichte Selbst' dadurch, dass angenommen wird, die Individuen einer Gesellschaft könnten in ihrem Selbstverständnis nicht hinter die konkreten, von vielen Mitgliedern geteilten Überzeugungen zurücktreten, ohne dadurch ihr konkretes und persönliches Selbstverständnis zu verlieren. Indirekt ist damit eine ‚Gemeinschaft' von einer Gesellschaft zusammenlebender Menschen durch die Eigenart definiert, dass die Mitglieder eine bestimmte Menge an Überzeugungen tatsächlich teilen. Rawls gegenüber wird der Vorwurf erhoben, mit der entscheidungstheoretisch stilisierten Ursituation ein abstraktes, ‚dünnes' Selbst eingeführt zu haben, das zu Entscheidungen nicht eigentlich fähig ist. Nach Sandel ist der von Rawls geschilderte Entscheidungsprozeß nur Ausdruck einer stillschweigend unterstellten Gesellschaftsauffassung, weil reale Individuen auf diese Art nicht wählen können. Nur dichte Selbste, also durch sozialrelevante Überzeugungen bereits geformte konkrete Individuen, können wählen, denn nur sie haben eine (soziale) Identität.

Ohne auf die Berechtigung dieser Kritik speziell gegenüber Rawls einzugehen, lässt sich der Vorwurf an einem Beispiel illustrieren, das gleichzeitig die Vermutung beseitigt, dichte Selbste setzten traditionalistische Gemeinschaften voraus. Aus individuellen Nutzenargumenten heraus ist es offensichtlich schwierig zu begründen, warum wir uns an einer demokratischen Wahl beteiligen sollen: zu gering ist der individuelle Nutzen, den man durch die eigene Beteiligung im Rahmen einer großen Zahl von Wählern bewirken kann. Ohne das *Ideal* der demokratischen Wahl würde man sich also rational gesehen nicht beteiligen; und dieses Ideal *in abstracto* (etwa als Verfassungspatriotismus) würde wiederum nicht hinreichen, um zu begründen, warum man sich in der *konkreten* Demokratie, in der man lebt, engagieren sollte. Ohne übergreifende politische Ideale kann also selbst eine individualistische Gesellschaft, wie eine liberale Demokratie, nicht auskommen. Für die Stabilität dieser Gesellschaft sind dichte Selbste im Sinn von überzeugten Demokraten durchaus nötig. In solchen kritischen Hinweisen auf die vorauszusetzenden Sozialbedingungen für individualistisch beschriebene Akteure ist der Kommunitarismus ausgesprochen plausibel.

Sandels Kritik an Rawls ist meines Erachtens überzeugend, so weit sie geht. Problematisch bleibt sie und der bloß restriktive Kommunitarismus dann, wenn die benutzte Terminologie des ‚dichten Selbst' keine normative Dimension enthält und sich nur auf eine Verbindung von Sozialpsychologie und faktischer Geschichte stützt. Dann wären Gemeinschaften einfach alle Verbindungen von einzelnen mit geteilten, gemeinschaftskonstitutiven Überzeugungen, wobei offen bliebe, worin diese Überzeugungen bestehen. Dass die Demokraten eine Gemeinschaft bilden *können*, wird einen *nicht* beruhigen, wenn die Nichtdemokraten ebenfalls eine bilden können, und wenn die interne Begründung ihrer Politik ebenso ‚gut' ist wie diejenige der Demokraten, weil der einzige Gradmesser einer guten Begründung der *tatsächliche Erfolg* ist, eine Gemeinschaft mit geeigneten Überzeugungen stabil zu halten. In Anschluss an die eingangs geforderten beiden Bedingungen lässt sich für diesen Fall auch vermuten, dass gemeinschaftsstabilisierende Überzeugungen auch nicht stabilisierend zu wirken vermögen, wenn sie nicht zugleich ‚rationalisieren', also die Gemeinschaft als ‚einsichtig notwendig' erweisen. Und das vermögen sie nicht, wenn den Überzeugungen eine normative Dimension fehlt.

Diejenigen jedoch, die eine ähnliche Kritik in Anschluss an Rawls oder Habermas vorgebracht haben, müssen sich fragen lassen, wie sie mit abstrakten Vernunftideen in der Lage sein wollen, eine *konkrete* Demokratie zu verteidigen. Die Vernunftideen, oder überhaupt Ideen, haben den abstrahierenden Zug, der die Moral seit Nietzsche in Verruf gebracht hat. Die Demokraten müssen von *der Idee* so sehr überzeugt sein, dass sie bereit sind, Opfer zu bringen. Aber ist es sinnvoll, für Ideen Opfer zu bringen, im Unterschied zu Opfern für konkrete Gemeinschaften? Analog klingt es ja auch absurd, dem Armen sei deshalb zu helfen, weil dann ein moralisches Ideal erfüllt wird, nicht etwa, weil es dem Armen dann besser geht. Warum sollte diese Absurdität verschwinden, wenn wir von ganzen Gesellschaften reden? Die Vernunftbeziehungen können also nicht die normative Dimension liefern, die wir bei den restriktiven Kommunitaristen vermissen.

Der Begriff der *sozialen Beziehungen* eignet sich nun, wie ich meine, als Vermittlungsvorschlag zwischen diesen extremen Varianten, weil er einerseits ein empirischer Begriff ist, mit dem sich die tatsächlichen Beziehungen erfassen lassen, im Unterschied zu bloßen Ideen oder Idealen, die aus Ideen entspringen. Andererseits haben soziale Beziehungen eine ideale Dimension, an die appelliert werden kann. Die realen sozialen Beziehungen lassen sich gleichsam an sich selbst beurteilen, und damit wird dieses Problem der Vermittlung zwischen Kontingenz und abstrakter Notwendigkeit überwunden.[16]

5. Beziehungen und Moral

Wenn etwas ein Haus ist, werden die Materialien, die das Haus darstellen, unter einem ‚zusammenfassenden', die Materialien und ihre Anordnung auf bestimmte Weise betreffenden Begriff, eben „Haus", benannt. Der Begriff lässt uns erwarten, behaupten, sehen, beabsichtigen, usw., dass die Materialien und ihre Anordnung den Zweck einer Behausung erfüllen. Weil dieser Zweck aber immer mehr oder weniger klar, mehr oder weniger interpretationsbedürftig ist – was genau ist der Zweck der Behausung, welche Bedürfnisse soll sie erfüllen? –, ist die Bedeutung „Haus" mit normativen Erwartungen verbunden,

---

[16] In der gegenwärtigen Literatur finden sich normative und moraltheoretische Überlegungen zu sozialen Beziehungen meines Wissens eigentlich nur bei MacIntyre, beginnend mit MacIntyre 1981. Zwar stellt MacIntyre den Begriff der ‚Praktiken' ins Zentrum und benutzt damit einen weiteren sozialen Rahmen, betont aber sowohl die Rolle der Beziehungen innerhalb der Praktiken wie die Rolle der Tugenden innerhalb der Beziehungen. „Every practice requires a certain kind of relationship between those who participate in it. Now the virtues are those goods by reference to which, whether we like it or not, we define our relationships to those other people with whom we share the kind of purposes and standards which inform practices" (MacIntyre 1981, 178f.; auch 1987). Allerdings vermeidet MacIntyre in diesem wie in späteren Büchern, so etwas wie eine ‚universelle' Moral auszeichnen zu wollen. Am nächsten kommt er einem Versuch allgemeiner, menschlicher wie tierischer Bedürftigkeit in MacIntyre 1999. Die folgenden Überlegungen vermeiden den stark historisierenden Rahmen, in dem MacIntyre seine eigene Konzeption meist vorbringt, und gehen deshalb mit Begriffen auch etwas sorgloser um.

die an allen einzelnen Häusern geklärt werden müssen, aber teilweise auch klar sind. Mit dem Benennen als Haus reihen wir ein Ding in eine Klasse von Gegenständen ein, mit denen ein offener und weiter zu führender Diskurs über den Zweck von Häusern verbunden ist. Ohne diesen Diskurs (und natürlich auch ohne die ihm zugrundeliegenden Bedürfnisse und Interessen gegenüber Behausungen) würden wir nicht verstehen, was Häuser sind. Der Witz dieses Beispiels sollte sein, das ‚Normative' im ‚Empirischen' zu belegen, nämlich zu veranschaulichen, dass scheinbar ‚wertfreie' empirische Bedeutungen und Beschreibungen den Sinn, den sie haben, nur auf dem Hintergrund eines praktischen Umgangs mit den entsprechenden Dingen besitzen. Wieweit eine solche pragmatistische Bedeutungstheorie über Artefakte wie Häuser hinaus zutrifft, wäre im Einzelnen zu zeigen.[17] Im Folgenden will ich sie nur auf soziale Beziehungen anwenden.

Genauer will ich zwei Behauptungen von unterschiedlicher Reichweite gegenüber sozialen Beziehungen verteidigen. *Erstens*, soziale Beziehungen sind der funktionale Kontext von sozialen Normen, das heißt, der Zweck sozialer Normen besteht in der Aufgabe, soziale Beziehungen einer bestimmten Art aufrecht zu erhalten. Dabei lassen sich die sozialen Beziehungen ihrerseits (wie Häuser) unter einem Zweck beschreiben, den sie verfolgen. *Zweitens*, die moralischen Normen sind unter den sozialen Normen die wichtigsten, weil sie das soziale Handeln insgesamt erst ermöglichen. Umgekehrt heißt das auch, dass die nicht-moralischen Normen Schwundstufen der moralischen sind, oder ‚technische Sonderfälle', die nur im Rahmen der moralischen möglich sind. Wenn diese Thesen aussichtsreich verteidigt werden können, bricht das rationalistische Bild von sozialen Normen zusammen, wonach wir uns Zwecke ausdenken und in normative Erwartungen umsetzen, die ihrerseits zu sozialen Beziehungen führen. Vielmehr ermöglicht das bereits bestehende soziale Handeln, Erwartungen und Zwecke zu bilden, die sozialen Beziehungen bringen Ziele einer bestimmten Art hervor.[18]

Bisher war nur die Rede von moralischen Normen; was dagegen soll die ‚Moral' insgesamt sein? Mit ‚Moral' bezeichnet man am besten eine Menge von Einstellungen und Verhaltenspraktiken (und nicht etwa nur eine Menge von Urteilen oder Sätzen). Die moralischen Einstellungen zerfallen in solche des *Fürguthaltens* von Handlungen und des *Erwartens* von Handlungen anderer, eine Zweiteilung, in der sich die übliche Zweiteilung von ‚Werten' und ‚Normen' in etwa wiederfindet. Erwartet wird von anderen ein Handeln, das entweder situations- und einzelfallangemessen sein kann oder auch generell und vereinfacht. Die erste Art des Handelns entspräche dem (üblicherweise so bezeichneten) ‚tugendhaften' Verhalten, die zweite Art dem (üblicherweise so bezeichneten) ‚pflichtorientierten'. Zwischen beiden Typen von Handeln besteht nur ein gradu-

---

[17] Eine berühmte Version der eben geschilderten Theorie ist Heideggers Analyse der ‚Werkwelt' mit dem in ihm ‚zuhandenen Zeug', wie beispielsweise dem Hammer, in *Sein und Zeit*, §§ 15–18. Für eine allgemeine Bedeutungstheorie in diesem Sinn siehe Okrent 1988. Generalisieren lässt sich die pragmatistische Analyse auf die Weise, dass die gesamte Umwelt nur graduell verschiedene Exemplare von Artefakten enthält, die ‚natürlichen' Dinge ebenfalls künstliche einer Art sind. Für die sozialen Beziehungen werde ich das jedenfalls annehmen.

[18] Das ist die mit der zweiten These verbundene, im weiteren zu belegende Behauptung. Etwas weniger metaphorisch müsste man sagen, unsere Erfahrung innerhalb sozialer Beziehungen bringt die Ziele hervor.

eller, kein kategorischer Unterschied, das pflichtmäßige Handeln ist eine generalisierte Form des tugendhaften.

Normen als eine Weise des *Erwartens* zu verstehen, ist deshalb hilfreich, weil damit ein Normenrealismus von vornherein vermieden wird. Es ist immer problematisch, ‚Normen' gleichsam als Gegenstände einzuführen, die irgendwie ein Eigenleben zu haben scheinen, ohne dass man sagen könnte, wie sie dieses Leben erhalten. Erwartungen machen hingegen verständlich, woher es kommt, dass etwas getan werden *soll (*ohne dass dieses Sollen, wie in Teilen der Vertragstheorie, sofort an Sanktionen bei Nichterfüllen der Erwartungen gebunden werden muss). ‚Normen' als eine Weise, soziale Erwartungen gegenüber dem Handeln anderer zu benennen, verhilft diesem Begriff zu einer klaren Rolle im Rahmen sozialer Beziehungen.

Damit ist noch nicht gesagt, was diese Erwartungen zu moralischen werden lässt. Die Erwartungen haben ihre *Funktion im Rahmen von sozialen Beziehungen*, soziale Beziehungen eines bestimmten Typs wären ohne sie nicht möglich. *Moralische* Erwartungen bzw. Normen sind solche, mit denen soziale Beziehungen *um der Beziehung selbst willen* eingegangen und aufrecht erhalten werden. *Nicht-moralische* Erwartungen bzw. Normen sind solche, die Zwecke erfüllen, die entweder *außerhalb* der sozialen Beziehung liegen oder in denen eine *ungesunde* Auffassung von sozialen Beziehungen enthalten ist. Dass moralische Erwartungen um der Beziehung selbst willen befolgt werden, möchte ich allgemeiner so ausdrücken, dass in Beziehungen *soziale Güter* verfolgt werden. „Soziale Güter" ist ein Sammelbegriff für alle Güter, die entweder im Gut der Gemeinsamkeit mit anderen bestehen, oder die in einem Gut bestehen, das gemeinsam erschaffen oder genossen wird und bei dem das gemeinsame Handeln und Genießen qualitätsfördernd oder einfach nur qualitätsverändernd ist.[19]

Am überzeugendsten und anschaulichsten wird uns das Gut ‚Gemeinsamkeit' in der *Freundschaft*. Die Freunde anerkennen sich gegenseitig und teilen eine Erfahrung, die ihnen als solche wichtig ist, ohne einem weiteren Zweck zu dienen. Anerkennung und geteilte Erfahrung sind Güter, die anders als gemeinsam nicht realisierbar sind. Darüber hinaus werden Tätigkeiten der Freunde, die von den Einzelnen auch für sich allein vollzogen werden könnten, dadurch verändert, dass sie gemeinsam vollzogen werden oder dass sie irgendwie geteilt werden. Dass die Freundschaft nur ein, wenn auch das stärkste Beispiel für die Bedeutung sozialer Güter ist, lässt sich an sozialen Ereignissen oder Veranstaltungen unter oder mit vielen Beteiligten illustrieren. Spiele, Diskussionen, Konzerte, Kongresse sind Aktivitäten mit sozialer Güterqualität, die über die Zweierbeziehung der Freundschaft hinausgehen. Für Spiele, etwa Olympische Spiele oder Fußballspiele, ist der soziale Charakter wesentlich, sie sind wesentlich soziale Wettbewerbe, in denen gemeinsam, aber auch konkurrenzhaft gehandelt wird.[20] Wie bei der Freundschaft ist bei sozialen Spielen das Gut der Gemeinsamkeit außerdem mit Maßstäben durchsetzt, an denen die Einzeltätigkeiten gemessen werden.

---

[19] Ähnlich unterscheidet MacIntyre zwischen „internen" und „externen Gütern" von Praktiken. Statt von einer ‚Funktion' spricht er davon, dass die Tugenden die internen Güter von Praktiken ermöglichen. Ebenso sieht er die internen Güter als tendenziell gemeinschaftsstiftend, die externen als tendenziell konflikterzeugend. Siehe 1981, 178. Zum Beispiel der Freundschaft siehe 1981, 179.

[20] Insofern gibt es auch innerhalb der Gemeinschaft Verlierer und nicht nur bei externen Gütern.

Wenn man diese Beschreibung von sozialen Beziehungen und sozialen Gütern akzeptiert, wird man auch akzeptieren, dass Normen, Erwartungen, eine Funktion innerhalb dieser sozialen Beziehungen zukommt. Ohne durch den Charakter der Beziehung gerechtfertigte Erwartungen der Freunde oder Fußballspieler aneinander, und ohne ein geregeltes Erfüllen dieser berechtigten Erwartungen, sind diese Beziehungen nicht möglich. Die naheliegende Aufgabe bestünde jetzt darin, eine Typologie von Normen zu schildern, die Beziehungen mit unterschiedlich gehaltvollen sozialen Gütern gerecht wird. Eine solche Typologie wird ein Kontinuum abdecken, das auf der *einen Seite* mit der Freundschaft unter wenigen beginnt, auf der *anderen Seite* die sozialen Beziehungen zwischen *allen* Menschen umfassen sollte.[21] Die Normen in diesen Beziehungen werden so unterschiedlich stark und differenziert sein, wie es die Beziehungen selbst sind. Es gibt danach also nicht ‚die' moralischen Normen, die für alle Menschen schlicht gleich sind, wenn auch für diejenigen in denselben sozialen Beziehungen.

Wichtiger ist es, die beiden bereits erwähnten *Gegensätze* zu betrachten, soziale Beziehungen, deren Zweck *außerhalb* der Beziehung liegt, und *ungesunde* soziale Beziehungen. Die erste Klasse ist phänomenal erwähnenswert, weil nach dem Muster der Vertragslogik Normen auch eingehalten werden können, um ein von allen Beteiligten erwünschtes Gut zu realisieren. Wenn es sich um ein den sozialen Beziehungen gegenüber externes Gut handelt, etwa ein Produkt, werden soziale Verhaltensnormen ebenfalls beachtet, einfach weil sonst das Produkt nicht realisierbar ist. Diesen Fall als von den auf Sozialgüter gerichteten Beziehungen abhängig und nachrangig zu bezeichnen, scheint mir aus zwei Gründen naheliegend. Erstens gemessen an der sozialen Realität. Wie das Gefangenendilemma zeigt, sind Kooperationen unter Egoisten, oder eben Leuten, denen nur am externen Produkt liegt, nicht stabil, sondern immer auflösungsbedroht. Wenn sie stabil werden, so nur unter Voraussetzung von Sozialgüterbeziehungen oder unter Vorspiegelung dieser Beziehungen. Eine Gesellschaft nur von egoistischen Kooperationspartnern wird es real nicht geben.

Zweitens sind die sozialen Güter einfach ‚wichtigere' Güter als die individualistisch-kooperativ realisierbaren. Eine solche Behauptung ist natürlich riskant und scheint eine Art Wertontologie zu unterstellen oder ihre Verteidigung zu erfordern. Die Grundidee einer nicht-ontologischen Verteidigung kann aber von der Beobachtung ausgehen, dass wir Menschen ohne Sprache und Kultur nicht die Wesen wären, die wir sind, und dass Sprache und Kultur soziale und nicht individualistisch reduzierbare Güter darstellen. Sprache und Kultur können nicht nach dem Muster einer Mauer gedacht werden, die sich die Stammesmitglieder zusammentun zu errichten, um die Feinde abzuhalten. Vielmehr könnten sie die Mauer nicht errichten, wenn sie nicht über Sprache und Kultur bereits verfügten, und damit über Güter, die ihren sozialen Beziehungen nicht extern, sondern intern sind.

Weil das eine Art ‚transzendentales' Argument ist, will ich ein wenig ausführlicher darauf eingehen.[22] Der Kontraktualist vertritt ja im Gegensatz die Meinung, dass es

---

[21] Das „sollte" signalisiert an diesem Punkt nur eine Vermutung, auf die ich gleich wieder zurückkomme. Siehe unten Abschnitt 7.

[22] Einen solchen oder ähnlichen Versuch, den Vorrang der sozialen Gütern zu belegen, findet man bei MacIntyre meines Wissens nicht. Das dürfte daran liegen, dass er vermutlich dem Versuch gegen-

völlig kontingent ist, ob die sozialen Güter höher geschätzt werden als etwa individuelle Produkte, und er wird einen werthaften Vorrang in irgendeinem interessanten Sinn von „werthaft" bestreiten. Bestenfalls kann man ihm zufolge konstatieren, dass eben viele Menschen soziale Güter schätzen, worin aber seiner Meinung nach keine Form von Notwendigkeit liegt. Demgegenüber läuft meine These auf eine Notwendigkeitsbehauptung hinaus: die sozialen Güter sind *notwendig* wichtiger, wertvoller, interessanter, oder was immer, als die individuell erzeugbaren. Die Idee hinter meiner Behauptung ist keineswegs eine apriorische, sie ist nur so allgemein, dass eine empirische Überprüfung schwierig ist. Sie lautet: alles individuell-rationale Handeln benötigt Sprache. „Sprache" ist dabei nicht einfach als semantisch-syntaktisches Regelverfügen gemeint, sondern als Verwenden sprachlicher Regeln im Zusammenhang instrumenteller und kommunikativer Praktiken. Ohne diese Rückbindung an die Praktiken würden wir die Regeln nicht lernen oder verwenden können. Wenn die Sprache intersubjektiv sein soll, müssen auch die Praktiken intersubjektiv sein, und das heißt wohl, sie müssen sozial geteilt werden können, und auch faktisch geteilt werden. Deshalb wird das individuelle Handeln von den sozialen Gütern gleichsam getragen, und wer sie in seinem Handeln missachtet, untergräbt die Sinnbedingungen seines individuellen Handelns.

Diese Idee soll nicht als Idee überzeugen, sondern nur konkrete Beobachtungen zusammenfassen. Weil das Empirische und das Normative nicht völlig auseinanderfallen, ist das Gefangenendilemma und dessen einzig mögliche Überwindung durch Gemeinsamkeit ein *konkreter Beleg* für die Bedeutung der sozialen Güter. Das Argument mit dem Gefangenendilemma ist allerdings, so scheint es, auf solche individuellen Akteure begrenzt, die ihren eigenen Nutzen auf Kosten des Nutzens anderer verfolgen. Wieso benötigt es Gemeinsamkeit für das Verfolgen individueller Ziele auch dann, wenn eine solche Konkurrenz nicht besteht, also außerhalb von Situationen der Interessenkonflikte, in denen man dazu tendiert, egoistisch zu handeln?

Eine *verallgemeinerte Version* dieser Struktur ergibt sich meines Erachtens anhand des *Anerkennungsbegriffs* und bei Unterstellen eines *Bedürfnisses nach Anerkennung*. Danach benötigt jeder einzelne eine Bestätigung der Sinnkriterien seines Handelns, des Sinns der von ihm verfolgten Güter und Ziele, der Bestätigung seitens anderer, oder vorsichtiger, mindestens der Auseinandersetzung mit konkurrierenden Sinnkriterien auf der Seite von anderen. Niemand kann den Sinn seiner Ziele gleichsam allein beherrschen, vielmehr muss jeder seine Ziele zu denen der anderen in Beziehung setzen. Gemeinsamkeit und soziale Güter haben dann die Funktion, einander fortwährend der Angemessenheit und Bedeutung der Handlungsziele zu versichern. Die *Partner der sozialen Welt sind die einzigen Maßstäbe für diese Ziele*, weil es andere Maßstäbe, solche übergeordneter Mächte oder der Natur, nicht gibt. Ohne Rückbindung auf soziale Güter, in denen die Sinnkriterien gleichsam fortwährend verhandelt werden, werden die individuellen Handlungen wertlos. So in etwa könnte ein generelles Argument für den

---

über skeptisch wäre, eine Dimension der Intersubjektivität als solche isolieren zu wollen, um aus ihr heraus Kriterien zu beziehen. Nach MacIntyre sind die Tugenden immer an die internen Güter von Praktiken gebunden, denen gegenüber sie sich zwar verallgemeinern müssen, aber doch immer einzelne Tugenden bleiben.

Vorrang der sozialen Güter aussehen. Ich komme auf mögliche Einwände gegen dieses Argument gleich noch einmal zurück.

Ungesunde soziale Beziehungen sind erwähnenswert, weil es diese Beziehungen gibt und sie nicht externe, sondern ebenfalls interne Güter verfolgen, nur eben mit verkehrter Bewertung der Ziele. Das Gegenmodell zu den Freunden wären die Sadisten, die ihre Freude daran haben, einander zu quälen, und für die dieses Quälen das wichtigste soziale Gut ist (siehe ähnlich MacIntyre 1981, 186). Die zu diesem Quälen funktional gehörenden Einstellungen und Erwartungen wären dann ebenfalls ‚moralische', wenn man sie nicht auf irgendeine Weise aussondert. Eine Weise, sie auszusondern, ist eben die, solche Auffassungen von Sozialgütern ‚ungesund' zu nennen. Ich weiß nicht, wie man den Vorbehalt gegen solche Arten von Beziehungen besser benennen sollte als mit dieser medizinischen Bezeichnung. Nichts liegt aber an dieser Bezeichnung, denn letztlich geht es nur darum, ob jemand soziale Güter einer bestimmten Art gut findet oder nicht.

Mit welchem Recht freilich lassen sich die Beziehungen der Sadisten ungesund nennen? Nur die Beziehungspartner selbst können ihre Ziele festlegen, nicht ‚übergeordnete Mächte' oder die ‚Natur'. Wenn die Sadisten ihre Ziele und Beziehungen gesunde nennen, inwiefern sollen dann andere gerechtfertigt sein, von ihnen das Gegenteil zu behaupten? Damit die Sadisten in Bezug auf ihre Ziele übereinstimmen können, müssen sie freilich gleichermaßen Sadisten sein, also egalitäre Beziehungen zu einem gemeinsamen Zweck anerkennen, sich zu quälen. Das grenzt diese Beziehung von einseitigen sadistischen Beziehungen deutlich ab und legt dem Sadismus auch Grenzen auf. Während die einseitig sadistische Beziehung die eigentlich amoralische ist, im Gegensatz steht zu einem gemeinsam verfolgten Gut, ist die symmetrisch sadistische eine im Prinzip moralische, nur mit einem bizarren Verständnis des gemeinsam verfolgten Guts. Warum sollte man das Quälen und Gequältwerden genießen? Wenn die Sadisten versuchen, diese Güter verständlich zu machen, müssen sie sich auf Werte wie Selbsterniedrigung oder Selbstverweigerung berufen, und wenn sie diese Werte uneingeschränkt vertreten, beispielsweise nicht zum Zweck des Bestrafens für schlechte Handlungen, müssen sie auch einen Wert der Lebensverweigerung vertreten. Und es ist nicht allzu riskant, *diesen* Wert ‚ungesund' zu nennen.[23]

6. Teleologie, Antirealismus und das grenzenlose Bedürfnis nach Anerkennung

Ich will kurz zusammenfassen, welche Vorteile diese beziehungstheoretische Analyse des *Guten* und *Gebotenen* bietet. Ein *erster* und vielleicht wichtigster (metaethischer) Vorteil liegt in der einfachen Erklärung, warum bestimmte Einstellungen ‚gut' und warum bestimmte Handlungen ‚geboten' sind. Die instrumentelle Analyse des Guten, die

---

[23] Der Diskurs mit (philosophischen) Sadisten kann weitere Stufen durchlaufen, wenn sie die Lebensverweigerung ‚gesund' nennen. Bereits in ihrer gegenseitigen Anerkennung als Sadisten steckt ein potentieller Widerspruch, der eine Unentschiedenheit für Ziele anzeigt. Natürlich steht ihnen frei, Lebensverweigerung gesund zu *nennen*, aber es steht ihnen nicht frei, aufgrund von Lebensverweigerung besser und länger zu leben. An diesem Punkt spricht die ‚Natur' doch ein Wort mit.

wir am typischen Beispiel ‚gutes Messer' kennen, wird auf die Moral insoweit übertragen, als das Gute oder Gebotene, also die Tugenden und die Pflichten, funktionale Erfordernisse in sozialen Beziehungen sind. Um bestimmte Beziehungen herzustellen oder aufrecht zu erhalten, ist es nötig, auf bestimmte Weise zu handeln. Damit werden sowohl realistische Auffassungen vom Guten vermieden, es wird aber auch nicht, wie bei der beliebten Rede von ‚unseren Intuitionen', der metaethische Status des Guten einfach offen gelassen. Ein *zweiter* (inhaltlicher) Vorteil liegt darin, dass gute wie gebotene Verhaltensweisen in enger Verbindung interpretiert werden können. Pflichten werden als Klugheitsgebote verstanden und stehen dem Handeln nicht mehr extern als absolute Gesetze gegenüber. Pflichten sind nicht überflüssig, weil wir eben nicht schon immer wissen, was gut für uns ist bzw. weil wir manches gegen unsere Wünsche uns selbst gegenüber erzwingen müssen. Dieser Konflikt zwischen uns und uns löst sich nicht auf, auch wenn wir einsehen, dass etwas zu unserem Besten ist. Auf den Begriff der ‚Pflichten' völlig zu verzichten, nur weil seine Herkunft auch in uns selbst liegt, scheint deshalb unpraktisch.

Unklarheiten angesichts dieses Vorschlags bestehen jedoch in mindestens *dreierlei Hinsicht*. Erstens, reicht diese funktionale Rede letztlich aus? Müssen wir etwa, um ein Handeln zugunsten der Freundschaft gut zu nennen, nicht *voraussetzen*, dass auch Freundschaft selbst gut ist? Und wenn diese Rede nicht wiederum funktional ist, was ist sie dann? Welchen Status hat die Rede vom Gut der Freundschaft? Droht an diesem Punkt nicht ebenfalls ein Wertrealismus oder der unkritische Appell an Intuitionen? Zweitens, wie lässt sich die Bedeutung von Anerkennung weiter erklären? Wenn es eine sozialpsychologische These ist, muss sie nicht belegt werden? Wenn es eine begriffliche These ist, warum sollen wir sie akzeptieren? Ist die Rede von Einstellungen in diesem Zusammenhang nicht außerdem irreführend, reicht sie tatsächlich aus? Drittens, sind die Beispiele für soziale Beziehungen um ihrer selbst willen nicht zu wenige und zu spezielle, um daraus die Bedeutung der Moral herzuleiten? Freundschaft und Spiele, das sind soweit die Fälle, in denen Freunde und Spieler freundschafts- und spielgerecht handeln werden. Aber die wenigsten unserer sozialen Kontakte fallen in diese Kategorien, so dass der Vorschlag belanglos zu werden droht.

Der erste Einwand kann noch weiter zu einer wirklich unangenehmen Alternative verschärft werden. Instrumentelle Zuschreibungen des Guten, wie beim ‚guten Messer', haben ihren Platz im Rahmen einer Handlungsteleologie. Etwas ist ein ‚gutes' Messer wenn es seinen Zweck erfüllt. Dabei ist mindestens unterstellt, dass der Zweck selbst bewertet werden kann, ein guter oder schlechter Zweck ist. Eine erweiterte Praxis des Fürguthaltens ist dabei also unterstellt. Demgegenüber haben wir Schwierigkeiten, von einer guten Stellung des Monds zur Erde zu sprechen oder von einer guten Verteilung der Elektronen in einem Atom. Das liegt wohl daran, dass es sich dabei weder um Lebens- noch um Handlungsbereiche handelt, so dass umgekehrt in diesen Bereichen das untergeordnete Fürguthalten mit einem übergeordneten zusammenhängt. Gute Messer machen keinen Sinn ohne einen erweiterten Handlungskontext des Erreichens guter Zwecke. Damit stehen aber zwei Alternativen offen: entweder Freundschaft ist tatsächlich funktional gut für das menschliche Leben, dann aber muss das menschliche Leben weiter funktional gut sein; oder menschliches Leben ist nicht funktional gut, dann ist auch die funktionale Analyse von Freundschaft unangebracht, und analog bei allen sozialen Beziehungen. Sowohl die biologisch-teleologische wie die handlungsteleologische Interpretation bieten sich für das menschliche Leben aber nicht an. Die Natur hat in Menschen kein Ziel ‚eingebaut', vergleichbar zu dem von Pflanzen und Tieren, und das Leben ist insgesamt keine Handlung, sondern ein Schauplatz für Handlungen. Die funktionale Analyse von sozialen Beziehungen scheint deshalb in einer Metaphysik von Lebenszielen zu enden, wonach ein Leben (unter anderem) dann gut ist, wenn es soziale Beziehungen hat.

Tatsächlich sind Menschen im Unterschied zu den Tieren halb natürliche und halb künstliche Wesen. Soziale Beziehungen liegen halb in ihrer Natur und halb müssen sie geschaffen werden.[24] Ohne soziale Beziehungen entstehen keine Menschen oder bleiben Menschen, sind sie einmal vorhanden, nicht gesund. Wie sie in diesem vorgegebenen natürlichen Rahmen gestaltet werden, unterliegt jedoch der menschlichen Erfindungs- und Experimentierfähigkeit. Ähnlich wie wissenschaftliche Hypothesen besitzen Werturteile deshalb hypothetischen Charakter und sind Bestandteil eines andauernden Erfahrungsprozesses. Dass wir Freundschaften für gut halten, ist Ergebnis der Erfahrung vieler Generationen mit Freundschaften. Menschliche Lebensweisen sind im Prinzip denkbar, für die eine Freundschaft nicht gut ist, aber dass wir dabei eher an Fälle von Krankheit oder Unfähigkeit denken, zeigt bereits, dass die entsprechenden Umstände eher für Menschen untypische sein werden.

Muss das Leben aber nicht selbst funktional als gut gesehen werden können, damit, so lautete der Einwand, die sozialen Beziehungen relativ zum Leben als gut gesehen werden können? MacIntyre deutet in Reaktion auf dieses Problem – in Übereinstimmung mit Aristoteles – die funktionale Rückbindung an eine Gemeinschaft an (1981, 188f.). Individuen den Gemeinschaften instrumentell unterzuordnen, ist für uns aber undenkbar und war vermutlich auch von Aristoteles nicht beabsichtigt. Die bessere Antwort scheint deshalb vielmehr: ja, das Leben muss selbst auch als funktional gesehen werden, aber nicht als funktional gegenüber einem weiteren Zweck, sondern *als funktional zum Herausfinden von Zwecken.* Ein menschliches Leben dient im allgemeinsten Sinn einem Erfahrungsprozess, in dem menschliche Güter oder gute Handlungsziele herausgefunden werden. Es dient beispielsweise dazu, die Bedeutung von sozialen Beziehungen schätzen zu lernen. Damit ist das werthafte Verhältnis zwischen sozialen Beziehungen und menschlichem Leben ‚zirkulär', aber nicht zirkulär in einem schlechten Sinn. Die sozialen Beziehungen sind gut für das Leben und das Leben ist gut für die sozialen Beziehungen, aber diese abkürzende schematische Redeweise verdeckt, wie groß der Erfahrungsraum tatsächlich ist, in dem sich diese wechselseitige Abhängigkeit zuträgt.[25] Deshalb ist es keine Abhängigkeit, die dem Erfahren und Handeln

---

[24] „Halb" ist dabei nicht wörtlich zu nehmen, sondern mangels einer präzisierenden Theorie nur ein Ausdruck der Ungewissheit über die tatsächlichen Verhältnisse.

[25] Wäre es nicht nötig, das Leben eine Bedingung der sozialen Beziehungen zu nennen, so dass es nicht in derselben Weise ein Zweck sein kann wie die sozialen Beziehungen für das Leben? Ja, wenn es sich um das offene Leben handelt, nein, wenn das gelebte Leben gemeint ist. Das noch offene Leben ist eine Bedingung für das Handeln und Erfahren, das gelebte Leben ist eine Menge von

praktische Hindernisse in den Weg legt – das entscheidende Kriterium dafür, wann ein Zirkel ‚schädlich' ist. Mein *Fazit* zu diesem ersten Einwand lautet deshalb: Die funktionale Analyse des Guten und Gebotenen führt tatsächlich in einen Zirkel (nicht in einen Regress oder zu einem absoluten Zweck), aber dieser Zirkel ist dem menschlichen Leben angemessen und *stützt die funktionale Analyse*, statt sie zu widerlegen.

Der zweite Einwand bestätigt das zirkuläre Verhältnis zwischen Leben und sozialen Beziehungen. Denn wenn meine These richtig ist, dass wir manche soziale Beziehungen ‚um ihrer selbst willen' verfolgen, dann reicht diese These, wenn sie denn sinnvoll ist, um den Nutzen der sozialen Beziehungen in unserem Leben zu belegen. Eine funktionale Analyse zu weiteren Lebenszwecken ist nicht nötig – es sei denn zu dem allgemeinen, das Leben betreffenden Zweck, zu sagen, warum wir eigentlich leben, warum wir das Leben gut finden, es genießen usw. Meine Erklärung, warum wir soziale Beziehungen um ihrer selbst willen eingehen und unterhalten, verweist zunächst auf das sozialpsychologisch bekannte Phänomen der gegenseitigen sozialen Anerkennung, das insbesondere in der Freundschaft, aber auch in anderen engeren sozialen Beziehungen und vor allem in den Sozialisationsprozessen, sichtbar ist. Psychologen beschränken sich allerdings überwiegend darauf, diese Prozesse in Stufenmodellen zu beschreiben.[26] Eine tiefere Erklärung der Notwendigkeit dieser Prozesse und der darin enthaltenen Normativität ist bisher jedoch, wenn ich recht sehe, nicht gegeben worden.

Mein Vorschlag ist, die Anerkennung als Ort des Ausbildens *intersubjektiver Maßstäbe* für unser Handeln zu sehen, als ein gemischt voluntatives und argumentatives Ringen um Maßstäbe, das der einzige originäre Ort des Ausbildens von normativen Maßstäben und Kriterien überhaupt ist. Ein solcher Vorschlag ist ungewöhnlich in zweierlei Hinsicht. Erstens deshalb, weil Anerkennung sozialpsychologisch ja als Ausbildung von Individualität verstanden werden könnte, nicht als Erzeugungsort von intersubjektiven Kriterien. Allerdings beschreibt schon Mead die Sozialisation als Entstehen der Figur eines ‚generalisierten Anderen' im Kind, und wie anders als durch Übernahme intersubjektiver Sinnkriterien und Bedeutungen soll das Kind sozial handlungsfähig werden? Zweitens ist der Vorschlag ungewöhnlich, weil der Sozialisationsprozess ja eher als Imprimatur einer gesellschaftlichen Ordnung in das einzelne Kind verstanden werden muss, und weil wir überdies der Meinung sind, dass es viele Instanzen von Sinn und Wahrheit gibt. Beziehen wir uns in der Anerkennung unter Erwachsenen nicht auf Kriterien, die wir *nicht* unter uns selbst *gleichzeitig* festlegen können, sondern für die wir ‚objektive Geltung' außerhalb unserer Beziehung annehmen? Wenn ich den Freund erfolglos nenne, beziehe ich mich doch auf eine Praxis des Erfolgs, die ich allein nicht kontrollieren kann!

Diese Beobachtungen sind sicher richtig, lassen sich aber auch mit sozialen ‚Übereinkünften' zu Kriterien im weitest möglichen Sinn verbinden, so dass die sich mit Kriterien anerkennenden Freunde eine Übereinkunft in diesen Kriterien unter allen übrigen Akteuren unterstellen bzw. von ihnen abhängig sind. Das ist uns bei morali-

---

Handlungen und Erfahrungen. Das offene Leben ist kein Zweck für das Handeln, sondern deren Möglichkeit. Aber auch das offene Leben wird erst sinnvoll, wenn es tatsächlich gelebt wird.

[26] Der klassische Referenzautor in diesem Zusammenhang ist G. H. Mead. Siehe für seine Inanspruchnahme in einer Anerkennungstheorie: Honneth 1992, Kap. 4.

schen oder sonstigen Werturteilen ja auch meist bewusst, denn bei einem Streit darüber, ob der andere erfolglos ist oder nicht, berufen wir uns letztlich nicht auf eine objektive Idee des Erfolgs, sondern auf eine Urteilspraxis, die andere teilen. „Frag mal, was andere dazu sagen!“ ist die letzte, etwas hilflose Auskunft, die wir in solchen Situationen geben. Diese Auskunft kann leicht missverstanden werden, nämlich als ein Verweis auf eine Üblichkeit, die weitere Begründungen und Argumente ersetzen soll. Dem anderen scheint dann ein Sichanpassen an die vorherrschende Meinung zugemutet zu werden, der er sich ohne Gründe unterwerfen soll. Gemeint ist die Auskunft aber als Verweis auf die *Schiedsrichterfunktion der gemeinsamen Handlungspraxis*, wenn die inhaltlichen Kriterien alle zweifelhaft geworden sind. Können sich zwei Leute nicht einigen, was sie unter Erfolg verstehen wollen, dann ist der einzige Ausweg aus diesem Konflikt, die Meinung der anderen zu berücksichtigen, sowie, idealerweise, wenn auch alle anderen sich nicht einig sind, eine Einigung *herzustellen*. Letztlich beruhen *alle* Bedeutungs- und Wahrheitskriterien auf einer stillschweigenden Übereinkunft.[27]

Mir ist klar, dass diese antirealistische These einer umfangreicheren Verteidigung bedürfte, als sie hier möglich ist.[28] Selbst wenn man sie zugesteht, könnte man skeptisch sein gegenüber der hier vorgeschlagenen Erklärung des Werts sozialer Beziehungen ‚um ihrer selbst willen‘. Nicht nur kümmern wir uns in diesen Beziehungen um alles andere als um unsere Handlungsmaßstäbe, es scheint uns doch in der Regel um unsere *individuellen* Beziehungen und Interessen zu gehen! Gerade die Freundschaft belegt diesen Punkt: dieser spezielle Freund ist doch für unser spezielles Leben wichtig. Es wäre eine eigenartige Auffassung von dieser Beziehung, würde man sie vorrangig in ihrer Funktion sehen, allgemeine Kriterien anwenden und erproben zu wollen. Die sozialen Beziehungen sind nicht ein Erprobungsfeld für Kriterien, an denen uns als solchen liegt. Spielen nicht sowieso die individualisierenden Gefühle und gefühlsmäßigen Bindungen eine wichtigere Rolle als intersubjektive Maßstäbe, so dass diese Darstellung in Gefahr gerät, die sozialen Beziehungen tugendethisch zu verzerren?

Die seit Aristoteles (NE 1158a, 1158b) bis heute mit Freundschaft verbundene Bedingung der *Gleichheit* belegt aber, dass soziale Beziehungen durchaus *zugleich* individuelle und emotionale, wie von Maßstäben durchdrungene sein können. In allen sozialen Beziehungen stellt sich die Frage der Über- oder Unterlegenheit, des wechselseitigen Beurteilens als Handlungspartner, oder eben des gegenseitigen Anerkennens als gleich oder in irgendeiner Hinsicht unterlegen. Die Kriterien für die sozialen

---

[27] Aristoteles kommt einer solchen Erklärung nahe in seinem Hinweis, dass wir die Beobachtung des anderen für ein objektives Urteil benötigen: „Wenn nun die Glückseligkeit in Leben und Tätigsein besteht, und die Tätigkeit des guten Menschen … an sich gut und genussbringend ist … und wir endlich unseren Nächsten leichter beobachten können als uns selbst und fremde Handlungen leichter als unsere eigenen, so folgt daraus, dass für den Tugendhaften die Handlungen anderer guter Menschen, die seine Freunde sind, genussbringend sein müssen. … es ist nicht leicht, für sich allein beständig tätig zu sein, dagegen ist es mit anderen und für andere schon leichter.“ (NE 1169b32–1170a7)

[28] Siehe aber Rorty 2000, 7, 10. Rorty ist gegenwärtig der konsequenteste Vertreter eines sozialen Antirealismus.

Beziehungen könnten nicht anschaulich und inhaltlich bestimmt werden, würden sie nicht in konkreten Beziehungen tatsächlich angewandt werden; deshalb sind die Partner nicht einfach Anwendungsfälle für diese Kriterien. Umgekehrt sind auch die Gefühle, die uns an bestimmte Partner binden und von anderen abstoßen oder fernhalten, nicht einfach kriterienlose oder blinde Gefühle, sondern mit ihnen sind wir unausweichlich auf abstrahierbare Vorstellungen davon festgelegt, was wir für gute soziale Beziehungen halten, was von den Partnern zu erwarten ist, wozu wir mit ihnen handeln und leben, usw.

Der dritte Einwand lautete: Das spezielle Beispiel der Freundschaft wird etwas überstrapaziert, wenn es als Modell für soziale Beziehungen gelten soll. David Miller hat ähnlich an MacIntyres Spielebeispielen für ‚praxisinterne Güter‘ (wie Schach oder Baseball) kritisiert, dass diese Güter gleichsam Luxusartikel sind, die eine lebenserhaltende soziale Handlungspraxis voraussetzen und nicht angemessen wiedergeben.[29] Wären Freundschaften und Spiele die einzigen Beispiele für soziale Beziehungen um ihrer selbst willen, dann hätten weder die sozialen Beziehungen um ihrer selbst willen, noch hätte die Moral als Funktion dieser Beziehungen die umfangreichere und für das Soziale konstitutive Bedeutung, die sie der Beziehungstheorie nach tatsächlich besitzen soll.

Wenn man die hier angebotene Erklärung akzeptiert, wonach wir aufgrund unbegrenzter Bedürfnisse nach Kriterien immer des wechselseitigen Bestätigens mithilfe von Kriterien bedürfen, das zugleich ein Aushandeln von Kriterien ist, spricht natürlich nichts dafür, dass diese Bedürfnisse auf Freundschaften und Spiele begrenzt sind. Vielmehr drängen alle sozialen Beziehungen auf ein wechselseitiges Anerkennen nach Kriterien, und die instrumentellen oder zweckmäßigen Beziehungen sind im optimalen Fall eben Resultat einer Anerkennung als in ihrer Rolle reduzierter Handlungspartner.[30] Alle Weisen der Kommunikation und der Politik lassen sich zwar im engeren und instrumentellen Sinn verstehen, aber sofern dieses Verständnis haltbar sein soll, muss es auf einer kommunikativen und politischen Anerkennung beruhen. Jede Kommunikation und Politik dient letztlich nur dem Zweck gegenseitiger Anerkennung, weshalb das soziale Handeln generell so strukturiert sein muss, dass rein zweckmäßige Handlungsbereiche, wie insbesondere der Markt, in geeigneten Anerkennungsbeziehungen verankert sind.

Wenn man sich vor Augen hält, dass die Anerkennungsbedürfnisse und die von ihnen hervorgerufenen Antworten: Diskussionen, Begründungen, Theorien, Symbole, Ord-

---

29 „… (S)elf-contained practices … can exist only on the proviso that more basic social functions have been discharged. They are in that sense luxury items: they can flourish to the extent that a society's resources and human capacity are not required to meet the demands of material production, the maintenance of social order, and so forth.“ (Miller 1999, 119)

30 „Hochgestellte scheinen zweierlei Freunde zu brauchen: die einen sind ihnen nützlich, die anderen angenehm; beides aber ist nicht oft in einer Person vereint. Sie suchen nämlich weder angenehme Leute, die zugleich tugendhaft wären, noch nützliche für sittlich schöne Zwecke. Vielmehr verlangen sie auf der einen Seite, wenn sie das Angenehme im Auge haben, nur gute Gesellschafter, auf der anderen Seite nur brauchbare Werkzeuge zur Vollführung ihrer Befehle. Das aber findet sich nicht leicht in einer Person zusammen.“ (NE 1158a28)

nungen, ein fortwährendes praktisches Geschehen darstellen, verliert auch das traditionelle Bild, ‚die Moral' sei ein starrer Regelsatz mit ewiger Gültigkeit, seine Anziehungskraft. Damit verbunden werden auch Naturzustandsbilder *ad absurdum* geführt, wonach die sozialen Beziehungen durch die Moral irgendwie erst herzustellen wären. Manche soziale Beziehungen kann man ansehen wie einen Stein, dem man die Tauglichkeit ansieht, als Messer oder Hammer benutzt zu werden. Aber dafür muss es soziale Beziehungen bereits geben, die irgendwie benutzt werden können, und die letztlich eine Anerkennungsfunktion zu erfüllen imstande sind. Diese Funktion allererst zu erfinden würde erfordern, dass Nichtmenschen Menschen erfinden können, und das ist jedenfalls nicht als Handeln denkbar.

7. Kann die Beziehungsmoral universell sein?

Was unsere Moral konkret fordert, hängt von unseren sozialen Beziehungen ab. Da wir es unserem westlichen Selbstverständnis zugute halten, dass alle Menschen als Menschen moralisch Gleiche sind, kann es ein Testfall für die Beziehungsmoral sein, ob sie dieses Selbstverständnis nachvollziehen und gegebenenfalls erklären kann. Dem steht aber offensichtlich im Weg, dass nicht alle Menschen *reale soziale Beziehungen* untereinander pflegen, so dass die unter ihnen zu schaffenden sozialen Güter es nötig werden ließen, die entsprechenden Menschenrechte *tatsächlich* anzuerkennen. Wenig hilft in diesem Fall auch, einfach zu überlegen, welche Rechte aus möglichen sozialen Beziehungen entstünden. Denn tatsächlich scheint die Erwartung unplausibel, dass alle Menschen je mit allen soziale Beziehungen haben werden, oder dass es viele oder irgendwelche soziale Güter geben kann, die *alle* miteinander teilen. Weder die Diskussionen vor der UNO noch die Olympischen Spiele werden wirklich von allen geteilt.

Deshalb bleibt nur die Antwort, dass sich die Beziehungen zwischen allen indirekt über das Summieren der Beziehungen zwischen vielen Kollektiven ergeben, die ihrerseits mehr oder weniger reale soziale Beziehungen aufrecht erhalten. Das können die nationalen Gemeinschaften sein, aber auch kleinere Kollektive unterhalb dieser Größeneinheit. Die Beziehungen zwischen allen Menschen wären dann die Beziehungen der Beteiligten in den addierten Gemeinschaften, also nicht tatsächlich die Beziehungen zwischen allen. Hinzu kommt, dass der Anwendungsfall für die Moral in einer großen Klasse von Fällen eine tatsächliche Beziehung voraussetzt, so dass, wenn diese Beziehung nicht nur flüchtig und einmalig ist, auch die Möglichkeit sozialer Güter aus dieser Beziehung mitgeliefert wird. Eine Klasse von Fällen, die heute zunehmend aktuell wird (Klimawandel), umfasst allerdings Schädigungen anderer Menschen, mit denen man keine sozialen Beziehungen pflegt, die jedoch unter den Fernwirkungen des eigenen Handelns leiden müssen.

Bei internationalen Beziehungen und im Weltmaßstab wird sich leicht der Einwand erneuern, der den mir behaupteten Vorrang der sozialen Güter vor den anderen Gütern betrifft. Warum sollten Leute in einem Land, die ihrer Lebensqualität wegen Leute in einem anderen Land entweder schädigen oder ausbeuten können, auf dergleichen verzichten, wenn sie doch bereits soziale Güter in ihrer Gemeinschaft genießen und auf die soziale Gemeinschaft mit dem anderen Land verzichten können? Wäre es nicht geradezu geboten, dass sie darauf verzichten, dieses andere Land in die Gemeinschaft aufzunehmen, wenn ihnen dadurch materiell Verluste entstehen? (Ähnliche Überlegungen durchziehen teilweise die Debatte über die Grenzen der EU.) Meiner bisherigen Logik entsprechend ist die Antwort, dass die materiellen Vorteile, die man sich durch Schädigen und Benutzen anderer verschafft, nicht das Gewicht haben, das ihnen zugemessen wird, und dass die erweiterte Gemeinschaft, beispielsweise die kulturelle Vielfalt, die Zunahme an Lebensmöglichkeiten, das Kennenlernen einer fremden Geschichte, wichtiger ist als das Befriedigen der technisch-materiellen Bedürfnisse.

Man könnte allerdings das Beispiel so zuspitzen, dass sich die eine Gemeinschaft nur in ihren elementarsten Lebensbedingungen erhalten kann, wenn sie die andere schädigt, beispielsweise indem sie für sich Lebensmittel produziert, so dass die Nebenfolgen der Produktion die andere Gemeinschaft schädigen. Selbst in einem solchen extremen Fall (das Betreiben von anfälligen Atomkraftwerken und die Katastrophe von Tschernobyl kommen ihm einigermaßen nahe) bleibt aber unverständlich, warum die eine Gemeinschaft nicht den besseren Weg wählt, die andere Gemeinschaft in die Produktion der Lebensmittel so einzubeziehen, dass entweder die nachteiligen Folgen gerecht geteilt werden oder sowieso mit gemeinsamer Kraft ein besserer Weg der Produktion gefunden wird. Ähnlich kann auch im Weltmaßstab eine universelle Moral etwa so etabliert werden, dass einzelne Länder Verhältnisse gegenseitiger gleicher Anerkennung einseitig stiften, in Erwartung allerdings einer dadurch ermöglichten längerfristigen Kooperation, die wie bei der Klimaproblematik in allseitigem materiellen, darüber hinaus aber auch im kulturellen und politischen Interesse sein kann.

Weil der Egoist als Kontrastfigur in der Ethik allgegenwärtig ist, erneuert sich gegenüber der hier vorgeschlagenen Beziehungstheorie vielleicht der Einwand, damit würde offensichtlich die Moral von den guten Absichten abhängig gemacht und eine solche Moral sei überflüssig. Wer die guten Absichten hat, benötigt sie nicht, wer sie nicht hat, akzeptiert nicht die Handlungsziele, unter deren Voraussetzung die Pflichten erst gültig werden. Dieser Einwand ist so plausibel wie der Einwand, der Hinweis auf das Heilende der Medizin sei überflüssig, weil jemand, der die Medizin bereits nehmen will, ihn nicht benötigt, wer sie nicht will, ihn nicht akzeptieren wird. Beides ist falsch, denn natürlich ist der nützliche Umgang mit Medizin von berechtigten Annahmen über deren Heilkraft abhängig. Die Beziehungstheorie ist ein ähnlicher Versuch, gegenüber vielen schädlichen Handlungen darauf hinzuweisen, wie sie vermieden werden können, ohne dass man Nachteile auf sich nimmt. Ihr zufolge können alle nur gewinnen.

Moralische Beziehungssysteme in der Gesellschaft

1. Das Modell der Freundschaft

Freundschaft ist vermutlich das einzige moralische Phänomen, an dem sich von Aristoteles bis heute eine Art Koinzidenz von sozialer und moralischer Analyse durchhält. Gleichzeitig wird in den modernen Theorien bezweifelt, dass sich am Beispiel der Freundschaft etwas für die Moral unter den Mitgliedern innerhalb einer Gesellschaft im Ganzen lernen lässt. Diese Mitglieder untereinander befreundet zu sehen, wäre in der Tat euphemistisch oder würde den Begriff der Freundschaft verwässern. Dennoch verhilft das Beispiel der Freundschaft zu einem besseren Verständnis der ‚Menschenmoral' als das Phänomen des Egoismus, und zwar deshalb, weil Freundschaft eine Begründung moralischer Orientierungen anhand einer sozialen Beziehungen illustriert und damit einen Blick auf soziale Beziehungen über Freundschaft hinaus ermöglicht.

Üblicherweise sagen wir, dass Freundschaft ein ‚Wert' oder ein ‚Gut' ist. Damit haben wir noch keinen normativen Standpunkt *gegenüber* der Freundschaft eingenommen. Das heißt, wir können dann weder sagen, *warum* wir Freundschaft gut finden, noch können wir eine spezielle Art von Freundschaft gegenüber einer anderen Art als besser auszeichnen. So unterscheidet beispielsweise Aristoteles zwischen einer ‚hedonistischen', einer ‚Zweck-, und einer ‚Tugendfreundschaft' (NE 1156a–b). In moderne Begriffe übersetzt wären das etwa ein sexuelles Verhältnis, eine persönlich motivierte Geschäftspartnerschaft und eine tiefe Freundschaft. Um begründen zu können, warum man das eine mehr schätzt als das andere, muss man die entsprechenden Ziele – sexuelles Vergnügen, kooperativen Gewinn, Freundschaftsziele – miteinander vergleichen und gegeneinander gewichten. Bei allen drei Zielen bzw. bei allen drei Typen von Freundschaft scheint eine klar *externe* Begründung kaum möglich. Ein völlig instrumentelles Verhältnis zwischen zwei Personen wäre – selbst bei einer sexuellen oder geschäftlichen Beziehung – nicht mehr freundschaftlich zu nennen. Insofern kann Freundschaft nur ein Beispiel sein für soziale Beziehungen, bei denen die Zielsetzung der Beziehung selbst moralisch orientiert ist und von dieser Orientierung nicht getrennt werden kann. Und damit ist Freundschaft ein Beispiel für eine mögliche *teleologisch-interne* Begründung der Beziehung, in diesem Fall der Freundschaft.

Eine solche Begründung des Wertes einer Beziehung kann daran veranschaulicht werden, warum es eigentlich gut ist, dass wir uns Freunde wünschen, wenn wir keine haben. Die unmittelbaren Wünsche sind: Freunde sind gesellig, helfen nicht nur in Notfällen, kritisieren einen auf hilfreiche Weise, sind vertrauensvolle Gesprächspartner, usw. Wozu sind diese Wünsche gut? Drei Weisen, warum es gut ist, diese Wünsche zu haben und zu erfüllen, könnten die folgenden sein: Freundschaften tragen zum *Selbstwertgefühl* bei, sie spielen eine unverzichtbare Rolle in der *Selbsterkenntnis*, und sie sind ein Ansporn in der *Charakterentwicklung* (siehe LaFollette 1996, Kap. 5). Selbsterkenntnis ist etwas, das an moralische Orientierung gebunden ist. Sie ist beispielsweise nur in Verbindung mit ‚Aufrichtigkeit' denkbar. Auch Charakter ist an moralische Orientierung gebunden, denn seine Entwicklung setzt ein Verständnis von ‚moralischen Fehlern' und ‚moralischer Selbstkorrektur' und damit Vorstellungen von ‚Schuld und Sühne' voraus. Das Selbstwertgefühl wiederum wird kaum entstehen, wenn der Freund nicht seinerseits hochgeschätzt wird, möglicherweise als gleichrangig gilt. Diese Hinweise reichen aus, um zu belegen, dass dasjenige Verhältnis, das wir unter ‚tiefer Freundschaft' verstehen, ohne bereits moralisch angeleitete Ziele weder angestrebt noch realisiert werden kann.

Damit war nur die Rede von Wert und Begründung der Freundschaft. Die *Normativität* von Freundschaft hat insgesamt zwei Seiten, eine teleologisch-interne und eine handlungsorientierende. Die teleologisch-interne Seite betrifft die normative Struktur, durch die Freundschaft eine wertvolle soziale Beziehung, oder noch allgemeiner, ein ‚Lebensgut' ist (also etwa die drei genannten Ziele). Die handlungsorientierende Seite betrifft die *Gebote und Gründe*, die sich aus dieser normativen Struktur ergeben, jedoch nicht mit ihr identisch sind. Diese spezifischen Gebote können mehr oder weniger allgemein formuliert werden, betreffen aber insgesamt Handlungen, die nötig sind, um die Freundschaft zu bewahren und den Freund angemessen zu behandeln. Welche Gebote und Gründe das im Einzelnen sind, hängt auch von den Umständen ab, unter denen eine Freundschaft besteht. Gebote bzw. Pflichten und Gründe sind dabei begrifflich gleichzusetzen: Pflichten sind nichts anderes als Handlungsgründe, die sich aus einer bejahten Freundschaft ergeben.

Die Freundschaftspflichten werden verständlich, indem man sich klar macht, wozu Freundschaft gut ist und warum sie nicht ohne das Bestehen und Befolgen bestimmter Pflichten zu erhalten ist. Wenn man sich den Sinn der Moral, einschließlich ihrer Begründung, zwischen den Menschen in der größeren Gesellschaft am Beispiel der Freundschaft verständlich machen will, so müsste man in den zwischen ihnen vorherrschenden oder möglichen sozialen Beziehungen analog entweder *interne* Zwecke dieser Beziehungen angeben und aus ihnen entsprechende Pflichten gewinnen können, oder, wo nicht möglich, *externe*. Dabei stößt man jedoch sofort auf zwei Probleme. Erstens ist nicht klar, welche *externen* Zwecke die Menschen in größeren Sozialverbänden mittels der Gesellschaft verfolgen, die noch dazu geeignet sein könnten, ihnen eine moralische Bindung zu vermitteln. Da die Mitglieder größerer Gesellschaften nicht wirklich ‚miteinander' handeln, sind dafür ohnehin Abstraktionen oder Metaphern nötig; aber wie könnten die aussehen? Noch weniger klar ist zweitens, welches analoge *interne* Ziele der Beziehungen zwischen den Gesellschaftsmitgliedern sein könnten. Interne Ziele sind solche, bei denen sich die Qualität eines Handelns nach dem Modell der Freundschaft aus der Handlungsweise selbst ergibt oder an eine solche Handlungsweise gebunden ist.

Externe und interne (praktische) Gründe für soziale Beziehungen sowie die in ihnen geltenden Pflichten sind zu unterscheiden von einem dritten Typ von Gründen, die ich *intrinsische* Gründe nennen will und die insbesondere mit internen Gründen leicht verwechselt werden. Während externe und interne Gründe solche sind, die mit einem Ziel verbunden sind, das *unabhängig* von den Gründen benennbar ist, ist das bei intrinsischen Gründen *nicht* möglich. Den Apfel geteilt haben zu wollen, ist ein (externer) Grund, das Messer zu benutzen; von Ingrid über eigene Fehler aufgeklärt worden zu sein, ist ein (interner) Grund, mit Ingrid befreundet zu sein. Ingrid moralisch achten zu müssen, ist ein (intrinsischer) Grund, Ingrid zu achten. Ein intrinsischer Grund wird meist als ein (intrinsischer) Wert angesehen; er entspringt nicht einem Zweck der Beziehung, wie etwa dem Zweck der Charakterentwicklung bei der Freundschaft, sondern projiziert bestenfalls einen Zweck in die Beziehung, der nur dem unterstellten Wert selbst entspringt. Unsere durchschnittliche Auffassung von ‚Moral' hat überwiegend diese intrinsische Form. Wir verstehen meist die Moral nicht als funktionalen Bestandteil von Beziehungen, sondern als etwas, das diese Beziehungen von außen reguliert und ihnen Bedeutung verleiht. Die Folge ist, dass mit der intrinsisch verstandenen Moral auch keine Erklärung verbunden ist, und zwar weder eine Erklärung des Grunds (Achtung) noch des damit projizierten Handlungszwecks (Ingrid zu achten).

Im Folgenden will ich versuchen, die am Freundschaftsmodell gewonnene Einsicht in die soziale Zweckmäßigkeit der Moral über die Freundschaft hinaus zu erweitern. Dieser Versuch beginnt damit, die anthropologisch unausweichlichen Verhältnisse der *Sozialisation* darauf hin zu befragen, wie und worin eine moralische Basis der Beziehungen unter allen Gesellschaftsmitgliedern gefunden werden könnte (siehe 2.). Diese Frage stößt auf den Begriff der ‚*Anerkennung*', ohne den sich das Ziel der Sozialisation kaum benennen lässt. Da ‚Anerkennung' ebenfalls ein interner, und kein im eben beschriebenen Sinn intrinsischer Begriff zu sein scheint, könnte sich Anerkennung für eine Erklärung und Begründung der moralischen Normen unter allen Gesellschaftsmitgliedern eignen. Allerdings erweist sich der Begriff der Anerkennung bei näherer Betrachtung als zu weit. Um normativ verständlich zu sein, benötigt er seinerseits geeignete Handlungsziele, die nicht im Phänomen der Anerkennung allein schon enthalten sind. Anerkennung ist, mit anderen Worten, nicht aus sich selbst heraus bereits ein hinreichend verständliches Handlungsziel (siehe 3.).

Um zwischen verschiedenen Zielen unterscheiden zu können, ist es nötig, eine Handlungstypologie zu entwickeln. Zu deren Vorbereitung soll zunächst ermittelt werden, warum sich typische intrinsische Beschreibungen nicht für einen allgemeinen Begriff der sozialen Beziehungen eignen, aus dem heraus ja eine Handlungstypologie differenzierend entwickelt werden müsste. Diese Beobachtungen führen zuerst zu einem allgemeinsten Sozialbegriff, dem der ‚*Lebensproduktion*', bzw. in der Folge zu drei Teilzielen der gesamtgesellschaftlichen Lebensproduktion, nämlich *Sozialisation*, *Arbeit* und *Organisation,* sowie zu zwei zusätzlichen Zielen *Wissenschaft* und *Gesundheit.* Diesen fünf Funktions- und Handlungszielen entsprechen in etwa Familie, Produktionssphäre, staatliche Ordnung, Bildung und Wissenschaft sowie das Gesundheitssystem als konkrete Sozialbereiche (siehe 4.).

Angesichts dieser Liste von fünf allgemeinen Handlungszielen stellt sich allerdings die Frage, inwieweit bestimmte dieser Teilfunktionen anderen gegenüber einen *normativen Vorrang* ausüben. Ich betrachte drei Versuche zu diesem Zweck: könnten Sozialisation, Arbeit und Wissenschaft vorrangige normative Ziele gegenüber den jeweils restlichen sein? Am Scheitern dieser Versuche deutet sich das Misslingen aller solcher Hierarchisierungsvorschläge an, dennoch zeigt sich auch der Bedarf an einer die Gesellschaft insgesamt integrierenden Teilfunktion. Ich denke, dass dieser Bedarf am ehesten durch die gemeinschaftliche Eigenart der sozialen Ordnung, also eines der Teilziele, gedeckt wird (5.).

Die Analyse der so gewonnenen Handlungs- und Funktionsziele in normativer Absicht benötigt eine diese Ziele angemessen ‚aufschließende' Interpretation, die man eine *‚potentielle' Interpretation* nennen und als Interpretation der Handlungsziele unter Bedingungen von Chancengleichheit präzisieren könnte (6.). Wie eine solche potentielle Interpretation funktionieren könnte, versuche ich an den Handlungszielen ‚Arbeit' und ‚Gemeinschaft' zu schildern. Meiner Meinung nach zeigt sich, dass die Verbindungen von *Chancengleichheit und Verdienst* bzw. von *Chancengleichheit und Solidarität* die besten Mittel für die Handlungsziele in diesen Bereichen sind (7.). Egalitäre moralische Forderungen wären damit über die beiden Handlungsziele als zweckmäßig erklärt und begründet.

Die im folgenden angestellten Überlegungen sind durch die Idee inspiriert, dass es wie bei der Freundschaft *einzig* die verschiedenen Zielen dienenden sozialen Beziehungen sind, die auch für die große Gesellschaft den jeweiligen praktischen Rahmen aufspannen, aus dem heraus die förderlichen normativen Ordnungen sowohl erkannt wie konkret entwickelt werden können. Von ‚teleologischen' Erklärungen und Begründungen spreche ich im gleichen Sinn des Bezugs auf praxisexterne und –interne Ziele oder Zwecke, im Kontrast zu ‚intrinsischen' Begründungen. Wie sich die Ziele und Zwecke von Einzelhandlungen und Beziehungssystemen zueinander verhalten, lasse ich ungeklärt und nehme vage ein Korrespondenzverhältnis an.[1]

2. Sozialisation und Moral

Die Sozialpsychologie des frühen 20. Jahrhunderts hat sichtbar werden lassen, dass alle wichtigen Fähigkeiten, die man im Begriff des ‚Akteurseins' zusammenfassen kann, sozial vermittelte und gestützte Fähigkeiten sind, und dass Akteure wesentlich soziale Akteure sind. An alle Sozialsysteme eine in diesem Sinne genetische Perspektive anzulegen, heißt, diese Systeme unter dem Ziel zu betrachten, herausfinden zu wollen, wie

---

[1] Es bedurfte einiger Überwindung, die ‚teleologischen' Erklärungen und Begründungen nicht außerdem ‚naturalistisch' zu nennen. Naturalistisch könnte man sie dann nennen, wenn sie sich auf Ziele und Zwecke beziehen, die den meisten Menschen eigentümlich sind, wie sicher der Zweck der Lebensproduktion. Demgegenüber scheinen die typischen Ideen, mit denen ‚intrinsisch' argumentiert wird, nur in speziellen Kulturen gültig. Im Sinn dieses Kontrasts sind wohl die meisten hier betrachteten Ziele auch naturalistische. Weil ich diese Auffassung von Naturalismus jedoch nicht eigens verteidigen will und sie mir in der irreführenden Konnotation ‚Natur' für durchweg soziale Verhältnisse problematisch erscheint, verwende ich auch das Prädikat nicht. Ich denke, die folgende Argumentation kann auf diesen zusätzlichen Aspekt verzichten.

Menschen zugleich sich selbst und diese Sozialsysteme ‚ausbilden'. Soziale Beziehungen sind dann nicht das Mittel, sondern eher das Medium, mittels dessen Menschen mit bestimmten Anlagen und Fähigkeiten soziale Verbände und Strukturen entstehen lassen. Aus der Sicht des Individuums könnte man das Ziel dieses Prozesses als ‚Sozialisation', aus der Sicht der Sozialsysteme als ‚Sozialproduktion' bezeichnen. Zusammenfassend ließe sich auch vom Ziel des ‚sozialen Lebens' sprechen, das aus der Sicht des Individuums eine elementare Notwendigkeit darstellt.

Eine Brücke zur Moral ergibt sich von dieser genetischen Sicht der sozialen Beziehungen her dadurch, dass die Ausbildung des Akteurs sowie der konstitutiven Akteursfähigkeiten als normativ strukturiert verstanden werden. Dazu gehört einerseits, dass der Akteur die Mitakteure wahrzunehmen und anzuerkennen erlernt, andererseits, dass er sich selbst in die soziale Welt einordnen lernt, oder dass er zu Anpassung und Autonomie in einem angemessenen Verhältnis fähig wird. George H. Mead, derjenige Autor, der wie kein anderer ein solches normatives Verständnis der Sozialisation inspiriert hat, spricht vom Ausbilden eines ‚generalisierten Anderen' auf der einen, von individueller Selbstverwirklichung auf der anderen Seite.[2] Diese Entwicklungsthematik lässt sich mit dem Problem identifizieren, wie Allgemeines und Individuelles, oder soziale Normen und individuelles Selbstverständnis, miteinander vereinbart werden können. Dabei scheint dieses *‚normative Sozialisationsproblem'* eine Art genetisches Paradox darzustellen: Der einzelne muss normative Strukturen übernehmen, um überhaupt handlungsfähig zu werden – Handlungsfähigkeiten schließen normative Fähigkeiten ein, also die Wahrnehmung dessen, was in der Gesellschaft vom sozialen Akteur gefordert ist. Zugleich soll er sich ein persönliches Selbstverständnis erarbeiten, das nicht in den übernommenen Normen aufgeht, die ihn befähigen, den vielen anderen gegenüber zu agieren. Mead versucht dieses Problem zu lösen, indem er zwei Ich-Zentren annimmt (‚I' und ‚me'), die sich nicht aufeinander reduzieren lassen, sondern einander wechselseitig kommentieren und kontrollieren (1934, §§ 25–27).

Mead nennt als zu übernehmende normative Strukturen vor allem die Rollennormen als (zusammengefasst) diejenigen sozialen Normen, in denen sich sozial verbreitete und überwiegend geteilte Erwartungen gegenüber der Lebensgestaltung konkretisieren. Damit können spezielle Berufsrollen ebenso gemeint sein wie etwa typische Familienrollen. Unter dem Aspekt der Moral interessiert uns allerdings eine Orientierung, die noch hinter diesen Rollennormen liegt, und die *zwei* Funktionsziele und entsprechend zwei Fragestellungen hat. Erstens die Formulierung eines konkreten Selbstverständnisses, einschließlich eines Verhältnisses zur Gestaltung des eigenen Lebens, und zweitens die Akzeptanz moralischer Regeln, mit denen die Beziehungen zu den anderen im Sinn gegenseitiger Rechte und Pflichten unabhängig von Rollennormen festgelegt werden. Schlagwortartig könnte man diese beiden Schwerpunkte der Moral mit *‚Individualität'* und *‚Sozialität'* benennen. Mead beabsichtigt eine Synthese beider, denn insgesamt verfolgt er das Programm, das Entstehen einer bestimmten, demokratischen Sozialmoral aus der sozialen Qualität der Selbstverwirklichung heraus zu belegen (1934, § 36). Die Grundidee dabei ist, dass die

---

[2] Wie der größte Teil der Diskussion beziehe ich mich im folgenden auf *Mind, Self and Society* von 1934, Teil 3. Erhellende Kommentare zu Mead sind enthalten in Tugendhat 1979, Vorl. 11–12; Joas 1980; Habermas 1988; Honneth 1992, Kap. 4.

Entwicklung eines autonomen und individuellen Ichs die soziale Anerkennung der anderen benötigt, und das Ich damit indirekt seinerseits auf eine Anerkennung der anderen festgelegt wird (siehe Habermas 1988, 226; Honneth 1992, 126).

Wie das gehen soll, ist allerdings nicht so klar, und weil es sich wohl um den moralischen Kerngedanken in Meads Sozialisationstheorie handelt, müssen wir ihn genauer betrachten. Das Kind lernt die normativen Reaktionen (Urteile, Strafen) der Eltern auf seine Handlungen kennen, und indem es sich diese Reaktionen zueigen macht, lernt es seine Handlungen moralisch zu beurteilen. Mead richtet bei der Schilderung dieses Lernens, wie bereits angedeutet, ein besonderes Augenmerk auf die Generalisierungstendenz der Übernahme von normativen Rollen. Eine bestimmte Sozialkonstellation, der Wettkampf (‚game'), stellt das paradigmatische Milieu dafür dar, sich in die Rollen vieler verschiedener Mitglieder versetzen und so seine eigene Rolle in einem funktional durchstrukturierten Kollektiv beherrschen zu lernen. Man kann sich vorstellen, dass eine *verallgemeinerte* Fähigkeit des sozialen Umgangs mit anderen aus der Beteiligung an verschiedenen solchen funktional differenzierten Kollektiven entsteht. Diese verallgemeinerte Fähigkeit kann entweder eine Fähigkeit sein, viele verschiedene konkrete Rollen zu kennen und im Konfliktfall zwischen ihnen zu entscheiden, oder es kann eine Fähigkeit des Verallgemeinerns dieser letztgenannten Fähigkeit selbst sein.

Die Schwäche dieser Beschreibungen bei Mead liegt darin, dass sie weitgehend formal bleiben und nicht genauer gezeigt wird, wie das Beherrschen verschiedener Rollen zu einer qualitativ neuen Fähigkeit des Distanzieren von Rollenerwartungen allein kraft Fähigkeit des Verallgemeinerns entstehen soll. Dadurch, dass jemand viele Beziehungsmuster kennt und beherrscht, ist noch nicht klar, dass er sich selbst zu diesen Mustern verhalten kann. Tugendhat hat die Schwäche von Meads Argumentation so diagnostiziert, dass der Übergang von rollengebundenen Fähigkeiten, einschließlich der mit Rollen verbundenen Wertkriterien, zu allgemein-menschlichen Fähigkeiten nicht sichtbar wird (1979, 278). Es ist sicher so, dass das erfolgreich sozialisierte Individuum sich in verschiedenen Rollen- und Normgeflechten bewegen kann; aber inwieweit es sich mittels je anderer Rollen von Rollen *per se* lösen soll können, ist damit noch nicht gezeigt.

Eine Möglichkeit, Meads Reziprozitätsmodell der Sozialisation als gleichursprünglichen Ausgangsort sowohl für Individualität und Autonomie wie für moralische Sozialstrukturen angemessener zu rekonstruieren, könnte sich aus einem stärkeren Beachten des darin enthaltenen Prozesses der *sozialen Anerkennung* ergeben. Mead benennt den von ihm beschriebenen Generalisierungsprozess manchmal als einen des Anerkennens,[3] wird aber der mit diesem Begriff aufgeworfenen Reichweite an personalen Fähigkeiten und Eigenschaften nicht gerecht. Um sowohl die sozialpsychologische wie die allgemein-soziale mögliche Rolle von Anerkennung einzuschätzen, ist es nötig, genauer zu sehen, was mit „Anerkennung" gemeint sein kann, und insbesondere, wie sich normative Anforderungen zum Phänomen der Anerkennung genauer verhalten. Auf dem Hin-

[3] „To have self-consciousness one must have the attitude of the other in one's own organism as controlling the thing that he is going to do. What appears in the immediate experience of one's self in taking that attitude is what we term the ‚me'. It is that self which is able to maintain itself in the community, that is *recognized* in the community in so far as it *recognizes* the others." (1934, 196, hervorgeh. AL)

tergrund der vorhin getroffenen Abgrenzungen scheint sich Anerkennung als teleologischer Begriff verstehen zu lassen, muss dazu aber von dem nahe verwandten intrinsischen Begriff des Achtens unterschieden werden. Außerdem, was könnten die Ziele von Anerkennung sein?

3. Anerkennung und moralische Achtung

„Anerkennung“ heißt soviel wie „Akzeptanz“ oder „Zustimmung“, und hat durchweg den Charakter einer moralischen oder rechtlichen Statuszuweisung. Jemanden anzuerkennen impliziert, ihn „als X“ zu akzeptieren. Wer einer Person gegenüber seine Anerkennung zum Ausdruck bringt, muss zugleich sagen, *worin* oder *als was* er sein Gegenüber anerkennt. Die weitest gehende, idealtypische Anerkennung ist dabei die Anerkennung des anderen als Inhaber von Rechten, also im Rahmen einer großen Gesellschaft als Träger von moralischen und juridischen Rechten, an die alle anderen gebunden sind. Demgegenüber wäre die Anerkennung einer Person für eine spezielle Leistung oder in einer speziellen Rolle, etwa als Sieger in einem Wettkampf oder als Experte, eine begrenzte Anerkennung, die ohne die allgemein-rechtliche Anerkennung kaum möglich wäre. Es gilt nun diese ‚allgemein-gesellschaftliche‘ Anerkennung zu verstehen.

Dazu können wir zunächst festhalten, dass am Beispiel des Wettkampfs „Anerkennung“ klar ein interner, nicht ein intrinsischer Begriff ist. Jemanden als Sieger anzuerkennen hat seine Funktion im Rahmen der sozialen Praxis des Wettkampfs. Die Wettkampfpraxis setzt voraus, dass der unter bestimmten Bedingungen *Beste* als Sieger anerkannt wird. Das Ziel von Wettkämpfen ist demgegenüber *nur*, herauszufinden, *wer* in einer bestimmten Hinsicht, etwa im schnellen Laufen über 100 Meter, am besten ist und – wenn man partout will – die Anerkennung als Sieger verdient. Den Sieger als Besten anzuerkennen ist jedoch eine Zugabe zur Prozedur, die der Wettkampf selbst darstellt. Ohne diese Anerkennung hätte der Wettkampf sicher nicht die soziale Bedeutung, die er hat; es wären aber im Prinzip Wettkämpfe denkbar, die nur dem Zweck dienen, den Schnellsten, Besten, Geschicktesten zu identifizieren – ohne ihm entsprechende Anerkennung zukommen zu lassen. Solche Wettkämpfe wären natürlich weniger beliebt und deshalb weniger verbreitet. Weil die Praxis des Wettkampfs ein anerkennungs-unabhängiges Ziel hat, ist das Anerkennen in diesem Fall *kein* intrinsisches Phänomen. Die Anerkennung ist vielmehr ein der Praxis internes Phänomen, insofern jemand beispielsweise nur dann als Sieger anerkannt werden kann, wenn er sich innerhalb und durch die entsprechende Praxis als der Beste erwiesen hat.

Ausgehend vom klaren Beispiel des praxis-internen Anerkennens *als Sieger* ist es nun eine offene Frage, inwieweit es eine allgemein-gesellschaftliche Anerkennung geben kann, die nicht wie beim Achten von einer intrinsischen Idee des Anerkennens abhängt. Zwei Möglichkeiten sind die folgenden: Man könnte erstens in einem erweiterten Sinn an die Sozialisationserfordernisse anknüpfen, also eine ‚Sozialisationspraxis‘ benennen, in der die Anerkennung als Gesellschaftsmitglied gleichsam den ‚Siegerstatus‘ aller in die Gesellschaft Eintretenden markiert. Das Bild ist zwar insofern schief, als es schwierig wird, von Siegern zu sprechen, wenn *alle* Sieger sein sollen, aber das erfolgreiche Durchlaufen von Sozialisationsinstanzen auf dem Hintergrund des möglichen Scheiterns legt einen begrenzten Vergleich dennoch nahe. Zweitens besteht die Möglichkeit, von gesamtgesellschaftlichen Kooperationspraktiken zu sprechen, die Ziele dieser Praktiken zu benennen und Anerkennung entsprechend als Funktion dieser Ziele auszuzeichnen. Für beide Versuche, von denen ich im Folgenden den ersten nur noch kurz, den zweiten ausführlicher schildern will, ist charakteristisch, dass *die eigentliche Erklärung* des Anerkennens *nicht* aus dem normativen Verhältnis des Anerkennens, und damit in gewisser Weise nicht aus dem *Begriff* der „Anerkennung", entspringt, sondern aus einer dem Anerkennen vorausgehenden Praxis. Die Erklärung der Anerkennung nicht etwa in einem genuinen und als solchem isolierten Anerkennungsbedürfnis zu suchen, sondern in vorausliegenden sozialen Handlungserfordernissen, ist die Konsequenz einer generell angestrebten teleologischen Erklärung der moralischen Beziehungen.

Auf dem Hintergrund der Unterscheidung zwischen praxis-internen und moralisch-intrinsischen Begriffen scheint mir klar, dass der Begriff der Anerkennung, wenn er *nicht* als intrinsischer Begriff verwendet werden soll, eine teleologische Erklärung benötigt. Eine solche Erklärung fordert eindeutig, dass die entsprechende Praxis ein nicht bereits mit dem Begriff „Anerkennung" beschriebenes Ziel hat – andernfalls kann von einer Erklärung nicht gesprochen werden. Auf der anderen Seite kann der Begriff der Anerkennung, bzw. eine moralspezifische Version dieses Begriffs, ähnlich wie im Fall des Siegers im 100 Meter-Lauf inhaltliche Hinweise darauf geben, welche Art von Praxis bzw. welche Art von Leistungen es sind, die erklärend im Hintergrund stehen. Was man unter „Anerkennung" inhaltlich versteht, ist also für die beabsichtigte Erklärung nicht eben unwichtig. Ein konkreter Vorschlag von Axel Honneth (1997; ähnlich auch 1992, Kap. 5) kann dazu dienen, die Schwierigkeiten in diesem Verhältnis zwischen Praxis und Anerkennung etwas detaillierter zu beleuchten.

Honneth sieht die „allgemeine" Funktion der (allgemeinen) Moral darin, die „intersubjektiven Bedingungen" zu sichern, „unter denen menschliche Subjekte ihre Integrität bewahren können" (1997, 36). Bewahrung meint dabei nicht nur die Verhinderung des Verlustes, sondern auch die positive Unterstützung und Ermöglichung von Integrität.[4] Diese Funktion erfüllt die Moral in drei Hinsichten, die Honneth mit *Selbstvertrauen*, *Selbstrespekt* und *Selbstwertgefühl* benennt (33). Mit Selbstvertrauen ist die in der familiären Sozialisation entwickelte Grundsicherheit der Person gegenüber sich selbst, ihren Absichten und Handlungen gemeint. Selbstrespekt oder Selbstachtung werden mit der moralischen Akzeptanz der eigenen Person als gleichberechtigtes Subjekt unter anderen Subjekten identifiziert. Und „Selbstwertgefühl" soll eine Art Stolz aufgrund besonderer Fähigkeiten, insbesondere auch solcher im Rahmen einer Gemeinschaft (37), bezeichnen. Diese drei Formen von personalen Fähigkeiten gelten deshalb als Anerkennungsformen, weil sie nur in entsprechend geeigneten sozialen Kontexten entstehen können. Honneth nennt jene sozialen Kontexte sowie die in ihnen erforderlichen Voraussetzungen für das Entstehen und die Stabilität der entsprechenden Fähigkeiten: individuelle Fürsorge und Liebe in der Familie oder in familienähnlichen Verhältnissen, universelle Gleichbehand-

---

[4] Diese Unterscheidung ist wichtig für die Frage, ob die Moral vorrangig eine Schutz- oder (darüber hinaus) eine Förderfunktion hat, im Sinn der klassischen Unterscheidung zwischen negativen und positiven Pflichten und Rechten.

lung und Zuerkennung moralischer Urteilsfähigkeit in der Gesellschaft allgemein, und besondere Wertschätzung und Solidarität in spezifischen Gemeinschaften (36f.).

Die Bezeichnung dieser *drei Formen* der Anerkennung als diejenigen des *familiären*, des *universell-sozialen* und des *gemeinschaftlichen* Anerkennens hat den Vorteil, die verschiedenen Verhältnisse unter einem globalen Begriff „Anerkennung“ zu versammeln, um vielleicht im Weiteren Beziehungen dieser Phänomene untereinander zu betrachten. Es hat jedoch zugleich den Nachteil, dass diese Bereiche in verschiedene Teilfunktionen zerfallen, weil sie nicht durch eine gemeinsame übergreifende Funktion der Anerkennung verbunden werden. Die generelle Funktion von „Anerkennung“ besteht für Honneth nur in derjenigen des sozialen Beschaffens von ‚Integrität‘, und Integrität wird nicht anders als durch die drei speziellen Handlungsfähigkeiten erläutert, die in ihren Funktionszielen und normativen Anforderungen aber in verschiedene Richtungen weisen. Tatsächlich stehen, wie Honneth selbst hervorhebt, diese Anforderungen zueinander in Konflikt. Die besondere Fürsorge für die eigenen Kinder, die Anforderungen der durchschnittlichen Moral und diejenigen der speziellen Solidarität innerhalb einer Gemeinschaft harmonieren nicht einfach miteinander, und sie können nicht nach einem allgemeinen Rezept vereint werden (39). Entsprechend offen ist das Feld zu erwartender moralischer Konflikte.

Dass Honneth die Forderung nach einer funktionalen Erklärung nicht konsequent berücksichtigt, erweist sich in dieser Analyse des Anerkennungsbegriffs nun als nachteilig. So hat *nur die Familie* ein eindeutig außermoralisches Ziel in der Ermöglichung psychischen Grundvertrauens, während moralisches Achten und gemeinschaftsspezifisches Wertschätzen bereits moralisch aufgeladene Ziele enthalten. In Honneths Schilderung haben die allgemeinen Sozialbeziehungen sowie diejenigen in einer spezifischen Gemeinschaft kein Ziel, das sich ohne die Bezugnahme auf universell-moralische bzw. lokal-werthafte Begriffe benennen ließe. Statt die moralischen Forderungen teleologisch-intern zu erklären, fällt seine Analyse deshalb gerade am zentralen Punkt, nämlich der Erklärung der allgemeinen Sozialmoral, auf eine intrinsische Beschreibung eines verbreiteten Verständnisses von Moral zurück. Honneth geht dabei so weit, dass er der universellen Moral in den diagnostizierten Normkonflikten ohne jede weitere Erklärung den Vorrang einräumt (40), während in einer teleologischen Sichtweise einzig die tatsächliche sozialpsychologische Bedeutung von Anerkennungsweisen über den Vorrang entscheiden könnte. Solche Ziele scheinen ihm aber für den zweiten und dritten Moralbereich offensichtlich nicht greifbar.

Soweit Honneths Überlegungen einen Hinweis auf den Grund geben, aus dem er eine insgesamt teleologische Erklärung von Anerkennung vermeidet (35f.), besteht er vielleicht in der Vermutung, dass eine solche Erklärung die in unserer Kultur erreichte *individuelle* moralische Anerkennung, also den Schutz der persönlichen Integrität unter allen Gesellschaftsmitgliedern, nicht erfassen kann. Vielmehr legt sie eine utilitaristische Moral nahe, in der bekanntlich der moralische Schutz des Individuums gegenüber dem der Interessen der Gesellschaft insgesamt schwach und unsicher ist. Ein historisches Argument *gegen* teleologische Erklärungen der Moral könnte zusätzlich anführen, dass sich die Menschenrechtsmoral nur auf dem Hintergrund einer individualistischen Religion entwickeln konnte und deshalb nur kulturell, nicht teleologisch erklärt werden kann. Selbst wenn das zutreffen sollte, wäre es allerdings informativ, das Ausmaß des Scheiterns teleologischer Erklärungen genauer zu kennen. Denn die nicht-teleologische Erklärbarkeit der allgemeinen Sozialmoral enthielte ja nicht unbedingt eine optimistische Botschaft, sondern würde die kulturelle Zufälligkeit – und damit die systematische Anfälligkeit – unseres jetzigen moralischen Systems sichtbar werden lassen. Dem bloß ‚intrinsischen' Anrufen dieses Systems entspräche die bloße Hoffnung, dass es sich noch lange erhalten möge, ohne dass für seinen Erhalt externe Gründe genannt werden könnten. Angesichts gegenwärtig beobachtbarer Erosionserscheinungen des Systems wären solche Gründe aber wünschenswert.[5]

Vielleicht lässt sich Selbstachtung als interner Begriff verstehen, so dass das moralische Achten seinerseits teleologisch erklärt würde; oder das tatsächlich nur intrinsisch zu fassende Phänomen des Achtens ist als notwendige Voraussetzung der Familienbeziehungen (oder der Freundschaft) zu erklären (unterstellt, dass die letzteren außermoralische Funktionsziele besitzen)? Das Problem des ersten Versuchs dürfte aber darin liegen, dass die psychischen Funktionsziele wie ‚individuelle Handlungsfähigkeit', ‚psychische Stabilität', ‚Selbstvertrauen', ‚Lebensfreude', ‚Handlungsmotivation' usw. *hinreichend* durch familiäre und kommunitäre Sozialbeziehungen und die in ihnen erbrachte Anerkennung geschaffen werden. Tatsächlich wären wir alle zu bedauern, wenn wir für unsere psychische Stabilität die Anerkennung seitens ‚der ganzen Welt' benötigten. Da selbst Nobelpreise, UN-Vorsitze und Schachweltmeisterschaften umstritten und sicher nicht weltweit bekannt sind, könnten nicht einmal die durch diese Ehrungen außergewöhnlich anerkannten Individuen psychisch stabil sein. Erfreulicherweise benötigt jede und jeder von uns nur eine begrenzte Zahl von ihn wertschätzend unterstützenden Sozialpartnern, d.h. Menschen, die insbesondere seine Individualität in persönlichen Beziehungen (und nicht seine Fähigkeiten und Errungenschaften) achten. Damit wird unwahrscheinlich, dass eine interne Erklärung des Selbstachtens die allgemeine moralische Achtung zur Voraussetzung erhebt – so dass umgekehrt freilich dieses Achten nicht teleologisch über Selbstachtung erklärbar ist.[6]

Damit wird auch sichtbar, welche Schwierigkeiten dem zweiten Versuch begegnen, das universelle Achten *indirekt* als Voraussetzung für entweder familiäre oder kommunitäre Anerkennungsinstitutionen zu erklären. Einerseits hat die Familie bei Gelten einer universellen Moral die erhöhte Chance, sowohl materiell als auch in ihren Binnenbedürfnissen geschützt und toleriert zu werden. Ein liberaler Staat, der die Bedürfnisse der

[5] In die Liste von Erosionserscheinungen könne man aufnehmen: den zunehmend außermoralischen, pragmatischen Umgang mit dem frühen menschlichen Leben, Verträge zur Organspende (Kliemt/Breyer 1995), Altersrationierung (Breyer/Schultheiss 2002), Dominanz des Verdienstkriteriums im Arbeitsbereich (Miller 1999, Kap. 4), Strafe als Vergeltung, Neigung zur Todesstrafe, Anti-Terrorismus (Honderich 2002; 2005), bedingtes Foltern (Brugger 2004; Levinson (ed.) 2004).

[6] Eine andere Konsequenz der teleologischen Erklärung universellen Achtens wäre, dass in allen vormodernen Gesellschaften Selbstachtung unbekannt sein müsste. Tatsächlich ist das universelle Achten – ein durchgängiges Thema von Nietzsche – für das Selbstachten eher hinderlich als förderlich, weil es den Maßstab der Gleichheit an die Stelle der Einzigartigkeit setzt und damit aufwendige Erklärungsversuche hervorrufen muss, wieso die individuelle Selbstachtung darunter keinen Schaden erleidet.

Familie anerkennt, wird für Sicherheiten sorgen, die etwa in einem oligarchischen Staat nicht erzeugt werden. Andererseits setzt die universelle Moral der Familie deutliche Grenzen, die sich etwa am politischen Zwang zur Beteiligung an egalitaristischen Institutionen (Schulen, Universitäten, Armee, Versicherungen) zeigen. Gleiches gilt für religiöse oder andere weltanschauliche Gemeinschaften. Sie werden einerseits zwar toleriert und damit gefördert, andererseits aber auch begrenzt oder sogar unterdrückt. Nur ‚universalistisch-moralkompatible' Familien und Gemeinschaften werden von der universellen Moral wirklich bejaht, so dass eine indirekte teleologische Erklärung des universellen Achtens über das Wohl der Familien nicht plausibel erscheint.

Wenn diese Erklärungsversuche scheitern und wir nach wie vor an einer Erklärung der Moral interessiert sind, ist es zunächst nötig, Honneths „allgemeine Funktionsbestimmung der Moral" (36) zu korrigieren, wonach es der Moral vorrangig darum geht, die intersubjektiven Beziehungen so zu sichern, dass die Beteiligten ihre ‚Integrität' bewahren können. Dieses Funktionsziel ist stark an der Meadschen Sozialpsychologie orientiert und, so weit es trägt, auch sicher nicht verfehlt. Wie anhand der Freundschaft demonstriert, ist der funktionale Zusammenhang zwischen psychischen Erfordernissen und moralischen Verhaltensweisen in direkten persönlichen Beziehungen unmittelbar einleuchtend. Je weiter sich diese Erklärung jedoch von den Sozialisationsinstanzen im engeren Sinn entfernt, umso unpassender wird eine teleologische Erklärung. Die sozialen Beziehungen im weiteren oder weitest möglichen Sinn werden nicht benötigt, um eine ‚gesunde' Persönlichkeit zu entwickeln. Die Folgerung aus diesen Beobachtungen kann nur sein, dass sich entweder angemessenere teleologische Erklärungen finden lassen müssen, die andere Handlungsziele und Praktiken nennen als die der Sozialisation, oder dass die allgemeine und universelle Moral teleologisch nicht erklärbar ist.

Im nächsten Abschnitt will ich zunächst einen Überblick darüber gewinnen, welche Handlungsziele das sein könnten, und inwieweit sie ermöglichen, der allgemeinen, und insbesondere einer universellen und egalitären, Moral teleologisch nahe zu kommen.

4. Ziele allgemeiner Sozialbeziehungen

Soweit die klassische moderne Rechts- und Moralphilosophie versucht hat, rechtliche und moralische Forderungen aus einer Schilderung von sozialen Beziehungen zu gewinnen, ist das in ganz unterschiedlicher Weise innerhalb der ‚vertragstheoretischen' Tradition, vonseiten so unterschiedlicher Autoren wie Hobbes, Locke, Rousseau und Hume, geschehen. Während etwa Hobbes die sozialen Beziehungen besonders als Anlässe ansah, für Schutz und Sicherheit zu sorgen, verstand Hume sie als Anlässe für eine möglichst effiziente Gestaltung kooperativen Handelns.[7] Dabei hat Hume aufgrund seines Vernunftskeptizismus die sozialen Beziehungen mit viel größerem sozialwissenschaftlichen Interesse betrachtet als viele seiner ‚humeanischen' Nachfahren. Diese lassen sich meist von der Modellvorstellung des Vertrags, also der Problematik des

[7] Locke unterstellte die Moral als naturrechtlich gegeben, so dass für eine Analyse der sozialen Verhältnisse kein Bedarf war, Rousseau sah die sozialen Verhältnisse nur als Behinderungsmedium für vorsozial ideale Menschen.

Überwindens kurzsichtiger egoistischer Motive, gefangen nehmen, einer Vorstellung, die Hume selbst für bedeutungslos hielt.[8] Vermutlich war es auch Humes Skeptizismus, der ihn daran gehindert hat, die in seiner Theorie der ‚künstlichen Tugenden' konkretisierte Kooperationsidee weiter zu einzelnen Handlungstypen und entsprechenden Handlungsbereichen zu differenzieren, wie das später in ökonomischen und soziologischen Theorien geschehen ist.

Die Notwendigkeit einer Konkretisierung der allgemeinen Idee, alle Gesellschaftsmitglieder stünden in einer Art Kooperation miteinander, zeigt sich vor allem an zwei naheliegenden Einwänden. Der erste Einwand lautet, dass die Rede von Kooperation ohne Angabe des Zwecks der Zusammenarbeit uninformativ bleibt, jedenfalls solange man mit ihr nicht wiederum das Problem des Egoismus und seiner Überwindung meint. Dieses Problem unterstellt, so die Botschaft, dass alle von Kooperation profitieren, insofern sie die Überwindung des Egoismus bedeutet. Doch dieser Ausgangspunkt ist keineswegs zwangsläufig gegeben. Menschen sind nicht so offenkundig ‚im Allgemeinen' egoistisch. Der zweite Einwand weist darauf hin, dass die Idee der ‚Kooperation aller miteinander' der Realität einer großen Gesellschaft nicht entspricht. In ihr kooperieren bestenfalls viele Gruppen miteinander und selbst in der Demokratie, die allerdings als Produkt und nicht als Voraussetzung der Kooperation verstanden wird, sind es eher viele Einzelbeteiligungen, die sich summieren, als ein reziprokes Handeln (was dem Kooperationsmodell entspräche). Zusammen einen Tisch zu tragen und in einer großen Gesellschaft ‚zusammen' zur Wahl gehen, sind doch sehr verschiedene Aktivitäten. Lässt man sich von der Metaphorik des Kooperationsbegriffs nicht beeindrucken, würde man in einem teleologischen Erklärungsversuch stattdessen kollektive Handlungsziele suchen, beginnend mit einem allgemeinsten Ziel, fortfahrend zu dieses differenzierenden Teilzielen. *Wozu* die Leute in der Gesellschaft kooperieren, eben zuhanden dieser Ziele, würde dann der Rede von der Kooperation allererst zu einem Inhalt verhelfen.

Das allgemeinst-mögliche gesellschaftliche Gesamtziel kann kaum ein anderes sein als die ‚*Lebensproduktion*'. Wenn man die Frage stellt, wozu die sozialen Beziehungen in einer großen Gesellschaft *insgesamt* gut sind, lässt sich nur antworten: um das Leben von allen in dieser Gesellschaft zu zeugen, zu erhalten und zu gestalten. „Alle" in der Gesellschaft sind natürlich überwiegend Menschen, aber auch Tiere, denen gegenüber wir soziale Beziehungen unterhalten. ‚Leben' ist nicht als nur biologisches Faktum, sondern auch als soziokulturelle Kategorie gemeint. Die soziokulturelle Gestaltung des Selbst, der sozialen Beziehungen und der Gemeinschaften gehört ‚natürlicherweise' zur menschlichen Lebensproduktion (teilweise sogar zur tierischen). Soziales Handeln ist die Art, wie menschliches Leben ‚produziert' wird. Die Rede von ‚Produktion' ist nicht im speziellen Sinn des instrumentellen Herstellens von Gegenständen gemeint, sondern mit ‚Schaffen' oder ‚Hervorbringen' gleichzusetzen. Typisch für die menschliche Produktion ist außerdem die Reproduktion, die *Veränderung* des Akteurs durch die Produktion.

---

[8] Siehe Contract. Hume gilt allerdings als einer der Entdecker und Beantworter des Gefangenendilemmas, was seinerseits Anlass für vertragsrationale Rekonstruktionen bot. Für eine antirationalistische Lektüre Humes als rekonstruktivem Sozialtheoretiker siehe Haakonssen 1981, Kap. 2; Snare 1990, Teil 2.

In welche Teilziele könnte man das übergreifende Ziel der Lebensproduktion zerlegen? Es ist unstrittig, dass die bisher betrachtete *Sozialisation* ein elementares Teilziel darstellt, ohne das eine Gesellschaft nicht existieren könnte. Mit diesem Ziel müssen auch Sozialisationsinstanzen wie die Familie oder familienähnliche Beziehungen gegeben sein. Zwei weitere, ebenso elementare Teilziele sind *Arbeit* und *Organisation*. Unter „Arbeit" verstehe ich die Produktion von ‚Lebensmitteln', wiederum im weiten, soziokulturell verstandenen Sinn von Lebensmitteln. „Organisation" meint die institutionelle Organisation der Gesellschaft, d.h. das Bewahren einer sozialen Ordnung, durch die das Zusammenleben normativ geregelt ist und ohne die sie nicht möglich wäre. Dass mit diesen Teilzielen zwar Tätigkeiten im weiten Sinn, aber nicht klar Tätigkeiten mit einem konkreten Ziel benannt werden, und dass die Ziele ‚Produktion von Lebensmitteln' und ‚Herstellen einer sozialen Ordnung' selbst vage sind, erklärt die erheblichen Schwierigkeiten, diese Ziele als Handlungsziele zu erfassen. Diese sind einerseits darauf zurückzuführen, dass die Ziele schwer voneinander abzugrenzen sind, und rühren andererseits daher, dass sie in einer großen Gesellschaft mindestens ebenso sehr ‚Systemziele' wie Handlungsziele darstellen.

Wenn man unter „Lebensmittel" alle herzustellenden Güter und Zustände versteht, die zur Gestaltung menschlichen Lebens nötig oder üblich sind, droht Arbeit zur alles umfassenden Kategorie zu werden. Sozialisation auf der einen, Recht, Politik und Staat auf der anderen Seite könnten dann in den Arbeitsbegriff hineingezogen werden, weil Kinder und staatliche Sicherheit ‚herstellen' ein Beschaffen von Lebensmitteln ist. Da es sich dennoch um sehr verschiedene Arten von Lebensmitteln handelt, müsste man wiederum verschiedene Bereiche der Arbeit unterscheiden, was inhaltlich zu einer ähnlichen, wenn auch begrifflich anders benannten Einteilung sozialer Handlungsziele führen würde. Um die drei Bereiche schärfer abzugrenzen, ist es deshalb nötig, die Ziele genauer zu fassen und als Handlungsziele zu verteidigen. Ein Vorschlag dazu ist der folgende:

- Handlungsziel der *Sozialisation*: ‚Herstellen emotional gebundener Familienbeziehungen';
- Handlungsziel der *Arbeit*: ‚Herstellen lebensnotwendiger und lebensgestaltender externer Güter';
- Handlungsziel der *Organisation*: ‚Herstellen einer sozialen Ordnung'.

Vor allem das zuletzt genannte Ziel ist unterbestimmt, und ich komme gleich wieder darauf zurück. Aus gesamtgesellschaftlicher Perspektive mag die Sozialisation dem Zweck dienen, die Gesellschaft insgesamt zu reproduzieren, nämlich für den Mitgliederbestand der nächsten Generation zu sorgen. Aus der Handlungsperspektive der potentiellen Eltern steht hingegen das eigene Wohl, und genauer die Aussicht auf emotionale Beziehung zu eigenen Nachkommen, im Vordergrund. Die Familie, oder vergleichsweise emotional geprägte persönliche Sozialbeziehungen zwischen Kindern und Erwachsenen, sind damit nicht ein ‚Mittel', um das ‚Ziel', die gezeugten oder zu zeugenden Kinder zu sozialisieren. Vielmehr ist die Familie das eigentliche Handlungsziel, in dessen Rahmen das Zeugen der Kinder den wichtigsten Teilaspekt darstellt. Würde man den emotionalen Aspekt dieser Beziehungen nicht als Ziel in den Vordergrund stellen, könnte man das Ziel der Sozialisation ebenso gut als ‚Reproduktionsarbeit' bezeichnen. Die Familientätigkeit *als Arbeit* aufzufassen und damit mit anderen Arbeitsweisen in Beziehung zu setzen (wie teilweise im Sozialismus), erfordert aber entweder (wiederum), sehr *verschiedene* ‚Arbeitsweisen' einzuräumen (nach denen elterliche Liebe eine Form von Arbeit ist, Kohleabbau eine andere), oder die Familie vorrangig als einen sozialen Ort zu sehen, in dem es *nur* um das Bereitstellen von externen Gütern geht. Die erste Variante ist terminologisch verwirrend, die zweite inhaltlich abwegig.

Manchmal, so vor allem von Angelika Krebs (2002), wird zugunsten eines Einbezugs der Tätigkeiten in Familie und Haushalt in den Arbeitsbegriff mit dem Gerechtigkeits-Gesichtspunkt argumentiert. Die Gesellschaft hat demnach vom Zeugen und Sozialisieren der Kinder Vorteile und sollte die sozial verborgene Tätigkeit vor allem der Mütter und Frauen so honorieren, wie sie andere Tätigkeiten auf dem Erwerbsarbeitsmarkt öffentlich honoriert. Mir scheint, dass dieser Gerechtigkeitsaspekt auch berücksichtigt werden kann, *ohne* dass die Familientätigkeit terminologisch zur Arbeit erhoben werden muss. Der Gerechtigkeitsfrage geht es ja inhaltlich darum, die Verteilung von Vor- und Nachteilen – Vorteilen der Gesellschaft durch die Kinder und Nachteilen für die Eltern – gerecht zu gestalten. Für diese Gerechtigkeitsfrage ist es nicht nötig, die Familie zu einem quasi-meßbaren Arbeitsfeld zu erklären, um darauf hin für einen gerechten Ausgleich zu plädieren. Die Familientätigkeit als Arbeit zu bezeichnen, scheint deshalb unter diesem Aspekt völlig unnötig.

Noch schwieriger ist es, die *Herstellung einer sozialen Ordnung* von der Arbeit abzugrenzen. Erstens, weil gerade eine Sicherheit garantierende soziale Ordnung als eine Art ‚Lebensmittel' bezeichnet werden kann, und zweitens, weil die konkreten Tätigkeiten in den entsprechenden Berufen des Herstellens und Bewahrens der sozialen Ordnung – Berufen in der Exekutive, Legislative und Judikative, als Polizist, Politiker und Richter – überwiegend als Arbeit verstanden werden. Ähnlich wie bei ‚Familienarbeit' könnte man auch diese Tätigkeiten als ‚Ordnungsarbeit' unter einen weiten Arbeitsbegriff subsumieren, und tut es sicher auch häufig. Dann aber gerät wie bei Sozialisation und Familie das *eigentliche Ziel* der Tätigkeit zugunsten anderer Aspekte, wie insbesondere der subjektiven Mühsal oder der günstigen Folgen für andere, aus dem Blick. Worin aber kann das eigentliche Ziel des Beschaffens einer sozialen Ordnung bestehen?

Dieses Ziel zu nennen ist deshalb nicht einfach, weil wir nur die Wahl zu haben scheinen zwischen einem tatsächlich gegebenen, aber zu eng gefassten Ziel einerseits, und einem weiter gefassten, aber wiederum nur intrinsisch benennbaren Ziel andererseits. Das *erste* Ziel wäre etwa ‚sozialer Schutz und Sicherheit' als Ziel der sozialen Ordnung, verstanden vor allem als Schutz und Sicherheit der Gesellschaftsmitglieder *untereinander* – nicht etwa als Schutz und Sicherheit vor den verschiedensten Lebensschwierigkeiten, wie Armut, Arbeitslosigkeit, Krankheit, usw. Diese *negativ* gefasste Zieldefinition von Schutz und Sicherheit entspricht vor allem der hobbesianisch-libertären Tradition von Friedrich Hayek und Robert Nozick, und verbindet den Vorteil einer klaren teleologischen Begründung des Ziels mit dem Nachteil seiner offensichtlich zu engen Definition.[9] Auf den Grund, warum man die Definition als ‚zu eng' ansehen kann, komme ich gleich zurück.

Die *zweite* Variante ergibt sich, wenn man ‚soziale Gerechtigkeit' als Ziel der Herstellung einer sozialen Ordnung nennt, und darunter nicht nur gegenseitigen Schutz, sondern einen staatlich garantierten Schutz vor der Lebenswillkür und mehr noch ein gerecht geordnetes Zusammenleben um seiner selbst willen versteht. Diese *positiv* gefasste Zieldefinition von gerechtem Zusammenleben verbindet sich gegenwärtig vor allem mit der Theorie von John Rawls und kann auf unterschiedliche Weise nachvollzogen werden. Dabei scheint entscheidend, ob sich der Begriff des „gerechten Zusammenlebens" aus den erweiterten Anforderungen an Schutz und Sicherheit heraus teleologisch verstehen lässt, oder ob Gerechtigkeitsvorstellungen ihrerseits diese erweiterten Anforderungen bestimmen. Gerechtigkeit wäre dann kein funktionaler, sondern ein intrinsischer Begriff. In Rawls' Theorie (bereits von 1971) scheint klar letzteres der Fall zu sein, insofern Fairnessintuitionen durch die Ursituation modelliert werden, die ihrerseits Gerechtigkeitsprinzipien hervorbringt. Wenn das *Ziel* der sozialen Ordnung allerdings so sehr durch moralische Ideen bestimmt wird, die ihrerseits nicht durch außermoralische Handlungserfordernisse erklärt werden, besitzen wir für das Ziel der sozialen Ordnung *kein inhaltlich informatives* Ziel! Auch diese zweite Zieldefinition ist deshalb unbefriedigend.

Wenn wir kein praxisinternes Gut nennen können, das über dasjenige von sozialem Schutz und Sicherheit hinausgeht, geraten wir in eine missliche Lage. Wir müssten unsere Abneigung gegenüber dem Minimalstaat auf die kulturelle Zufallssituation stützen, wonach einzig die (kulturgeprägten) moralischen Ansichten gegen eine bloße Schutzgesellschaft mit großen Unterschieden von Reich und Arm stehen. Wo sie nicht durch religiöse Überzeugungen gestützt werden, dürften diese Ansichten zunehmend erodieren, und mangels eines teleologisch-internen Arguments könnte man dagegen überhaupt nichts einwenden, ja sich nicht einmal selbst kritisch dazu verhalten.[10] Andererseits scheint sich als Ziel für die Beziehungen zwischen allen Mitgliedern in einer großen Gesellschaft tatsächlich nichts anderes angeben zu lassen als eine Reihe von moralischen Ideen. Daraus müsste man schließlich folgern, dass diese Gesellschaften selbst keinem anderen Zweck als dem bereits genannten, äußerst weit gefassten der Lebensproduktion der Mitglieder unterstehen.

---

[9] Ein Kritiker könnte darauf hinweisen, dass das Bedürfnis nach sozialer Sicherheit deshalb kein teleologisches Bedürfnis ist, weil bestimmte Gesellschaftsstrukturen die gegenseitige Bedrohung und damit einen Bedarf an Sicherheit erst erzeugen. (So hat beispielsweise C. B. MacPherson den Hobbesschen Naturzustand als Ausdruck des frühbürgerlichen Marktgeschehens interpretiert: MacPherson 1962). Soziale Ursachen für ein menschliches Bedürfnis widersprechen aber nicht dem Anspruch teleologischer Erklärungen. Zu einer ‚intrinsischen' würde die Erklärung erst dann, wenn die gegenseitige soziale Bedrohung von ihrerseits nicht erklärten moralischen Ideen ausginge, und das ist in größerem Umfang sicher nicht der Fall.

[10] Dass unsere ‚Intuitionen' einfach verschiedene sind, ist ein pessimistisches Fazit von Rawls gegenüber traditionalistischen Kulturen, die zu weit von der westlichen Kultur abliegen (siehe Rawls 1999, Teil 2). Ein solches Patt von Intuitionen könnte aber auch innerhalb der westlichen Kultur jederzeit entstehen, oder besteht bereits.

Betrachten wir die Möglichkeiten, für dieses Ziel zu argumentieren, aber genauer. Die soziale Ordnung könnte sich zur Lebensproduktion auf zwei Weisen verhalten: *instrumentell* und *nicht-instrumentell*. Bei einem instrumentellen Verhältnis dient die soziale Ordnung den beiden soweit fixierten Teilzielen der Lebensproduktion, also der Sozialisation und dem Erzeugen von Lebensmitteln. Gesellschaften benötigen danach eine soziale Ordnung, um diese beiden Ziele verfolgen zu können, die ihrerseits für die Lebensproduktion nötig sind. Wie die soziale Ordnung beschaffen sein sollte, ergäbe sich *nur* aus den funktionalen Erfordernissen der beiden anderen Bereiche, was vermutlich eine erheblich andere soziale Ordnung zur Folge hätte als die uns gewohnte. Sozialistische und faschistische Regime haben diese beiden Ziele effizient anzustreben versucht, und es ist ihnen wohl auch gelungen.

Ein nicht-instrumentelles Verhältnis zwischen sozialer Ordnung und Lebensproduktion würde dagegen bedeuten, dass die soziale Ordnung *ein irreduzibles Teilziel* der Lebensproduktion der Gesellschaft darstellt, also nicht zugunsten der anderen Ziele funktionalisiert werden kann. Dieses irreduzible Teilziel könnte im sonst nicht weiter instrumentalisierbaren *Herstellen und Gestalten von sozialer Gemeinsamkeit* bestehen. Die Ziele der emotionalen Familienbeziehungen sowie von Freundschaften, denen die meisten Menschen in ihrem Leben eine erhebliche Bedeutung zumessen, belegen, dass es ein grundlegendes Bedürfnis nach Gemeinsamkeit gibt. Abgesehen von der nötigen Qualitätsveränderung durch die große Zahl spricht eigentlich nichts dafür, dass dieses Sozialbedürfnis auf wenige Menschen begrenzt sein soll. Dass die sozialen Beziehungen im Rahmen einer großen sozialen Ordnung notgedrungen abstrakte und persönlich weitgehend anonyme bleiben müssen, schließt nicht aus, das Herstellen einer großen sozialen Gemeinschaft als das dritte Teilziel der Lebensproduktion anzunehmen, das darin freilich weiter belegt werden muss.

Für das praxisinterne Ziel der (Entwicklung einer) *sozialen Gemeinschaft* als wichtigster Grundlage der sozialen Ordnung spricht, dass sich alternativ die soziale Ordnung schwer erklären und begründen ließe. Die alternativen Erklärungsversuche wären eben der instrumentelle, also der Versuch der Erklärung sozialer Ordnung zum Zweck anderer Teilziele der Lebensproduktion, oder der intrinsische, also die Erklärung sozialer Ordnung aus moralischen Ideen, oder sogar nur aus der ‚Idee der sozialen Ordnung'. Diese Versuche sind offenkundig unzureichend. Positiv gilt aber darüber hinaus, dass sich zahlreiche Beobachtungen zusammentragen lassen, wonach das politische System in einer Gesellschaft *effizienter* funktioniert, die soziale Ordnung der Gesellschaft eine *stabilere* ist und die Bürger der Gesellschaft ein *zufriedeneres* Leben führen, wenn ein Bedürfnis an sozialer Gemeinschaft artikuliert und befriedigt wird.[11] Die dazu nötige Formulierung des internen Ziels geht so weit, wie ein ‚internes' Ziel nur gehen kann, fällt aber nicht mit bloßen moralischen Intuitionen und damit einem intrinsischen Ziel zusammen.

Das Ziel der *großen sozialen Gemeinschaft* ist in der Regel dasjenige einer nationalen Gemeinschaft und besteht in der Befriedigung eines Gefühls der nationalen Zusammen-

[11] Die hier angesprochene These ist in den letzten Jahren unter dem Stichwort ‚liberaler Nationalismus' umfangreich diskutiert worden. Siehe für eine gewichtende Zusammenfassung Mason 2000, Kap. 5.

gehörigkeit. Entgegen universalistisch-moralischer Vorstellungen identifiziert man sich mit der konkreten Gemeinschaft ihrer konkreten politischen Ziele und Absichten wegen. Mit diesen Zielen sind in der Regel eine *spezielle* Sprache, Kultur und Geschichte verbunden. Sprache und Kultur können dabei eng oder weit, monokulturell oder multikulturell gefasst werden. Bevor wir nach idealisierenden Aspekten in einer Gemeinschaft suchen, geht es zunächst darum, das Gut der Gemeinschaft wahrzunehmen und nicht einfach moralistisch zu leugnen. Eine nationale und politisch organisierte Gemeinschaft ergibt sich aufgrund des Zusammengehörigkeitsgefühls vieler ihrer Mitglieder. Dabei ist kaum zu bestreiten, dass die Befriedigung solcher Gefühle für die Mitglieder wie für die Gemeinschaft besser ist als das gleichsam ‚heimatlose' Leben in einer Gesellschaft als einer Versorgungsmaschine. Der Gemeinschaftszustand ist ‚besser', weil erfüllte Sozialbedürfnisse besser sind als unerfüllte, und ein Leben mit Sozialbedürfnissen besser ist als eines ohne. Daneben lassen sich zahlreiche nachteilige Sekundärfolgen nennen, die in einer heimatlosen Gesellschaft zu erwarten und zu beobachten sind.[12]

Zu den geläufigen Vorbehalten gegen ein Gut der nationalen Gemeinschaft gehören bekanntlich die Befürchtungen von Diskriminierungen und Verlust von Menschenrechten im Innern sowie von Aggressionen nach außen. Während es direkt unvereinbar wäre, die Freundschaft hoch, die Rechte der Freunde gering zu schätzen, ist die Beziehung zwischen der großen Gemeinschaft und den Einzelmitgliedern indirekter, so dass diese Bedenken nicht von vornherein ähnlich abwegig sind. Um zu erklären, warum wir weder an die konkreten kulturellen und politischen Umstände einer Gemeinschaft fix gebunden sind, noch die Gemeinschaft einen Eigenwert gegenüber den Einzelnen gewinnen muss, ist freilich eine tiefere Erklärung des Gemeinschaftsguts nötig. Auf eine solche Erklärung komme ich gleich zurück (siehe unten 7.).

Wenn das Herstellen der emotionalen *Familie*, die *Lebensmittelproduktion* und die Pflege der *politischen Gemeinschaft* drei Funktionsziele sowohl für große Gesellschaften wie für das Handeln und die sozialen Beziehungen innerhalb dieser Gesellschaften sind, ist diese Liste dann erschöpfend? Da ich vor allem wegen der Trennschärfe gegenüber der Familie die Produktion von Gütern als die von *externen* Gütern eingeführt habe, ist die Produktion von (im weiten Sinn) *Kulturgütern* damit nicht angemessen erfasst. Manche Kulturgüter haben in der ‚Kulturindustrie', wie den Medien, in der Musikbranche und im Film, zwar industriellen und damit tendenziell externen Charakter, aber als Güter müssen sie ihn nicht tragen. Tatsächlich sind viele Kulturgüter so sehr mit ihren Produzenten verbunden, dass zwischen ihnen und ihren Erzeugern eine ähnliche Beziehung herrscht wie zwischen Freunden oder Eltern und Kindern. Die Kulturproduktion stellt damit, jedenfalls idealiter, eine weitere Handlungsdimension dar.[13]

---

[12] David Miller und andere zählen Vertrauen im alltäglichen Umgang, Eintreten für soziale Gerechtigkeit, politisches Engagement, Interesse an internationalen Beziehungen zu den mit nationaler Gemeinschaftsidentität verbundenen Eigenschaften: siehe Miller 1989, Kap. 9; 2000. Die Bereitschaft für allgemeinen Militärdienst und andere soziale Dienste sind weitere zentrale Kriterien. Kein Bürger wird für eine bloß instrumentell verstandene politische Ordnung sein Leben riskieren. Siehe MacIntyre 1984.

[13] Auf die hier nur angedeutete Unterscheidung zwischen ‚externen' und ‚internen' Gütern gehe ich später noch genauer ein: siehe unten 7.

Eine fünfte und besondere Art von Handlungsziel ist weiter das *medizinische*, die (Erforschung und) Behandlung von Krankheiten sowie die Hilfe beim Sterben. Dieses Ziel steht ebenfalls zwischen den Familienbeziehungen und den Produktionsbeziehungen externer Güter. Die medizinischen ‚Heil-' und ‚Sterbebeziehungen' bieten den komplementären Ort zur Sozialisation. Während die Familie den sozialen Ort des ‚Eintritts' in die Gesellschaft darstellt, sind Gesundheitssystem, Krankenhaus, Altersheim und Sterbeklinik zu sozialen Orten für den ‚Austritt' aus der Gesellschaft geworden. Während die Familie um ihre soziale Funktion ringt, drängt sich die soziale Funktion des Gesundheitssystems gegenwärtig zunehmend in die Mitte der Gesellschaft. Schon um dieses System und die darin enthaltenen sozialen Beziehungen und Handlungsziele nicht mit denen der externen Güterproduktion zu verwechseln, sollte es gesondert betrachtet werden. Im Rahmen dieser Skizze werde ich aber auf seine Eigenheiten nicht mehr eingehen.

Zusammengefasst ergibt sich damit der folgende Überblick zu fünf Beziehungsbereichen und Sozialzielen:

Beziehungssystem	*Handlungsziel*	*Gesellschaftsbereiche*
Sozialisation	Familienbeziehungen	Familie, Schule, Universität
Güterproduktion Arbeit	Externe Güter	Produktion, Industrie, Handel
Kulturproduktion	Interne Güter	Medien, Literatur, Wissenschaft
Heil- und Sterbebeziehungen	Gesundheit Gutes Sterben	Gesundheitssystem
Soziale Ordnung	(Nationale) Soziale Gemeinschaft	Politik, Staat, Recht

5. Beziehungen zwischen den Beziehungssystemen

Die Unterscheidung verschiedener Handlungsziele ergibt allein noch keine normative Beziehungstheorie für die wichtigsten Funktionsziele und Teilbereiche der Gesellschaft. Um weiter Klarheit zu schaffen, ist es einerseits nötig, die *Verhältnisse* zwischen diesen Funktionen zu klären, und andererseits erforderlich, die normativen *Erwartungen* zu benennen, die sich aus den verschiedenen Beziehungstypen ergeben. Beide Aufgaben verlangen, die Funktionsziele zu präzisieren bzw. für eine bestimmte Version dieser Ziele zu argumentieren. In diesem Abschnitt will ich einige Bemerkungen zum Verhältnis der Bereiche untereinander machen, bevor ich im übernächsten Abschnitt die Frage verfolge, inwieweit in den Bereichen ‚Arbeit' und ‚Gemeinschaft' egalitäre Normen gelten dürften.[14]

Zunächst ist es wichtig, die drei als zentral behaupteten Ziele *Sozialisation*, *Arbeit* und *Gemeinschaft* als tatsächlich voneinander getrennte zu verteidigen. Dabei steht weniger die relative Getrenntheit dieser Bereiche zur Diskussion – tatsächlich dürfte es problemlos sein, Bereiche mit diesen verschiedenen Handlungszielen einzuräumen. Umstritten ist vielmehr der *relative Vorrang* des einen oder anderen Bereichs in dem Sinn, dass er den restlichen, und im Extremfall allen, eine umfassende normative Ordnung auferlegt. Die Vorstellung, dass die Gesellschaft ihre integrative soziale Ordnung aus dem Vorrang *eines* Gesamtziels herstellt, in das sich die Teilbereiche mit ihrer eingeschränkteren Ordnung dann einfügen müssen, liegt mindestens nahe. *Drei Vorschläge* für eine solche normative Funktionsdominanz nennen den Vorrang von Sozialisation, Arbeit und Wissenschaft, und werden – jedenfalls in einer je naheliegenden Interpretation – durch die vorhin geschilderte Anerkennungstheorie, durch den Marxismus und die Diskursethik vertreten. Ich will diese Vorschläge der Reihe nach kurz betrachten, um danach auf mögliche Argumente für eine vierte, insgesamt vielleicht am ehesten plausible Variante, nämlich die des normativen Vorrangs der sozialen Gemeinschaft, einzugehen.

Im Gegensatz zu einer multi-funktionalen Theorie sozialer Normen geht die *Anerkennungstheorie* (wie wir sahen) davon aus, dass die für den sozialen Zusammenhalt wichtigsten sozialen Normen aus dem Integritätsproblem der Einzelpersonen entspringen. Die restlichen Funktionsbereiche und Gesellschaftsziele sind demnach in das vorgängig aufgespannte Netz der gelingenden Sozialbeziehungen eingebettet und prägen ihm speziellere Ziele ein. Da in der Sozialisation Persönlichkeiten geformt werden, die ihre elementarsten Eigenschaften für den Rest ihres Lebens behalten dürften, erscheint das nicht völlig unwahrscheinlich.

Obwohl individuell-genetisch und für den Zusammenhalt einer Gesellschaft elementar, bedeutet das Erfülltsein des Sozialisationsziels allein jedoch noch nicht, dass *bestimmte moralische Normen,* geschweige denn die uns vertrauten moralischen Normen, erfüllt und eingeführt sein müssen. Wie wir vorhin an Honneths Interpretationen zur ‚gelingenden' Selbstbeziehung beobachten, und bereits davor anhand von Meads Theorie vermuten konnten, bedeutet das Gewinnen von intakten und stabilen Selbstbeziehungen, gestützt durch ebenso stabile soziale Anerkennungsverhältnisse, *nicht notwendig* ein universelles Achten im Sinn unserer Menschenrechtsmoral. Honneth jedenfalls ist nicht in der Lage, einen teleologisch-internen Grund des Achtens aller als Gleicher

---

[14] Mit Bezug auf die gegenwärtige Literatur hat der hier skizzierte Vorschlag einige Ähnlichkeit mit Michael Walzers Sphärentheorie (Walzer 1984). Walzer ist ebenfalls der Meinung, dass die spezifische Art von Gütern, und nicht spezielle Normen, einen typischen sozialen Bereich ausmachen und dass soziale Normen nur aus den Umgangweisen mit den Gütern entspringen können. Allerdings vermeidet Walzer sowohl eine klare teleologische Rekonstruktion der verschiedenen ‚Sphären' wie einen übergreifenden Systematisierungsversuch.

anzugeben. Er hat sich statt dessen einfach auf die Abhängigkeit der Selbstachtung von der unter uns üblichen gleichen Fremdachtung, also auf einen intrinsischen Begriff der Achtung berufen.

Es mag durchaus sein, dass in einer relativ egalitären Achtenskultur wie der unseren Selbstachtung und damit eine gesunde psychische Integrität nur in Verbindung mit dem Bewusstsein des gleichen Geachtetwerdens zustande kommen. Aber es wäre doch interessant, die nicht-intrinsischen Gründe für diese Notwendigkeit zu kennen, sofern es welche gibt. In der sozialen Realität der kleinkindlichen peer-groups, in den Leistungsmilieus von Schule und Universität sowie in der kapitalistischen Arbeitswelt kann von tatsächlich gleicher Achtung kaum die Rede sein. Empirisch wird sich das gleiche Achten bestenfalls auf die Mutter-Kind-Interaktion beschränken; ob diese Interaktion vorrangig wechselseitige Achtung und nicht etwa die reziproke Befriedigung von Bedürfnissen zum Ziel hat, ist aber ausgesprochen diskutabel. Kurzum, lässt man den Rückgriff auf das angeblich sozial etablierte moralische Achten fallen, ist es nicht gerade einfach, ein solches Achten als notwendiges Ergebnis psychosozialer Bedürfnisse und Handlungsziele zu erklären. Der dabei offensichtlich schwierige, wenn nicht gar unmögliche Schritt ist derjenige hin zur Figur des ‚generalisierten Anderen': Warum sollte eine egalitäre Anerkennungshaltung, wenn sie auch zwischen Mutter, Vater und Kind psychosozial nötig ist, für die Sozialverhältnisse im weiteren psychosozial *ebenfalls* nötig sein?[15] Es ist daher insgesamt eher fraglich, ob und inwieweit die Anerkennungstheorie in der Lage sein soll, eine in der Sozialisation zu findende Moralstruktur auf die restlichen sozialen Beziehungen und Funktionsbereiche der Gesellschaft zu erweitern. Sie hat sicher mit den psychologischen Grundlagen all dieser Beziehungen zu tun, diese *inhaltlich* normativ zu gestalten ist aber offensichtlich Aufgabe dieser anderen Bereiche!

Der klassische Vertreter eines funktionalen Vorrangs der *Arbeit und Güterproduktion* vor allen anderen Sozialfunktionen war Karl Marx.[16] Während der frühe Marx Arbeit

---

[15] Die in vielen sozialen Bereichen (Schule, Universität, usw.) beobachtbaren unterschiedlichen ‚Verdienst'- und Leistungsverhältnisse, das heißt die verschiedenen konkreten Achtensbeziehungen, könnten gegen die Unterstellung eines allgemeinen Achtenshintergrunds damit verteidigt werden, dass im allgemeinen Akzeptieren von Verdienstkriterien bereits ein solches allgemeines Achten liegt. Alle anerkennen sich dann als gleiche Teilnehmer in einem großen Wettbewerb. So lange diese Kriterien jedoch zu Ungleichheiten führen, was ja bereits in der Schule der Fall ist, ist es schwierig, den Aspekt der Gleichheit zu sehen. Ungleichheit erzeugende Kriterien anerkennen bedeutet nicht gleiches Achten. Siehe auch Millers Unterscheidung von Familie und Arbeit entsprechend der Kriterien Solidarität/Bedürfnis und Verdienst/Anerkennung: Miller 1999, Kap. 2.

[16] Genauer sowohl der am Ideal der künstlerischen und wissenschaftlichen Arbeit orientierte frühe Marx, wie der Marx der Skizze zu einem funktionalen Materialismus des Vorworts zur *Kritik der klassischen Politischen Ökonomie* von 1863. Die wichtigsten ‚philosophischen' Bemerkungen zu Arbeit sind enthalten in den *Politisch-ökonomischen Manuskripten* von 1844 und in den *Grundrissen.* Die funktionale Sicht auf die Moral kommt am besten zum Ausdruck in der *Kritik des Gothaer Programms*. Zu Marx' Arbeitsideal siehe Klages 1964; Zimmermann 1985, § 8; zu Marx' Verhältnis zur Moral siehe Wood 1972; 1981, Kap. 8; Buchanan 1982; Lukes 1985; zum funktionalen Materialismus des *Vorworts* siehe Cohen 1978, Kap. 6. Eine nach wie vor eindrucksvolle, wenn auch anhand der Unterscheidung zwischen ‚instrumentellem' und ‚kommunikativem Handeln' proble-

als ein durchaus der inneren idealen Entwicklung fähiges Gut betrachtete, sah der spätere Marx, insbesondere derjenige des funktionalen Materialismus, die Entwicklung der Produktionssphäre oder der ‚Produktivkräfte' so sehr an eine wissenschaftlich-technische Dynamik gekoppelt, dass die relative Eigenständigkeit anderer Sozialbereiche, sei es des juristischen der ‚Produktionsverhältnisse', sei es des kulturellen des ‚Überbaus', nicht in den Blick kam. Zahlreiche Kritiken des funktionalen Materialismus haben deshalb zu Recht darauf hingewiesen, dass der eigenständige funktionale Vorrang des Arbeitens, herausgelöst aus den ihn ermöglichenden kulturellen, insbesondere auch wissenschaftlichen und sozialen Zusammenhängen, schon in Hinblick auf die Trennung der Sphären unplausibel ist (siehe Van Parjis 1982; Lukes 1982). Weder in den Grundkategorien noch in den über die Kritik der Ökonomie hinausführenden Thesen und Analysen ist der einseitige Vorrang einer aus konstitutiven sozialen Bindungen abstrahierten Arbeit erklärungskräftig. Die unerfreuliche Kehrseite des dramatischen Scheiterns der Marxschen Theorie ist allerdings, dass in der gegenwärtigen Sozialphilosophie Arbeit und Produktion als normativ gehaltvolle Phänomene wiederum weitgehend ausgeklammert werden.

Abzulesen ist diese Tendenz auch an der kantianischen Theorieentwicklung von Habermas, in dessen *Diskurstheorie* die empirische Rückbindung argumentativer Beziehungen als eine moralische Universalität anstrebende Form des rationalen Anerkennens an konkrete Sozialbereiche, wie etwa dem der Produktion, generell verloren gegangen ist. Versteht man die Diskursethik so, wie sie auf dem Hintergrund von Habermas' historischer Analyse des Herausbildens einer bürgerlichen Öffentlichkeit und als Korrekturversuch zur Dominanz des arbeitsfunktionalen Marxismus gemeint war, wären insbesondere politische Öffentlichkeit, Medien und Wissenschaft auf ein in ihnen mehr oder weniger sichtbares Potential der sprachlich geleiteten Anerkennung zu befragen. In seinen frühen, auf zahlreiche soziologische Kategorien gestützten Arbeiten hat Habermas sein Programm auch genau so verstanden.[17] Vor allem durch eine einseitige und in ihrer Aussagekraft missverstandene handlungstheoretische Unterscheidung hat er in der Folge dem Diskurs und der mit ihm verbundenen Moral eine quasi-transzendentale und damit kantianische Tendenz gegeben.

Die zentrale Unterscheidung ist diejenige zwischen „erfolgs-" und „verständigungsorientiertem" Handeln, verbunden mit der These, dass ersteres eine begriffliche Schwundstufe des letzteren ist und dass soziales Handeln insgesamt den moralischen

matische Darstellung gibt Habermas 1968a, Kap. 2–3. Zur Korrektur siehe Zimmermann 1985, §§ 16–17.

[17] Siehe die aristotelische Konnotation in der folgenden Äußerung: „Rationalisierung auf der Ebene des institutionellen Rahmens kann sich nur im Medium der sprachlich vermittelten Interaktion selber, nämlich durch eine *Entschränkung der Kommunikation* (!) vollziehen. Die öffentliche, uneingeschränkte und herrschaftsfreie Diskussion über die Angemessenheit und Wünschbarkeit von handlungsorientierenden Grundsätzen und Normen im Lichte der soziokulturellen Rückwirkungen von fortschreitenden Subsystemen zweckrationalen Handelns – eine Kommunikation dieser Art auf allen Ebenen des politischen und der wieder politisch gemachten Willensbildungsprozesse ist das einzige Medium, in dem so etwas wie ‚Rationalisierung' möglich ist." (Habermas 1968b, 98)

Präsuppositionen des letzteren unterliegt (siehe Habermas 1982). Mit dieser an sich, im engeren Sinn, überzeugenden Unterscheidung geht allerdings ein Rückzug aus verschiedenen konkreten sozialen Handlungsfeldern einher. Dieser Rückzug beginnt mit der eigenartigen Unterscheidung zwischen ‚instrumentellem' und ‚kommunikativem Handeln', wobei Arbeit mit instrumentellem Handeln zwar gleichgesetzt, aber dieses wiederum nicht-sozial verstanden wird. ‚Instrumentell' handelt der Akteur danach nur gegenüber den Erfolgszwängen der Natur (siehe 1968a, 49–51). Tatsächlich aber kann Arbeit immer nur eine spezielle Variante sozialen Handelns sein, oder im Begriff von Habermas' Sprechakttheorie (1982), eine Art ‚erfolgsorientierten' Handelns. Mit der nicht-sozialen Definition instrumentellen Handelns ist aber Arbeit und der gesamte Produktionsbereich normativ gesehen aus dem Blick geraten.

Innerhalb des verbleibenden sozialen Handelns engen dann die darauf folgenden diskursethischen Überlegungen (1983) die Habermassche Theorie noch mehr ein. In einem weiteren Schritt wird das rationale Argumentieren oder der ‚Diskurs', phänomenal gesehen der Sozialbereich ‚Wissenschaft', zur schmal gewordenen Basis erwählt, um eine für die gesamte Gesellschaft behauptete normative Ordnung, sprich die universelle Moral der wechselseitigen Achtung, zu fundieren. Dieser Rückzug auf eine hochidealisierte Sphäre des Diskurses fällt mit dem blanken Behaupten eines ‚moralischen Gesetzes' oder dem Postulieren ‚performativer Selbstwidersprüche' (bei moralisch zweifelhaften Argumenten) zwar noch nicht zusammen, kommt ihm aber doch sehr nahe.[18]

Nimmt man gegenüber den vorhin geschilderten fünf verschiedenen funktionalen Bereichen der Gesellschaft eine rein diskursethische Position ein, so vertritt man eine gegenüber der ebenfalls geschilderten sozialpsychologischen Anerkennungstheorie rationalistisch radikalisierte Vorrangsthese. Dass die moralische Ordnung der Gesellschaft aus den Gesetzen des Diskurses entspringt, muss soviel besagen wie dass *alle* Handlungsbereiche der Gesellschaft in ihrer moralischen Ordnung der aus dem Diskurs entspringenden, oder in ihm ‚enthaltenen', Ordnung gehorchen müssen. Dass diese Annahme riskant ist, wird anschaulich, wenn man sich vorstellt, die moralische Ordnung des Tennisspielens sollte auf die gesamte Gesellschaft erweitert werden. Die Ordnung des Tennisspielens, etwa Fairness, Geduld, Selbstbehauptung, lässt sich deshalb nicht auf die Gesellschaft insgesamt ausdehnen, weil die gesellschaftlichen Ziele verzerrt würden, modellierte man sie nur nach denen des Tennisspiels.[19] Doch gilt gleiches nicht auch dann, wenn die gesellschaftlichen Ziele nur nach denen des wissenschaftlichen Diskurses modelliert werden? Apel und Habermas haben die Diskursethik immer nur einseitig rationalistisch, aus apriorischen Annahmen des Miteinanderdiskutierens zu

---

[18] Habermas hat diese letztere Position ebenfalls vertreten, sie aber von der allgemeiner angesetzten idealisierten Sprechakttheorie getrennt gehalten, die er für Kommunikation generell behauptet (1982). In die speziellere, von Karl-Otto Apel begonnene Theorie hat er sich wohl deshalb mit hinein begeben, weil die idealisierte Sprechakttheorie von 1982 keinen benennbaren moralischen Inhalt besitzt.

[19] Immerhin gab und gibt es adelige Vertreter der Gesellschaft, angeblich besonders in England, für die eine solche Analogie starke Anziehungskraft besitzt. Auch viele Liberale sind dem Sportvergleich grundsätzlich sehr zugeneigt.

belegen versucht. Lässt man solche intrinsischen Begründungsversuche fallen, werden die teleologisch-internen Ziele des Diskurses viel wichtiger. Dann tritt die von Habermas auch verfolgte konsensuelle Wahrheitstheorie in den Vordergrund. Eine moralische Anerkennung der Diskurspartner ist demnach deshalb geboten, weil unter dieser Voraussetzung Wahrheit eher erreicht wird. Der praxisinterne Zweck des Diskurses ist *Wahrheit und Wissen*, und moralische Anerkennung dient diesem Zweck.[20]

Doch wieso sollte man diesen Zweck und die durch ihn gestützte Moral den restlichen Funktionsbereichen der Gesellschaft vorordnen oder überstülpen? Dass sich die Funktionsziele der anderen Bereiche auf Wahrheitsfindung nicht reduzieren lassen, ist unstrittig. Es kann daher bestenfalls darum gehen, herauszufinden, ob dieses Funktionsziel seinerseits ein dominanter Bestandteil in solchen Zwecken wie emotionaler Familie, externer Güterproduktion, Gesundheit oder Gemeinschaftsgefühl sein kann oder soll. Wer das behaupten will, muss wohl eine realistische Wahrheitsvorstellung vertreten, wonach alle praktischen Handlungsziele am effizientesten erreicht werden können, wenn man sich ihnen mit dem richtigen Rezept einer vorgegebenen, unabhängigen Realität ‚annähert'. Doch die emotionalen Beziehungen müssen *geschaffen*, die Güter sozial erfolgsträchtig *produziert*, Gesundheit *hergestellt* und Gemeinschaft *erzeugt* werden – alles Handlungsweisen, bei denen ‚Wahrheiten' ihrerseits funktionale Bestandteile der jeweiligen Handlungsziele und keinesfalls diesem Handeln extern vorgegeben sind. Lässt man aber die Vorstellung einer ‚real' und damit verbindlich vorgegebenen Welt, die unseren Handlungen Inhalte und Erfolgszwänge gleichsam von außen auferlegt, fallen, gibt es keinen Grund, warum die Diskursmoral eine herausragende normative Rolle spielen sollte. Die Konsensfähigkeit unter Wissenschaftlern ist ein generell bedenkenswertes Vorbild für die soziale Ordnung insgesamt. Je stärker sich die sozialen Funktionsziele jedoch von der reinen Wahrheitssuche *unterscheiden*, umso weniger passend ist das Vorbild. Um ein extremes Gegenbeispiel zu nennen: Wie sollte sich die Moral des Diskurses auf die Kriegsführung übertragen lassen, wenn die Verteidigung gegenüber einem lebensbedrohlichen Gegner mit Wahrheitssuche *nichts* mehr gemeinsam hat?

Mit diesen drei Versuchen zeigt sich meines Erachtens, dass die genannten Funktionsziele *personale Integrität*, *Herstellen externer Güter* und *Wahrheitsfindung im Diskurs* nur je soweit beschränkte Teilziele in einem Gesamtversuch der sozialen Lebensproduktion sind, dass sich die in ihnen nötigen moralischen Gesichtspunkte nicht auf die sozialen Beziehungen insgesamt erweitern lassen. Sozialisation, Produktion und Diskurs eignen sich demnach nicht als Modelle, aus denen eine die Gesellschaft insgesamt integrierende normative Kraft entspringen würde. Wenn man eine solche Kraft irgendwo vermutet, dann in dem bisher ausgesparten *vierten Funktionsziel*, demjenigen der sozialen *Gemeinschaft*. Dass dieses Ziel am ehesten eine Chance bieten könnte, die Teilbereiche zu vereinen, wird ersichtlich, wenn man die persönliche Freundschaft auf die Beziehung aller Gesellschaftsmitglieder ausdehnt. Wie bereits angedeutet, erfordert

[20] Das ist eine sehr skizzenhafte Darstellung der Beziehung zwischen Wahrheit und Diskurs. Offen steht die Alternative, ob der moralisch gefundene Konsens nur praktisch nützlich ist für eine realistisch verstandene Wahrheit, oder ob er antirealistisch Wahrheit definiert. Dieser Konflikt zwischen Habermas (1998) und Rorty (2000) muss hier nicht entschieden werden.

das eine so weitgehende Abschwächung des Begriffs der Freundschaft, dass die Rede von einer ‚Bürgerfreundschaft' nach antikem Vorbild leicht blutleer wird (siehe aber Schwarzenbach 1996). *Könnte* man allerdings eine freundschaftsähnliche Beziehung zwischen allen unterstellen, dann ließen sich vom Gesamtziel der Tugendhaftigkeit der Gemeinschaft her auch Integrationsversuche der Teilziele denken.

Freunde helfen einander in verschiedenen Teilbereichen ihres Lebens bzw. versuchen, sich bei der Verfolgung jener Teilziele soweit zu unterstützen, dass ein insgesamt gutes Leben möglich wird. Das Aufziehen von Kindern, die nötige Arbeit, das Sichausbilden in wissenschaftlichen und künstlerischen Fähigkeiten, das Bewahren der Gesundheit, sind dabei unverzichtbare Teilfunktionen, in denen Freunde einander helfend und fördernd beistehen. Was freilich selbst im persönlichen Bereich nur ansatzweise gelingt, wird im Ganzen einer großen Gesellschaft umso problematischer. Wieweit ist es berechtigt und inwieweit ist es schädlich, ein solches Ideal im Großen zu verfolgen? Bevor ich diese Frage im übernächsten Abschnitt zu beantworten suche, will ich eine Vorbedingung klären.

6. Potentielle Interpretation der Ziele

Versteht man die Sozialmoral wie hier teleologisch aus (letztlich) empirisch benennbaren Funktionszielen heraus, bietet einzig das *reale* relative Gewicht dieser Ziele untereinander Aufschluss darüber, welche normative Rolle die moralischen Ordnungen spielen können. Angesichts der fünf genannten, für jede Gesellschaft unverzichtbaren und deshalb annähernd gleich wichtigen Teilziele der Lebensproduktion, fällt es schwer, irgendeine Art von Vorrang eines Ziels vor den anderen nachzuweisen – eben mit Ausnahme der Suche nach der integrativen Kraft eines dieser Ziele. Nichts spricht im Prinzip dagegen, dass die integrative Kraft durch die Verbindung der Gemeinschaftsidee mit unterschiedlichen Teilzielen zustande kommt, wenn sich eine Gesellschaft etwa überwiegend als Arbeits-, als Wissensgesellschaft oder als nationale Gemeinschaft versteht. Solche Fragen zu den tatsächlichen Verhältnissen der Bereiche untereinander können nur Gegenstand empirischer Untersuchungen mit gleichwohl normativer Bedeutung sein.

Alternativ lassen sich Spekulationen dazu anzustellen, inwieweit die genannten Sozialbereiche eine Moral erwarten lassen, die der uns heute als moderne Aufklärungsmoral bekannten am nächsten kommt. Eine jede solcher bereichsspezifischen Analysen ist mit zwei Problemen konfrontiert, zwischen denen ein gewisser Zusammenhang besteht. Man könnte sie das ‚*Potential*-' und das ‚*Institutionenproblem*' nennen. Das Potentialproblem betrifft eine notwendige Betrachtung unseres Handelns ‚unter ihrem Potential', wobei unklar ist, wie dieses Potential erkannt werden kann. Es ist die Unklarheit des Handlungspotentials, die das Problem ausmacht. Wenn wir beispielsweise die negativen Begleiterscheinungen der kapitalistischen Güterproduktion nicht einfach akzeptieren wollen, ist es erforderlich, eine die Möglichkeiten unseres produktiven Handelns erkundende Sicht – die Perspektive der Potentialität – einzunehmen. Sie wird etwa gegenüber Erscheinungen wie der hierarchischen Arbeitsorganisation, der Ausbeutungstendenz gegenüber den Arbeitnehmern, der künstlichen Bedarfsproduktion, des geplanten Verschleißes der Produkte, des exzessiven Naturverbrauchs, usw. notwendig. Wenn die Idee eines ‚universellen moralischen Standpunkts' (wie etwa die einer idealen Diskursgemeinschaft) als unbrauchbar verworfen werden muss, stehen *bereichsexterne* normative Kriterien nicht zur Verfügung, die es uns erlauben, die moralische Ordnung der Produktion kritisch zu beurteilen. Die moralische Beurteilung einer sozialen Praxis und ihrer Institutionen ist nur aus den Handlungszielen dieser Praxis selbst möglich. Und das gelingt wiederum nicht in der tatsächlich üblichen Form dieser Ziele, sondern nur mithilfe ihrer *potentiellen Interpretation.*

Potentielle Interpretationen stoßen insofern auf das Institutionenproblem, als einerseits alle sozialen Beziehungen unausweichlich an Institutionen gebunden sind, diese Institutionen andererseits in einem schwer durchschaubaren Ausmaß einem freien Erproben von Alternativen entgegenstehen. Bedenkt man, dass alle fünf genannten Handlungsziele uns in der tatsächlichen Gesellschaft als bürgerliche Familie, kapitalistische Produktion, Kulturindustrie, öffentlich organisiertes Gesundheitssystem, nationale Gemeinschaft begegnen, und dass unser Denken und Bewerten in hohem Ausmaß durch diese Institutionen geprägt ist. Im Erproben von Alternativen haben wir nicht nur Schwierigkeiten, andere Institutionen zu erfinden, ihr Ausprobieren ist mit hohen, teilweise sogar exzessiven Kosten verbunden. Dennoch ist es wiederum nötig, *innerhalb* der Handlungsbereiche und auch gegenüber den *Institutionen* (sowie natürlich auch innerhalb ihrer) einen kritischen Standpunkt zu gewinnen.

Wie insbesondere die Institution der kapitalistischen Produktion verdeutlicht, beinhaltet die institutionelle Form eine Fülle von fixen Rollennormen, Rechten und Kompetenzen, mit denen die Praxis der Produktion geregelt ist. Auf einen abstrakten und allgemeinen ‚Zweck der Lebensmittelproduktion' vorzugreifen, hilft allein nicht, um gegenüber diesen verfestigten Produktionsformen einen kritischen Standpunkt zu gewinnen. Was kann ‚potentielle' Interpretation in diesem Fall heißen? Die meines Erachtens einzig informative, allerdings nur prozedurale Antwort lautet: Eine Praxis wird unter ihrem Ziel dann *potentiell* betrachtet, wenn sie unter Bedingungen *sozialer Freiheit*, verstanden nicht nur als negative, sondern als *sozial unterstützte Freiheit bzw. als Chancengleichheit* betrachtet wird.[21] Eine potentielle Interpretation eines Handlungsziels, wie desjenigen der Arbeit, ergibt sich nur im Rahmen gleicher Handlungschancen, also einer positiv gewendeten Freiheit, die allen die gleichen Chancen dazu gibt, ihre Arbeitsfähigkeiten zu entwickeln und anzuwenden. Damit bleibt immer noch ein großer Erfahrungs- und Erprobungsspielraum gegenüber dem, was unter Bedingungen solcher Freiheit als die beste Interpretation des Ziels herausgefunden wird. Im nächsten Abschnitt will ich kurz skizzieren, wie eine solche Interpretation für die Bereiche ‚Arbeit' und ‚Gemeinschaft' aussehen könnte.

[21] Von Marx und im Marxismus wurde diese Freiheitsbedingung durchaus gesehen, aber aufgrund des funktionalen Materialismus einseitig als bloß technologisch sowie durch Ideologiekritik herstellbare Freiheit ausgelegt. Siehe Zimmermann 1985, § 1.

7. Können Produktion und Gemeinschaft egalitär sein?

Von allen fünf genannten Handlungszielen stellen sich bei dem der Arbeit vermutlich am ehesten Zweifel ein, ob, mindestens inwieweit, es sich hier überhaupt um ein *nötiges* Handlungsziel handelt. Ich habe zwischen Güter- und Kulturproduktion in dem Sinn unterschieden, dass erstere ‚externe', letztere ‚interne' Güter produziert. Interne Güter umfassen, was man einen ‚Tugendeffekt', eine persönlichkeitssteigernde Wirkung auf den Produzenten der Güter, nennen könnte. Externe Güter sind dagegen mit keinem solchen Effekt verbunden, obwohl auch sie persönlichkeitsverändernd wirken können. Externe Güter sind typischerweise Gebrauchsgüter, die zum Erhalt und zur Bequemlichkeit des menschlichen Lebens dienen, und die Produktion mancher dieser Güter, wie schneller Autos oder Versicherungen, haben psychische Auswirkungen oder sind an sie gebunden.[22] Dennoch sind sie der Persönlichkeit insofern ‚extern', als sie keine geeigneten Mittel sind, um deren Tugenden zu steigern. Demgegenüber sind interne Güter dafür typischerweise geeignet. Interne Güter sind typischerweise Erzeugnisse von Wissenschaft und Kunst. Diese Unterscheidung ist insofern idealtypisch, als viele Gebrauchsgüter ebenso interne Züge tragen, auch sie können wie beispielsweise Möbel oder Autos der Persönlichkeitsgestaltung dienen und damit in den Bereich der Tugenden rücken.

Während man heute beobachten kann, dass die Produktion externer Güter zunehmend von Maschinen übernommen wird (sogar komplexer Produkte wie des Autos), ist im Fall interner Güter eine analoge Entwicklung aus zwei Gründen schwer denkbar: Erstens wird die interne Güterproduktion zunehmend eine Voraussetzung der externen, insofern die Produktion durch Maschinen ihrerseits menschlich produziert werden muss. Zweitens kommt die menschliche Selbstgestaltung nicht ohne die internen Güter aus. Die Vision des jungen Marx, wonach wissenschaftliche und künstlerische Arbeit die idealen Arbeitsformen sind, scheint deshalb durchaus realistisch. Sich an der internen Güterproduktion zu beteiligen ist im Interesse von allen. Insofern es nur als sozialer, gemeinsam organisierter Prozess möglich ist, entstehen Fragen und Probleme ‚moralischer' Art, die um die Kernfrage zentriert sind, warum dieser Prozess egalitär sein soll. Was kann „egalitär" in diesem Zusammenhang heißen?

Die Produktion wird *gemeinsam* betrieben, wenn sich alle an ihr beteiligen, und sie wird *gleichrangig* betrieben, wenn allen Produzenten die gleiche ‚moralische Rolle' in der Produktion eingeräumt wird. Mit ‚moralischer Rolle' sind alle sozialen Beziehungen gemeint, die in der Produktion relevant werden. Zwei zentrale Aspekte sind, dass alle gleiche Chancen haben sollen, sich zu beteiligen (Chancen), und dass alle gleichermaßen ihren Leistungen entsprechend belohnt werden (Verdienst). Andere Aspekte betreffen die Art und Weise der Produktion und die Gegenstände, die produziert werden sollen. Wir können uns damit ungefähr vorstellen, was eine egalitäre von einer nicht-egalitären Produktion unterscheidet. Eine egalitäre Produktion wird zugleich eine ‚freie'

---

[22] Kaum jemand kann sich dem Befürworten des Guts entziehen, das er produziert. Autoproduzenten werden Autos einen übersteigerten Wert einräumen, Versicherungskaufleute können eine überspitzte Risikomentalität entwickeln. Der effektive Gebrauch der Güter zieht weitere psychische Änderungen nach sich.

Produktion sein, weil niemand behindert oder gezwungen werden muss, auf bestimmte Weise zu arbeiten. Umgekehrt wird eine nicht-egalitäre Produktion eine unfreie sein, weil sie nicht ohne Zwang stattfinden kann. Eine mit gleichen moralischen Rollen betriebene Produktion ist damit auch eine freie Produktion.

Das ist eine sehr vereinfachte Schilderung, die einige Fragen aufwirft. Normalerweise gibt es Produzenten, die aus verschiedenen Gründen der Meinung sind, sie müssten bei sonst gleichen Vorteilen weniger arbeiten als andere. Ihre Gründe können ideologischer Art sein oder auf Unfähigkeit oder Faulheit beruhen. Angesichts solcher Individuen kann die egalitäre Produktion nicht frei sein. Sie müssen vielmehr auf bestimmte Weise gezwungen werden, sich entweder zu beteiligen oder zu verzichten. Eine konkrete egalitäre Produktion wird deshalb *nie zwangsfrei* sein. Dennoch ist die egalitäre Produktion am ehesten diejenige, die frei sein könnte. Die Produzenten könnten sie als freie insofern realisieren, als die Annahme der gleichen moralischen Rolle keinen – oder wenn man so will, den geringsten – Zwang gegenüber den anderen ausübt. Bei nicht-egalitären Rollen wird jedenfalls mehr Zwang gegenüber den dann Niedergestuften ausgeübt.

‚Moralische Gleichheit' in der Produktion lässt das gemeinsame Handeln erfolgreicher und damit die Produktion effektiver werden. Die Schwierigkeit, diese empirische These zu belegen, hängt von der potentiellen Interpretation ab. Gegen sie wird sicher eingewendet, dass in den meisten Produktionsabläufen und Arbeitssystemen *de facto* soweit ungleiche Beteiligung vorliegt, dass immer mit hierarchisierten Arbeitsbeziehungen gerechnet werden muss. Leicht belegen lässt sich, dass individuelle Begabungen und Talente verschieden sind und dass die einzelnen ganz unterschiedliche Vorstellungen davon haben, welchen Anteil das Arbeitsengagement in ihrer Lebensgestaltung haben sollte – von den ‚workaholics' bis zu den ‚glücklichen Arbeitslosen'. In der Arbeit sind die Menschen mindestens so ungleich wie in vielen anderen sozialen Beziehungen.

In der Allgemeinheit, in der eine Erörterung dieser Einwände hier nur möglich ist, möchte ich nur zweierlei zu bedenken geben. Erstens, in welchem unterschiedlichen Ausmaß verschiedene Menschen an der Arbeit, insbesondere in der internen Güterproduktion, interessiert sind, lässt sich nur unter Bedingungen der Chancengleichheit beurteilen. Die real beobachtbaren Arbeitseinstellungen sind verzerrt durch die die Chancengleichheit *verhindernden* Umstände der Sozialisation, Ausbildung und des Arbeitsmarkts. Die kapitalistische Güterproduktion verhindert von sich aus Chancengleichheit und erzeugt steigende Ungleichheit, über Generationen vererbte Behinderungen, sich an einer egalitären Qualifikation für den Arbeitsmarkt zu beteiligen. Effektiv ungleiche Begabungen und Interessen sind deshalb in einem erheblichen – wenn auch im exakten Ausmaß unklaren – Anteil Folgen des unkorrigierten Konkurrenzkapitalismus, in dem ökonomischer Zwang die Entfaltung der Fähigkeiten verhindert.

Zweitens ist zu bedenken, dass eine Güterproduktion in Verbindung mit Chancengleichheit auch dann die beste Alternative ist, wenn die einzelnen Menschen zu Gleichheit aufgrund ihrer unterschiedlichen Fähigkeiten nicht in der Lage sind. Auch dann ist es besser, ihre Arbeitsfähigkeiten optimal zu entwickeln und auszuschöpfen, als sie nicht zu fördern oder gar zu unterdrücken. Niemand käme auf die Idee, die Schüler einer Klasse nicht optimal zu unterrichten, weil sie verschieden begabt sind, oder die Kranken in einem Zimmer nicht nach individueller Bedürftigkeit zu behandeln, weil sie vielleicht nicht ähnlich gesund werden können. Gleiche Entwicklung der Fähigkeiten anzustreben ist ein Ideal, das dadurch, dass unterschiedliche Begabungen herrschen, nicht weniger sinnvoll wird.[23] Das Fazit dieses kurzen Blicks auf die Güterproduktion könnte sein, dass eine Verbindung von *Chancengleichheit* und *Verdienstgerechtigkeit* die angemessene moralische Orientierung in diesem Bereich darstellt.

Das zweite kurz zu betrachtende Handlungsziel ist dasjenige der *Gemeinschaft*, und angesichts der historischen Erfahrungen mit den traditionalistischen und nationalistischen Formen von Gemeinschaften wird vermutlich jeder Versuch, aus einem so vagen Ziel wie ‚Gemeinschaft' in einer großen Gesellschaft überhaupt konkrete moralische, geschweige denn egalitäre Anforderungen, zu gewinnen, erheblicher Skepsis begegnen. Ein genaueres Erproben eines ‚egalitären Kommunitarismus' kann sich aber wiederum an zwei Punkten orientieren. Auf der einen Seite ist zu bedenken, dass die hier skizzierte Beziehungstheorie, auch wenn sie Beziehungen und Handlungen als unausweichlich soziale versteht, insofern eine durchgängig individuelle ist, als die Akteure der Argumentation *Individuen* sind, nicht etwa Kollektive und Gemeinschaften. Damit wäre ein kultureller Nationalismus nur noch dann denkbar, wenn die Existenz der spezifischen Kulturnation (gebunden etwa an eine Sprache und Region) zur Konstitutionsbedingung der Gemeinschaftsmitglieder erklärt werden könnte. Das jedoch ist schwer denkbar, weil das Element der Sprache insoweit universell ist, dass es die Mitglieder trotz einer zugestandenen Bedeutung der spezifischen Kultur nicht auf diese Kultur festlegt, sondern ihnen den Blick auf andere Kulturen ermöglicht, potentiell betrachtet sogar nahe legt.[24]

Ein zweiter Punkt betrifft das Ziel der ‚Gemeinschaft' selbst. Dieses Ziel kann in einer großen Gesellschaft *direkt* und *indirekt* angestrebt werden. Direkt wird es verfolgt, wenn, wie im Nationalismus, die übergreifende Einheit der Gesellschaft das Ziel ist. Aufgrund des Umfangs der Gesellschaft und der Abstraktheit dieser Einheit kann die Gemeinschaft nur in außergewöhnlichen Situationen wie bei Fragen von Krieg oder sonstiger extremer Bedrohung, oder in abgeschwächter Form bei demokratischen Wahlen für die Mitglieder ein Thema sein.[25] Größere Bedeutung kommt deshalb allen indirekt auf eine Gemeinschaft zielenden Handlungen zu. Das sind Handlungen, die ein Interesse an (begrenzter) Gemeinschaft zum Ausdruck bringen, die aufgrund ihrer soziokulturellen Verbindung mit der gesamten Gesellschaft zur Kohärenz dieser Gesell-

---

[23] Da Chancengleichheit bei ungleichen Begabungen steigende Lasten gegenüber den Begabteren bedeutet, kann Chancengleichheit allerdings nur eine *begrenzt* anzustrebende Gleichheit sein. Diese Grenze kann nur konkret erprobt werden. S. insgesamt auch Rueschemeyer/Stephens/Stephens 1992.

[24] Die hier unterstellten Individuen ebenso wie die Bedingung der Chancengleichheit müssten weiter teleologisch erklärt werden. Erklärungen bieten sich sowohl unter dem Arbeits- wie unter dem Gemeinschaftszweck an. Selbstverantwortliche Individuen sind arbeitskooperativ effizienter als solche ohne Verantwortung. Sich von der Gemeinschaft auch distanzierende Individuen sind kreativer als solche, die in der Gemeinschaft aufgehen. Hinter diesen beiden Individualisierungsgründen könnte zudem eine Verbindung zwischen Arbeit und Gemeinschaft liegen.

[25] An einem Beispiel: die nach dem 2. Weltkrieg in Deutschland Geborenen kennen vermutlich nur ein einziges Ereignis, in dem die ‚deutsche' Gesellschaft insgesamt zur Gemeinschaft geworden ist: die deutsche ‚Einigung' im Anschluss an 1989.

schaft beiträgt. Dabei kann die Verbindung bewusst oder unbewusst sein, das begrenzte Gemeinschaftsziel der Gesamtwirkung wegen verfolgt werden (eher selten), oder ohne ihre Kenntnis oder nicht beabsichtigt (eher häufig). Viele oder fast alle öffentlich-kulturellen Handlungen sind in diesem Sinn indirekt-gemeinschaftliche Handlungen, wie beispielsweise Theateraufführungen, Diskussionen zu öffentlichen Themen, Dokumentationen der lokalen Geschichte, Erhalt der regionalen Natur, Gebrauch und Pflege eines Dialekts, usw.

Um eine konkrete Vorstellung der moralischen Orientierung in diesem abstrakten Handlungsziel ‚Gemeinschaft' zu entwickeln, wäre es nötig, die Bedingungsverhältnisse in dem komplexen Gebilde ‚Gemeinschaft' einer großen Gesellschaft genauer zu betrachten als hier möglich ist. Die vielen einzelnen lokalen und regionalen Gemeinschaftsgüter sind Güter, die von den meisten unter Bedingungen der Chancengleichheit ebenso nachgesucht werden wie die Entwicklung der Arbeitsfähigkeit. Denkt man an die zunehmende Bedeutung der internen Güter, ist die Kulturproduktion teilweise zugleich auch eine gemeinschaftliche Produktion und trägt damit indirekt zum Gemeinschaftscharakter der großen Gesellschaft bei. Macht man sich die Bedeutung dieser gemeinschaftlichen Güter bewusst und akzeptiert ihre lebensgestaltende Rolle, wird man auch sehen, dass sie zu Forderungen der *Solidarität* gegenüber den an diesen Gütern beteiligten Mitbürgern führt. So wie man ohne außergewöhnliche, über die Minimalmoral hinausgehende Sorge für den Freund keine Freundschaft haben kann, sind gemeinschaftliche Verhältnisse ebenso wenig nur auf der Grundlage von minimalistischer Gerechtigkeit, etwa der Verdienstgerechtigkeit, zu erhalten. Die Beteiligung an gemeinsamen Projekten fordert eine besondere wechselseitige Unterstützung derer, die in sie involviert sind.

Vor allem die indirekt-gemeinschaftlichen Handlungen binden ihre Akteure an spezielle und einzigartige Gemeinschaftsprojekte, so dass sich ihnen gegenüber der antikommunitaristische Einwand erhebt, dass solche Engagements notgedrungen die Kehrseite von kultureller Intoleranz, Diskriminierung von Andersdenkenden, Geringschätzung anderer Regionen und Gemeinschaften mit sich führen. Solche Befürchtungen sind nur durch eine potentielle Interpretation gemeinschaftlicher Beziehungen und Güter zu entkräften. Die vorhin zitierte Formel von der „Entschränkung der Kommunikation" (Habermas 1968b, 98) lässt sich auf unsere Fähigkeiten besser anwenden, wenn sie nicht (wie bei Habermas) den Übergang von einer speziellen Kultur, wie beispielsweise dem regionalen Landschaftsschutz, in eine völlig institutionenfreie ‚rationale' oder politische Diskussion, sondern den schlichteren Übergang von *einer* speziellen Kultur in *viele andere* spezielle Kulturen fordert. Die mit unserem sprachlichen Potential angezeigte Leistung sollte weniger als vorrangig wahrheitsdiskursive, als vielmehr eine des Übersetzenkönnens und Verstehens anderer Kulturen gefasst werden. Wer das regionale Kulturgut nur als regionales erfährt, versteht auch dieses Kulturgut nicht angemessen, weil er die in ihm enthaltenen allgemeinen Strukturen und damit *seine Begrenztheit* nicht erfasst. Wer die Begrenztheit einer bestimmten Kultur nicht erkennt, versteht eben auch diese Kultur nicht als das, was sie ist. Und er steht in der Gefahr, den Grenzen dieser Kultur ausgeliefert zu sein.[26] Künstlich begrenzte Gemeinschaften werden des-

[26] Wer an einem bestimmten Werkzeug, etwa einem Hammer, nicht versteht, dass es ein mögliches, aber vielleicht nicht optimales Werkzeug ist, versteht dieses Werkzeug nicht ausreichend. Und er

halb zu starren Erinnerungsgemeinschaften. Entwickeln können sie sich nur im Kontakt und in Auseinandersetzung mit anderen, und soweit möglich mit allen.

Beziehungssystem	*Idealisiertes Beziehungsziel*	*Moralische Orientierung*	*Moralischer Gehalt*
Güterproduktion Arbeit	Möglichst umfassende und chancengleiche Beteiligung an der Produktion externer und interner Güter	Gleicher moralischer Status in der Produktion	Chancen-gleichheit Verdienst
Soziale Ordnung	Möglichst umfassende und chancengleiche Beteiligung an Gemeinschaftsgütern	Gleicher moralischer Status in der Gemeinschaft	Chancen-gleichheit Solidarität

Diese Überlegungen zur Gleichzeitigkeit von sozialer Integration und kultureller Transparenz, oder zur gegenseitigen Abhängigkeit von emotionalen Bindungen an eine Gemeinschaft sowie deren teilweiser Überwindung, können vielleicht die Befürchtungen des nicht-egalitären Charakters gemeinschaftlicher Bindungen beantworten. Sie demonstrieren freilich auch, dass das Befragen einzelner so hochkomplexer, weil allgemeiner Handlungsziele wie der skizzierten, ein aufwendiges und von empirischen Informationen erheblich abhängiges Unternehmen ist. Diese Skizze hätte ihrerseits ihr Ziel erreicht, wenn es gelungen ist zu zeigen, dass es lohnend sein kann, sich diesem Unternehmen zu widmen.

leidet sicher unter einer Beschränkung, mit dem Werkzeug anders umzugehen als vielleicht möglich ist. So kann er den Hammer nicht als Wurfgeschoss, Gewicht, Stütze usw. benutzen.

IV. Ökologische Demokratie

Soziale Ökologie und Natur

1. Moral nicht nur unter Menschen?

Seit vor etwa dreißig Jahren Philosophen zu fragen begonnen haben, ob man die Tiere und die natürliche Welt im Weiteren nicht in die Moral einbeziehen sollte, liegen bei vielen dieser Philosophen zwei Anliegen miteinander in tendenziellem Konflikt. Einmal das *praktische* Motiv, der Natur zu einem größeren Schutz zu verhelfen, also dazu beizutragen, dass die Natur weniger zerstört, ausgebeutet oder geschädigt wird. Dahinter verbirgt sich nicht selten die Überzeugung, dass das Verhältnis von Mensch und Natur in der Moderne verkannt und verdrängt worden ist und dass es nötig ist, die degradierte Natur praktisch zu rehabilitieren. Dem steht das *theoretische* Motiv entgegen, das moralische oder ethische Verhältnis von Mensch und Natur genauer zu bestimmen. Dieses Motiv zielt auf Klärung und Erkenntnis statt auf Umweltaktivismus. Tatsächlich droht es, jeden Aktivismus auf längere Zeit zu verhindern, denn die Auffassungen über die Bedeutung der Natur für das menschliche Leben sind gegenwärtig zu verschieden und unsicher, als dass sie zu einem nachhaltigen Konsens in der Umweltpolitik führen könnten. Dreißig Jahre Umweltethik illustrieren diesen Konflikt, indem sie zwar eine Fülle von Positionen, aber keine gemeinsame Stimme hervorgebracht haben.

Die andauernden tiefgreifenden Meinungsverschiedenheiten in umweltethischen Fragen lassen sich nach zwei Problempunkten sortieren, einem *inhaltlichen* und einem *methodischen.* Der inhaltliche: ‚Anthropozentrismus oder Non-Anthropozentrismus?'; der methodische: ‚Wertfundamentalismus oder Pragmatismus?'. „Anthropozentrismus" benennt grob die Perspektive der traditionellen Moral, wonach moralische Regeln unter Menschen herrschen und auf sie begrenzt sind, während „Non-Anthropozentrismus" zu einem Sammelbegriff für eine schwer überschaubare Fülle von positiven, die Natur einbeziehende Ethikpositionen geworden ist. Ein größerer Teil dieses inhaltlichen Konflikts war und ist an metaethische Thesen zum Begriff des ‚intrinsischen Werts' gebunden. Eine Verteidigung der Umweltethik auf der Basis eines bestimmten Verständnisses von intrinsischen Werten, etwa dem Wert alles Lebendigen, kann man ‚wertrealistisch' nennen. Werden intrinsische Werte hingegen durch bloße ‚moralische Intuitionen' oder durch die Wirkungsträchtigkeit im Rahmen einer gegebenen oder vorskizzierten ökologischen Politik ersetzt, könnte man eher von einer ‚pragmatischen' Umweltethik sprechen.[1] Will man sich in der gegenwärtigen Umweltethik positionieren, muss man sich zu diesen beiden Alternativen, also zu einem Feld von mindestens vier Positionen, in Beziehung setzen.

Soweit habe ich die Alternativen allerdings vereinfacht beschrieben. „Anthropozentrismus ja oder nein?“ ist nicht nur eine inhaltliche, sondern auch eine moraltheoretische und metaethische Frage. Im Alltag halten wir es eher für unsinnig, man könne ‚für‘ oder sich ‚um‘ eine Zimmerpflanze ‚sorgen‘. Aber die alltagsmoralische Denkweise muss nicht das letzte Wort haben. Dass wir Pflanzen und teilweise auch Tiere weitgehend lediglich als mehr oder weniger nützliche Gegenstände behandeln, kann auf einer bewussten oder unbewussten Entscheidung beruhen, in der sich unser Gebrauchsinteresse gegenüber diesen Lebewesen durchsetzt. Nur eine kritisch geprüfte Moral verhilft zu einer zufrieden stellenden Antwort auf die Frage nach der Rechtfertigung anthropozentrischer Umgangsweisen mit der Natur, und „kritisch geprüft“ kann dabei nur heißen, dass akzeptable, wenn nicht sogar zwingende Gründe für die Beschränkung der Moral auf Menschen genannt werden. Warum – wenn überhaupt – muss die Moral eine unter Menschen *und nur* unter Menschen sein? Jemanden, der davon ausgeht, nenne ich im folgenden einen ‚anthropozentrischen Ethiker‘.

Eine erste Schwierigkeit stellt sich für diesen Ethiker bereits dadurch, dass die gewohnte Alltagsmoral keine nur unter Menschen ist, sondern auch die *Tiere* einbezieht, mit denen wir direkten Kontakt haben. Die übliche Rechtfertigung, warum Tiere nicht gequält werden dürfen, beruft sich darauf, dass sie *leiden* können. Im Alltag reicht das als Argument. Will man diesen Grund allerdings genauer kennen lernen, so stehen zwei Verständnisweisen offen. Dass Leiden schlecht ist, kann entweder als Wertaxiom vertreten oder aus dem empfundenen Mitleid gefolgert werden. In Verbindung mit menschlichem Leid bzw. Wohl führt die Verallgemeinerung der ersten, wertaxiomatischen Verständnisweise zu einer utilitaristischen Ethik, während die zweite Verständnisweise eine Mitleidsethik nahe legt. Beides sind einseitige, die menschlichen Belange nicht annähernd erschöpfende Positionen, was eigentlich nicht überraschen kann, wenn man bedenkt, dass sie eine Perspektive auf Menschen und Tiere gleichermaßen werfen sollen. Damit müssen sie notgedrungen entweder die Eigenschaften von Menschen unterbelichten oder die von Tieren überbewerten. Menschen kennen andere Weisen des Leidens als Tiere, und ihr Wohl ist von einer qualitativ völlig anderen Art. Um diesem Problem des ‚kleinsten gemeinsamen Nenners‘ zwischen Menschen und Tieren zu begegnen, stehen drei Möglichkeiten offen.

Erstens kann man in der Tradition von Kant und der ihm vorausgehenden christlichen Tradition resolut eine *Vernunftethik* vertreten, in der die außergewöhnlichen Fähigkeiten von Menschen berücksichtigt, aber die Tiere nur indirekt einbezogen werden (siehe Passmore 1974). Daran stört vor allem, dass in der Folge auch die animalische Seite des menschlichen Leids ausgeblendet werden muss. Überdies scheint es unakzeptabel, das tierische Leiden völlig zu ignorieren. *Zweitens* kann man wie Hume die *Sympathie* mit den Interessen anderer zur Grundlage nehmen und so die enge Basis des

---

[1] Für einen Überblick zur angelsächsischen Umweltethik, der eine Entwicklungstendenz von der realistischen zur pragmatischen Position nachzeichnet, siehe Light 2002. Zunehmend wird der Umweltschutz auch ästhetisch begründet.

Mitleids gefühlsmäßig etwas erweitern. Anders als das Mitleid würde die Sympathie ihre Objekte nicht degradieren. Was Sympathie gegenüber Tieren genauer sein soll, ist allerdings unklar, und wie sich im Weiteren zeigen wird, ist ein solches Ausgehen von einem Gefühl generell problematisch. Wie Kant richtig bemerkt hat, fehlt dem Gefühl der Maßstab, an dem es sich orientieren kann, weshalb es kaum kritisch über das Gängige des Alltags hinausreichen kann. *Drittens*, und vielversprechender, könnte man einen *Utilitarismus* mit unterschiedlichen Interessen vertreten: ‚Vernunftinteressen' für Menschen, ‚körperliche Interessen' für Tiere. Aussichtsreich scheint diese Antwort deshalb, weil sie sowohl Menschen als auch Tiere berücksichtigt, und so am ehesten zu unseren alltäglichen Vorstellungen passt.

Dennoch ist auch die utilitaristische Reaktion auf das Problem des kleinsten gemeinsamen Nenners nicht völlig überzeugend, und zwar weder für das Verhältnis zwischen Menschen und Tieren, noch generell. Einerseits entstehen die bekannten Gebote des Benutzens anderer zu ‚guten Zwecken'. Tiere werden benutzt, um Menschen zu helfen. Aber wenn das zulässig ist, ist es dann nicht ebenso erlaubt, ja geboten, wenige Menschen zu benutzen, um vielen Menschen zu helfen? Die utilitaristische Denkweise erlaubt kaum eine ablehnende Antwort auf diese Frage. Zudem scheint es schwierig, menschliche und tierische Interessen zueinander in Beziehung zu setzen und gegeneinander zu gewichten. Sind die Interessen der Tiere wichtiger als die Vernunftinteressen der Menschen, oder gleich oder weniger wichtig? Wie lässt sich darauf eine Antwort finden, in welchem Rahmen ist eine Antwort möglich? Beides sind typische Probleme, die darauf zurückzuführen sind, dass der abstrakte Rückgriff auf Interessen den Zusammenhang ausblendet, in dem Interessen meist ihre Funktion haben. Auf diese Weise werden Scheinbegründungen erzeugt, die mehr Fragen aufwerfen als sie beantworten.

Dieser dritte Versuch darf nicht verwechselt werden mit der von Nozick diskutierten Variante „Kantianismus für Menschen, Utilitarismus für Tiere" [2], liegt doch ein wichtiger Unterschied darin, ob man von Vernunft oder einem Vernunft*interesse* spricht. In der kantianischen Ethik steht die Vernunft den Interessen gegenüber und kann in keinem Interessenvergleich von ihnen aufgewogen werden. Die menschliche Vernunft ist nach Kant eher eine Ermöglichungsbedingung der Interessen, liegt ihnen voraus oder zugrunde, und darf deshalb nicht beschädigt oder kompromittiert werden. Demgegenüber lässt die Rede vom Vernunftinteresse ein Abwägen prinzipiell zu. Ob Menschen bereit sind, ihre Vernunftfähigkeiten zugunsten anderer Wohltaten einschränken zu lassen, ist dann eine empirisch-psychologischen Frage.[3] Vernunft auf die Ebene von Interessen zu bringen, überbrückt zwar die Kluft zwischen Menschen und Tieren, jedoch wiederum auf Kosten der menschlichen Eigenart. Das Problem, wie das Leben von Menschen sich zu dem von Tieren verhält, verschiebt sich in unterschiedliche Erwartungen gegenüber dem Begriff ‚Interesse'. Die ‚Interessen' von Menschen und Tieren sind so verschieden, dass zweifelhaft wird, ob und wie man sie vergleichen kann,

---

[2] „… utilitarianism for animals, Kantianism for people" (Nozick 1974, 39).

[3] Auf diese Ebene gebracht ist die Antwort klar: Wie das Fernsehen oder populäre Unterhaltungsliteratur belegen, akzeptieren wir gern eine stereotype und konventionalisierte Weltsicht, weil sie uns von vielen Problemen und Ungewissheiten befreit.

und insbesondere, inwieweit das, was Menschen als ihre Interessen bezeichnen, autoritativ für den Gehalt dieser Interessen gilt.

Warum, könnte man auch fragen, gibt es nicht eine vierte Möglichkeit, nämlich eine Kombination von *Achtung* und *Mitleid?* Diese Kombination könnte man unter den Slogan bringen „Kantianismus für die Menschen, Mitleid für die Tiere“, und sie unterscheidet sich von der globalen Mitleidsethik, wie auch von einer von Sympathie und vom Einfühlen ausgehenden Option. Sie gibt zudem am ehesten unsere alltägliche Einstellung wieder, die eben Menschen und Tieren gegenüber verschieden ist. Menschen achten wir in ihren Rechten, Tiere können wir nicht achten, aber wir haben Mitleid, wenn sie gequält werden oder wenn sie in Not sind. Und tatsächlich ist es ja ein zentrales Argument, mit dem wir uns selbst beim Fleischkonsum beruhigen, dass wir annehmen, die konsumierten Tiere hätten nicht leiden müssen. Auf diese Weise können wir die Tiere umfangreich benutzen, kommen selbst aber, zumindest unter idealen Bedingungen des Tierschutzes, mit einer sauberen Weste davon. Dabei gehen wir meist vom Mitleid als einem ‚angebrachten‘ Gefühl aus, so dass unwichtig wird, ob bestimmte Konsumenten das nötige Mitleid effektiv aufbringen. Selbst in dieser generalisierten Form, in die Ursula Wolf das nötige Mitleid für die Tiere gefasst hat (siehe Wolf 1990), ergibt sich jedoch eine eigentümlich verzerrte Beziehung zu den Tieren, die mit uns leben und die wir benutzen.

Erstens bleibt aus Mitleidsicht unklar, ob wir Tiere bedauern sollten, deren Leben kürzer ist als es natürlicherweise wäre, und die schmerzlos getötet werden. Das ist systematisch der Fall bei Kälbern, die ihrer Fleischqualität wegen nicht länger als ein halbes Jahr leben dürfen, während Rinder natürlicherweise etwa 20 Jahre alt werden können. Alle Tiere werden im Rahmen der industriellen Fleischproduktion weit unterhalb ihrer natürlichen Lebenszeit getötet, aber bei Kälbern ist das Ausmaß an ‚Lebensverlust‘ besonders drastisch. Aus Mitleidsicht wäre das kurze Leben eines Kalbs hingegen problemlos, solange es unter seinem Tod nicht leidet. Dass diese Sicht verkürzt ist, zeigt der Vergleich mit einem gestorbenen Kind. Auch wenn es nicht leidvoll gestorben ist, würden wir seinen Tod dennoch stark bedauern, und zwar im Licht seines *möglichen, ihm entgangenen Lebens*. Wir bedauern dieses Kind, obwohl es selbst noch kein Bewusstsein seines zukünftigen Lebens haben kann, so dass man gegen ein analoges Urteil bei Kälbern entweder Gründe vorbringen müsste, warum die potentielle Lebenssicht bei Tieren unangebracht ist oder warum das ganze Leben eines Tiers soviel weniger ‚wertvoll‘ oder ‚wichtig‘ ist als das eines Menschen. Es mag weniger wertvoll sein, belanglos ist es sicher nicht.[4]

Zweitens liefert das Mitleid keine Hinweise dafür, wie wir uns gegenüber der züchterischen und in Zukunft gentechnischen Veränderung von Nutztieren verhalten sollen, sofern sie nur innerhalb der Grenzen eines leidsensiblen Tierschutzes bleibt. Schon dass Mitleid nur Leiden wahrnimmt und vom natürlichen Verhalten der Tiere keine Kenntnis hat, dass es notgedrungen ‚menschliche‘ Leidenskriterien zugrundelegt, die auf Tiere

[4] Ein Versuch gegen die potentielle Lebensbetrachtung ist die ‚präferenzutilitaristische‘ Überlegung von Peter Singer, wonach das Töten von Tieren als im Prinzip problemlos gilt, weil sie über kein bewusstes Lebensinteresse verfügen. Siehe Singer 1979, Kap. 3. Schwer akzeptabel ist aber die dann zu ziehende Konsequenz, es sei irrational, das früh gestorbene Kind zu bedauern.

nicht unbedingt übertragbar sind, und dass es die grenzenlose technische Indienstnahme von Tieren akzeptieren müsste, wäre sie nur schmerzlos, zeigt, wie sehr es beim mitleidbasierten Tierschutz vor allem um die Menschen und kaum um die von ihnen benutzten Tiere geht.

Drittens ist das Mitleid nicht nur den Nutztieren, sondern auch den Wildtieren gegenüber unangemessen. Angesichts des täglichen Überlebenskampfs in der wilden Natur ist eine Leidperspektive absurd, weil sie das völlige Aufheben dieser Natur durch die Menschen fordern müsste. Die Mitleids-Tierethik müsste dann die Begrenzung auf die Nutztiere eigens begründen, aber eine solche Grenze scheint willkürlich und kaum argumentativ zu stützen. Sicher sind wir verantwortlich für das Leid der Nutztiere, weil es ohne unser Handeln nicht zustande käme; aber wir könnten das Leid von Wildtieren ebenfalls in größerem Umfang verhindern, etwa indem wir Raubtiere systematisch verfolgen und an der Fortpflanzung hindern. Wer Leid geschehen lässt, das er leicht verhindern könnte, ist ähnlich verantwortlich wie jemand, der es mit herbeiführt. Wenn man solche Konsequenzen nicht zu ziehen bereit ist, schafft man zwei Kategorien von Tieren, was schon deshalb eigenartig ist, weil viele Haus- und Nutztiere wildlebende nahe Artverwandte besitzen, deren Leidensfähigkeit sich nicht wesentlich von ihren domestizierten Verwandten unterscheidet.

Insgesamt ergibt sich damit die vielleicht überraschende Beobachtung, dass es *außergewöhnlich schwierig ist*, die uns gewohnte Moral auch nur auf die Tiere *unserer nächsten Umgebung* auf eine akzeptable Weise auszudehnen. Im Alltag hat sich eine Kombination von Achtung und Mitleid eingespielt, die Menschen und Tiere unterschiedlich berücksichtigt und dabei die Tiere zu Grenzfällen von ‚Wesen in Notsituationen' werden lässt – Grenzfälle gegenüber Menschen in Notfällen. Diese Haltung mag schlimmste Tierquälereien verhindern, vermeidet aber, die Eigenperspektive von Tieren ernst zu nehmen. Am Leben erhält sie sich, weil sie das eingespielte Benutzen der Tiere scheinbar zu legitimieren vermag – *nur dem Schein nach*, weil unser Umgang mit den Nutztieren systematisch darauf angelegt ist, Leid zu verursachen und das Leidvermeidensargument in einem solchen System unglaubhaft wird, solange es sich nicht gegen das System selbst wendet.

2. Instrumenteller und gemeinschaftlicher Umgang mit Tieren

Warum, könnte man fragen, steht dieses Leidvermeiden gegenüber den Tieren so im Vordergrund bzw. warum ist die Beziehung zu den Tieren moralisch so minimalistisch geregelt? Unter Menschen, die sich regelmäßig begegnen oder miteinander arbeiten und kommunizieren, wäre eine Beziehung moralisch unterbestimmt, würde sie sich nur dadurch auszeichnen, dass die Partner darauf verzichten, einander Leid zuzufügen.[5] Offensichtlich ist es darüber hinaus wünschenswert, die Beziehung und unsere moralischen Pflichten in ihr auf *positive* Weise zu beschreiben, in ihr ein gemeinsames Gut zu

[5] Man denke an ein langjähriges Paar, das unfähig ist, sich zu trennen, aber sich auch so gleichgültig geworden ist, dass es sich auf diese minimale Politik beschränkt. Offensichtlich würde man diesem Paar ein baldiges Ende der Beziehung wünschen.

sehen, das in und durch diese Beziehung realisiert wird. So jedenfalls denken wir hinsichtlich unserer Beziehungen zu Menschen, die uns etwas bedeuten. Und wenn wir in einer Beziehung wie der mit den Tieren anders denken, lohnt es sich jedenfalls, die Gründe zu kennen und zu sehen, ob wir den Möglichkeiten der Beziehung gerecht werden.

Natürlich lässt sich unsere Beziehung zu den meisten Tieren ganz einfach positiv beschreiben, wenn auch nicht unbedingt auf moralisch befriedigende Weise. Das Ziel unserer Beziehung zu den meisten Nutztieren besteht darin, sie zu unseren Zwecken zu benutzen, vorrangig um Fleisch zu produzieren und an ihnen neue Medikamente zu testen. Ein Benutzen ist dieses Verhältnis deshalb, weil in ihm kein gemeinsames Gut produziert wird, sondern eines, das nahezu ausschließlich uns und nicht den Tieren nützt.[6] *Gemeinschaftliche* Beziehungen unter Menschen sind solche, in denen gemeinsame, nicht individuell reduzierbare Güter entstehen. Sind solche Güter zwischen Menschen und *Tieren* überhaupt möglich? Gemeinschaftsgüter entstehen durch eine enge Art von Interaktion, ein Partizipieren am Partner und Gegenüber, das den Einzelnen aus seiner individuellen Isolation herauslöst und ihn für die soziale Welt öffnet. Die soziale Welt ist nur möglich durch diese menschliche Fähigkeit, auf der Basis von Sprache und Kommunikation. Wenn auch vage, können wir als weiteste Bedingung gemeinschaftlicher Beziehungen *anhaltende, freiwillig bestehende soziale Interaktion* nennen, die der Kommunikation und gegenseitigen Beeinflussung dient. Kriegerische oder sadistische Interaktionen scheiden damit ebenso aus (sie dienen nicht vorrangig der Kommunikation und sind nicht freiwillig) wie das instrumentelle Benutzen des anderen zu eigenen Zwecken.

Sind mit Tieren gemeinschaftliche Beziehungen in diesem Sinn möglich? Offensichtlich nur mit wenigen Arten von Tieren, und auch mit diesen nicht reziprok auf menschlichem Niveau. Eigenartigerweise benutzen wir als Nutztiere aber systematisch diejenigen Tiere vorrangig, die von fast allen Tieren am geeignetsten wären für gemeinschaftliche Beziehungen.[7] Wir essen nicht mit Vorliebe Insekten, sondern Säugetiere mit hoher Kommunikationsfähigkeit und nicht geringer Intelligenz, wie etwa die Schweine. Einer gemeinschaftlichen Beziehung im Sinn meines Vorschlags könnte zweierlei im Weg stehen: einerseits die Bedingung der Freiwilligkeit, andererseits die Asymmetrie der Fähigkeiten von Menschen und Tieren. Die üblichen Haus- und Nutztiere sind nicht autonom und halten deshalb eine Beziehung zu uns nicht freiwillig aufrecht. In der Natur würden sie meist nicht überleben können. Und wenn man die Rede von Kommunikation an Intelligenz und Bewusstsein bindet, kommunizieren sie nicht mit uns. Sollte man dieser Unterschiede wegen die Rede einer möglichen Gemeinschaft mit Tieren also fallen lassen?

Sehen wir genauer hin. Die wichtigsten unserer Haustiere wie Pferde, Schweine, Schafe, Rinder, usw. besitzen selbst soziale Eigenschaften, bilden untereinander soziale Ordnungen aus (z.B. Herden), nehmen Verwandte wahr und kennen sogar Freundschaften. Diese Tiere besitzen psychosoziale Fähigkeiten ähnlich wie wir Menschen auch,

---

6 Wenn in diesem Abschnitt von ‚Tieren‘ die Rede ist, sind meist nur typische Haus- und Nutztiere gemeint.

7 Ausnahmen sind die Primaten und die Delphine.

und können in ihren psychosozialen Bedürfnissen mehr oder weniger zufrieden gestellt oder depraviert sein. Haus- und sogar Wildtiere bilden Tiergemeinschaften, ihr sozialer Charakter gehört zu ihrer Natur. Ihre sozialen Fähigkeiten erlauben es ihnen, untereinander zu kommunizieren, einander wahrzunehmen, gegen- und miteinander zu handeln. Diese Fähigkeiten können sie auch den Menschen gegenüber einsetzen, auch wenn Menschen nicht in die natürliche Ordnung ihrer Gemeinschaften passen. Viele unserer Haustiere sind in der Lage, entweder in ihrer Prägephase oder auch in höherem Alter persönliche Bindungen mit Menschen einzugehen. Schweine oder Hunde beispielsweise sind dazu ganz offensichtlich imstande. Welches Ausmaß an sozialen Fähigkeiten die Haus- und Nutztiere tatsächlich besitzen, wird leicht übersehen, weil ihre Haltungsbedingungen in der industriell betriebenen Landwirtschaft diese Fähigkeiten systematisch unterdrücken.

Reichen diese Fähigkeiten allerdings aus, um unsere in menschlichen Zusammenhängen geprägten Begriffe wie „Freundschaft", „Kommunikation" oder „Freiwilligkeit" auf die Tiere und die Beziehung zu Tieren auszudehnen? Wenn man sich des qualitativen Unterschieds sozialer Beziehungen unter Menschen und Tieren bewusst bleibt und sieht, welche Qualität die Beziehung von Menschen zu Tieren haben kann, spricht nichts dagegen. Die günstige Wirkung von Tieren auf Menschen lässt sich am einfachsten (wenn auch bei weitem nicht nur) anhand des therapeutischen Einsatzes von Delfinen erkennen (siehe Anderson et al. (eds.) 1983; Institut 1983; Greiffenhagen 1991). Ähnlich wie Hunde stellen Delfine unvoreingenommen Körperkontakt her, scheinen wortlos zu verstehen, schenken Zuneigung und Aufmerksamkeit, reagieren allen Menschen gegenüber gleich, anerkennen die Wünsche und Vorschläge von Menschen. Ähnlich wie kleine Kinder sind Haustiere deshalb eine Art ‚problemloser' Erwachsener, mit denen man eine entspannte und entlastete Beziehung eingehen kann, in der emotionale Bedürfnisse von Menschen im Vordergrund stehen. Aufgrund eines jahrtausendelangen Anpassungsprozesses und der biologischen Ähnlichkeit haben diese Tiere eine starke Fähigkeit entwickelt, die Stimmungen und Absichten von Menschen zu verstehen und auf sie zu reagieren, und sind deshalb die geeigneten Partner in solchen emotionalen Gemeinschaften.

Von den rein instrumentellen Beziehungen unterscheiden sich gemeinschaftliche durch die *Selbständigkeit* der beteiligten Partner. Die in der Gemeinschaft verbundenen Partner nutzen einander nicht zu je eigenen Zwecken, der Kontakt mit dem jeweils anderen wird mindestens *auch* um seinetwillen eingegangen und gepflegt.[8] Die menschlichen Sozialbeziehungen benötigen ein Reservoir der Begegnung mit anderen als Gleichrangigen, in der sich das Bedürfnis, andere als gleichrangig anzuerkennen, mit dem Wunsch verbindet, von ihnen anerkannt zu werden. Die Begegnung mit Tieren stellt vermutlich weitgehend eine entlastete Form dieses Sozialbedürfnisses dar. Die Tiere sind den Menschen gegenüber selbständig, einfach weil sie in entlasteter Form dieses Sozialbedürfnis

8 Zu einer regelmäßigen Verwirrung führt, dass dieser Kontakt als individuelles Bedürfnis formuliert werden kann, wodurch der Unterschied zwischen dem Halten des Schafs um der Wolle für den eigenen Pullover wegen, und dem Halten des Schafs um der Lebensgeräusche in dem einsamen Tal wegen, wegzufallen scheint. Während das erste Interesse aber die Selbständigkeit des Schafs nicht benötigt, ist das zweite nicht ohne diese Selbständigkeit formulierbar.

erfüllen können. Sie sind in einem außer-humanen Sinn selbständig, weil sie auf eine den Menschen durchaus vergleichbare Weise zu eigenständigem Handeln fähig sind. Vor allem viele Säugetiere erfüllen die Minimalbedingungen von Handlungen, haben Absichten und Überzeugungen. Der praktische Umstand, dass sie ohne Menschen manchmal nicht lebensfähig sind, spricht so wenig gegen ihre Selbständigkeit wie es gegen die Selbständigkeit von Menschen sprechen würde, wenn einige von ihnen auf einer einsamen Insel im Ozean verhungern.

Was bedeuten diese Fakten und Beschreibungen für den Umgang mit diesen Tieren – vorausgesetzt wir akzeptieren sie? Die Normen des Umgangs mit Gegenständen entspringen den *vorteilshaft-möglichen* Handlungen mit diesen Gegenständen. Die Normen von Sozialbeziehungen entnimmt man analog nicht einfach irgendwelchen Zielen, denen man diese Beziehungen willkürlich unterstellt. Vielmehr entnimmt man sie denjenigen Zielen, die im Rahmen dieser Beziehungen vorteilshaft möglich sind. Angesichts des Potentials an Sozialbeziehungen unter Menschen wäre es nachteilig, mit Menschen einzig instrumentelle Beziehungen zu pflegen; dasselbe gilt jedoch auch für die Beziehungen zu den typischen Haus- und Nutztieren. Die Normen im Umgang mit diesen Tieren sollten deshalb gemeinschaftlichen Beziehungen entsprechen und nicht wie in der Fleisch- und Pharmaindustrie den reinen Effizienzüberlegungen der optimalen Fleisch- oder Wissensproduktion. Um diese Forderung zu präzisieren, sind aber *zwei Einwände* zu berücksichtigen.

Erstens, warum müssen wir zu *allen* dazu fähigen Tieren Gemeinschaftsbeziehungen aufnehmen? Reicht es nicht, mit einem Teil gemeinschaftlich zu verkehren und den Rest instrumentell zu behandeln? Das bloße Bestehen von Handlungsmöglichkeiten bedeutet schließlich noch nicht, dass man sie auch wahrnehmen *muss*. Klavierunterricht nehmen zu *können* zwingt nicht dazu, ihn tatsächlich zu nehmen. Wenige Menschen in nichtagrarischen westlichen Gesellschaften haben gemeinschaftliche Beziehungen zu Rindern und Schafen, erfreuen sich aber an deren Produkten. Offensichtlich ziehen sie ein Leben ohne näheren Kontakt mit den lebenden Tieren vor, und es wäre eine einschneidende Forderung, jedem von ihnen das Zusammenleben mit einem Schaf oder Rind zu verordnen. Wir müssten dann einen großen Teil unserer jetzigen Lebensweise aufgeben.

Beachten wir allerdings, dass eine Variante dieses Einwands auch für die Beziehungen zu anderen Menschen gilt. Für unsere individuellen sozialen Bedürfnisse benötigen wir jeweils nur wenige Menschen, warum dann die restlichen nicht ausbeuten? Die Antwort umfasst zwei Teilaspekte, erstens einen *Generalisierungsgrund*, und zweitens einen der *Priorität* der Gemeinschaftsbedürfnisse. Erstens, nur eine Kultur, in der *alle* Menschen als Gemeinschaftspartner akzeptiert werden, schöpft die Möglichkeiten des gemeinschaftlichen Umgangs vollständig aus, denn für alle ist dieser Umgang besser als der instrumentelle und ein wechselseitiger Umgang ist günstiger als ein einseitiger.[9] Viele Erfahrungen in rassistischen Kulturen zeigen, dass die ideologisch reprimierte Gemeinschaftsfähigkeit als Verlust empfunden wird, ja es bedarf einer ideologischen Rechtfertigung und starker Selbstkontrolle, um nicht natürlicherweise in Gemeinschaftsbeziehungen überzugehen. Selbst das außergewöhnlich disziplinierte Personal

---

9 Die Gemeinschaftsbedürfnisse werden stärker erfüllt, wenn A und B, C und D sie wechselseitig befriedigen, als wenn A, B und C sie mit D befriedigen.

der deutschen KZs war nicht immer in der Lage, rein instrumentelle Beziehungen zu den Opfern aufrecht zu erhalten.

Zweitens ist das Aufnehmen und Unterhalten gemeinschaftlicher Beziehungen nicht mit dem Klavierspielen zu vergleichen, sondern betrifft ein Bedürfnis, ohne dessen Befriedigung Menschen kaum leben könnten. Weil sie ohne instrumentelle Tätigkeiten ebenfalls nicht leben könnten, steht dieses Bedürfnis allerdings nicht einfach in einer lexikalischen Ordnung zu den restlichen Bedürfnissen, etwa denjenigen nach Nahrung und Schutz. Ebenso wenig lassen sich die menschlichen Bedürfnisse einfach so zerlegen, dass eine Teilklasse durch instrumentelle Handlungen hinreichend befriedigt werden könnte, eine andere gemeinschaftliche Beziehungen benötigt. Vielmehr sind alle menschlichen Bedürfnisse gemeinschaftlich steigerungsfähig, so dass *alle* Handlungen gemeinschaftlich verbessert werden können. Auch die instrumentellen Handlungen und Beziehungen stehen innerhalb eines weiter auszuschöpfenden Potentials von Gemeinschaftsbeziehungen, und wo dieses Potential nicht genutzt werden soll, werden ideologische Gründe benötigt, um es zu verhindern oder zu rechtfertigen.

Unter Menschen drückt sich das Bewusstsein des Gemeinschaftspotentials darin aus, dass das ‚Benutzen' anderer, etwa in Kontexten der Arbeit, unter dem Vorbehalt ihres Einverständnisses steht und korrekterweise eher als ‚Kooperieren' beschrieben werden muss. Ein zweiter Einwand gegen das Argument der Tiergemeinschaft lautet denn auch, dass wir die Tiere – sofern wir ihnen dadurch kein Leid zufügen – doch zu Recht benutzen, weil sie zu einem vergleichbaren Einverständnis nicht in der Lage sind. Wir mögen mit Tieren ja eine Gemeinschaft bilden, aber das muss keine sein, in der die Tiere einen gleichrangigen Status haben. Anders als unter Menschen stehen die instrumentelle Nutzung und das Gemeinschaftliche im Umgang mit Tieren einander nicht entgegen. Das Gemeinschaftsargument führt deshalb über die traditionelle Position des Benutzens der Tiere bei gleichzeitigem Leidvermeiden nicht hinaus.

Auch die Entgegnung auf diesen Einwand hat mehrere Aspekte. Erstens müssen wir sehen, wieweit der Generalisierungsgrund auch gegenüber den Tieren gilt. Unter Menschen besagte dieser Grund, dass nur eine Anerkennung aller als Gemeinschaftssubjekte das Potential der Beziehungen mit ihnen optimal ausschöpft. Das vorhin angeführte Argument, dass *wechselseitige* Beziehungen in diesem Sinn besser sind als einseitige, lässt sich auf die Mensch-Tier-Beziehungen nicht übertragen, weil diese Beziehungen auf jeden Fall in irgendeinem Ausmaß asymmetrisch sind. Immerhin dürfte zutreffen, dass nur eine allgemeine Kultur des Anerkennens der Tiere als Gemeinschaftspartner das Potential der Beziehungen zu den Tieren ausschöpft. Würde man die Nutztiere säuberlich in zwei Klassen einteilen, bliebe das Gemeinschaftspotential der Tiere sicher unterbewertet.[10] Das spricht für eine verallgemeinerte Anerkennung auch der Tiere als Gemeinschaftspartner.

Die moralischen Normen entspringen den sozialen Beziehungen, die man vorteilshaft-möglich mit anderen Wesen eingeht. Ökonomische Optimierung der Fleischproduktion ist die Norm, die dem instrumentellen Umgang mit Nutztieren entspringt, und sie ist tatsächlich die vorrangige Norm in der heutigen Fleischindustrie. Tierethiker und

[10] Das ist mit der gängigen Unterscheidung zwischen ‚Haustieren' (pets) und ‚Nutztieren' ja auch der Fall, mit der Konsequenz, dass wir ein den Tieren gegenüber entfremdetes Leben führen.

Konsumenten kritisieren diesen instrumentellen Umgang entweder unter Verweis auf das Leiden der Tiere im industriellen Betrieb, oder unter Berufung auf einen Selbstwert der ‚natürlichen Art' oder des Tieres. Wie ich zu zeigen versucht habe, ist die erste Kritik irrtumsanfällig, während die zweite Kritik in einen irreführenden und unpraktikablen Wertrealismus hineinführt, der uns bei der Umweltethik noch detaillierter begegnen wird. Es empfiehlt sich daher, die Normen des Umgangs mit den Nutztieren *im Licht der Beziehungen* zu formulieren, die mit ihnen vorteilshaft-möglich sind. Die wichtigste Frage ist dabei, ob die gemeinschaftliche Qualität der Beziehung zu den Tieren deren Nutzung zu anderen Zwecken prinzipiell ausschließt. Die Antwort lautet, dass einer solchen Nutzung nur dann und insoweit nichts entgegensteht, wenn das gute Leben der Tiere durch sie nicht beeinträchtigt wird. Etwas konkreter würde das heißen, dass man die Wolle von Schafen nutzen, mit Ratten und Schimpansen experimentieren kann, wenn es ihre Gesundheit und ihr Wohlbefinden nicht beeinträchtigt, und dass man das Fleisch von Schweinen und Rindern essen darf, wenn sie ein artgerecht normales Leben hatten.

Offensichtlich würden die letzten beiden Normen eine drastische Veränderung des Verbrauchens von Tieren in der Pharma- und Fleischindustrie bedeuten.[11] Normalerweise werden Tiere zum Fleischverzehr ja nicht unter Rücksichtnahme auf die Frage getötet, ob die Tiere bereits ein hinreichend langes Leben hatten. Würden die Tiere als Gemeinschaftspartner jedoch *anerkannt*, müssten sie auch in ihrem *natürlichen Lebensverlauf* anerkannt werden. Argumentativer Spielraum gegenüber dieser Folgerung entstünde bestenfalls dadurch, dass Menschen in einer Situation sind, in der sie Fleischnahrung dringend brauchen. Das ist bekanntlich in unseren reichen westlichen Ländern nicht der Fall. Wir können uns entweder vegetarisch oder von Tieren ernähren, mit denen wir keine Gemeinschaft pflegen können, wie insbesondere den Fischen. In Bezug auf das Experimentieren entsteht ein Spielraum durch die unterschiedliche Gemeinschaftsfähigkeit der Tiere. Legt man die Vorstellung einer freiwilligen Wechselseitigkeit zum gemeinsamen Nutzen zugrunde, wie sie vom Verhältnis der Rinder und Schafe mit den Menschen erfüllt wird, sind Ratten und Mäuse nicht gemeinschaftsfähig, sondern gehören mit Kakerlaken und Bakterien in eine Kategorie von Lebewesen, die eher von, und nicht mit den Menschen leben. Mit ihnen zu experimentieren wäre deshalb zugunsten menschlicher Gesundheitsziele in Ordnung, im Unterschied zum Experimentieren mit Schweinen oder Schimpansen.

---

[11] Eine Nebenfolge des reduzierten Fleischkonsums wäre die geringere Umweltbelastung durch Stickstoff, Ammoniak, Methan und andere Teilprodukte der industriellen Landwirtschaft. Um das Ausmaß des Abweichens vom Natürlichen einzuschätzen: In Deutschland leben auf 357 000 Quadratkilometer Landesfläche 42,5 Millionen Huftiere (15,7 Millionen Rinder, 23,7 Millionen Schweine, dazu Schafe und Pferde). Das sind 75 Tonnen pro Quadratkilometer, 70 Tonnen mehr (!) als der natürliche Bestand an Huftieren im fruchtbarsten Ökosystem der Erde, der Serengeti in Ostafrika.

3. Naturalistische und soziale Ökologie

Meine eben aufgestellte Behauptung, dass Ratten und Mäuse – und Bakterien als extremer Fall – nicht ‚gemeinschaftsfähig' sind, würde den Einspruch einer Reihe von Autoren finden, die man als Vertreter einer bio- oder ökozentrischen Gemeinschaftsethik zusammenfassen kann.[12] Tatsächlich könnten wir wohl ohne Bakterien nicht leben, und welche Konsequenzen das völlige Fehlen von Ratten und Mäusen auch für unsere Lebensweise hätte, ist unübersehbar. Die ‚ökologische' Grundeinsicht besteht in der Entdeckung der starken wechselseitigen Abhängigkeit alles Lebendigen auf dem Planeten. Die verschiedensten Versuche, unsere traditionelle humanistische Ethik über die Beziehungen auch zu den Haus- und Nutztieren hinaus auf wildlebende Tiere und die Natur zu erweitern, schließen auf unterschiedliche Weise an diese Einsicht an. Nach ihren Vertretern ist die angemessene Umweltethik nicht nur eine ökologisch aufgeklärte, sondern eine *ökologisch strukturierte* Ethik. Der Begriff der *Gemeinschaft* fungiert dabei als ambivalenter Brückenbegriff, der umso metaphorischer wird, je stärker mit ihm von der spezifisch menschlichen Beteiligung an der ökologischen Interaktion abstrahiert wird. Eine solche Abstraktion ist auf verschiedene Weisen möglich: entweder, indem explizit und absichtlich die ‚wilde Natur' im Mittelpunkt steht, oder indem die Beziehungen zwischen Lebewesen oder ‚Energieträgern' naturalistisch so beschrieben werden, dass durch die gewählte Begrifflichkeit der soziale und typisch menschliche Aspekt der Interaktion unter Menschen ausgeblendet wird.

Die Idee einer biozentrischen Gemeinschaftsethik ist von Aldo Leopold (1992) eher literarisch eingeführt worden, und wird heute insbesondere von Baird Callicott (1989; 1999) philosophisch verteidigt. Leopolds anschauliche Vision ist die des ‚Lands', worunter er in ihrer ökologischen Eigenständigkeit belassene Biotope (Boden, Gewässer, Pflanzen, Tiere) versteht, denen gegenüber eine Handlung dann ‚richtig' ist, wenn „sie dazu beiträgt, die Integrität, Stabilität und Schönheit der Natur zu erhalten", und ‚falsch', „wenn sie das Gegenteil bewirkt" (174). Indem er auf die Abhängigkeit der Menschen von ihrer ‚Land'-Umgebung hinweist, empfiehlt Leopold nicht etwa nur das Bewahren natürlicher Lebensvoraussetzungen der menschlichen Klugheit. Vielmehr klagt er in Anspielung auf den modernen moralischen Fortschritt gegenüber der Sklavenethik eines Odysseus (149) den Naturschutz als eine moralische Aufgabe ein. Während es in der späteren Umweltethik ein beliebtes Spiel geworden ist, eine Palette von ‚intrinsischen Werten' zu postulieren, beruft sich Leopold zum Ausweis des moralischen Anspruchs als Ökologe auf die anschauliche Vorstellung einer um die natürlichen Lebensbedingungen erweiterten ‚Gemeinschaft'. „Die Land-Ethik erweitert … die Grenzen des Gemeinwesens und schließt … das Land mit ein." (151) Während sich die Pflichten zum Naturschutz aus dem Einbezogensein in die biologische Gemeinschaft ergeben, erschließen sich die Handlungsziele des Bewahrens von *Integrität* und *Stabilität* eines Biotops aus Leopolds Annahme, dass diese Eigenschaften kennzeichnend sind für die Gesundheit des Biotops. Aktive Eingriffe zugunsten der bedrohten Balance eines

[12] Tatsächlich hat John Passmore ähnliche Beispiele benutzt, um ein moralisches Verhältnis gegenüber der nicht-menschlichen Natur zu widerlegen: siehe Passmore 1974, 116.

Biotops, etwa das Jagen und Töten zu zahlreich werdenden Schalenwilds, sind damit ‚landethisch' nicht nur erlaubt, sondern sogar geboten.

Bereits Leopold beschreibt die Beziehungen zwischen Elementen von Biotopen manchmal als ‚Energiefluss'. Darüber hinaus hat die aktuelle, sich stärker als Leopold naturwissenschaftlich verstehende Ökologie in radikalisierter Form die Ding-Ontologie unserer Alltagsbeschreibungen durch eine Ereignis-Ontologie ersetzt und versucht, Beziehungen und Netzwerke zwischen diesen Ereignissen nachzuzeichnen (siehe Birch/Cobb 1981). In einer radikalisierten ökologischen Theorie der belebten und lebenden Natur sind Lebewesen nicht mehr Einzeldinge, sondern Ereignisse innerhalb von Beziehungen. Einzeldinge sind dieser Theorie zufolge noch zu atomistisch gedacht, sie erscheinen irrtümlich als zu eigenständig. Anschließend an diese ökologische Radikalisierung der Beziehungen in der Natur sehen Philosophinnen und Philosophen wie Robyn Eckersley und Arne Naess die einzige Möglichkeit, die traditionelle humanistische Beschränkung der Ethik zu überwinden, darin, eine hierarchielose und werthaft neutrale wechselseitige Beziehungsstruktur an die Stelle der traditionellen ‚anthropozentrischen' Hierarchien zwischen Menschen, Tieren und Pflanzen treten zu lassen. Der so in seine natürlichen Abhängigkeiten aufgelöste Mensch ist dann ein beliebiges Element in einer ‚ökozentrischen' oder ‚tiefenökologischen' Umweltethik (siehe Eckersley 1992, Kap. 3; Naess 1989; Callicott 1989, Kap. 6).

Methodisch gesehen liegt der Fehler dieser ökozentrischen Ansätze in ihrem *reduktiven* Naturalismus, der durch ambivalent verwendete Begriffe leicht aus dem Blick gerät. Der reduktive Naturalismus erklärt nicht, was er zu erklären vorgibt, sondern empfiehlt uns, ein gewohntes Selbstverständnis durch ein anderes zu ersetzen. Offenkundig widersprüchlich wird das in einem Vorschlag wie dem zuletzt erwähnten von Eckersley. Ereignisse handeln nicht, und wenn sie nicht handeln, sind sie auch keine möglichen Adressaten einer Moral. Löst man die Welt in physikalische oder ähnliche subhumane Elemente auf, beseitigt man auch Anlass und Möglichkeit menschlicher Besorgnisse, wie der Besorgnis um die Umwelt. Aus einer Ereignis-Ontologie lassen sich keine moralischen Lehren ziehen, weil die Moral ein handelndes Subjekt unterstellt, das schon, um handeln zu können, eine gewisse Freiheit und Unabhängigkeit gegenüber der Umwelt besitzen muss. Noch weniger ließen sich aus einer in physikalisch-atomare Beziehungen aufgelösten Welt moralische Lehren ziehen; gegen die Atombombe wird man nicht deshalb votieren, weil einem die in Atome zerlegte Welt einen Schauer über den Rücken laufen lässt. Ein Großteil der bio- und ökozentrischen Ethik verdankt sich deshalb ziemlich elementaren Missverständnissen und Denkfehlern.

Im Vergleich zum reduktiven Naturalismus liegt die Schwierigkeit von Leopolds biozentrischer Gemeinschaft gerade in einer gegenteiligen Tendenz, nämlich der naturalistischen Einbettung der Menschen in eine aus menschlicher Sicht gelesenen Umwelt. Weil Leopold zwischen inhaltlichen Erlebnisskizzen der relativ unberührten Natur und theoretischen Reflexionen über sie nicht sonderlich unterscheidet, ist der methodische Stellenwert seiner Äußerungen oft schwer einzuschätzen. Insgesamt rufen viele seiner Schilderungen einen quasi-religiösen Effekt der Bewunderung und des Staunens hervor, eine Ahnung von natürlicher Entwicklung und Komplexität, sowie Gefühle des unwiederbringlichen Verlusts und der Nostalgie gegenüber der in den natürlichen Weiten der

USA noch deutlicher erfahrenen menschenfernen Natur. Der starken Tendenz zur Nostalgie wegen verdeckt Leopold ein systematisches Problem eher, als dass er es thematisiert und beantwortet, nämlich die Frage, wie die Menschen, wenn sie die Natur unausweichlich besiedeln und damit verändern müssen, den Naturverlust steuern und regeln sollen. Durch Leopolds Beschreibungen weht der wertkonservative Geist des singulären Naturliebhabers des frühen 20. Jahrhunderts, der schon gegenüber der zur selben Zeit in Europa vollständig zur Kulturlandschaft gewordenen Umwelt nicht mehr viel ausrichten kann. Auch ist der berühmte Ratschlag, auf ‚Stabilität und Integrität' der Landschaft zu achten, nicht mehr hilfreich, wenn beide schon längst nur noch künstlich aufrechterhalten werden.

Leopolds Begriff des „Lands" entspricht in nüchternerer Terminologie heute der Begriff des *Ökosystems*, zu dem Lebewesen, deren Beziehungen zueinander und zur physikalischen Umwelt, gehören (siehe Odum 1999, 7). Demgegenüber wird der Begriff der *biotischen Gemeinschaft* enger gefasst und meint nur die „Ansammlung von Populationen, die auf einem festumrissenen Gebiet lebt" (Odum 1999, 168), so dass die biotische Gemeinschaft Bestandteil des Ökosystems ist und Gebiet und physikalische Umwelt nicht einschließt. Offensichtlich haben neuere Autoren, im Unterschied zu Leopold, Hemmungen, den Gemeinschaftsbegriff über Lebewesen hinaus auszudehnen. Wichtig ist nun, zwischen *natürlichen* und *künstlichen* Ökosystemen zu unterscheiden, je nachdem, ob Menschen aus ihnen ausgespart sind oder nicht. Aufgrund des unausweichlichen Einwirkens von Menschen auf ihre Umwelt – Menschen *müssen* die Umwelt zum Schaffen ihrer Lebensbedingungen verändern –, können natürliche Ökosysteme global gesehen kein Vorbild für das menschliche Verhältnis zur Umwelt sein. Und umgekehrt können die künstlichen Ökosysteme nicht als ein Ideal dienen, das nicht bereits von typisch menschlichen Nutzungszielen und Handlungsmöglichkeiten durchsetzt wäre. Natürliche Ökosysteme können kein Maßstab für Menschen sein, weil sie Menschen ausschließen – und künstliche sind zu sehr anthropomorph, um noch als natürlich zu gelten.

Leopold verdeckt diese Differenz, indem er die Landethik als ein Modell der Zusammenarbeit unter Einbezug der Menschen in einem „biotischen Team" (154) schildert, aber durchweg suggeriert, dass die Ziele dieser Zusammenarbeit einzig dem nichtmenschlichen Teil der biotischen Gemeinschaft entspringen. Integrität, Stabilität und Schönheit „der Natur" (174) sind die Maßstäbe der biotischen Gemeinschaft, nicht die Stabilität einer *menschlich genutzten* Natur. Doch warum sollten die Maßstäbe der biotischen Gemeinschaft ohne Menschen zugleich die Maßstäbe einer biotischen Gemeinschaft *mit* Menschen sein? Warum, könnte man bereits fragen, sollten die Erhaltensbedingungen der Austernbank maßgeblich für die Erhaltensbedingungen einer anderen Spezies sein, etwa einer Tümmlerpopulation? Warum sollte die Stabilität eines Biotops, etwa des Teichs, maßgeblich sein für die Stabilität eines anderen Biotops, eine angrenzende Feuchtwiese? Viele Biosysteme sind so verschieden, dass sie differenten Lebensbedingungen gehorchen, und häufig stehen sie in Konkurrenz miteinander. Insofern Menschen die Natur systematisch verändern müssen, um ihr eigenes Überleben zu sichern, sind sie gezwungen in viele Biosysteme systematisch einzugreifen, Teiche trockenzulegen und Wiesen umzubrechen. Natürliche Ökosysteme zum Ideal zu erheben, kann deshalb bestenfalls ein Konzept für den Naturschutz in materiell reichen Ländern sein, während die ‚humanökologische' Gemeinschaft nur eine sein kann, in der die menschlichen Handlungsziele *im Bewusstsein von* Stabilität und Schönheit der Natur verfolgt werden.

Leopolds Vorstellung einer Gemeinschaft von Böden, Wasser, Pflanzen, Tieren und Menschen übersieht, dass sich menschliche von nicht-menschlichen Gemeinschaften durch ein wesentliches Merkmal unterscheiden: menschliche *Intentionalität*, die natürlichen Biosystemen fehlt (siehe Gunn 1998, 353). Menschen können und müssen handeln, weshalb ihre Gemeinschaften immer auch einen organisatorisch-planerischen Charakter haben. Natürliche und künstliche Biosysteme fügen sich deshalb nicht einfach zu einer harmonischen Übergemeinschaft zusammen, sondern müssen überlegt zusammengefügt werden – notgedrungen von Menschen als denen, die handeln können. Für ökologische Probleme, wie sie sich an charakteristischen ‚Schnittstellen' zwischen Mensch und Natur ergeben, wie beim Ressourcenabbau, in der Landwirtschaft oder bei der Stadt- und Verkehrsplanung, sind Leopolds Vorschläge deshalb weitgehend unbrauchbar. Bedenkt man außerdem, dass mehr als die Hälfte der Menschheit in Städten lebt und nicht auf offenem Land, dass der größte Teil der ‚natürlichen Umwelt' in industrialisierten Ländern künstlich gestaltete Kulturlandschaft ist, und dass Staudämme, Windräder, Kohlebergbau, Öl- und Gasgewinnung Landschaften oft massiv verändern, wird man sich des Ausmaßes bewusst, in dem mit der Landethik ein unzeitgemäßes agrarisches Ideal in einer von menschlichen Handlungen und nach menschlichen Zwecken bereits weitgehend durchkonstruierten Umwelt gepriesen wird.[13]

In einer realistischen Version würde das Ideal des natürlichen Ökosystems deshalb nur ein Bewahren menschenferner Naturareale und Naturparks nahe legen. In weiterer Konsequenz müsste man bedauern, dass Menschen die Natur verändern und zugunsten ihrer eigenen Lebensplanung zerstören. Wenn man beachtet, dass Menschen selbst Ergebnis einer natürlichen Evolution sind, und zwar gerade aufgrund ihrer Fähigkeit, die Natur zu verändern, kann ein solches Ideal der künstlich bewahrten Natur sicher nicht irgendwie aus der Natur ‚abgelesen' werden, sondern kommt vielmehr durch eine willkürlich einseitige Auswahl zustande. Einseitig ist die Auswahl deshalb, weil sie im Verhältnis zwischen Menschen und Natur nur eine Seite, die Einbezogenheit des menschlichen Lebens in natürliche Funktionskreisläufe, beachtet, und die andere Seite, das aktive Einwirken auf und in diese Kreisläufe, nur als eine Form der ‚Störung', nicht als eine unausweichliche, prinzipiell unvermeidbare und deshalb nur zu gestaltende Form des Einwirkens begreift. Wenn Menschen aber selbst zur Natur hinzugehören, sind ihre Eingriffe nicht weniger oder mehr störend als das Beuteverhalten von Raubtieren oder die Lava eines Vulkanausbruchs. Gehören sie jedoch *nicht* vollständig zur Natur – wovon wir eigentlich ausgehen –, können die Naturvorgänge auch nicht der Maßstab für menschliches Verhalten und Handeln sein.

---

[13] Siehe mit ähnlicher Stossrichtung die Kritik von Bryan Norton an Callicott, in Norton 1996. In der amerikanischen Literatur wurde der Zwang, menschliche Interessen zugunsten biozentrischer Ziele zurückstellen zu müssen, unter dem dramatischen Titel des ‚Ökofaschismus' diskutiert, eine der vielen Gelegenheiten, bei der akademische Philosophen eine Geisterdebatte führen.

Trotz der – vielleicht auch generationsbedingten – Mängel seiner Theorie ist Leopold für uns dennoch ein studierenswerter Ökologe. Anders als rein naturwissenschaftliche Ökologen und viele Ökophilosophen pflegte er eine erfahrungsdichte Beziehung zur Natur. Er verwissenschaftlicht die Natur nicht nach einem einseitigen, holistischen und historischen Vorgängen gegenüber fremden Ideal (siehe Hinchman 1995). Und anders als viele spätere Umweltethiker versucht er die Moral des Umgangs mit der Natur aus seiner alltäglichen Beziehung zu ihr zu entwickeln, und nicht aus abstrakt postulierten intrinsischen Werten (siehe Norton 1996, 117). Indem er diese beiden, einander komplementären Fehler vermeidet, entwirft er im Prinzip, wenn auch nicht in den Details, eine Methode, wie die Umweltethik einzig vorgehen kann.

4. Realistische Naturwerte oder Handlungspotential?

Da der Rekurs auf intrinsische Werte in der gegenwärtigen ökologischen Ethik und teilweise auch in der Rezeption von Leopold so verbreitet ist, sind vielleicht einige Bemerkungen hilfreich, worin ihr Fehler tatsächlich liegt.[14] Auch die von mir vorgeschlagene Denkweise in Beziehungen ist gegen einen Wertrealismus nicht gefeit und kann leicht als weitere Variante eines solchen Realismus verstanden werden.[15] Die Rede von ‚Werten' ist im Rahmen unserer Alltagssprache kaum vermeidbar und legt von sich aus bereits die realistische Vorstellung nahe, es gäbe da etwas, dem man den Begriff ähnlich zuordnen könnte wie einem Berg den Begriff „Berg". Da der Begriff und die Rede von Werten schwer zu umgehen sind, kommt es vor allem darauf an, sie so zu verstehen, dass Werte nicht zu Sorten von Bergen oder Bäumen werden. Betrachten wir dazu, wie wir unter Menschen von Werten sprechen, und versuchen dann zu sehen, ob sich dieses Reden aus den menschlichen Zusammenhängen auf die Natur ausdehnen lassen könnte.

In der Ethik fungiert die Redeweise, dass Menschen ‚an sich' Wert besitzen, oft als eine Art Begründung für Handlungsnormen. Benötigt werden solche ‚Wertgründe' dann, wenn man sich nicht darauf stützen kann, was Menschen möchten oder nicht möchten, entweder weil sie noch nicht oder nicht mehr wissen, was sie möchten, oder weil man ihren geläuterten Wünschen nicht vertraut. Berechtigt ist diese Berufung auf einen ‚Wert' des Menschen dann, wenn man damit eine Erfahrung oder eine belegbare Vermutung ausdrückt. „Ludwigs Fähigkeit, Musik zu hören, hat einen Wert" ist dann eine Weise, darauf zu beharren, dass Ludwig seine musikalischen Fähigkeiten besser nutzen sollte, dass sie entwickelt werden sollten, auch wenn Ludwig und seine Eltern das nicht möchten. Seine potentielle Fähigkeit hat einen Wert, unabhängig davon, was er konkret möchte. Dieses Urteil beruht jedoch nicht auf der mysteriösen Kenntnis eines

---

[14] Die zwei populärsten Vertreter der amerikanischen Umweltethik, Holmes Rolston und Baird Callicott, sind bzw. waren Verteidiger eines wertrealistischen Biozentrismus. Callicott hat seine frühere (1989) Position inzwischen zugunsten einer affektfundierten Ethik aufgegeben (1999). Für Darstellung und Kritik siehe Norton 1996.

[15] So insbesondere in der theologischen Tradition, die bereits konstitutionell zum Realismus neigt. Siehe die Darstellung der Beziehungsethik Richard Niebuhrs in Scoville 1995, in der wertrealistische und konstruktivistische Aspekte ungeklärt dicht nebeneinander liegen. Siehe insbes. Scoville 1995, 130.

‚Werts' Musikalität, sondern auf der pädagogischen Erfahrung damit, wie sich die Wünsche von Kindern verändern können, wenn ihre Fähigkeiten gefördert werden.

Das war ein Beispiel für den Wert einer menschlichen *Fähigkeit*. Möglicherweise ist man dadurch auch bereits zu einer Vorstellung wie der gezwungen, der Mensch Ludwig hätte insgesamt einen Wert. Möglicherweise aber auch nicht, weil der Wert der Fähigkeit für Ludwig ja *voraussetzt*, dass es Ludwig gibt, wohingegen der Wert von Ludwig eine solche Voraussetzung nicht mehr hätte. Ludwig wird dann zu einem Ding, dessen Wert unabhängig von seiner Existenz gedacht wird, gleichsam aus der Perspektive Gottes, der sich überlegt, ob er Ludwig erschaffen soll oder nicht. Als Eltern haben wir tatsächlich eine ähnliche Position. Wir können uns überlegen, ob und warum wir ein Kind zeugen sollten. Wenn wir sagen, „ja, weil wir eines möchten", dann kann man das als eine Weise des Ausdrückens verstehen, dass das Kind Wert hat, obwohl es noch nicht existiert. Diese Ausdrucksweise ist offensichtlich paradox, wenn man sie so dinglich versteht: wie kann etwas Nichtexistierendes Wert haben? Wichtig scheint jedoch, dass die Grundlage für solche dinglichen Vorstellungen, wie immer sie genauer formuliert werden, in nichts anderem als unseren *Handlungsweisen* sowie deren Erwartungen und Absichten bestehen kann. Warum möchten wir das Kind? Weil wir einiges mit ihm tun wollen, vor allem mit ihm eine Gemeinschaft bilden, mit ihm spielen, reden, lachen, usw. Der Wert des Kinds ist dadurch nicht unbedingt instrumentell gedacht, denn die Gemeinschaft und alles, was wir mit dem Kind zu erleben beabsichtigen, dient zwar uns, aber (zumindest idealerweise) auch dem Kind selbst.

An diesem Punkt ist ein Irrtum leicht nachzuvollziehen, dem viele, beispielsweise auch Kant, unterliegen, wenn sie meinen, es sei nötig, einen ‚Wert an sich' zu postulieren, um zu verhindern, dass wir die anderen instrumentell benutzen. Kant unterliegt diesem Irrtum durch die Art und Weise, wie er ‚hypothetische' und ‚kategorische' Imperative gegenüberstellt. Dabei unterscheidet er ‚Zwecke für mich' und ‚Zwecke an sich', und schon diese ausschließliche Unterscheidung und die Ausdrucksweise „an sich" legen die irrtümliche Annahme nahe, diese Zwecke seien miteinander unvereinbar. Wenn A und B Schachspielen, muss aber das Vergnügen von A (As Handlungsgrund) mit Bs Vergnügen (Bs Handlungsgrund) nicht unvereinbar sein. Ja, es ist gut möglich, dass A mit B spielt, auch weil sie weiß, dass B Vergnügen daran hat, und umgekehrt. As ‚Zweck', mit B zu spielen, ist ein Zweck für sie und gleiches gilt für B gegenüber A. Damit ein einseitiges ‚Benutzen' Bs zum Spaß von A vermieden wird, muss es keinen ‚Zweck an sich' im Spielen geben, es reicht völlig, dass B selbst Spaß hat und nicht unter dem Spiel unfreiwillig leidet. Wenn man die Handlungsziele und Güter so relativiert, kommt es nicht zu Werten ‚an sich', im Unterschied zur Kantischen Theorie, in der plötzlich von der „Würde" von Menschen im Unterschied zum „Preis" von Menschen die Rede ist (GMS 435).

Wenn man die vorhin skizzierte handlungstheoretische Erläuterung des Begriffs „Wert" akzeptiert, ist die Vorstellung von ‚Werten in der Natur' davon abhängig, *wie wir gegenüber der Natur handeln*, so wie die ‚Werthaftigkeit unseres Kindes' davon abhängig ist, *wie wir mit ihm handeln* wollen, was wir mit ihm erleben wollen. Manchen scheint diese Idee gefährlich, legt sie doch den Schluss nahe, dass man mit Kindern, mit denen man nichts erleben will, beliebig umgehen könnte. Dagegen spricht der vorhin bereits bemühte Maßstab des *vorteilhaft-möglichen* Handelns mit dem Kind. Damit wird kein mysteriöser Wert an sich bemüht, sondern die von vielen Menschen mit Kindern gemachte Erfahrung, dass die Beziehung zu Kindern, das Leben mit ihnen, Vorteile bringt: den Eltern und natürlich auch den Kindern selbst. Wer mit Kindern falsch umgeht, tut das deshalb, weil er die Möglichkeiten des richtigen Umgehens nicht kennt oder absichtlich vernachlässigt. Analog lässt sich auch die Vorstellung der ‚werthaften' Natur entsprechend erweitern, also unter dem Gesichtspunkt, wie wir gegenüber der Natur vorteilhaft-möglich *handeln könnten*.

Die Vorstellung und das Reden von Werten sind also verwirrend. Einerseits dienen sie dazu, bestimmte Erfahrungen und Handlungsweisen auf knappe Weise auszudrücken. „Das ist eine gute Schaufel!" ist dann ein zusammenfassender Erfahrungsbericht dessen, was man mit dieser Schaufel alles erreichen kann. In dieser Funktion hat die Wertsprache eine entlastende und kaum verzichtbare praktische Relevanz. Sie ist einfach sehr nützlich, ziemlich brauchbar. Andererseits eignet sie sich aber auch dazu, von der Erfahrung abgehoben zu werden und die Werte zu Dingen in der Welt zu verselbständigen, wie wir das am Beispiel von Kant gesehen haben. Das geschieht dann, wenn man meint, die handlungstheoretische Begründung des Werts sei irgendwie fehlerhaft oder problematisch, etwa zu beliebig oder zu subjektiv. Dann glaubt man annehmen zu müssen, den Wert gäbe es unabhängig vom menschlichen Handeln, das seinerseits mit dessen Hilfe zu korrigieren sei. Das ist die realistische Vorstellung von Werten, Werten ‚in' oder ‚von' Menschen, Artefakten oder der Natur. Wir handeln dann gegenüber den Dingen deshalb so, wie wir handeln, weil diese Dinge entsprechenden Wert besitzen, während die richtigere, nicht-realistische Erklärung die ist, dass die Vorzüge unseres Handelns gegenüber den Dingen *zusammengefasst* werden können, indem wir die Dinge gut oder wertvoll nennen. Tatsächlich wäre es nach dieser nicht-realistischen Erklärung unsinnig, die Dinge gut zu nennen, wenn sie sich nicht *in unserem erfahrungsgesteuerten Umgang* als gut herausstellen würden.

Wie sich eben schon angedeutet hat, entspringt die Neigung, in der Welt irgendwelche ‚Werte' zu postulieren, einem bestimmten Begründungsbedürfnis. Wertrealisten vertreten, implizit oder explizit, ein spezielles Begründungsbedürfnis, das Antirealisten nicht teilen. Der Konflikt wird durch die Möglichkeit solcher unterschiedlicher Begründungsdoktrinen allerdings nicht bereinigt, weil sich die grundsätzliche Alternative eines realistischen und praktischen Denkens dabei nur auf eine abstraktere Weise fortsetzt. Wertrealisten neigen leicht dazu, einen Begründungsrealismus zu vertreten, während die Antirealisten eint, dass sie die Vorstellung ablehnen, es gäbe ein an sich festgelegtes Muster des Begründens, das wir nur ablesen müssten, um richtig zu begründen. Positiv werden die Antirealisten beim Begründen dazu neigen, das konkrete Handeln und seine Schwierigkeiten als flexiblen Maßstab dafür zu nehmen, was zu begründen ist, wann eine Begründung nötig und befriedigend ist, usw. ‚Reale' Begründungen sind demgegenüber so unnötig wie unmöglich.

Allgemein formuliert dreht sich der Zwist über diese Begründungsvarianten um die Frage, ob der *Wald* wertvoll ist, weil wir ihn bewundern, oder ob wir ihn bewundern, weil er wertvoll ist. Da wir, wenn wir den Wald bewundern, viele Gründe nennen können, die sich aus der tatsächlichen Beschaffenheit des Waldes ergeben – wie Vielfalt,

Geschlossenheit, Leben, usw. – muss man eine spezielle Begründungsvorstellung haben, um mit diesen Antworten unzufrieden zu sein. Eine solche spezielle Vorstellung kann sich ergeben durch den ‚*Subjektivismusverdacht*' und durch den ‚*Ignoranzverdacht*'. Der Subjektivismusverdacht ist von ganz allgemeiner Art und besteht darin, dass eine Einstellung als nicht ‚sicher' genug gilt, solange sie auf einem Gefühl beruht, wohingegen sie Sicherheit erlangt, wenn sie auf einen Wert zurückgeführt werden kann. Subjektivistisch kann man den Verdacht nennen, weil eben die Differenz zwischen Gefühl und Wert im Spiel ist. Dieser Verdacht hat eine lange Tradition und spielt wiederum vor allem bei Kant eine erhebliche Rolle. Wenn wir ihn hingegen nüchtern einschätzen, klingt es schon etwas eigenartig, dass das Postulat eines abstrakten Dings in der Welt einer Einstellung mehr Sicherheit verleihen soll als unser Gefühl, das wir doch ganz gut kennen. Man muss also eine besondere Theorie vertreten, um den Subjektivismusverdacht überhaupt ernst nehmen, geschweige denn teilen zu können.

Der Ignoranzverdacht manifestiert sich anhand der Befürchtung, dass wir die Eigenschaften eines Stücks Natur häufig verkennen oder zugunsten anderer Interessen verdrängen. Warum sollte eine Fischart, die uns nichts nützt, nicht aussterben dürfen?[16] Diese Frage ist aber zweischneidig, weil wir dem Verdacht, dass wir Arten aussterben lassen, die sich später als nützlich erweisen könnten, den Verdacht an die Seite stellen können, dass wir Arten unter erheblichen Kosten bewahren, die entweder nie nützlich oder sogar schädlich sein können, wie viele Insekten. In der Praxis hilft der intrinsische Wert kaum weiter. Wir werden ihm gegenüber kaum aufgeschlossen sein, wenn wir die restlichen Eigenschaften der Naturdinge ignorieren. Da sich der Wert von Arten, Lebewesen oder Biotopen auch unter den Werteliebhabern aus deren empirischen Eigenschaften ergeben sollte, können Ignoranz und Beachten sogar häufig nach beiden Modellen identisch sein. Wo sie es nicht sind, ist der Wertrealismus nicht unbedingt vorteilhaft, sondern führt zu eigenartigen Ergebnissen. Wenn ein Parasit droht, eine Säugetierpopulation zu vernichten, soll man dann gleichgültig sein, weil der Wert beider Arten derselbe ist? Wenn es eine Werthierarchie in der Natur gibt, wie kann man sie dann erkennen? Wenn die Integrität der Landschaft im Sinn Leopolds letztes Kriterium ist, worin besteht dann unsere Rolle in dieser Landschaft? Können wir ein Kriterium benutzen, das unsere Existenz systematisch ausspart?

Damit zeigt sich zweierlei. Erstens können wir unsere menschlich-moralischen Verhältnisse *auch ohne* die Vorstellung eines ‚intrinsischen Werts' oder eines Werts ‚an sich' ausreichend beschreiben. Wenn wir wollen, *können* wir diese Vorstellung benutzen, um die Eigenart einer bestimmten Handlungsweise zu erklären. Dabei dürfen wir aber nicht in das Missverständnis verfallen, diese Erklärung sei eine ‚aus einem Wert'. Zweitens, wenn jemand die intrinsische Werthaftigkeit der Natur behaupten will, verfügt er über keine an unserem moralischen Handeln ansetzende Ausgangsbasis. Wenn er einen Wert der Natur jenseits unseres Handelns behaupten will, bleibt unerklärlich, was er damit meint, und er wird Schwierigkeiten haben, diesen Wert mit den Werten im menschlichen Handlungsbereich in Beziehung zu setzen. Wie der Wert von aussterbenden Spezies oder Wasserfällen und Menschen zusammenhängt, darauf ist eine Antwort

---

[16] So eine Überlegung zum aufwendigen Konservieren einer seltenen Fischart, die in kalifornischen Wüstentümpeln lebt, bei Callicott 1999, 239ff.

unmöglich, einfach weil diese Dinge zu unterschiedlich sind. Zumal sie in ihrer praktischen Botschaft unklar bleiben, ist es darum besser, auf solche Fiktionen zu verzichten.

5. Natur im Rahmen von Produktion und Rezeption

Eine positive Folgerung aus der Kritik an ökozentrischen Ansätzen und an der Vorstellung von intrinsischem Wert ist eben, dass sich umweltethische Gesichtspunkte, sofern es sie gibt, *einzig im Rahmen einer Analyse des menschlichen Handelns* gegenüber der Natur ermitteln lassen. In diesem Sinn kann unser Verhältnis zur Natur nur ‚anthropozentrisch' sein, alle von menschlichen Handlungsweisen unabhängigen bio- oder ökozentrischen Vorschläge unterliegen wertrealistischen Illusionen. Wie nicht alles Handeln anderen Menschen gegenüber egoistisch sein muss, sondern eine spezifische Qualität aus einer Gemeinsamkeit mit den anderen gewinnen kann (etwa in der Freundschaft), muss freilich auch nicht alles Handeln gegenüber der Natur egoistisch sein, also Naturgegenstände nur zu eigenen Zwecken benutzen, indem sie diesen Zwecken unterworfen und darin transformiert werden. Was Gemeinschaft mit der Natur heißen kann und was die Motive einer solchen Gemeinschaft sind, ist allerdings notorisch unklar. Die wertkonservative Landethik ebenso wie die Postulierungswut von intrinsischen Werten sind gleichermaßen hilflose Versuche, diese Motive dingfest zu machen.

Um einen *Überblick* über die Handlungsweisen gegenüber der Natur zu erhalten, kann man entweder zwischen verschiedenen sozialen Kontexten unterscheiden, in denen Natur genutzt wird, oder zwischen verschiedenen Handlungsweisen. Der erste Zugang würde verschiedene soziale Systeme oder Arten von Gemeinschaften differenzieren, um auf diese Weise die Interaktion zwischen Natur und Gesellschaft genauer zu beleuchten. Bryan Norton hat das versucht, indem er die enge Bindung des kulturellen, insbesondere räumlich-geographischen und naturschützerischen Selbstverständnisses von Gemeinschaften thematisiert hat (siehe insbes. Norton/Hannon 1997; ähnlich Light 2003; 2005). Solche Überlegungen führen die Grundidee von Leopolds Landethik auf eine weniger biozentrische und sozial-realistischere Weise weiter, haben allerdings ebenfalls konservative Züge. Die werthafte Erfahrung im Umgang mit einer lokalen Natur ergibt sich danach aus dem abgeschlossenen Raum einer konkreten Gemeinschaft, die ihre kulturelle Tradition in Verbindung mit ihrer lokalen Natur, dem Vorkommen besonderer Spezies, dem Bestand einzigartiger Landschaften, usw. bewahren will. Wie bei Leopold leben solche Projekte einzig aus der Vergangenheit, so dass sie nicht unbedingt den Veränderungen gerecht werden können, denen sich Gemeinschaften aus anderen Gründen unterziehen müssen. Für Städte ist die bewahrende Bezugnahme auf deren ökologische Vergangenheit schon wesentlich weniger brauchbar, weil sie in der Regel keine haben oder doch meist weit zurück liegt. Eine andere, konstruktiv wendbare Zugangsweise zu den Erfahrungs- und Handlungsmöglichkeiten gegenüber der Natur wäre deshalb wünschenswert. Sie kann wohl nur darin bestehen, dass man verschiedene Handlungstypen unterscheidet und sieht, was sie für unser Naturverhältnis bedeuten.

Die zwei wichtigsten Kategorien für eine *Handlungsanalyse* unserer Beziehungen gegenüber der Natur dürften die des *produktiven* und *rezeptiven* Handelns sein. Unter

‚produktivem Handeln‘ kann man alle Handlungsweisen zusammenfassen, die gegenüber der ersten Natur nötig sind, um ein menschliches Leben auf Dauer sicherzustellen. Dazu gehören die Produktion von Lebensmitteln wie Nahrung und Kleidung sowie die immer umfassendere Gestaltung der Natur zu Zwecken der eigenen Sicherheit und Bequemlichkeit, etwa der Bau von Strassen und Kanälen, von Blitzableitern und Staudämmen. Weil diese produktive Aneignung der Natur ohne Institutionen nicht möglich ist, gehören zu ihr im weiteren Sinn auch das staatliche und politische, das ökonomische und technologische Handeln. Wäre dieses produktive Handeln gegenüber der Natur erschöpfend, könnte man bestenfalls von umweltethischen Fragen der gerechten Verteilung von Lasten und Pflichten im Rahmen dieses Handelns, aber eben unter Menschen, reden, nicht von einem moralischen Verhältnis zur Natur. Umweltethik reduziert sich dann auf Umweltgerechtigkeit als der Theorie einer gerechten Verteilung von (negativ formuliert) Umweltproblemen oder (positiv formuliert) Umweltgütern.

‚Rezeptives Handeln‘ könnte man alles dasjenige nennen, in dem die Natur nicht in menschliche Produktionszwecke eingespannt wird, wie bei der Landwirtschaft oder der Gartengestaltung. Beispiele rezeptiven Handelns sind das Betrachten eines Sonnenuntergangs, das Laufen am Strand und Schwimmen im Meer, das Füttern von Wildtieren, Bergsteigen, Drachenfliegen, Naturphotografie, große Teile von Biologie und Geographie als Wissenschaft, Naturgeschichte, Rettungsversuche des Regenwalds. In diese Klasse fallen also sehr kontemplative Handlungen (wie das Studieren eines Ahornblatts) ebenso wie sehr aktive (wie der Protest gegen säureverklappende Frachter durch die Besatzung eines Greenpeace-Schlauchboots). ‚Rezeptiv‘ sind diese Handlungen direkt oder indirekt deshalb, weil ihr Endzweck nicht darin besteht, Natur zu menschlichen Lebenszwecken zu verändern, sondern darin, sie zu erfahren oder zu bewahren, wie sie ist. Ein Teil von ihnen ist *sinnlich*-rezeptiv, wie das Bestaunen der Steilwand oder das Laufen im Wind, ein anderer Teil ist *intellektuell*-rezeptiv, wie das Beobachten des Ameisenhügels oder das wissenschaftliche Verbessern der Evolutionstheorie. Manche, sehr aufwendige Projekte in diesem Bereich, wie der Bau einer Weltraumstation, sind ohne den Einbezug auch produktiver Handlungsmotive kaum realisierbar. Aber offensichtlich lassen sich diese Handlungen nicht auf ihre produktive Seite reduzieren. Offenkundig wäre eine menschliche Welt, die *völlig* produktiv durchgestaltet wäre – etwa eine erdballumspannende Stadt – und ein *völlig* produktives Handeln – Handeln nur als *poiesis*, nicht als *praxis* – von unseren jetzigen menschlichen Gepflogenheiten sehr verschieden. Für ein Verständnis dieser natur-rezeptiven Gepflogenheiten reicht es aber nicht, sich nur auf sie zu beziehen. Welchen unausweichlichen Sinn haben sie, wenn sie denn einen haben?

Das Handeln um der Rezeption, des Gewahrwerdens komplexer Gegenstände, willen, ist auch Bestandteil des Gemeinschaftshandelns unter Menschen, wie im paradigmatischen Fall der Freundschaft. Der Zweck der Freundschaft liegt im seinerseits zweckfreien Kennenlernen des Freundes, was ein Genießen und Sicherfreuen an der menschlichen Komplexität des anderen einschließt. Von dieser Art können etwa auch die Freuden der Teilhabe an sozialen Gemeinschaften und Institutionen, etwa einer Universität oder einer Firma, sein. Demgegenüber ist das Benutzen des anderen zu eigenen Zwecken bereits eine Verfallsform, weil es den Benutzer in den eigenen Zielen und Zwecken einschließt und ihn anderen Zwecken und Sichtweisen gegenüber verschließt. Kreativität im Entwickeln neuer Zwecke ist ohne ein Wahrnehmen und Gewahrwerden anderer schwer denkbar, denn nur durch diese Art der Intersubjektivität schaffen wir es, uns von uns zu trennen. Diese Mechanismen lassen sich auf die Rezeptivität gegenüber der Natur allerdings nicht direkt übertragen, weil die Natur als sozialer Handlungspartner zu anthropomorph beschrieben wäre. Wie wir ja auch an Leopolds Gemeinschaftsbegriff sahen, verdecken solche metaphorischen Beschreibungen eher als dass sie erhellen.

Und tatsächlich ist das Phänomen unseres rezeptiven Verhältnisses zur Natur viel leichter zu konstatieren als zu erklären. Alle tiefer sitzenden Erklärungsversuche müssen, denke ich, an das Reziprozitätsverhältnis zwischen Menschen und Natur anknüpfen, wie ja auch Produktion und Rezeption zwei gegensätzliche, einander aber ergänzende menschliche und allgemein-tierische Verhaltensweisen sind. Eine die Menschen, im Unterschied zu Tieren, treffende Erklärung dieser Reziprozität muss eine handlungstheoretische sein. Weil Menschen spezielle Handlungswesen sind, sollte sich ihre Art der Rezeptivität auch auf ihre Art des Produzierens beziehen. Eine solche handlungsbezogene Erklärung des bloß rezeptiven Verhaltens ist die folgende: Die rezeptiv zuhandene Natur stellt ein *Reservoir für neue* produktive Beziehungen dar. Hätten wir nur produktive Beziehungen, müssten unsere Handlungszwecke statisch werden. Eine völlig angeeignete Natur würde die Erfahrungsgeschichte der Menschen zum Stillstand bringen. Die rezeptiv erfahrene Natur ist eine *Handlungsvoraussetzung*.

Könnte die Natur ein Potential für zukünftigen menschlichen Gebrauch bereitstellen, *ohne* dass wir auch ein *rezeptives* Verhältnis zu ihr haben? Wir befänden uns dann in der Natur wie in einem Haus, das völlig nach unseren Zwecken durchrationalisiert ist. Nichts an diesem Haus könnten wir zweckfrei wahrnehmen. Es ist schwer zu sehen, wieso wir dieses Haus abreißen und anders konstruieren können sollten – beispielsweise wäre es unnötig, das Haus erdbeben- oder feuersicher zu machen. Ohne Anstöße von außerhalb unserer Zwecke gäbe es keine Gründe, die Zwecke zu ändern. Bestenfalls Anstöße aus veränderten sozialen Beziehungen könnten uns zwingen, die innere Struktur des Hauses zu verändern, Hierarchien abzubilden oder aufzulösen, Räume symbolisch zu gestalten, usw. Da wir unsere soziale Natur irgendwann jedoch vollständig kennen würden und kontrollieren könnten, wären diese Veränderungen eher gering. Wenn man annimmt, dass ein Teil der Motive, die typischerweise zu Kriegen führen, zu unserer Natur gehören, also ihre Wurzeln in unserer Naturgeschichte haben und ohne sie nicht existierten, würde ein völlig produktives Verhältnis zu uns selbst Kriege minimieren und ebenfalls zu einem eher statischen Zustand beitragen. Wichtiger ist aber, dass unser Wissen über die Natur – als zentraler Bestandteil der rezeptiven Seite – an ein Ende gekommen wäre, wir könnten es nicht mehr erweitern. Wie und wozu soll man neue Techniken erfinden und anwenden, wenn man bereits alles weiß?

Man kann die Frage aber auch anders interpretieren. Vielleicht *meinen* wir, über die Natur vollständig zu verfügen, tatsächlich irren wir uns darin aber. Das Haus ist auf eine bestimmte Weise durchkonstruiert, es könnte aber auch auf viele andere Weisen konstruiert werden, weil unsere menschliche Sicht eben nur eine spezielle unter vielen möglichen ist. Dann gäbe es ein Reservoir für neue Naturproduktivität, auch ohne dass wir die Natur rezeptiv erfahren. Diese Differenz zwischen der ‚wirklichen' Sicht und der unseren ist aber realistisch gedacht und damit hinfällig. Wenn wir die Natur nicht rezeptiv erfahren, gibt es sie außerhalb unserer Zweckkonstruktionen nicht, und die Spekulation, dass sie sie dennoch geben könnte, ist praktisch gesehen müßig.

Leider ist dieses soweit entwickelte Argument eine Art von abstraktem ‚Grenzwertargument'. Worin der Wert der *lebenden* Natur, etwa der noch vorhandenen Spezies, der noch nicht besiedelten Naturareale, der nicht genutzten Tiefsee, usw. bestehen soll, ist aus ihm noch nicht ersichtlich. Stellt nicht auch die *unbelebte* Materie, der Mikro- und Makrokosmos, ein hinreichendes Potential für zukünftiges Wissen zur Verfügung, so dass wir nicht wesentlich ärmer werden, wenn sich die ‚wilde Natur' in einen großen Garten, die wildlebenden Tiere in Zoo- und Haustiere verwandeln? Ist schließlich der sinnlich-ästhetische Effekt, den die ‚unberührte' Natur auf viele Menschen hat, durch einen solchen abstrakten Sachverhalt des kognitiven und technologischen Verfügbarkeitspotentials wirklich zu erklären? Die sinnliche Faszination stellt sich offensichtlich unabhängig von einer solchen Überlegung ein, die den meisten Menschen sicher nicht geläufig ist. Für uns Heutige ist das zukünftige Wissen unerreichbar und deshalb von geringem persönlichen Interesse. Warum sollten wir seinetwegen also die ungenutzte Natur achten?

Nun, erstens kann die lebendige durch die nicht-lebendige Natur nicht substituiert werden. Da wir selbst biologische Wesen sind, ist biologisches Wissen für uns unverzichtbar. Die Kenntnis der Wirkung von Penicillin ist für die produktive Aneignung der Natur vermutlich nicht weniger wichtig als die Kenntnis von Elektrizität. Angesichts der schwindenden Naturareale und aussterbenden Spezies, sowie der von uns, wo nicht verdrängten, so doch stark beeinflussten Fauna und Flora, ist es vor allem die lebendige Natur auf dem Planeten, die als begrenzte Ressource erkannt werden muss, während es eine ähnliche Grenze für die mikroskopische und makroskopische nicht-lebendige Natur vermutlich nicht gibt. Damit ist zumindest klar, dass ein potentielles Wissen von der lebendigen Natur durch ein potentielles Wissen von der nicht-lebendigen nicht ersetzt werden kann.

Zweitens verschafft die lebendige Natur, stärker als die nicht-lebendige und insbesondere stärker als die künstliche Umwelt, ein Reservoir der Freiheit, einen Freiraum für mögliche Handlungen. Das ist zunächst in dem einfachen, dadurch aber sehr elementaren Sinn gemeint, dass der Reichtum von Biologie und Genetik Handlungsmöglichkeiten offen hält, die in einer produzierten lebendigen Welt nicht mehr existieren. Ob das tatsächlich so ist, ist teilweise umstritten, und ich komme gleich genauer auf diesen Punkt zurück. Die Erfahrung von Freiheit, die ich vor allem meine, zeigt sich am Unterschied zwischen dem Besteigen eines Bergs und dem Besteigen des Kirchturms, oder, um den Vergleich noch enger zu wählen, dem Klettern an einem natürlichen Fels und an einer künstlichen Wand. Der Unterschied liegt darin, dass die Vielfalt der Ordnungsstrukturen in der natürlichen Umwelt soviel größer ist als die der künstlichen, dass sie zugleich verdeutlicht, inwiefern unsere je konstruierte Umwelt eine *Auswahl* aus der Gesamtmenge von Möglichkeiten ist. Die künstliche Kletterwand ist eine bestimmte unter einer unbegrenzten Menge von Wänden, und es dürfte schwierig, wenn nicht unmöglich sein, auch nur ein Computer-Programm zu entwickeln, das die Menge der natürlichen Möglichkeiten erschöpft (von der Schwierigkeit, diese Wände tatsächlich herzustellen, ganz zu schweigen). Das Freiheitserlebnis in der natürlichen Umwelt erklärt sich durch diesen Kontrast der ‚weiten' Vielfalt der natürlichen Welt gegenüber der ‚engen' Starre der von uns konstruierten. Dieses Erlebnis hat wiederum nicht nur Erholungswert, sondern bildet ein Reservoir für mögliche Ordnungen in unserer künstlichen Welt.

Eine Kritikerin könnte dem eben skizzierten allgemeinen Argument zustimmen, aber dennoch bestreiten, dass daraus praktisch irgend etwas folgt. Sie würde insbesondere akzeptieren, dass die Komplexität von Ordnungen in der Natur durch keine menschliche Erfindung, etwa die Kreativität der Mathematik oder durch Kunst, ersetzt werden kann. Doch warum ist erstens die Komplexität der lebendigen Natur nicht durch die der nicht-lebendigen ersetzbar, oder auf sie rückführbar? Und selbst wenn sie es nicht ist, ist sie zweitens durch menschliches Handeln, mit Ausnahme der völligen Zerstörung allen Lebens wie im atomaren Holocaust, überhaupt zu gefährden? Ist unsere jetzige Lebensweise nicht eine weitere Randerscheinung in der Entwicklung der Arten und etwa mit der Naturkatastrophe, die zum Aussterben der Dinosaurier geführt hat, nicht zu vergleichen?

Die erste Frage können wir jetzt etwas ausführlicher beantworten. Sie ist mindestens doppeldeutig, insofern sie entweder im klassischen Sinn *ontologisch* verstanden werden kann und dann nach der Reduzierbarkeit von biologischem Leben auf Materie fragt, oder in einem *praktischen* Sinn die Reduzierbarkeit von biologischem Leben auf Materie aus unserer menschlichen Sicht problematisiert. Die erste ontologische Fassung der Frage ist heute umstritten und führt in viele schwierige Details zu möglicherweise nicht-reduzierbaren, ‚emergenten' Eigenschaften von Leben.[17] Sie zu entscheiden ist in unserem Zusammenhang aber deshalb nicht nötig, weil selbst im Fall der Reduzierbarkeit von Leben generell, und sogar der Reduzierbarkeit von uns selbst, einschließlich unseres Bewusstseins, auf materielle Vorgänge, unsere alltägliche Erfahrung davon nicht betroffen ist.[18] Wir erfahren ja nicht direkt chemisch-physikalische Vorgänge, sondern Dinge, die Eigenschaften zu einem phänomenal-typischen Eindruck von Leben vereinen: Selbstbewegung, Entwicklung, Geschichte, Beginn und Ende, Zerfall, Rhythmus, Gezeiten und Perioden, usw. Selbst wenn sich diese phänomenalen Eigenschaften chemisch-physikalisch reduzieren ließen, erscheinen sie als irreduzible Eigenschaften und Vorgänge in unserer Naturerfahrung.

Der zweite Einwand stellt eine weitere Variante des vorhin erwähnten Ignoranzverdachts dar. Wenn die Bewahrung der Natur einzig und allein von rezeptiven Handlungszwecken abhängt, was schützt dann die Natur davor, dass diese Zwecke entweder verloren gehen oder der entsprechende Handlungsbedarf sinkt? Reichen nicht Naturmuseen, Naturparks, Zoos, Naturfilme, ja vielleicht sogar Haustiere und Hauspflanzen, um unsere rezeptiven Bedürfnisse zu erfüllen? Warum sollte aus den rezeptiven Bedürfnissen, selbst wenn alle Menschen sie irgendwie besitzen, ein anspruchsvoller Naturschutz folgen? Auch hier kann ich mich in meiner Antwort nur auf den *vorteilshaft-möglichen* rezeptiven Gebrauch von der Natur beziehen. Dabei stellt der Ignoranzverdacht ein Argument zugunsten und nicht gegen Naturschutz dar. Wir können uns auf ein fixes

---

[17] Siehe dazu Lewontin 2000 und Rosen 1999 als Verteidiger der Nichtreduzierbarkeit.

[18] Bekanntlich stehen aber der Reduzierbarkeit unseres Bewusstseins gewichtige Einwände entgegen: siehe Jackson 1986 und Levine 2001.

oder ‚menschlich notwendiges' Bedürfnis an rezeptiver Naturerfahrung nicht beziehen. Vielmehr muss sich das Ausmaß, das mit unserer aktuellen Lebensweise am besten verträglich ist, aus dieser Lebensweise selbst heraus ergeben. Daraus folgt, dass wir die Möglichkeit der rezeptiven Naturerfahrung *offen halten* müssen, weil wir andernfalls nicht mehr in der Lage wären, herauszufinden, wie viel originäre Natur wir eigentlich brauchen.

Der Konflikt zwischen Ökologie und Demokratie

1. Drei Einwände gegen die Ökologiefähigkeit von Demokratien

In regelmäßigen Abständen hören wir vom Auftreten neuer oder von verschärft-altbekannten Umweltproblemen. Umweltprobleme bestehen heute weltweit, und zwar in spät- und postsozialistischen Gesellschaften ebenso wie in industriell expandierenden Entwicklungsländern. In den reichen westlichen demokratischen Ländern sind sie inzwischen fast ein halbes Jahrhundert geläufig und es gibt zu denken, dass ‚die Umweltproblematik' trotz der seit etwa vier Jahrzehnten aktiv betriebenen Umweltpolitik nicht geringer, sondern zunehmend umfangreicher wird.[1]

Für diesen Eindruck kann es verschiedene Gründe geben, wie etwa die folgenden drei. Die Expansion der Umweltproblematik könnte erstens darauf zurückgeführt werden, dass sich das Label „Umweltproblem" mit den Jahren so erweitert hat, dass es fortwährend neue Knappheitserscheinungen einbezieht. Der Eindruck einer anhaltenden oder sich steigernden Umweltkrise würde sich dann der schleichenden Erweiterung des Begriffs verdanken. Er könnte zweitens als Folge der Rückwirkung von Umweltkrisen in den sich zunehmend industrialisierenden Entwicklungsländern auf die westlichen Industriestaaten erklärt werden, die deren eigene Umweltpolitik unterläuft. Daneben besteht schließlich drittens der ernüchternde Verdacht, dass die demokratischen Politiksysteme des Westens zu einer erfolgreichen Umweltpolitik im Sinn der Kontrolle in Quantität und Qualität zunehmend knapper Umweltressourcen schlicht nicht imstande sind.[2]

---

1 Neumayer 2002 belegt, dass Demokratien in internationalen Vergleichen besser abschneiden als nicht-demokratische Regime, sieht die effektive Wirkung von Umweltschutzabkommen aber ungesichert. Westliche Gesellschaften können international effizientere Umweltpolitik betreiben als arme und nicht-demokratische Länder, weil Wohlstand und Bürgerfreiheiten (Information, Kontrolle der Politik) den Umweltschutz begünstigen, allerdings auch, weil sie teilweise ihre Umweltprobleme exportieren (Müll nach Osteuropa, CO_2 in die Atmosphäre).

2 Gegen den Hinweis, dass es in allen neuzeitlichen menschlichen Gesellschaften knapper werdende Umweltressourcen gab, weil aufgrund typischer menschlicher Entwicklungstendenzen immer Natur verbraucht wird, sollte man bedenken, dass Indikatoren wie Artensterben, Klimawandel, Erschöpfen fossiler Brennstoffe und Ansteigen von Umweltkrankheiten doch hinreichend dramatische Indikatoren eines anhaltenden und sich vermutlich verschärfenden Umweltproblems sind. Geleugnet wird

Dass die beiden erstgenannten Erklärungen sehr plausibel erscheinen, räumt den Verdacht nicht aus, dass auch der dritte Grund zutreffen könnte. Sicher hat sich mit Begriffen wie „Risikogesellschaft“ und „sozialer Ökologie“ das Bewusstsein einer problematischen Umwelt auf fast die gesamte künstliche Lebensumwelt ausgedehnt; doch diese Entwicklung ist nichts anderes als eine Begleiterscheinung vieler Versuche, natürliche Ressourcenknappheit bei steigenden menschlichen Güteransprüchen mit technologischen Innovationen zu beantworten (siehe Beck 1988, Kap. 2). Sicher zieht die globalisierte Wirtschaft eine globalisierte Umweltproblematik nach sich; doch dabei könnte sich ein im Westen ungelöstes Problem unter kulturell veränderten Bedingungen im großen Maßstab nur perpetuieren. Und schließlich sprechen einige Gründe für die These, dass die vorrangige Staatsform in den westlichen Ländern, die liberale und kapitalwirtschaftliche Parteiendemokratie, unfähig ist, den Umweltproblemen zu begegnen, wenn sie nicht sogar zu ihren Ursachen gehört.

Mit dreien dieser Gründe beschäftige ich mich im Folgenden. Schon ihres Umfangs und damit ihrer schwierigen Überprüfbarkeit wegen ist es eher angebracht von ‚Einwänden‘ – oder sogar nur von ‚Einwürfen‘ – zu reden, die es sich aber dennoch lohnt, genauer zu prüfen. Diese drei Einwände (oder Einwürfe) gegen die Fähigkeit von Demokratien, Umweltprobleme zu lösen, sind die folgenden:

Der Anthropozentrismus-Einwand

Demokratien sind politische Systeme, die sich als Ausdruck des Willens aller Gesellschaftsmitglieder verstehen, ihr Zusammenleben nach Maßgabe der Prinzipien von Gleichheit und Freiheit zu gestalten. Soweit diese Prinzipien nicht nur dazu dienen, dass die Mitglieder ihre je persönlichen Interessen verfolgen, sondern auch dem Zweck, den Schutz der Interessen anderer sicherzustellen, fokussieren sie allesamt auf die Interessen von Bürgern als Mitbürgern. Die moderne westliche Demokratie ist ‚anthropozentrisch‘, insofern nur *menschliche Interessen* zählen. Die Interessen der Tiere sowie das Gut der natürlichen Welt werden nur indirekt über menschliche Repräsentanten berücksichtigt und politisch repräsentierbar. Die anthropozentrische Demokratie kennt deshalb *keine prinzipielle Grenze* des zulässigen Ausmaßes der Naturzerstörung. Wieweit eine solche Zerstörung demokratisch legitim ist, hängt vielmehr von den Interessen der jeweiligen und wechselnden Mehrheit ab.

Der Individualismus-Einwand

Weil der Umweltschutz nicht zu den Voraussetzungen, sondern zu den Inhalten demokratischer Abstimmungen gehört, ist er – sowohl prinzipiell wie dem Umfang nach – fortwährend Verhandlungsgegenstand. Längerfristige Entscheidungen werden entweder nicht getroffen oder können jederzeit revidiert werden. Der äußere Zeithorizont wird durch die individuelle Lebensspanne der stimmberechtigten Bürger abgesteckt, die meist schon Schwierigkeiten damit haben, das vergleichsweise kurzfristige Zeitbudget

---

die Einmaligkeit des Umweltproblems von wenigen, mit statistischen Argumenten aber beispielsweise von Bjorn Lomborg (Lomborg 2001).

ihres eigenen Lebens zu handhaben, dem gegenüber die weltweit gewordenen (Klimawandel), aber auch lokal manifesten (Wasserknappheit) Naturveränderungen weitaus längerfristiger sind. Maßnahmen zur wirksamen Vorsorge für die Nachfahren sind in demokratischen Systemen deshalb politisch nur schwer durchzusetzen.

Der Kapitalismus-Einwand

Alle westlichen Demokratien sind kapitalistische Marktwirtschaften, was sich vorrangig der historischen Verknüpfung von politischer und ökonomischer Freiheit, demokratischer Mehrheitswahl und freier Marktwirtschaft verdankt, und nur indirekt auf die Erfahrung der hohen Effizienz kapitalistischen Wirtschaftens zurückgeht. Kapitalistische Unternehmer tendieren aus Wettbewerbs- und Gewinnmaximierungsgründen dazu, ihre Umweltkosten zu externalisieren, zugleich können privatwirtschaftliche Märkte öffentliche Güter nicht erfassen, so dass die kapitalistische Wirtschaftsweise für die natürlichen Produktionsbedingungen insgesamt nicht vorsorgen kann, auch wenn sie sie als Voraussetzungen benötigt. Ein Umweltgüterkapitalismus wäre seinerseits auf individuelle Nachfrage und damit individuelle Güter fixiert. Kollektive Umweltgüter müssen jedoch politisch bewahrt und besorgt werden, und das ist in einer Demokratie mit politischer Dominanz der Wirtschaft nur begrenzt möglich.

Soweit diese drei Einwände eine gemeinsame Stossrichtung zeigen, liegt sie in dem *Bedenken*, dass es elementare Eigenschaften von Demokratien sind, die eine Naturzerstörung entweder nicht verhindern können oder sie sogar begünstigen. In diesem Bedenken sind beide Relationspunkte – die Demokratiemerkmale sowie die Elemente der Naturzerstörung – präzisierungsbedürftig. Auf der einen Seite ist zu klären, welche Eigenschaften von Demokratien elementar sind, inwieweit Demokratien notwendig auf die unterstellte Weise ‚anthropozentrisch', ‚individualistisch' und ‚kapitalistisch' sind, oder genauer, inwieweit die in den drei Einwänden genannten Tendenzen in demokratischen Regimen *kraft Wirkung demokratischer Prinzipien* nicht korrigiert werden können. Dazu ist es nötig, ein bestimmtes Verständnis demokratischer Prinzipien zu unterstellen, um die genannten Tendenzen mindestens idealtypisch überprüfen und diskutieren zu können.

Auf der anderen Seite muss präzisiert werden, was unter „Naturzerstörung" verstanden werden soll. Entgegen dem ersten Anschein ist das kein wertfreier, etwa physikalischer, sondern ein in verschiedenen Werttheorien ganz unterschiedlich gehandhabter Begriff. Um den genannten Einwürfen gerecht werden zu können, muss er entweder genauer gefasst oder durch einen anderen Begriff ersetzt werden. Die drastische Rede von Naturzerstörung harmoniert auch nicht mit dem Anthropozentrismus-Einwand, denn Kritikern ‚anthropozentrischer' Naturverhältnisse geht es nicht *nur* darum, eine ‚zerstörerische' Einstellung gegenüber der Natur zu *kritisieren*. Vielmehr wollen sie eine schützende und fördernde Einstellung *motivieren*. Gegenüber Tieren soll nicht nur schlimmste Grausamkeit vermieden, sondern ein gemeinschaftliches Verhältnis gepflegt werden. Ich werde im Folgenden meist von ‚demokratischen Naturverhältnissen' sprechen und damit negative und positive Aspekte bündeln.

Die Auseinandersetzung mit den drei genannten Einwürfen kann im Licht der letzten Bemerkungen auch als ein Erproben der Verträglichkeit von Demokratie und ‚grüner'

Natur, oder demokratischer und ‚grüner' Werte oder Prinzipien gelesen werden. Worin eine ‚grüne' Wertphilosophie besteht, ist sicher nicht einfach zu sagen, aber den drei Einwänden entsprechen in etwa drei ‚grüne' Überzeugungen, aus denen heraus sich ein Kritikpotential gegenüber demokratischen Gesellschaften speist. Hinter dem Anthropozentrismus-Einwand steht eine häufig mit ‚Bio-' oder ‚Ökozentrismus' benannte Vorstellung vom Wert der *Natur als ganzer*. Hinter dem Individualismus-Einwurf verbirgt sich die Vorstellung von einer Menschen und Natur verbindenden und versöhnenden *Gemeinschaft*. Der Kapitalismus-Einwand stützt sich auf die Vorstellung einer die Natur nicht endlos verbrauchenden, sondern ihr gegenüber *verantwortlichen Wirtschaftsweise*.[3]

Alle drei Vorstellungen sind so bedenkenswert wie klärungsbedürftig. Soweit sie sich auf einen gemeinsamen Kern zurückführen lassen, scheint es der einer relationistischen *‚Beziehungsmetaphysik'* zu sein. Tatsächlich waren und sind die wichtigsten Vorstellungen ‚grüner' oder naturschützerischer Bewegungen von der Idee motiviert, dass die von der modernen Gesellschaft ‚zerrissene' Verbindung zur Natur wieder hergestellt werden müsste. Dagegen ist insbesondere die liberaldemokratische Wert- und Sozialphilosophie alles andere als ‚relationistisch'. Sie stellt in ihren verschiedenen Varianten ein rationales oder autonomes *Individuum* in den Mittelpunkt aller Überlegungen, das sie je nachdem ökonomisch oder aufklärungspolitisch interpretiert. Ökonomie- und vernunftrationale liberale Politiktheorien bauen die (normativen) sozialen Verhältnisse um die Individuen herum. Die ‚grüne' Tradition grenzt sich von dieser Vorstellung sozialer Architektur in zwei Stufen ab: Sie sieht die Individuen als Elemente sozialer Beziehungen, als deren unverzichtbaren Bestandteil sie meist auch die Natur betrachtet. Während die liberalen Politiktheorien danach variieren, welche Vernunftkonzeptionen sie unterstellen, ergeben sich Varianten der ‚grünen' Position allerdings auch dadurch, inwieweit entweder die sozialen Beziehungen ‚naturalisiert', also nach dem Muster (vermuteter) Naturbeziehungen geschildert, oder die natürlichen Beziehungen ‚sozialisiert', also nach dem Muster der menschlichen Gemeinschaft gefasst werden. Ich nehme im Folgenden an, dass die zweite Alternative die plausiblere ist.

Innerhalb der sich so ergebenden Fülle von theoretischen Varianten an Demokratie- und Ökologieverständnissen werde ich genauer zwei spezielle Positionen herausgreifen und miteinander konfrontieren, die mir am vielversprechendsten erscheinen. Auf der einen Seite werde ich die *‚deliberative' Demokratievorstellung* als die moral- und politiktheoretisch angemessenste unterstellen, und auf der anderen Seite von einer Auffassung *‚sozialer' Ökologie* ausgehen, in der die Beziehungen zur Natur als erweiterte Formen der Sozialbeziehungen unter Menschen betrachtet werden. Der Vorwurf einer ‚Naturmetaphysik' läuft damit von vornherein ins Leere, da ja nicht subhumane (z.B. biophysische oder chemische) Beziehungen das Modell für humane Beziehungen sein sollen. Ein danach erneuerter Einwand, damit würde eine ‚Beziehungsmetaphysik' unterstellt, ist dann mit dem gegensätzlichen Vorwurf einer ‚Individuenmetaphysik' kon-

---

[3] Siehe die Darstellung ‚grüner' Werte in Goodin 1992 und Dobson 1992. Plakativen Ausdruck haben diese drei Vorstellungen gefunden in der ‚Gaia'-These von James Lovelock, der ‚Landethik' Aldo Leopolds und dem von Gro Brundtland initiiertem Begriff der ‚nachhaltigen Entwicklung'. Bislang sind das nur mehr oder weniger vage Visionen.

frontiert. Auf dieser Ebene müssen sich die Ideen des Vorrangs der einen oder anderen Art, anstatt über begriffliche Hypothesen, an konkreten Argumenten und Beobachtungen bewähren. Die im Folgenden angewandte Methode besteht also in einem konfrontativen Vergleich zwischen deliberativer Demokratie und sozialer Ökologie. Wie verhalten sich diese beiden Theorien zueinander?

2. Deliberative Demokratie

Demokratiedefinitionen sind so gut wie die ihnen entsprechenden Demokratietheorien. Theorien der Demokratie sind so unterschiedlich wie die Aspekte des sozialen Phänomens ‚Demokratie', die sie jeweils thematisieren. Zu einer praktikablen Vorstellung von Demokratien kommen wir auf einfachem Weg dann, wenn wir in einem ersten Schritt von Demokratie als einer politischen Verfahrensweise, oder einer Prozedur, in normativer Absicht abstrahieren, und uns dann einer speziellen, heute gut entwickelten Interpretation des normativen Kerns demokratischer Verfahren anschließen.

Der *prozeduralen* Definition zufolge bezeichnet der Begriff der Demokratie eine Regierungsform, in der die Regierung einem Parlament verantwortlich ist, das in regelmäßigen freien, für alle Bürger offenen (also gleichen) Wahlen unter Bedingungen der Meinungs- und Versammlungsfreiheit gewählt wird. Der *normative Kerngedanke* ist dabei, dass unter demokratischen Verhältnissen die Beteiligten nach ‚Prinzipien der Freiheit und Gleichheit' darüber bestimmen können, wie sie regiert werden wollen und was Aufgaben und Ziele des Staates sind. Macht man sich klar, dass die Rede von ‚Prinzipien der Freiheit und Gleichheit' genau genommen keine Rede von Prinzipien sein kann, sondern *soziale Verhältnisse* meint, in denen idealerweise Prinzipien realisiert sind, wird auch klar, dass die weitere Interpretation dieses Kerngedankens diese Verhältnisse betreffen muss. Eine solche Interpretation wird umstritten sein, denn je nachdem, *wie* man diese Verhältnisse inhaltlich strukturiert sieht, wird man zu unterschiedlichen Demokratieauffassungen neigen.

Hilfreich ist in diesem Zusammenhang John Dryzeks Unterscheidung dreier Dimensionen der aktiven Beteiligung der Bürger in einer Demokratie (Dryzek 1996, 5). Erstens verlangen demokratische Verhältnisse minimal den *gleichen Status* der Bürgerinnen und Bürger hinsichtlich ihrer Freiheit, zu wählen und sich an den Rollen und Ämtern des Staates zu beteiligen (Status der Bürger). Damit ist aber noch völlig offen, in *welchem Ausmaß* zweitens die sozialen Verhältnisse der demokratischen Kontrolle unterworfen werden (Umfang der demokratischen Kontrolle), und *wie authentisch* drittens die individuelle Willensbildung sein muss (Authentizität der Willensbildung). Insbesondere die Umfangs- und Authentizitätsbedingung sind mehr als formale Bedingungen, die nicht einfach durch das Gewähren negativer Freiheitsrechte erfüllt sind und deshalb detailliertere normative Kriterien benötigen. In der Konsequenz interpretieren verschiedene Demokratietheorien ‚Umfang' und ‚Authentizität' unterschiedlich. Die Kunst einer normativen Demokratietheorie besteht diesen Anforderungen zufolge darin, die generell unstrittigen Prinzipien der Freiheit und Gleichheit so zu transformieren, dass diese Prinzipien einerseits nicht durch gegensätzliche soziale Verhältnisse ausgehöhlt, und andererseits nicht durch konflikthafte Ideen verzerrt werden. In den Augen vieler ist die deliberative Demokratietheorie am ehesten geeignet, diesen Anforderungen gerecht zu werden.[4]

‚Formalistische' Demokraten sehen den Anspruch eines demokratischen Systems bereits erfüllt, wenn freiheitlich-egalitäre Partizipationsbedingungen eingelöst sind (Status). ‚Materiale' Demokraten fordern darüber hinaus auch freiheitlich-egalitäre Sozialverhältnisse (Umfang). Im Gegensatz zu beiden betrachten deliberative Demokraten die lebendige Praxis freiheitlich-egalitärer Deliberationsprozesse (Authentizität) als den *zentralen* Ausdruck demokratischer Verhältnisse. Das Ausmaß, in dem soziale Verhältnisse und politische Entscheidungen durch eine *diskutierende Öffentlichkeit* getragen werden, ist demnach der entscheidende Gradmesser für die demokratische Qualität der Verhältnisse und Entscheidungen. Hinter dieser Priorität des Deliberativen verbergen sich vor allem die folgenden drei Überzeugungen: Indem Interessen und Meinungen öffentlich diskutiert werden, geht es nicht darum, sie einfach in Entscheidungen zu aggregieren, sondern sie werden meist auch *verändert* und damit in überlegtere Interessen transformiert. Ihre Meinungen öffentlich zu vertreten macht den Bürgern bewusst, dass sie gegenüber anderen Bürgern in einem Legitimationsverhältnis stehen – dadurch entsteht ein *Bewusstsein gegenseitiger Verpflichtung*. Weil alle, vor allem auch *Randgruppen,* gezwungen sind, ihre Ansprüche selbst zu artikulieren, werden die Ansprüche aller einzelnen auf optimale Weise in die Demokratie einbezogen.

Ein Problem dieser wie anderer inhaltlicher Präzisierungsversuche eines sozialen Kerns der Demokratie resultiert jedoch daraus, dass „Demokratie" und „Demokratisierung" einerseits nicht bloße Ideen oder Verfahren, andererseits nicht nur real existierende Systeme meinen, sondern sich auf beides *in einer Synthese* beziehen. Demokratie ist nur abstrakt benannt, wenn man sie als ‚Realisation der demokratischen Idee' bezeichnet, denn natürlich kommt es darauf an, *wie* und in *welchem Umfang* diese Idee jeweils realisiert ist (das ist Dryzeks zweite Dimension). Die bildliche Vorstellung ist dabei, dass die demokratische Idee die Gesellschaft ‚durchdringen' soll, aber der Hinweis auf ein „wie" deutet an, dass es sich dabei nicht einfach um ein quantitatives Maß handelt. Angesichts der Kluft zwischen der Idee und der sozialen Realität ist es wohl unausweichlich, die Idee selbst als soziale Struktur zu interpretieren. Wie demokratisch eine Gesellschaft ist, bemisst sich demnach am Ausmaß, in dem sie diese Struktur realisiert.

Die deliberativen Demokraten interpretieren jedenfalls die Deliberationsidee anhand deliberativer Systeme, und beurteilen eine Gesellschaft als umso demokratischer, je umfangreicher ihr deliberatives System ist. Diese ‚Extension' der Idee auf die Gesellschaft ist aber nicht zwingend, und sie erscheint dadurch riskant, dass die Gesellschaft nicht nur eine Gesellschaft von Deliberierenden sein kann. Die deliberative Demokratievorstellung muss sich deshalb mit der *Unterstellung* verknüpfen, mittels freier und gleicher Deliberation ließen sich freie und gleiche Verhältnisse in allen Bereichen der Gesellschaft herstellen. Das Ausmaß des Deliberierens über alle Bereiche der Gesellschaft wäre demnach das angemessenste Kriterium für den demokratischen Charakter all dieser Bereiche. Wenn man allerdings bedenkt, dass die anderen Bereiche, insbeson-

---

[4] Zu ihren bekanntesten Vertretern gehören Jürgen Habermas 1996, Joshua Cohen 1998 und John Dryzek 2000. Alle drei vertreten allerdings etwas unterschiedliche Varianten der Theorie. John Rawls steht dem deliberativen Modell mindestens nahe: siehe Rawls 1997.

dere aber die Wirtschaft, eine Eigendynamik besitzen, die sich derjenigen des Deliberierens nicht unbedingt fügt, sieht man leicht, wie rationalistisch die deliberative Demokratieidee aufgrund dieser Annahme bleiben muss. Aber selbst wenn man diese Skepsis gegenüber der Wirkungskraft von Deliberation nicht teilt, wird man einräumen müssen, dass es neben der Deliberation andere Möglichkeiten gibt, die Kluft zwischen der Idee der Demokratie und ihrer sozialen Realität zu schließen. *Eine* andere Möglichkeit verkörpert die von mir im Folgenden so genannte ‚ökologische Demokratie', nach der die Selbstbestimmung in Freiheit und Gleichheit nicht von den Prozessen der Aneignung der Natur (heraus) abstrahiert, sondern Aneignung, Umwelt und Deliberation miteinander verbindet.

Die demokratische Idee wird in der ökologischen Demokratie von vornherein *auf die Bezüge zur Natur im Rahmen sozialer Verhältnisse der Bürger* untereinander erweitert. Diese Bezüge sind nicht nur solche der instrumentellen Aneignung der Natur, sondern auch solche des anschaulichen Genießens der Natur. Etwas ausführlicher schildere ich diese Arten der sozialen Beziehung zur Natur im nächsten Abschnitt, um danach auf die drei Einwände gegen die Ökologiefähigkeit der Demokratie zurückzukommen.

3. Zwei Arten von Naturbeziehung

Da Menschen in einer vorgegebenen und meist nicht lebensfreundlichen Natur überleben müssen, ist ein ausbeutender Umgang mit der Natur unvermeidbar. Zugleich erschöpft dieses Verhältnis nicht die Möglichkeiten unseres Verhältnisses zur Natur. Wir müssen zwar Öl in unseren Autos verbrennen, aber wir können auch beobachten, wie ein Vogel ein Nest baut, ohne Vogel und Nest zerstören zu müssen. Um die Vorstellung einer ökologischen Demokratie zu konkretisieren und die drei Einwände als auf je spezielle ökologische Probleme gerichtet zu verstehen, ist es hilfreich, diese unterschiedlichen Beziehungen zur Natur etwas ausführlicher zu beschreiben.

Den unterschiedlichen Beziehungen gegenüber Öl und Vögeln entspricht die Unterscheidung zwischen natürlichen ‚Ressourcen-' und ‚Gemeinschaftsgütern', je nachdem, ob ein menschliches Bedürfnis der ‚Lebensmittelproduktion' aus und mit Stoffen der Natur oder ein Bedürfnis der ‚Gemeinschaft' mit der Natur im Vordergrund steht. Da sich alle Güter der Natur nur im Rahmen bestimmter Beziehungen unter Menschen ergeben, liegen den beiden Typen von Gütern genauer *zwei Typen von Beziehungen* zugrunde: Ressourcen- und Gemeinschaftsbeziehungen. Wiederum ist nicht beabsichtigt, eine ‚Metaphysik' von Beziehungen zu postulieren, sondern vielmehr bereits bestehende menschliche Beziehungen zur Natur so zu beschreiben, dass ihre Wertqualität sichtbar wird. *Ressourcenbeziehungen* sind alle menschlichen Beziehungen zur Natur, in denen natürliche ‚Rohstoffe' durch menschlichen Gebrauch verbraucht werden. Der Verbrauch ist dabei als solcher nicht vermeidbar, sondern nur mehr oder weniger steuerbar: er kann erweitert oder verringert werden. *Gemeinschaftsbeziehungen* sind alle Beziehungen zur Natur, in denen natürliche Stoffe, Lebewesen, Arten, Landschaften partnerschaftlich genutzt werden. Als Teil der Lebensgemeinschaft mit der Natur werden diese Stoffe in Gemeinschaftsbeziehungen nicht verbraucht.

Klare Ressourcenbeziehungen pflegen wir gegenüber den natürlichen Materialien der industriellen Produktion (Brennstoffe, Erze, Wasser, Luft, etc.) sowie den schädlichen Folgen der Produktion (Abfall, Schadstoffe, CO_2, etc.). Klare Gemeinschaftsbeziehungen unterhalten wir gegenüber Haustieren und Teilen der Nutztiere, sowie vielleicht zu den Pflanzen und Böden unserer unmittelbaren Umgebung, der Zimmerpflanze, dem Vorgarten des Hauses, der umgebenden Landschaft, dem Stadtpark oder der bevorzugten Joggingstrecke. Grosse Teile der belebten Natur, und dabei insbesondere große Bestände von Tieren, existieren jedoch in gemischten Ressourcen- und Gemeinschaftsbeziehungen mit uns. Die landwirtschaftlichen Nutztiere sowie die Wildtiere werden eher als Ressourcen denn als Gemeinschaftspartner angesehen. Zu Arten, Ökosystemen, Biotopen und Landschaften als Ganzen besitzen die meisten überhaupt keine klaren Beziehungen.

Die genannten drei Einwände betreffen nun unterschiedliche Schwerpunkte im Licht dieser Unterscheidung. Der Anthropozentrismus-Einwand richtet sich auf und gegen eine reine Ressourcenbeziehung gegenüber Tieren und Landschaften. Der Kapitalismus-Einwand thematisiert vorrangig den Ressourcenbereich, betont aber auch die Gefahr, dass die gesamte Natur und Umwelt nur als eine Art Ressource angesehen wird. Der Individualismus-Einwand verweist auf eine notorische politische Kurzsichtigkeit wiederum vorrangig gegenüber Ressourcen, lässt sich aber auch am fehlenden Interesse illustrieren, Naturgemeinschaften wie Städte oder Regionen längerfristig ökologisch zu planen.

Nach einem klassischen liberalen Demokratieverständnis der Bürgerfreiheiten im engeren Sinn wäre der erste Einwand als ein spezielles Problem unterschiedlicher Weltanschauungen einzuordnen, der zweite Einwand als rein politisches oder empirisches Problem (wie zukunftsorientiert sind die Bürger tatsächlich?), der dritte Einwand als pragmatisches Problem der engeren oder weiteren Regulation von Märkten. Nach dem deliberativen Demokratieverständnis ist offen, wohin der Sachgehalt der drei Einwände in der weiteren Diskussion tatsächlich führt. Werthafter Einbezug der Natur, Gemeinschaftlichkeit und demokratische Wirtschaft (demokratische Firmen, demokratisch regulierter Markt) gehören jedenfalls nicht zur Kernidee der deliberativen Demokratie hinzu, sondern können sich bestenfalls im Verlauf der Deliberation ergeben – oder eben auch nicht. Wie ich jedoch zeigen will, drängen die drei Einwände auf eine *ökologische Demokratie*, in der ein gemeinschaftliches und ein basisdemokratisches Verständnis der Wirtschaft zur Kernidee der Demokratie hinzugehören. Betrachten wir dazu die drei Einwände genauer.

4. Der Anthropozentrismus-Einwand: Chancen für Naturgemeinschaft?

Alle Demokratien sind in irgendeiner Form an die Prinzipien Freiheit und Gleichheit von *Menschen* geknüpft. Damit, so der Anthropozentrismus-Einwand, rücken Tiere und die übrige Natur an die zweite Stelle einer zu entwickelnden Wertskala, wenn sie nicht vollständig auf einen Wertstatus verzichten und im Sinn der eben getroffenen Unterscheidung völlig als Ressourcen gelten müssen. Klassische Demokratien bieten deshalb der Natur meist nur einen schwachen Schutz.[5] Im Folgenden will ich erstens prüfen, was ein Vertreter der deliberativen Demokratie auf diesen Einwurf entgegnen könnte, und zweitens untersuchen, welche rechtfertigbaren Forderungen mit dem Einwurf verbunden sind. Davor muss jedoch der Einwand von einem Metaphysikverdacht befreit werden, der ihm in der politischen Diskussion nur hinderlich sein kann.

In der naturphilosophischen Literatur ist es üblich geworden, ‚anthropozentrische' von ‚biozentrischen' Wertauffassungen so zu unterscheiden, dass nach ersteren nur Menschen ‚wertvoll' sind, nach letzteren auch nicht-menschliches Leben, also Tiere, Pflanzen und Landschaften. Robert Goodin hat außerdem daran erinnert, dass der ‚Biozentrismus' nicht nur den Argumenten einer Reihe von Philosophen entsprach, sondern in der ersten Phase der ‚grünen' Bewegungen auch deren Überzeugung ausdrückte, dass die ‚menschliche Unberührtheit' oder ‚Originalität' der Natur ein Wert an sich und Natur *allein deshalb* schützenswert sei (Goodin 1992, 30–41; Elliot 1982). Solche Überzeugungen sind freilich nicht nur wertphilosophisch fragwürdig, sie führen in der politischen Auseinandersetzung auch unnötig schnell in die Kompromisskultur verschiedener Weltanschauungen hinein, und damit heraus aus einem Disput über die demokratischen Grundprinzipien. Biozentrismus wäre dann bestenfalls etwas zu Tolerierendes, während mit dem Anthropozentrismus-Einwand vielmehr eine einseitige Metaphysik der Demokratie kritisiert werden soll. Die übliche werttheoretische Argumentation führt so schnell in eine Sackgasse.

Ein politisch-argumentatives Patt kann vermieden werden, indem man sich vor einem mit dem Begriff der „Werte" verbundenen Missverständnis bewahrt. Dieser Begriff wird, wie andere abstrakte Begriffe auch, dann zu einem fiktiv verwendeten Begriff, wenn seine Anwendungsbedingungen allein dem Begriff selbst entstammen, der Begriff gleichsam seine Angemessenheit eigenständig kontrolliert. Weil der Begriff „Wert" nun einmal vorhanden ist, so die Vorstellung, muss es Werte auch geben, etwa den Wert von Menschen und Tieren. Diese fiktionalisierende Tendenz ist nur zu vermeiden, wenn man den Begriff *an konkrete praktische Verhaltensweisen* bindet, insbesondere die Erfahrung im praktischen Umgang mit einem Gegenstand. Dass der Gegenstand ‚gut' ist, bedeutet dann, dass er unter einem menschlichen Handlungszweck nützliche Eigenschaften zeigt. Eine so gebundene und erklärte Begriffsverwendung könnte man eine ‚pragmatische' nennen.

Natürlich kennt die übliche Ethik, beispielsweise diejenige Kants (unter dem Stichwort „hypothetische Imperative"), eine solche zweckgebundene Begriffsverwendung ebenfalls. Aufgrund eines Missverständnisses war sie jedoch der Meinung, eine grundsätzliche Alternative entwickeln zu müssen. Das Missverständnis ergibt sich durch die Identifikation von besonderen, häufig „instrumentell" genannten Zwecken mit Zwecken im Allgemeinen. Dadurch entstand die Vorstellung, um nicht instrumentell zu sein, müsste ein Wert *zwecklos* und im Grunde auch *arelational*, ohne Verbindung mit Menschen sein. Schon weil sich dadurch Begriffe ergeben (wie „Wert"), deren Anwendungsbedingungen unklar bleiben, ist es viel sinnvoller, neben instrumentellen Zwecken nicht-instrumentelle Zwecke zu unterscheiden, die man mit einem Sammelbegriff „ge-

---

[5] Aufgrund einer darin vermuteten Notwendigkeit hat die ‚grüne' Bewegung in ihrer Frühform teilweise auch anti-demokratische Positionen eingenommen: siehe Dryzek 1997, Kap. 2.

meinschaftliche“, und im Rahmen der auf die Natur bezogenen Zwecke, „naturgemeinschaftliche“ Zwecke nennen könnte. Während man im instrumentellen Handeln die Natur *verbraucht*, *gebraucht* man im gemeinschaftlichen Handeln die natürlichen Dinge, um sie wahrzunehmen und zu genießen. Man genießt sie, ohne sie zugleich zu verbrauchen. Wenn man will, kann man dieses praktische Verhältnis zu Naturdingen auch so ausdrücken, dass man sagt, diese Dinge ‚hätten Wert‘; man darf nur nicht in die Vorstellung verfallen, der Wert klebe irgendwie an ihnen und würde von uns abgelesen, worauf hin wir erst handeln.

Mit der angemesseneren Unterscheidung zwischen instrumentellem und gemeinschaftlichem Handeln lässt sich der sachliche Gehalt des Anthropozentrismus-Einwurfs reformulieren, ohne in die Sackgasse des Wertpluralismus zu geraten.[6] Demokratische Verhältnisse gehen dem Einwand zufolge mit der Tendenz einher, die Natur zu instrumentalisieren. Am besten versteht man den Einwand so, dass die Natur unter durchschnittlichen menschlichen Handlungsbedingungen instrumentalisiert wird, wenn auch nicht (versteht sich) mit ‚logischer Notwendigkeit‘. So gefasst ist der Einwand schon deshalb plausibel, weil Demokratie – jedem Demokratieverständnis zufolge – auf *Stimmen*, Interessenvertreter, Diskutanten, angewiesen ist, und die Natur einfach keine ‚Stimme‘ hat. So wurden und werden in Demokratien auch diejenigen *Mitmenschen* in der Praxis tendenziell instrumentalisiert (man denke an Frauen vor Einführung des Frauenstimmrechts), denen der volle Bürgerstatus verweigert wurde oder wird. Doch worin drückt sich diese Tendenz im Fall unserer Beziehung zur Natur genauer aus, und ist sie wirklich demokratisch unausweichlich? Ich will die Unterschiede an zwei zentralen Beispielen, Tierschutz und Naturschutz, illustrieren.

Tierschutz: Wird der Inbegriff von Demokratie in der Freiheit und Gleichheit nur *von Menschen* gesehen, sind Interessen des Instrumentalisierens und Ausbeutens von Tieren grundsätzlich akzeptable und beachtenswerte Interessen, die in einem nötigen Kompromiss unter Bürgern ebenso berücksichtigt werden müssen wie die Interessen von Tierschützern, die sich der Ausbeutung von Tieren widersetzen. Der Kompromiss wird deshalb in einem instrumentellen Umgang mit Tieren unter Einschränkungen bestehen müssen, einfach weil der Inbegriff der liberalen Demokratie selbst ein moralisches und rechtliches Verhältnis zu den Tieren (anders als zwischen den Menschen untereinander) nicht vorsieht.

Demgegenüber unterscheidet die ökologische Demokratie neben dem instrumentellen Umgang mit Tieren einen gemeinschaftlichen, und hält den instrumentellen für legitimationsbedürftig *innerhalb* des gemeinschaftlichen. Ihrer Vorstellung nach sind die gemeinschaftlichen Beziehungen generell konstitutiv für alle sozialen Beziehungen, und damit auch für die instrumentellen. Soweit ein instrumenteller Umgang mit Tieren nötig ist, mit denen auch ein gemeinschaftlicher gepflegt werden könnte (wie mit vielen Nutztieren), ist er deshalb zu rechtfertigen. Im Unterschied zur anthropozentrischen Denkweise, in deren Rahmen beide Vorstellungen über unser Verhältnis zu Tieren ‚gleich-

---

[6] Bryan Norton hat mit dem Blick auf die gleichbleibenden praktischen Konsequenzen die gesamte philosophische Wertedebatte zu entkräften versucht: siehe Norton 1987; 1995. Ob dieses pragmatische Kriterium jedoch auf alle Naturkonflikte zutrifft, ist schwer zu sagen. Die *Kritik* an Werten ist deshalb vermutlich nicht völlig überflüssig.

wertig‘ oder ‚gleich beachtenswert‘ sind, dürfen im Rahmen einer an Gemeinschaftsbeziehungen orientierten ökologischen Demokratie mindestens die gemeinschaftsfähigen Tiere nicht ohne weiteres instrumentalisiert und ausgebeutet werden. In einem politischen Diskurs über Tierschutz können die Argumente der an der Ausbeutung von Tieren Interessierten (Tierproduzenten, Fleischindustrie) sowie die der mit ihnen wenig Vertrauten (durchschnittliche Konsumenten) nicht dieselbe Stimme haben wie die derjenigen, die mit Tieren leben.

Naturschutz: Ein nicht untypisches Beispiel für Naturschutz in einer ökologischen Demokratie könnte einen Interessenkonflikt zwischen drei Gruppen betreffen: den ökonomischen Nutzern eines Wattenmeers, etwa Garnelenfischern, den Freunden der zu erhaltenden Kulturlandschaft und den Naturschützern, die das Wattenmeer in einen ursprünglichen Zustand sich zurückentwickeln lassen wollen, mit nur begrenztem menschlichen Zugang, aber einem erhöhten Schutz für seltene Spezies. Das eben geschilderte Szenario lässt sich unschwer an diesem Beispiel erneut durchlaufen. Wiederum steckt die Herausforderung, auf die der Anthropozentrismus-Einwand hinweist, im Problem einer ‚angemessenen‘ Wahrnehmung und Repräsentation eines Stücks Natur im demokratischen Prozess, in den es notgedrungen nur über menschliche Repräsentanten eingeführt werden kann. Weil die Natur nicht selbst sprechen kann, ist es umso wichtiger, die Voten derjenigen zu prüfen, die als Repräsentanten für sie sprechen. Die ökonomisch interessierte Sichtweise repräsentiert die Natur ebenso einseitig wie eine rationalistisch verengte, beispielsweise nur ästhetisch oder kulturell interessierte Perspektive. Nur die in der Erfahrung einer Naturgemeinschaft erprobte Betrachtungsweise wird den natürlichen Lebenspotentialen, die wir durch politische Entscheidungen zu vernichten drohen, wirklich gerecht. Denn während die Ökonomen die Natur nur instrumentalisieren wollen und die Rationalisten sie nicht wahrnehmen können, nimmt sie den gemeinschaftlichen Charakter der belebten Natur ernst.

Es liegt auf der Hand, dass diese Kritik des in den meisten Demokratien tolerierten Umgangs mit Tieren und Natur auf dem Hintergrund einer Vision der Naturgemeinschaft mit Tieren und Natur weiter reicht als klassisch-liberale oder gar wirtschaftsliberale Positionen einräumen können. Was diese naturgemeinschaftliche Vision von der deliberativen Demokratie unterscheidet, ist die Möglichkeit einer Lebensgemeinschaft mit Tieren, die im Unterschied zur Deliberation mit Tieren möglich ist. Deliberative Demokraten sehen die demokratische Anerkennung dann gewährleistet, wenn die Regeln der Argumentation eingehalten werden, und verbinden dies mit der Erwartung, dass die entsprechenden Prozeduren zu akzeptablen Verhältnissen führen. *Gegen* diese minimalistische Idee von demokratischer Anerkennung ist zu bedenken, dass ohne Interessen und Wertvorstellungen einer *Lebensgemeinschaft mit den Diskussionspartnern* die Deliberation entweder zu keinen oder zu moralisch nicht wünschenswerten Ergebnissen führen wird. Das gilt sogar dann, wenn man (mit Habermas) abstrakte moralische Grundprinzipien als Inhalt der formalen Deliberationsidee bereits voraussetzt (Habermas 1996, 286). Ohne ein Interesse am Zusammenleben wird man sich nicht einigen (und sich gar nicht erst um Einigung bemühen). *Wenn* freilich die Lebensgemeinschaft, also die Möglichkeit der Gemeinschaft mit anderen Menschen zählt, dann zählt *ebenso* die Möglichkeit der Gemeinschaft mit den Tieren und der restlichen Natur! Viele Tiere sind ebenso zur Gemeinschaft fähig wie (viele) Menschen, und diese Fähigkeit ist das einzige, was zählt.

Dieses Argument für einen naturgemeinschaftlichen Demokratieanspruch ist leicht verschieden von John Dryzeks Versuch, den Begriff der menschlichen Kommunikation auf außermenschliche Verhältnisse zu erweitern und so den deliberativen Gedanken zu expandieren (siehe Dryzek 2000, Kap. 6). Ich halte es nicht für nützlich, biochemische Prozesse wie Stoffwechsel oder Klimaerwärmung eine Art von ‚Kommunikation' zu nennen. Wer so redet, untermauert damit keine normativen Ansprüche. Mein Plädoyer für die ökologische Demokratie beruht vielmehr auf einer Wahrnehmung des gemeinschaftlichen Umgangs mit Tieren nach Maßgabe der *menschlichen* Fähigkeiten zu diesem Umgang, die für uns einzig normativ bedeutsam sind, allein weil es unsere Fähigkeiten sind. Unsere Fähigkeiten dieses Umgangs enthalten *per se* Forderungen, ihnen zu entsprechen. So enthalten beispielsweise unsere Fähigkeiten, mit Tieren partnerschaftlich zusammenzuleben, Forderungen, gerade dies zu tun und die Tiere nicht zu verbrauchen. Wenn man zu diesem Punkt hinzunimmt, dass keine anderen Forderungen bestehen als eben die, die aus unseren Handlungsfähigkeiten entspringen, wird auch das naheliegende Missverständnis beseitigt, die bloße Möglichkeit, mit Tieren gemeinschaftlich umzugehen, könne keine Forderungen enthalten. Jedes Gut, das man ergreift, produziert Forderungen.[7]

In der Konsequenz dieser naturgemeinschaftlich erweiterten Demokratie geht es um den Schutz von natürlichen ‚Lebensmöglichkeiten', nicht nur (wie im neuen Art. 20a des Deutschen Grundgesetzes) um den Schutz der natürlichen ‚Lebensgrundlagen'.[8] Mit ‚Lebensgrundlagen' ist nur eine minimalistische Bedingung formuliert, die unter allen Naturgütern den Schwerpunkt vorrangig auf ökonomisch gehandhabte Ressourcen wie Wasser, Luft und Rohstoffe legt und rein begrifflich der Natur nur die Rolle von *Voraussetzungen*, nicht von Handlungszielen, einräumt. Angesichts abnehmender Grundwasserbestände, anhaltenden Waldsterbens und staubbelasteter Luft ist selbst die minimalistische Formel der ‚Lebensgrundlagen' in gegenwärtigen europäischen Ländern nicht leicht zu erfüllen. Ohne eine positive Vision der Lebensgrundlagen ist aber auch nicht zu sehen, was zu welchen Zwecken eigentlich geschützt werden soll.

---

7 Dieser aristotelische Hintergrund des Begriffs einer Lebensgemeinschaft wird in anderen Kapiteln dieses Buchs verteidigt. Eine prinzipielle Unterscheidung zwischen Werten und Normen, oder Normen und ‚gutem Leben', steht danach nicht zur Verfügung. Abgrenzungsversuche zwischen ‚vernünftigen' (formalen) und ‚ethischen' (inhaltlichen) Deliberationen sind deshalb nicht überzeugend.

8 Die Bundesrepublik ist eine der wenigen Demokratien, in der seit 2002 der Schutz von Tieren sowie die „Lebensgrundlagen zukünftiger Generationen" als ‚Staatsziele' (nicht als individuelle Grundrechte) beachtet werden (GG Art. 20a). Weil jedoch in diesem Artikel die Tiere unter der Rücksichtnahme auf die zukünftigen (menschlichen) Generationen stehen, erhält dabei nur der Schutz von *Tierarten* Verfassungsrang – wohingegen die von uns gegessenen und experimentell verbrauchten *einzelnen Tiere* einen solchen Schutz doch viel nötiger hätten!

5. Der Individualismus-Einwand: Chancen für intergenerationelle Gemeinschaft?

Eine größere Zahl von ökologischen Problemen sind, sofern überhaupt, nur längerfristig und generationsübergreifend lösbar. Probleme dieser Art liegen vor allem im Bereich der abnehmenden Ressourcen, einerseits der natürlichen Rohstoffe, andererseits der sich verschlechternden Senken. Die europäischen Grundwasservorräte scheinen in etwa 30 Jahren weitgehend aufgebraucht zu sein. Der globale Klimawandel wird sich gegen Mitte dieses Jahrhunderts erst wirklich nachteilig bemerkbar machen und könnte im weiteren Verlauf nur durch heute einzuleitende Maßnahmen kontrollierbar werden. Der radioaktive Abfall aus heutigen Kernkraftwerken ist für viele Jahrtausende nur mit einem Risiko für die Nachfolgenden zu lagern. Wenn Städte heute ohne Planung in das Umland zersiedelt werden, ist das so leicht nicht wieder rückgängig zu machen. In vielen dieser Fälle ist klar, dass eine intergenerationelle Ressourcen- und Umweltpolitik große Aufwendungen erfordert, die der gegenwärtig lebenden Generation keine Vorteile bringen.

Im Rahmen einer liberaldemokratischen Politik sind solche Aufwendungen schwer zu legitimieren, denn sie hängen bestenfalls vom goodwill der jetzt Lebenden ab. Tatsächlich ist eine wirtschaftsliberale Demokratie geradezu gezwungen, längerfristige Vorsorge zu meiden, während die deliberative Demokratie eine langfristige Umweltpolitik wiederum nicht garantiert. Die wirtschaftsliberale Umweltpolitik wird dazu tendieren, alle Umweltgüter ökonomisch und letztlich monetär zu erfassen. Aufgrund des für Geldmengen einschlägigen Diskontierungsgebots entsprechen großen zukünftigen Schäden weit geringere heutige Vorsorgen, so dass aus dieser Sicht mit geringen heutigen Mitteln in der Zukunft große Erfolge erzielt werden können. Eine wirtschaftsliberale Politik wird übergenerationellen Strategien deshalb starke Grenzen ziehen. Zu kritisieren ist diese Politik anhand von zweien ihrer wesentlichen Annahmen. Einmal muss (insbesondere für Rohstoffe) mit einigem Risiko unterstellt werden, dass abnehmende Ressourcen durch andere Ressourcen substituiert werden können; zum andern muss (insbesondere für Senken) missachtet werden, dass Umweltschäden direkt oder indirekt auch gesundheitliche Nachteile für Menschen bedeuten, die ihrerseits nicht monetär erfasst werden können (siehe ausführlicher Leist 2005b, Teil 3).

Auch in einem politischen Verständnis der liberalen Demokratie bleibt die Schwierigkeit bestehen, wie zugleich eine übergenerationelle politische Verpflichtung gerechtfertigt und am Vorrang individueller Freiheits- und Gleichheitsrechte festgehalten werden kann. Letzterer bedeutet in der Praxis, dass die einzelnen Bürger für sich, und das heißt bestenfalls noch für ihre Kinder, bestimmen können, wie sie vorsorgen wollen – womit ihnen die Freiheit zugestanden werden muss, nur für ihre eigene nächste Zukunft vorzusorgen. Auf dieser individualistischen Grundlage ist schwer zu sehen, aus welchen normativen Überlegungen heraus die jetzt Lebenden gezwungen werden könnten, längerfristig wirksame Schädigungen auch nur zu unterlassen. Solche Schädigungen scheinen unausweichlich, wenn beispielsweise aufgrund anhaltend hohen Energieverbrauchs die Alternative entsteht, entweder Kernkraftwerke weiter zu benutzen oder Kraftwerke mit fossilen Brennstoffen und damit CO_2-Ausstoss zu bauen. Beide Alternativen schädigen die übernächsten Generationen und die ihnen folgenden.

Das deliberative Demokratieverständnis ist nicht auf dieselbe Weise individualistisch wie das klassisch liberale, muss es doch mit der Deliberationspraxis auch eine entsprechende Gemeinschaft unterstellen und wertschätzen. Unklar ist allerdings, inwieweit die Gemeinschaft dann mehr ist als ein Übungsplatz für die deliberative Form von Freiheit und Gleichheit. Deliberative Demokraten verstehen sich in der Regel universalistisch und ahistorisch. Sie fühlen sich nicht gebunden an begrenzte und konkrete Deliberationsgemeinschaften – warum sollten sie deshalb für die zukünftigen Probleme gerade dieser einen Gemeinschaft vorsorgen? Bestenfalls könnten sie sich um die zukünftigen Probleme weltweit sorgen, doch diese globalisierte Vorsorge droht schnell utopisch zu werden und niemandem zu helfen.[9]

Die eben angedeutete kommunale Variante der Deliberation verweist jedoch auf die im Prinzip einzig mögliche Lösung: nur eine *kommunitäre Umweltpolitik* ist in der Lage, der übergenerationellen Verantwortung einen Sinn zu geben (siehe zum Folgenden auch de-Shalit 1995, Kap. 3; allgemeiner Matthews 1996). Der *prinzipielle* (anti-individualistische) *Gedanke* ist dabei sowohl einfach zu formulieren wie zu verstehen: Gemeinschaften haben eine längerfristige, übergenerationelle Existenz, so dass man sich als aktives und bewusstes Mitglied einer Gemeinschaft den zukünftigen Mitgliedern dieser Gemeinschaft verbunden fühlt und deshalb bereit ist, ihnen zuliebe Lasten in Kauf zu nehmen. Die Bindung an die Gemeinschaft ist umso wirksamer, je emotionaler und konkreter sie ist. Die Kehrseite dieser emotionalen Gemeinschaftsbindung ist jedoch die Begrenzung auf lokale Gemeinschaften, damit beispielsweise einhergehend eine möglicherweise schnell unfair werdende Priorität der nationalen Umweltpolitik, die Umweltreparaturen ebenso in andere Länder verlagert wie sie Umweltschäden allererst externalisiert. Weltweite Probleme, wie insbesondere der Klimawandel, aber auch die Folgen des globalen Kapitalismus, würden sich einer kommunitären Politik leicht entziehen.

Soweit es auf diese konflikthaften Anforderungen eine Antwort gibt, könnte sie in einem Begriff der ‚*offenen ökologischen Gemeinschaft*', oder, eher zivildemokratisch formuliert, der ‚*offenen ökologischen Bürgerschaft*' liegen.[10] Beide Formulierungen haben gemeinsam, dass man ihnen zufolge übergenerationelle Vorsorge nicht vorrangig von jetzt bestehenden Staaten erwartet. Orte demokratischer Nachfrage nach dieser Vorsorge müssen vielmehr erst gesucht werden. Die Grundidee ist, dass sich eine erweiterte übergenerationelle Vorsorge nur von lokalen ökologischen Gemeinschaften ausgehend entwickeln kann, getrieben von diesen Gemeinschaften inhärenten Motiven. Ökologische Gemeinschaften beginnen im lokalen Maßstab – ein Stadtteil, ein Dorf, eine Region –, weil sie sich aber vorrangig ökologisch verstehen (also beispielsweise nicht ein zu konservierender historischer Dorfkern im Mittelpunkt steht, sondern ein gesundes Ökosystem), sind sie der Logik von Ökosystemen entsprechend erweiterbar – und das im Prinzip weltweit. In einem ersten Schritt des Universalisierens des lokalen ökologischen Projekts kann man erkennen, dass sich die historische Gemeinschaft und das

---

9 Rational gedacht könnte ein weltweites Zukunftsethos natürlich auf praktikable Forderungen reduziert werden, um realistisch zu sein. Dem stünde immer noch entgegen, dass die Idee einer zu bewahrenden zukünftigen Deliberationsgemeinschaft eine sehr abstrakte und begrenzt motivationswirksame Idee ist.

10 Für Hinweise auf erstere siehe Matthews 1996, 90–95, für letztere siehe Light 2003.

Ökosystem nicht unbedingt decken, sondern dass das Ökosystem anderen Grenzen unterliegt. In einem zweiten Schritt wird offenkundig, dass lokale Umweltprobleme nicht ohne transnationale und globale Umweltpolitik gelöst werden können. Auf diese Weise stellt der Einstieg in eine lokale Umweltproblematik ein Sprungbrett (oder mindestens eine Leiter) für eine offen erweiterte Umweltpolitik dar.

Eine Möglichkeit, die Logik von Ökosystemen auf eine Weise zu veranschaulichen, die sich einerseits an den nicht-menschlichen Randbedingungen menschlicher Lebensweisen orientiert, Ökosysteme hingegen nicht nach dem Muster mancher Ökozentristen (Eckersley 1992) zum moralischen oder politischen Maßstab erhebt, ergibt sich über die Methode des ‚ökologischen Fußabdrucks' des kanadischen Geographen William Rees (Rees/Wackernagel 1995). Mit dem ‚ökologischen Fußabdruck' ist der Ressourcenverbrauch an bewirtschafteter Landfläche gemeint, den ein Produkt, eine Handlungsweise oder eine Technologie benötigen. Angesichts beispielsweise der Erkenntnis, dass, am Ressourcenverbrauch gemessen, London ein Mehrfaches der Fläche der englischen Insel benötigt, ist leicht einzusehen, dass ein lokal entstehendes Umweltproblem nicht lokal bleibt und noch weniger lokal gelöst werden kann.

Was eine in diesem Sinn ökologische Demokratie von einer deliberativen tatsächlich unterscheidet, ist ihre Orientierung an der *ökologischen Gemeinschaft*, im Unterschied zur Orientierung an der *deliberierenden Öffentlichkeit*. Deliberative Demokraten werden die Bedeutung der ökologischen Gemeinschaft, wie beispielsweise ein Bewusstsein von ‚ökologischen Fußabdrücken', nicht bestreiten. Es macht aber einen Unterschied, ob sich ein Demokratisierungsprozess in Zunahme an freien und informierten Diskussionen, oder in aktiver Vorsorge für zukünftige Generationen ausdrückt. Der ökologischen Demokratie zufolge ist die tatsächliche, in regionalen, partizipatorischen Aktivitäten beginnende Umweltpolitik der eigentliche Ausdruck von Demokratisierung, während ein deliberativer Demokrat seine Ziele schon dann erfüllt sehen muss, wenn ausreichend Diskussionen und vielleicht Bürgerversammlungen stattgefunden haben, ungeachtet dessen, was sich daraus entwickelt.

6. Der Kapitalismus-Einwand: Chancen für Natur mit oder trotz Kapitalismus?

Bevor wir daran gehen, diesen dritten Einwand ein wenig näher zu betrachten, ist es nötig, zwei Bemerkungen vorauszuschicken. Erstens, unter „Kapitalismus" verstehe ich im Folgenden ein freies Marktsystem mit privatem Kapitalbesitz. Beide Teile, freier Kapitalbesitz und Markt sind eng, wenn auch nicht notwendig verkoppelt. Ein ‚Marktsozialismus' würde sich der Effektivität von Märkten bedienen, an die Stelle privaten Kapitalbesitzes würde hingegen eine politisch, genauer demokratisch kontrollierte Kapitalverwendung treten, etwa durch die Arbeiter in einer ‚demokratischen' Firma (siehe Miller 1989, 10). Das Modell eines Marktsozialismus zu erwägen, mag gegenwärtig etwas irreal erscheinen, ist aber deshalb nötig, weil nur mithilfe eines Kontrastmodells die problematischen Erscheinungen des Kapitalismus den beiden unterschiedenen Elementen Kapitalbesitz und Markt zugeordnet werden können. Im übrigen wird der Marktsozialismus dann ein breiteres Interesse auf sich ziehen, wenn die sozialen Begleiterscheinungen des

Kapitalismus unerträglich werden sollten.[11] Kurzum, Kapitalisten benötigen für ihre Existenz notwendig den Markt, ob der Markt notwendig Kapitalisten benötigt, ist weniger gewiss.

Zweitens, die funktionalen Ziele von kapitalistischen Marktwirtschaften und demokratischen Systemen sind nicht dieselben. Kapitalistische Märkte haben verschiedene, möglicherweise konflikthafte Ziele, zu denen die Koordination von Arbeit und Gütern sowie die Kapitalakkumulation gehören. Die Funktionsziele des Markts sind für die verschiedenen Akteure in ihm verschiedene, so dass es schwierig ist, eine übergreifende Funktion zu benennen. Demgegenüber ist das allgemeinste (wenn auch in dieser Allgemeinheit kaum mehr aussagekräftige) Ziel der Demokratie, allen Mitgliedern einer Gesellschaft zu einer freien und gleichen politischen Selbstbestimmung zu verhelfen, in Hinblick auf die Institutionen der Selbstbestimmung wie auch über die Inhalte der Politik. Und insbesondere die Konflikte der Funktionsziele im Markt, wie der notorische Konflikt zwischen den Kapitalisten und den Arbeitern, müssen im Rahmen des demokratischen Funktionsziels aufgefangen werden.

Trotz vor allem theoretischer Versuche, die typischen Ziele von Märkten und von Demokratien einander anzugleichen, springen die Funktionsziele als klar getrennt ins Auge: das Beschaffen von materiellen Gütern und Kapitalprofiten auf der einen Seite, Institutionen, Rechten und Pflichten, kollektiven und öffentlichen Gütern auf der anderen. Märkte können auf nicht-materielle Güter ausgedehnt werden, und demokratische Entscheidungen besorgen ihrerseits materielle Güter. Dennoch sind alle Versuche, die Prinzipien und Verfahrensweisen der Demokratie auf *ein* marktanaloges Handlungssystem zurückzuführen, zum Scheitern verurteilt. An den beiden Enden entsprechender Versuche lässt sich beobachten, dass weder die politischen Selbstverständnisse von Bürgern auf die Präferenzen des *homo oeconomicus*, noch die Kohärenzanforderungen des demokratischen Systems auf marktanaloge Gesetzmäßigkeiten reduziert werden können.[12]

Geht man also davon aus, dass Marktwirtschaft und Demokratie *nicht* dasselbe Ziel haben, kann zwischen ihnen nur ein instrumentelles Verhältnis bestehen. Demokraten freuen sich über den von effizienten Märkten versprochenen und manchmal bewirkten Wohlstand einer breiten Mittelschicht, die demokratischen im Unterschied zu radikalen Parteien den Vorzug gibt.[13] Als Demokraten stehen sie nichts desto trotz den Absichten

---

[11] Da der Marktsozialismus auch im jugoslawischen Kommunismus nicht in vollem Umfang realisiert wurde, ist es schwierig, seine Markteffizienz realistisch einzuschätzen. Die Vorteile des Marktsozialismus liegen aber offensichtlich in der demokratischen Gestaltung von Firmen und Arbeitsweisen, die aufgrund des dadurch vergrößerten Spielraums der Politik in der Wirtschaft auch der Ökologie stärkere Bedeutung geben könnten. Siehe Miller 1989, 14 für Literatur zu Jugoslawien.

[12] Seit Anthony Downs erstem Versuch arbeiten sich eine Fülle von ökonomischen Demokratietheorien an diesen Problemen vergeblich ab. Siehe kritisch Anderson 1993, Kap. 7–9; Habermas 1996; Dryzek 1996, Kap. 5; 2000, Kap. 2. Sagoff 1988 und Anderson 1993, 203–210 betonen die Rollen- und Verhaltensdifferenz von Konsumenten und Bürgern gegenüber Umweltgütern.

[13] Lipset 1960 hat die Bedeutung des Mittelstands für Demokratien in der Zeit nach dem 2. Weltkrieg belegt. Siehe auch den aktuelleren Überblick von Stephens 1993 sowie Rueschemeyer/Stephens/Stephens 1992.

der Marktsubjekte kritisch gegenüber, alle möglichen Güter zu marktfähigen Gütern zu machen, wie insbesondere auch die sozialen Beziehungen, und leiden unter verschiedensten schädlichen Folgen des Produzierens und Konsumierens von Gütern. Marktteilnehmer freuen sich über die von Demokratien garantierten Freiheiten und Sicherheiten, stoßen sich aber an Eingriffen und Restriktionen gegenüber dem Markthandeln. Demokraten und Marktteilnehmer stehen also in einem konflikthaften Wechselverhältnis zueinander, in dem Ausgewogenheit und Balance keineswegs garantiert sind. Auch ungeachtet anspruchsvoller marxistischer Theorien, denen zufolge die ökonomischen Verhältnisse die politischen in den Dienst nehmen, haben unter Bedingungen wie den gegenwärtigen (Arbeitslosigkeit, Globalisierung) die Marktteilnehmer ein erhebliches Machtpotential gegenüber den Demokraten.[14]

Die Marktteilnehmer, also Produzenten und Konsumenten, schädigen die (Interessen aller an der) Umwelt insbesondere auf zwei Weisen: sie verbrauchen *natürliche Rohstoffe* und sie verbrauchen *Senken*. Der Verbrauch von Rohstoffen ist ein Schädigen anderer, insofern die verbleibenden Rohstoffe knapper werden und damit in der Zukunft teurer. Der Verbrauch von Senken ist ein Schädigen anderer, insofern die Lebensqualität anderer (Menschen und Tiere) beeinträchtigt wird. Öl zu fördern bedeutet, dass in der Zukunft weniger Öl zu fördern ist; bleihaltiges Benzin zu verbrauchen bedeutet, Bäume zu schädigen und Böden zu vergiften. Neben dieser vorrangig auf den Verbrauch von Ressourcen gerichteten Tendenz zeigt der Markt auch die Tendenz, Naturgemeinschaften dort, wo sie etwa in nicht-industrialisierten Ländern noch bestehen, zu zerstören. Die Beispiele sind zahlreich: eine lokal nachhaltige Wirtschaftsweise wird durch das Eindringen von ausländischen Investoren aufgelöst, eine nachhaltige Landwirtschaft wird durch die Aktivitäten von Agrarkonzernen erschwert, die Bevölkerung in einem Entwicklungsland wird zunehmend von westlichen Produkten abhängig. Durch hochgerüstete internationale Fischfangflotten werden nur noch als Ressourcen angesehene Fischbestände so sehr dezimiert, dass lokale Fischer ihren weitaus geringeren Bedarf nicht mehr decken können.

Jede Analyse des *demokratischen Spielraums* einer ökologisch bewussten Regulierung des Marktes muss sich in dem soweit beschriebenen Gegensatz von Markt und Politik, Wirtschaft und Demokratie bewegen. Dass die Grenze zwischen diesen beiden Systemen auch durch die einzelnen Individuen ‚hindurch' – in ihren verschiedenen Rollen als Marktteilnehmer und Bürger – verläuft, bestätigt, dass es sich hier um einen Gegensatz zwischen *Systemen* handelt, der nicht als Konflikt zwischen *Individuen* missverstanden werden darf. Eine ‚individualistische', etwa moralische Antwort auf die unserem Wirtschaften entspringenden Umweltprobleme ist deshalb grundsätzlich unpassend. Es ist das *System* des Marktes, das die Individuen zu einem schädlichen Umweltverhalten zwingt und das schnelle oder einfache Änderungen verhindert.[15] Anderer-

[14] Überdies besitzen die Kapitalisten unter den Marktteilnehmern unter diesen Bedingungen auch ein Machtpotential gegenüber den restlichen Marktteilnehmern, insbesondere den Arbeitern.

[15] Teile der Umweltethik, soweit sie eine individuelle und persönliche Änderung unserer Lebensstile fordern, sind deshalb als bloß moralische Reaktionen auf die wesentlich systembedingten ökologischen Probleme mindestens hilflos, teilweise aber auch kontraproduktiv. Letzteres deshalb, weil mit ihnen die Auffassung verbunden ist, die Umweltproblematik zu beantworten sei vorrangig Aufgabe

seits vermag das *System* der demokratischen Politik dem Markt gegenüber auch Korrekturen zu schaffen, und zwar sowohl korrigierend in den Markt einzugreifen wie die Folgen des Markgeschehens zu korrigieren. Wenn man den Markt nicht bereits als einen politisch geregelten Markt versteht, sind diese Beobachtungen wohlbekannt und unstrittig.

Unstrittig ist auf der Seite der Produzenten, dass Firmen aufgrund des der Marktkonkurrenz entspringenden Zwangs zum Wachstum sowohl gezwungen sind, natürliche Ressourcen auf nicht-nachhaltige Weise auszubeuten, als auch gezwungen sind, Umweltschäden zu externalisieren, die umweltschädigenden Kosten also aus dem Markt zu verlagern (für eine knappe Darstellung siehe Jacobs 1991, Kap. 3). In einem ungeregelten Markt müssen nach der Logik des Gefangenendilemmas konkurrierende Firmen die natürlichen Ressourcen ohne Rücksicht auf ihren nachhaltigen Bestand verbrauchen, und sie müssen außerdem nachteilige Konsequenzen jenseits der unmittelbaren Folgen für den individuellen Nutzer in ihren Produktionskosten ignorieren. Konkurrierende Firmen müssen sowohl in Bezug auf die Ressourcen als auch auf die Senken – beides sind öffentliche Güter – nicht-nachhaltig produzieren. Im Rahmen ihrer einfachen Marktlogik sind sie zu ökologisch destruktivem Handeln gezwungen.

Diese Tendenz kann nur durch umweltbewusste Verhaltensweisen im Markt selbst, oder durch politische Aktivitäten abgeschwächt werden. Umweltbewusste Verhaltensweisen sind solche individueller Marktteilnehmer, einzelner Anbieter und Nachfrager von ‚grünen' Produkten. Die Wirksamkeit eines ‚grünen Kapitalismus' und ‚grünen Konsums' ist jedoch wiederum durch den Markt limitiert. Auch wenn sie offiziell eine umweltfreundliche Produktebene gewählt haben, sind die ‚grünen' Firmen bei der Produktion ihrer ‚grünen' Produkte Konkurrenzzwängen ausgesetzt und damit nicht frei von den beiden Zwängen, natürliche Ressourcen auszubeuten und Schäden zu verlagern. Im Markt herrschen außerdem Gegenkräfte, auf umweltschädigende Produkte, wie etwa aufwendige Verpackungen oder Autos mit hohem Material- und Energieverbrauch, nicht zu verzichten, soweit deren Produktion nur profitabel ist. ‚Grüne' Produkte können deshalb nur in gewissem Umfang angeboten werden. Die ‚grünen' Konsumenten handeln als Konsumenten und beachten in dieser Rolle vorrangig ihren individuellen Nutzen, was den ‚grünen' Konsum auf solche Güter beschränkt, deren ‚Umweltreinheit' dem Nutzer selbst zugute kommt und weniger dritten Parteien. ‚Grüne' Produkte sind außerdem teuer und bleiben damit einer wohlhabenden Gruppe vorbehalten. Sie sind in der Regel Endprodukte, während die im Produktionsprozess elementareren Produkte (Rohstoffe, Zwischenprodukte) dem Zugriff der ‚grünen' Konsumenten weitgehend entzogen sind. Aus allen diesen Gründen kann ein ‚grüner' Kapitalismus nur begrenzt ökologisch wirksam werden.[16]

---

persönlicher Lebensstile, womit eine dem System nützliche Privatisierung dieser Problematik einhergeht. Statt mit einem ‚tiefen-ökologischen' Programm (Naess 1989) die Lebensstile einzelner verändern zu wollen, ist es angemessener, den politischen und anti-demokratischen Charakter des Naturverbrauchs sichtbar zu machen.

16 Siehe Jacobs 1991, 41–43. Die Problematik ‚grüner' Firmen und Produkte diskutieren Isaak 1998; Todd 2004. Vor allem die ‚Body Shop' Kosmetikkette ist Gegenstand einer anhaltenden Debatte über die Grenzen ‚grünen' Kapitalismus.

Selbst wenn man die Möglichkeiten eines ‚grünen' Kapitalismus günstiger einschätzt, wird man daneben auf umweltpolitische Eingriffe in den Markt nicht verzichten wollen. Nichts spricht dafür, dass wichtige umweltschützende Maßnahmen der letzten Jahrzehnte vom Markt selbst entwickelt worden wären, sogar wenn die Marktteilnehmer durch gesetzliche Maßnahmen nicht unbedingt schlechter gestellt werden.[17] Tatsächlich war die ressourcen- und senkenorientierte Umweltpolitik der letzten Jahrzehnte, soweit sie effektiv war, vor allem mittels gesetzlicher Instrumente effektiv, die in Produktion und Warentausch eingreifen. Die dabei erzielten Erfolge können aber nicht den Eindruck zerstreuen, dass wir über eine eigentliche demokratische Kontrolle der umweltzerstörenden Wirkung des Marktsystems gar nicht verfügen, ja dass wir nicht einmal einen Begriff dieser demokratischen Kontrolle besitzen.[18]

Gehen wir wieder davon aus, dass demokratische Verhältnisse nicht schon durch freie und gleiche Wahlen garantiert sind, sondern dass ein Urteil über den Grad der Demokratie gesellschaftlicher Verhältnisse inhaltliche Kriterien der Demokratisierung benötigt (entsprechend der zweiten und dritten Dimension in Dryzeks Unterscheidung), die sich auf alle Bereiche der Gesellschaft erstrecken. Jedem Versuch, solche Kriterien zu nennen, steht nun aber das Problem entgegen, dass die Bürger in ihren wirtschaftlichen und ökologischen (und politischen) Interessen gespalten sind. Dadurch wird unklar, inwieweit die tatsächliche Akzeptanz eines umweltzerstörenden Markts wirklich Ausdruck politischer Einstellungen ist. Anders gesagt erschwert die Differenz der beiden Systeme, Markt und Politik, ihrer unterschiedlichen Wirkungs- und Handlungsweisen, ein einfaches Urteil darüber, in welchem Sinn (und nachfolgend in welchem Ausmaß) die konkrete politische Akzeptanz von Marktprozessen, seien es umweltschädliche oder umweltförderliche, tatsächlich ein Merkmal für deren demokratische Legitimation bedeutet.

Die Differenz zwischen Markt und Politik konkretisiert wie keine andere die vorhin betonte Kluft zwischen der *Idee* der Demokratie und deren sozialer *Realität*. Dass wir in politischer Absicht nur eine äußere Haltung zum Markt besitzen können, bedeutet zugleich, dass die bloße Existenz des Markts der demokratischen Idee gegenüber ein Hindernis darstellt. Gehen wir weiter davon aus, dass die funktionalen Ziele von Markt und Demokratie verschiedene sind, ist das Verhältnis von Markt und Demokratie im Prinzip nicht aufzulösen, aber es sind unterschiedliche Grade denkbar, wie die Politik in den Markt hineinwirkt. Ökologisch reformuliert lautet die demokratische Idee, dass die Bürger frei und gleich über die sozialen Weisen ihres Zusammenlebens, *im Verhältnis zur Natur*, bestimmen können. Je umfangreicher sie auch über die Marktprozesse bestimmen, umso demokratischer sind sie demnach im Sinn dieses Kriteriums. Anstatt

---

17 Die dabei wirksame Logik scheint die einfache des Leviathans gegenüber dem Naturzustand zu sein: Katalysator, Filteranlagen, Sicherheitstechniken wurden und werden nur in Folge politischer Entscheidungen eingeführt, ungeachtet dessen, dass sich ihre Einführung im Nachhinein als gerade ökonomisch vorteilhaft erweist.

18 Das Ausmaß des Erfolgs der gesetzlich regulierenden Umweltpolitik ist außerdem fraglich. Zwar sind Gewässer und Luft heute in vielen westlichen Ländern sauberer geworden als sie vor 40 Jahren waren, aber beispielsweise in der BRD hat das Waldsterben 2004 einen nie erreichten Umfang angenommen. Siehe Waldschadensbericht der Bundesregierung vom September 2004.

dem Wirtschaften nur Auflagen zu machen, würde nach diesem Verständnis Demokratisierung eine *öffentliche und partizipative Gestaltung* der Produktion von Gütern bedeuten. Der Unterschied läge darin, dass ökonomische (beispielsweise auch technische) Produkte nicht nur darauf hin geprüft werden, inwieweit sie politisch festgelegten Umweltnormen entsprechen, sondern inwieweit sie allererst politisch-partizipativ entwickelt werden.

Gegen diese Bedingung einer ökologischen Demokratie liegt der Einwand nahe, dass sie den tatsächlichen Interessen der meisten Bürger nicht gerecht wird. Diese Interessen sind, wie erwähnt, gespalten, gemischt individuell-selbstinteressiert (Markt) und gemeinschaftlich (Politik). Von Demokratisierung, so der Einwand, sollte man erwarten, dass sie auch den ökonomischen Interessen Rechnung trägt, also den Bürgern ihren Freiraum in der Rolle als Wirtschaftssubjekte belässt, oder ihn jedenfalls soweit garantiert, wie sie das demokratisch fordern. Damit bleibt eine demokratische Umweltpolitik gegenüber der industriellen Produktion auf ein externes Regulieren beschränkt, mit möglicherweise unterschiedlich strengen Umweltnormen.

Dieser Einwand bedient sich des wirtschaftsliberalen Arguments, wonach der Markt einen politikfreien Spielraum benötigt, um arbeiten zu können. Obwohl grundsätzlich richtig, unterschlägt dieses Argument freilich den Preis, den die Demokraten dafür zahlen müssen, dass sie dem Markt diesen Spielraum geben. Der Preis liegt in Produkten und Verteilungen von Gütern, die gerade nicht mehr demokratisch sind, also der freien und gleichen Selbstbestimmung nicht entsprechen, sondern ihr entgegenwirken. Insbesondere dann, wenn die Folgen des Markts öffentliche Güter betreffen, wirken sie sich als Einschränkung der demokratischen Verhältnisse aus, die auch durch eine Berufung auf individuelle Freiheitsrechte nicht legitimiert werden können. Ein Markt an umweltschädigenden, öffentliche Umweltgüter zerstörenden Produkten ist deshalb *auch dann nicht demokratisch* – entspricht nicht einem ökologischen Demokratieverständnis –, *wenn er formal durch demokratische Wahlen legitimiert ist*. Nach diesem Verständnis sind viele Produkte und Verhaltensweisen unserer technologischen Lebenswelt, Produkte, mit denen wir öffentliche Umweltgüter (Ressourcen, Senken) zerstören, tatsächlich nicht demokratisch legitim. Hoher Verbrauch an Öl und starkes Schädigen der Umwelt, wie bei intensivem Flug- und Autoverkehr, sind nach diesem Kriterium ebenso wenig demokratisch wie industrielle Landwirtschaft oder ungebremstes Flächenwachstum von Städten. Bei einem radikalisierten Demokratieverständnis sind es nicht nur die sozialen Verhältnisse, die zu legitimieren sind, sondern darüber hinaus mindestens diejenigen Güter, deren Produktion und Konsumtion in die öffentlichen Güter eingreifen. In diesem Sinn ist es nicht unmöglich, von einem ‚undemokratischen' Auto oder Urlaub zu sprechen, auch wenn uns diese Redeweise fremd und ärgerlich erscheint.

Nicht zuletzt diese zugespitzte Folgerung wird den weiteren Einwand hervorrufen, dass die *interne* Verbindung von ökologischen Politikzielen und Demokratie eben verfehlt sei, und der Idee der Demokratie widerspreche. ‚Ökologische Demokratie' kann vielmehr, so der Einwand, nur ähnlich instrumentell verstanden werden wie ‚Wirtschaftsdemokratie'. Sofern die Demokraten ökologische Ziele haben, sind sie ökologische Demokraten. Als Demokraten müssen sie aber die Freiheit besitzen, sich auch *gegen* ökologische Ziele zu entscheiden. Wenn dieser Einwand plausibel erscheint, so freilich nur deshalb, weil er mit der Vorstellung verbunden ist, die ökologischen Ziele wären nur oder weitgehend natürliche und individuell konsumierbare Güterziele – wie frische Luft, reines Wasser, die malerische Landschaft vor dem Fenster. Der Einwand ähnelt dem Votum, dass sich Demokraten entscheiden dürfen sollen, ob sie vegetarisch essen wollen oder nicht: Als Demokraten müssen sie weder Vegetarier noch Anti-Vegetarier sein, ähnlich wie sie weder Katholiken noch Heterosexuelle sein müssen.

Tatsächlich ist die Entscheidung für ökologische Ziele in der Gesellschaft *immer auch eine Entscheidung für soziale Ziele*, weil die ökologischen Schäden mit Einschränkungen sozialer Freiheit und Gleichheit untrennbar verbunden sind, den unstrittigen Idealen der liberalen Demokratie. Der Verbrauch der natürlichen und nicht-natürlichen öffentlichen Güter bedeutet Einbußen an Freiheit und Gleichheit für viele Bürger. Bestimmte Produktionsentscheidungen greifen direkt oder indirekt in Gesundheit und Sicherheit, in den möglichen Naturgebrauch vieler Bürger ein. Beispiele dafür sind das Verlagern des Materialflusses durch die ‚just in time'-Produktion auf die Straße und die Zunahme des Feinstaubs in der Luft. Das eine bedeutet ein Verzehren des öffentlichen Guts ‚Straße', das andere einen Verbrauch des öffentlichen Guts ‚saubere Luft'. Die Produktionsentscheidung greift in die Freiheit der Bürger ein, sich gefahrlos auf Straßen zu bewegen, ungefilterte Dieselabgase schränken zudem die Bewegungsfreiheit von Fußgängern, Anwohnern usw. ein. Viele ökologische Erschwernisse verschärfen außerdem bereits bestehende Wohlstandsungleichheiten.

An der These, dass diese Umweltschädigungen *inhärent* undemokratischen Charakter besitzen, weil sie in die Bürgerrechte eingreifen, kann man dennoch zweifeln, wenn man – aufgrund empirischer Diagnosen – die elementarsten Bürgerrechte an Freiheit und Gesundheit nicht gefährdet sieht. Die Feinstaubproblematik könnte man als ein zu beseitigendes lokales Problem ansehen, die verstopfte Autobahn als bürgerrechtlich belanglos. Allerdings bleibt dabei unklar, warum die offensichtlich längerfristige nötige Vorsorge, gesundheitsgefährdenden Umweltproblemen zu entgehen, als demokratierelevante Aufgabe ausgeklammert werden soll. Generell scheint es unmöglich, den Demokratisierungsprozess in seinem Umfang durch inhaltlich fixierte Bürgerrechte einzugrenzen, so dass von einer demokratischeren Gesellschaft bei einmal erfüllten Bürgerrechten nicht mehr gesprochen werden könnte. Auf diese Weise wäre die Demokratie (und der Begriff von Demokratisierungen) auf die Rolle eines nachträglich wirksamen Reparatursystems beschränkt, durch das meist schwer korrigierbare frühere Entscheidungen erträglich gestaltet würden. Die demokratische Kontrolle des Marktes würde dessen Dynamik endlos hinterherlaufen. Es liegt auf der Hand, dass es der Grundidee der Demokratie entspricht, auch vorausschauend selbstbestimmend aktiv zu sein. In einem zukunftsgerichteten Sinn sind die ökologischen und demokratischen Politikziele deshalb *intern* verbunden.

Die zwei generellen Möglichkeiten einer verstärkten Partizipation und damit demokratischen Legitimation im Markt sind ‚demokratische Produzenten' und ‚demokratische Kooperationen' mit kapitalistischen Produzenten. Demokratische Produzenten sind solche, die ihr Kapital vom Staat erhalten und sich unter Marktbedingungen in Eigenverantwortung bewähren müssen. Demokratische Kooperationen sind solche, in denen eine privatwirtschaftliche Firma der Belegschaft einen Partizipationsspielraum im Planen und Entwickeln von Produkten zubilligt. Obwohl es beiden Typen von Produzenten schwer fallen dürfte, unter scharfen Wettbewerbsbedingungen mit kapitalistischen Produzenten zu konkurrieren, stehen ihnen in bestimmten Bereichen der Gesellschaft durchaus Möglichkeiten offen.

Ein beispielhaftes Anwendungsgebiet für demokratische Kooperationen ergibt sich in der gegenwärtigen Landwirtschaft, in der die auffällige Gleichzeitigkeit von monokultureller Naturzerstörung und geringer Überlebenschance der privaten Landwirte sowohl den inneren Zusammenhang von Naturzerstörung und Wirtschaftsweise leicht erkennbar werden lässt, wie zugleich auf Alternativen verweist. Die marktwirtschaftlichen Rahmenbedingungen mit (globalisierter) privatwirtschaftlicher Konkurrenz gegeben, ist der einzelne Landwirt weder in der Lage, nach ökologischen Kriterien zu wirtschaften, noch landschaftsschützende und -gestaltende Interessen zugunsten der Allgemeinheit zu erfüllen. Die ökologischen Probleme der industriellen Landwirtschaft sowohl in Hinblick auf die Böden und Abwässer, wie in Bezug auf die Tierhaltung und die Qualität der Produkte, sind allgemein bekannt und werden durch regelmäßig auftretende Produktionskatastrophen immer wieder ins Bewusstsein gerufen (Schweinepest, BSE, Vogelgrippe), ohne dass die Konsumenten als solche an den allgemeinen Rahmenbedingungen der Produktion viel ändern könnten. Eine in der Produktion selbst ansetzende Alternative zum sich ausweitenden, aber mit verschiedenen Nachteilen verbundenen privaten Markt von Ökoprodukten könnten demokratische Genossenschaften sein, in denen eigenverantwortlich Landwirtschaft und Landschafts- und Naturschutz zugleich betrieben werden. Schon weil die Landwirtschaft aus sich heraus auch das öffentliche Gut ‚Landschaft' gestaltet, könnte sie zu einem Modellfall demokratischer Produktion werden.[19]

7. Für die Skeptiker

Das soweit geschilderte Szenario einer demokratischen Antwort auf die verschiedenen Formen der Umweltzerstörung wird vor allem in zwei Punkten skeptischen Reaktionen begegnen. Ganz sicher ist die Idee einer Naturgemeinschaft, in der unser gewohnt instrumenteller und verbrauchender Umgang mit der Natur durch einen betrachtenden und interagierenden abgelöst werden soll, trotz meines Versuchs, die Natur als soziale Natur zu beschreiben, weiter dem Verdacht eines ‚grünen' Wertfundamentalismus ausgesetzt. Und sicher wird der im Rahmen der ‚grünen' Bewegung ebenfalls nicht neue, in den letzten Jahren aber weitgehend aufgegebene Versuch, marktwirtschaftlich verursachte Umweltzerstörung durch eine demokratischere Wirtschaft einzudämmen, der bekannten Skepsis aufgrund der scheinbar bewiesenen (historisch belegten) Unmöglichkeit (oder Erfolglosigkeit) solcher Projekte begegnen. Die vermutlich stärksten Motive, auch diesen Reaktionen gegenüber skeptisch zu sein und die Vorschläge der Naturgemeinschaft und einer partizipativ-ökologischen Demokratie ernst zu nehmen, entspringen bedauerlicherweise, aber unausweichlich, weniger zwingenden philosophischen Argumenten,

---

[19] Für einen Überblick siehe Hanna/Folke/Mäler (eds.) 1996; Bahner 1996; OECD 1998; Hagedorn (ed.) 2002.

als den für viele unerträglich gewordenen Begleiterscheinungen unseres gegenwärtigen Wirtschaftssystems, sowie der Sorge angesichts dessen noch dunkler erscheinender Zukunft.[20]

Die beste abstrakte, als solche freilich wenig informative, Antwort auf die erste Skepsis ergibt sich aus der Einsicht, dass die Natur nicht ‚an sich' irgendwie ist und uns als solche eine instrumentelle Umgangsweise für immer und ewig aufnötigt, sondern dass sie eine historisch gewordene, aber nicht unveränderliche Beziehungsform darstellt. Tatsächlich ist die instrumentelle Natursicht nur die Kehrseite eines instrumentellen Interesses und gewohnten Umgangs mit der Natur, und wie beim Gefangenendilemma unter Menschen scheint allmählich klar zu werden, dass sich ein solches Dilemma auch gegenüber der Natur im Großen wiederholen könnte (und sich bereits in vielen Einzelfällen nicht-kooperativen Umgangs mit der Natur zeigt). Die Botschaft des Gefangenen-Dilemmas unter Menschen ist eigentlich weitgehend verstanden: Ohne bedingungslose Kooperationsbereitschaft keine Kooperation! Warum sie nicht auch gegenüber der Natur verstehen? Eine kooperativ-gemeinschaftliche Einstellung ist die einzige Alternative.

Der Rekurs auf Gemeinschaft und Partizipation ist ebenfalls sowohl unausweichlich wie (in der gegenwärtigen Philosophie und Politik) umstritten. Der Idee der Gemeinschaft gegenüber wird man sich jedoch erwartungsvoller verhalten, wenn man die rationalistischen Moral- und Politiktheorien, oder die deliberativen Demokraten, etwas kritischer sieht. Und der realen Möglichkeit der Partizipation wird man mehr Spielraum geben, wenn man ihre bisherigen Schwächen auch aus den institutionellen Rahmenbedingungen erklärt, in denen sich solche Versuche immer bewähren mussten. Mindestens für diejenigen unter uns, die mit unseren jetzigen Umgangsweisen mit Tieren und der lebendigen Natur nicht zufrieden sind – so wenig wie mit der von Menschen im Rahmen des von Kapitalakkumulation getriebenen Wirtschaftssystems –, sollte sich deshalb größere Experimentierfreudigkeit ergeben, das Potential demokratischer Partizipation weiter zu erproben und auszuschöpfen.

[20] Siehe die Diagnosen und Prognosen in Lipietz 1992; Held/McGrew/Goldblatt/Perraton 1999; Giddens/Hutton 2000; Kuper (ed.) 2005.

Literaturverzeichnis

Aristoteles, *Nikomachische Ethik*: NE
Hume, *Treatise on Human Understanding*: T
–, *Of the Original Contract*: Contract
Kant, *Grundlegung zur Metaphysik der Sitten*: GMS
–, *Kritik der Reinen Vernunft*: KrV
–, *Kritik der Praktischen Vernunft*: KpV
–, *Metaphysik der Sitten.* Rechtslehre: MdSR
–, *Metaphysik der Sitten.* Tugendlehre: MdST
–, Über ein vermeintliches Recht aus Menschenliebe zu lügen: Lügen

Adams, Robert (1976), Motive Utilitarianism, in: *Journal of Philosophy* 73, 467–481.
Ameriks, Karl (2002), „Pure Reason of Itself Alone Suffices to Determine the Will" (42–57), in: Otfried Höffe (Hg.), *Klassiker auslegen – Kritik der Praktischen Vernunft*, Berlin, Kap. 6.
Anderson, Elisabeth (1993), *Value in Ethics and Economics*, Cambridge/MA.
Anderson, Robert K./Benjamin L. Hart/Lynette A. Hart (eds.) (1984), *The Pet Connection: Its Influence on our Health and Quality of Life*, Minneapolis.
Arnhart, Larry (1998), *Darwinian Natural Right: The Biological Ethics of Human Nature*, New York.

Bahner, Titus (1996), *Landwirtschaft und Naturschutz: Vom Konflikt zur Kooperation*, Frankfurt/M.
Baron, Marcia (1995), *Kantian Ethics Almost without Apology*, Ithaca.
Baumann, Peter (2003), Menschenwürde und das Bedürfnis nach Respekt, in: Stoecker (Hg.), 19–34.
Baurmann, Michael (1996), *Der Markt der Tugend*, Tübingen.
Beauchamp, Tom/James Childress (1989), *Principles of Medical Ethics*, New York (3. Auflage).
Beck, Ulrich (1988), *Gegengifte*, Frankfurt/M.
Birch, Charles/John B. Cobb (1981), *The Liberation of Life: From the Cell to the Community*, Cambridge.
Birnbacher, Dieter (1996), Ethische Probleme der Embryonenforschung, in: Jan P. Beckmann (Hg.), *Fragen und Probleme einer medizinischen Ethik*, Berlin-New York, 228–253.
– (2002), Forschung an embryonalen Stammzellen – ethische Fragen, in: *Aufklärung und Kritik* 9, 5–17.
Bittner, Rüdiger (2001), *Doing Things for Reasons*, Cambridge.
Breyer, Friedrich/Carlo Schultheiss (2002), ‚Alter' als Kriterium bei der Rationierung von Gesundheitsleistungen, in: Thomas Gutmann/Volker Schmidt (Hg.), *Rationierung und Allokation im Gesundheitswesen*, Weilerswist, 121–153.

Brugger, Winfried (2004), *Freiheit und Sicherheit. Eine staatstheoretische Skizze mit praktischen Beispielen*, Baden-Baden.
Buchanan, Allen (1982), *Marx and Justice. The Radical Critique of Liberalism*, Totowa.

Callicott, J. Baird (1980), Animal Liberation: A Triangular Affair, in: Callicott 1989, 15–38.
– (1989), *In Defence of the Land Ethic*, New York.
– (1999). *Beyond the Land Ethic*, New York.
– (1999a), Do Deconstructive Ecology and Sociobiology Undermine the Leopold Land Ethics?, in: Callicott 1999, 117–139.
Casebeer, William D. (2003), *Natural Ethical Facts*, Cambridge/MA-London.
Chwaszcza, Christine (2002), Menschenrechte und globale Rechtsstruktur, in: Stephan Gosepath/Jean-Christoph Merle (Hg.), *Weltrepublik. Globalisierung und Demokratie*, München, 39–50.
Clements, Colleen D. (1975), Stasis: The Unnatural Virtue, in: *Ethics* 86.2, 136–144.
Cohen, Gerald (1978), *Karl Marx's Theory of History. A Defence*, Oxford.
Cohen, Joshua (1998), Democracy and Liberty, in: Jon Elster (ed.), *Deliberative Democracy*, Cambridge, 185–231.
Cunningham, Anthony (1999), Kantian Ethics and Intimate Attachments, in: *American Philosophical Quarterly* 36.3, 279–294.

Damschen, Günther/Dieter Schönecker (Hg.) (2003), *Der Status des Embryos*, Berlin.
Daniels, Norman (2003), Reflective Equilibrium, in: *Stanford Encyclopedia of Philosophy*.
Davidson, Donald (1963), Action, Reasons and Causes, in: *Journal of Philosophy* 60, 685–700.
De-Shalit, Avner (1995), *Why Posterity Matters. Environmental Policies and Future Generations*, London.
Dobson, Andrew (1992), *Green Political Thought*, London.
Dryzek, John S. (1996), *Democracy in Capitalist Times*, Oxford.
– (1997), *The Politics of the Earth. Environmental Discourses*, Oxford.
– (2000), *Deliberative Democracy and Beyond*, Oxford.

Eckersley, Robyn (1992), *Environmentalism and Political Theory. Toward an Ecocentric Approach*, London.
Elliot, Robert (1982), Faking Nature, in: *Inquiry* 25, 81–93.

Fairbanks, Sandra J. (2000), *Kantian Moral Theory and the Destruction of the Self*, Boulder/CO.
Feinberg, Joel (1992), *Freedom and Fulfillment*, Princeton.
Foot, Philippa (1958), Moral Beliefs, in: *Proceedings of the Aristotelian Society* 59, 83–104.
– (1961), Goodness and Choice, in: *Proceedings of the Aristotelian Society*, Suppl. Vol. 35, 45–60.
– (1967) (ed.), *Theories of Ethics*, Oxford.
– (1995), Does Moral Subjectivism Rest on a Mistake?, in: *Oxford Journal of Legal Studies* 15, 1–14.
– (2001), *Natural Goodness*, Oxford.
Frankfurt, Harry (1971), Freedom of the Will and the Concept of a Person, in: Frankfurt 1988, 11–25.
– (1988), *The Importance of What We Care About*, Cambridge.
– (1988a), The Importance of What we Care About, in: Frankfurt 1988, 80–94.
– (1999), *Necessity, Volition and Love*, Cambridge.

– (1999a), Autonomy, Necessity and Love, in: Frankfurt 1999, 129–141.
Friedman, Marilyn (1997), Autonomy and Social Relationships, in: Diana Meyers (ed.), *Feminists Rethink the Self*, Boulder, 40–61.
– (2003), *Autonomy, Gender, Politics*, Oxford.

Garz, Detlev/Fritz Oser/Wolfgang Althof (Hg.) (1999), *Moralisches Urteil und Handeln*, Frankfurt/M.
Gauthier, David (1986), *Morals by Contract*, Oxford.
Geach, Peter (1956), Good and Evil, in: *Analysis* 17, 33–42 (wiederabgedruckt in: Foot (ed.) (1967), 64–73).
Gehlen, Arnold (1993), *Der Mensch. Seine Natur und seine Stellung in der Welt*, hg. von Karl-Siegbert Rehberg, Frankfurt/M. (1. Auflage 1941).
Gewirth, Alan (1992), Human Dignity as the Basis of Rights, in: Meyer, Michael M./Parent, William A. (eds.), *The Constitution of Rights. Human Dignity and American Values*, Ithaca-London, 10–28.
Geyer, Christian (Hg.) (2001), *Biopolitik. Die Positionen*, Frankfurt/M.
Giddens, Anthony/William Hutton (2000), *On the Edge: Living with Global Capitalism*, London.
Golding, William (1955), *The Inheritors*, London.
Goodin, Robert E. (1992), *Green Political Theory*, Cambridge.
Greenspan, Patricia S. (1988), *Emotions and Reasons*, New York-London.
Greiffenhagen Sylvia (1991), *Tiere als Therapie*, München.
Gunn, Alasdair S. (1998), Rethinking Communities: Environmental Ethics in an Urbanized World, in: *Environmental Ethics* 20, 341–360.

Haakonsen, Knut (1981), *The Science of a Legislator*, Cambridge.
Habermas, Jürgen (1968a), *Erkenntnis und Interesse*, Frankfurt/M.
– (1968b), *Technik und Wissenschaft als ‚Ideologie'*, Frankfurt/M.
– (1973), Zum Begriff der Rollenkompetenz, in: Jürgen Habermas, *Kultur und Kritik*, Frankfurt/M., 195–231.
– (1973a), *Legitimationsprobleme im Spätkapitalismus*, Frankfurt/M.
– (1982), *Theorie Kommunikativen Handelns*, Frankfurt/M.
– (1983), Moralbewusstsein und kommunikatives Handeln, in: Jürgen Habermas, *Moralbewusstsein und kommunikatives Handeln*, Frankfurt/M., 127–206.
– (1988), Individuierung durch Vergesellschaftung. Zu G. H. Meads Theorie der Subjektivität, in: Jürgen Habermas, *Nachmetaphysisches Denken*, Frankfurt/M., 187–241.
– (1991), Lawrence Kohlberg und der Neoaristotelismus, in: Jürgen Habermas, *Erläuterungen zur Diskursethik*, Frankfurt/M., 77–99.
– (1996), Drei normative Modelle der Demokratie, in: Jürgen Habermas, *Die Einbeziehung des Anderen*, Frankfurt/M., 277–292.
– (1999), Wahrheit und Rechtfertigung. Zu Richard Rortys pragmatischer Wende, in: Jürgen Habermas, *Wahrheit und Rechtfertigung*, Frankfurt/M., 230–270.
Hagedorn, Konrad (ed.) (2002), *Cooperative Arrangements to Cope with Agri-Environmental Problems*, Cheltenham.
Hanna, Susan/Carl Folke/Kurt-Göran Mäler (eds.) (1996), *Rights to Nature*, Washington.
Hare, Richard (1952), *Language of Morals*, Oxford.
– (1957), Geach: Good and Evil, in: *Analysis* 17, 103–111 (wiederabgedruckt in: Foot (ed.) (1967), 74–82).

– (1989a), Some Confusions about Subjectivity, in: Richard Hare, *Essays in Ethical Theory*, Oxford, Kap. 2.

– (1989b), How to Decide Moral Questions Rationally, in: Richard Hare, *Essays in Ethical Theory*, Oxford, Kap. 7.

– (1995), Könnte Kant ein Utilitarist gewesen sein?, in: Christoph Fehige/Georg Meggle (Hg.), *Zum moralischen Denken*, Frankfurt/M., Bd. 2, 11–34.

Heidegger, Martin (1927), *Sein und Zeit*, Tübingen (11. Auflage 1967).

Held, David/Anthony G. McGrew/David Goldblatt/John Perraton (1999), *Global Transformations: Politics, Economics, and Culture*, Cambridge.

Herman, Barabara (1993), *The Practice of Moral Judgement*, Cambridge/MA.

Hill, Thomas E. (1992), *Dignity and Practical Reason in Kant's Moral Theory*, Ithaca.

Hinchman, Lewis (1995), Aldo Leopold's Hermeneutics of Nature, in: *Review of Politics* 57.2, 225–249.

Hoerster, Norbert (1991), *Abtreibung im säkularen Staat*, Frankfurt/M.

– (1995), *Neugeborene und das Recht auf Leben*, Franfurt/M.

– (2002), *Ethik des Embryonenschutzes*, Stuttgart.

– (2003), *Ethik und Interesse*, Stuttgart.

Honderich, Ted (2002), *After the Terror*, Edinburgh.

– (2005), Rightness, Palestine, Terrorism (Vortragsms./homepage Honderich).

Honneth, Axel (1992), *Der Kampf um Anerkennung*, Frankfurt/M.

– (1997), Anerkennung und moralische Verpflichtung, in: *Zeitschrift für philosophische Forschung* 51.1, 25–41.

Institut für Interdisziplinäre Erforschung der Mensch-Tier-Beziehung (Hg.) (1983), *Die Mensch-Tier-Beziehung*, Wien.

Isaak, Robert (1998), *Green Logic: Ecopreneuership, Theory and Ethics*, Sheffield.

Jaber, Dunja (2003), *Über den mehrfachen Sinn von Menschenwürde-Garantien*, Frankfurt/M.-London.

Jackson, Frank (1986), What Mary Didn't Know, in: *The Journal of Philosophy* 83.5, 291–295.

– (1998), *From Metaphysics to Ethics*, Oxford.

Jacobs, Michael (1991), *Environmental Economics*, London.

Joas, Hans (1980), *Soziale Intersubjektivität*, Franfurt/M.

Keller, Monika/Wolfgang Edelstein (1990), The Emergence of Morality in Relationships, in: Thomas E. Wren (ed.), *The Moral Domain*, 255–282.

–/– (1993), Die Entwicklung eines moralischen Selbst von der Kindheit zur Adoleszenz, in: Wolfgang Edelstein/Gertrud Nunner-Winkler/Gil Noam (Hg.), *Moral und Person*, Frankfurt/M., 307–334.

Kerstein, Samuel J. (2002), *Kant's Search for the Supreme Principle of Morality*, Cambridge.

Kettner, Matthias (Hg.) (2004), *Biomedizin und Menschenwürde*, Frankfurt/M.

Klages, Helmut (1964), *Technischer Humanismus. Philosophie und Soziologie der Arbeit bei Karl Marx*, Stuttgart.

Kliemt, Hartmut/Friedrich Breyer (1995), Solidarität der Organspender: Private oder öffentliche Organisation?, in: Peter Oberender (Hg.), *Transplantationsmedizin*, Baden-Baden, 135–160.

Korsgaard, Christine (1996), *The Sources of Normativity*, Cambridge.

– (2004), Fellow Creatures: Kantian Ethics and Our Duties to Animals, in: Grethe B. Peterson (ed.), *The Tanner Lectures on Human Values* 25/26, Salt Lake City.
Krappmann, Lothar (1973), *Soziologische Dimensionen der Identität*, Stuttgart.
Krebs, Angelika (2002), *Arbeit und Liebe*, Frankfurt/M.
Kristinsson, Sigurdur (2000), The Limits of Neutrality: Toward a Weakly Substantive Account of Autonomy, in: *Canadian Journal of Philosophy* 30.2, 257–286.
Kripke, Saul (1982), *Naming and Necessity*, Cambridge/MA.
Kuper, Andrew (ed.) (2005), *Global Responsibilities. Who Must Deliver on Human Rights?*, New York-London.

LaFollette, Hugh (1996), *Personal Relationships*, Cambridge/MA.
Leist, Anton (1990), *Eine Frage des Lebens*, Frankfurt/M.
– (2000), *Die gute Handlung*, Berlin.
– (2002), Frühes menschliches Leben zwischen Interessen und Identität, in: *Deutsche Zeitschrift für Philosophie* 50.6, 993–997.
– (2005a), Soziale Beziehungen statt altruistisches Strafen! Bemerkungen zu Ernst Fehrs Altruismusforschung, erscheint in: *Schweizerische Zeitschrift für Soziologie* 31.
– (2005b), Ökologische Gerechtigkeit: Global, intergenerationell und humanökologisch, in: Julian Nida-Rümelin (Hg.), *Handbuch Angewandte Ethik*, Stuttgart (2. Auflage), 424–512.
Lenzen, Wolfgang (1999), *Liebe, Leben, Tod*, Stuttgart.
Leopold, Aldo (1992), *Am Anfang war die Erde (‚Sand County Almanac')*, München (orig. 1949).
Levine, John (2001), *Purple Haze*, Oxford.
Levinson, Sandford (ed.) (2004), *Torture. A Collection*, Oxford.
Lewontin, Richard (2000), *The Triple Helix*, Cambridge/MA-London.
Light, Andrew (2002), Contemporary Environmental Ethics From Metaethics to Public Philosophy, in: *Metaphilosophy* 33.4, 426–449.
– (2003), Urban Ecological Citizenship, in: *Journal of Social Philosophy* 34.1, 44–63.
– (2005), Restaurative Relationships, in: France, Robert L. (ed.) *Healing Nature, Repairing Relationships. Landshape Architecture and the Restoration of Ecological Spaces*, Cambridge/MA.
Lipietz, Alain (1992), *Towards a New Economic Order*, Cambridge.
Lipset, Seymour M. (1960), *Political Man*, Garden City.
Lomborg, Bjorn (2001), *The Skeptical Environmentalist*, Cambridge.
Lukes, Steven (1982), Can the Base be Distinguished from the Superstructure?, in: *Analyse & Kritik* 4, 211–222.
– (1985), *Marx and Morality*, Oxford.

MacIntyre, Alastair (1969), Hume on Is and Ought, in: Hudson, William D. (ed.), *The Is/Ought-Question*, London, 35–50.
– (1981), *After Virtue. A Study in Moral Theory*, London.
– (1984), *Is Patriotism a Virtue?*, Lindley Lecture.
– (1987), Practical Rationalities as Forms of Social Structure, in: *Irish Philosophical Journal* 4.1. (Auch in: Kelvin Knight (ed.), *The MacIntyre Reader*, Notre Dame 1998, 120–135).
– (1989), Politics, Philosophy and the Common Good, in: Kelvin Knight (ed.), *The MacIntyre Reader*, Notre Dame, 235–252.

– (1990), The Privatization of the Good, in: *Review of Politics* 52, 344–361.
– (1999), *Dependent Rational Animals. Why Human Beings Need the Virtues*, Chicago.
Mackie, John L. (1977), *Ethics: Inventing Right and Wrong*, Harmondsworth.
MacPherson, Cecil B. (1962), *Political Theory of Possessive Individualism: Hobbes to Locke*, Oxford.
Margalit, Avishai (1996), *The Decent Society*, Cambridge/MA.
Mason, Andrew (2000), *Community, Solidarity, and Belonging. Levels of Community and their Normative Significance*, Cambridge.
Mathews, Freya (1996), Community and the Ecological Self, in: Freya Mathews (ed.), *Ecology and Democracy*, London-Portland, 66–100.
McMahan, Jeff (2002), *The Ethics of Killing. Problems at the Margins of Life*, Oxford.
Mead, G. H. (1934), *Mind, Self and Society*, Chicago.
Merkel, Reinhard (2001), Rechte für Embryonen?, in: Geyer (Hg.), 51–64.
Meyers, Diana (1989), *Self, Society and Personal Choice*, New York.
Miller, David (1989), *Market, State and Community. Theoretical Foundations of Market Socialism*, Oxford.
– (1999), *Principles of Social Justice*, Cambridge/MA.
– (2000), *Citizenship and National Identity*, Cambridge.
Moore, George E. (1903), *Principia Ethica*, Cambridge.

Naess, Arne (1989), *Ecology, Community, and Lifestyle. Outline of an Ecosophy*, Cambridge.
Neumann, Ulrich (2004), Die Menschenwürde als Menschenbürde – oder wie man ein Recht gegen den Berechtigten wendet, in: Kettner (Hg.), 42–62.
Neumayer, Eric (2002), Do Democracies Exhibit Stronger International Environmental Commitment? A Cross-Country Analysis, in: *Journal for Peace Research* 39.2, 139–164.
Norton, Bryan (1987), *Why Preserve Natural Variety?*, Princeton 1987.
– (1995), Why I Am Not a Nonanthropocentrist: Callicott and the Failure of Monistic Inherentism, in: *Environmental Ethics* 17, 1995, 341–358.
– (1996), Integration or Reduction: Two Approaches to Environmental Values, in: Andrew Light/Eric Katz (eds.), *Environmental Pragmatism*, London, 105–138.
–/ Bruce Hannon (1997), Environmental Values: A Place-Based Theory, in: *Environmental Ethics* 19, 227–245.
Nozick, Robert (1974), *Anarchy, State and Utopia*, Oxford.
Nucci, Larry/John Lee (1993), Moral und personale Autonomie, in: Wolfgang Edelstein/Gertrud Nunner-Winkler/Gil Noam (Hg.), *Moral und Person*, Frankfurt/M., 69–103.

Quinn, Warren (1993), *Morality and Action*, Cambridge.
– (1993a), Rationality and the Human Good, in: Quinn (1993), 210–227.
– (1993b), Putting Rationality in its Place, in: Quinn (1993), 228–255.

Odum, Eugene P. (1999), *Ökologie*, Stuttgart (3. Auflage).
OECD (1998), *Cooperative Approaches to Sustainable Agriculture*, Paris.
Okrent, Mark (1988), *Heidegger's Pragmatism: Understanding, Being and the Critique of Metaphysics*, Ithaca/NY.
O'Neill, Onora (2002), Autonomy and the Fact of Reason in the Kritik der Praktischen Vernunft, in: Otfried Höffe (Hg.), *Klassiker Auslegen – Kritik der Praktischen Vernunft*, Berlin, Kap. 5.

Oshana, Marina (1998), Personal Autonomy and Society, in: *Journal of Social Philosophy* 29, 81–102.

Parfit, Derek (2001), Kant's Principles (Manuskr.).

Parijs, Philippe Van (1982), Das grundlegende Puzzle des Marxismus, in: *Analyse & Kritik* 4, 197–210.

Passmore, John (1974), *Man's Responsibility for Nature*, London.

Pitcher, George (1965), Emotions, in: *Mind* 74, 326–346.

Putnam, Hilary (2002), *The Collapse of the Fact/Value Dichotomy and Other Essays*, Cambridge/MA-London.

Rawls, John (1971), *A Theory of Justice*, Cambridge/MA.

– (1980), Kantian Constructivism in Moral Theory, in: *Journal of Philosophy* 77, 515–572.

– (1997), The Idea of Public Reason Revisited, in: *University of Chicago Law Review* 94, 765–807.

– (1999), *The Law of Peoples*, Cambridge/MA.

– (2000), *Lectures on the History of Moral Philosophy*, Cambridge/MA.

– (2001), *Justice as Fairness. A Restatement*, Cambridge/MA-London.

Rees, William E./Mathis Wackernagel (1995), *Our Ecological Footprint*, New York.

Regan, Tom (1981), The Nature and Possibility of an Environmental Ethic, in: *Environmental Ethics* 3, 19–34.

Rolston, Holmes (1982), Are Values in Nature Objective or Subjective?, in: *Environmental Ethics* 4, 125–151.

– (1997), Werte in der Natur und die Natur der Werte, in: Angelika Krebs (Hg.), *Naturethik*, Frankfurt/M., 247–270.

Rorty, Richard (1989), *Contingency, Irony, and Solidarity*, Cambridge.

– (2000), Universality and Truth, in: Robert Brandom (ed.), *Rorty and His Critics*, Malden-Oxford, 1–30.

Rosen, Robert (1999), *Essays on Life Itself*, New York.

Rueschemeyer, Dietrich/Evelyn H. Stephens/John D. Stephens (1992), *Capitalist Development and Democracy*, Chicago.

Russell, Paul (2002), Pessimists, Pollyannas, and the New Compatibilism, in: Robert Kane (ed.), *The Oxford Handbook of Free Will*, Oxford, Kap. 10.

Sagoff, Mark (1988), *The Economy of the Earth*, Cambridge.

Sandel, Michael (1982), *Liberalism and the Limits of Justice*, Cambridge.

Scanlon, Thomas (1998), *What We Owe to Each Other*, Cambridge/MA-London.

Schaber, Peter (2003), Menschenwürde als Recht, nicht erniedrigt zu werden, in: Stoecker (Hg.), 119–132.

– (2004), Menschenwürde und Selbstachtung: Ein Vorschlag zum Verständnis von Menschenwürde, in: Emil Angehrn/Bernard Baetschi (Hg.), *Menschwürde. Jahrbuch der Schweizerischen Philosophischen Gesellschaft*, Bd. 63, 93–106.

Schneewind, Jerome (1992), Autonomy, Obligation, and Virtue, in: Paul Guyer (ed.), *The Cambridge Companion to Kant*, Cambridge, 309–341.

Schoubye, Anders J. (2003), *Reflective Equilibrium: Epistemic Desiderata, Meta-Justification, and Truth*, Universität Copenhagen (Manuskr.).

Schwarzenbach, Sybil (1996), On Civic Friendship, in: *Ethics* 107.1, 97–128.

Scoville, John N. (1995), Value Theory and Ecology in Environmental Ethics: A Comparison of Rolston and Niebuhr, in: *Environmental Ethics* 17.2, 115–133.

Singer, Peter (1979), *Practical Ethics*, Cambridge (rev. ed. 1993).

Snare, Francis (1990), *Morals, Motivation and Convention. Hume's Influential Doctrines*, Cambridge.

Spaemann, Robert (1987), Über den Begriff der Menschenwürde, in: Ernst Böckenförde/Robert Spaemann (Hg.), *Menschenrechte und Menschenwürde*, Stuttgart, 295–313.

– (2001), Gezeugt, nicht gemacht, in: Geyer (Hg.), 41–50.

Stemmer, Peter (1997), Gutsein, in: *Zeitschrift für philosophische Forschung* 51, 65–92.

– (2000), *Handeln zugunsten anderer*, Berlin.

Stephens, John D. (1992), Capitalist Development and Democracy, in: David Copp/Jean Hampton/ John Roemer (eds.), *The Idea of Democracy*, Cambridge, 409–446.

Stoecker, Ralf (Hg.) (2003), *Menschenwürde – Annäherung an einen Begriff*, Wien.

Stratton-Lake, Philip (2000), *Kant, Duty and Moral Worth*, London-New York.

Taylor, James S. (2005) (ed.), *Personal Autonomy*, Cambridge.

Todd, Anne M. (2004), The Aesthetic Turn in Green Marketing: Environmental Consumer Ethics of Natural Personal Care Products, in: *Ethics and the Environment* 9.2, 86–102.

Tugendhat, Ernst (1979), *Selbstbewusstsein und Selbstbestimmung*, Frankfurt/M.

– (1993), *Vorlesungen über Ethik*, Frankfurt/M.

Ullman-Margalit, Edna (1977), *The Emergence of Norms*, Oxford.

Walzer, Michael (1984), *Spheres of Justice*, Oxford.

Warnock, Mary (1986), Haben menschliche Zellen Rechte?, in: Anton Leist (Hg.), *Um Leben und Tod*, Frankfurt/M. 1990, 215–234.

Williams, Bernard (1981), Persons, Character and Morality, in: Bernard Williams, *Moral Luck*, Cambridge.

– (1995), Evolution, Ethics, and the Representation Problem, in: Bernard Williams, *Making Sense of Humanity*, Cambridge, 100–110.

Wright, Georg Henrik von (1963), *The Varieties of Goodness*, London.

Wolf, Susan (1988), Sanity and the Metaphysics of Responsibility, in: Schoeman, Ferdinand (ed.), *Responsibility, Character, and the Emotions*, Cambridge, 46–62.

– (1990), *Freedom Within Reason*, Oxford.

Wolf, Ursula (1990), *Das Tier in der Moral*, Frankfurt/M.

Wood, Allen (1972), The Marxian Critique of Justice, in: *Philosophy & Public Affairs* 1, 244–282.

– (1981), *Marx*, London.

– (1998), Kant on Duties Regarding Nonrational Nature, in: *Proceedings of the Aristotelian Society*, 72, 189–210.

Ziff, Paul (1960), *Semantic Analysis*, Ithaca.

Zimmermann, Rolf (1985), *Utopie – Rationalität – Politik. Zur Kritik, Rekonstruktion und Systematik einer emanzipatorischen Gesellschaftstheorie bei Marx und Habermas*, Freiburg.

Drucknachweise

Kap.1: *Schweizer Monatshefte* 84. Jahr/Heft 7–8, 2004, 27–33.

Kap.4: W. Lenzen (Hg.), *Wie bestimmt man den moralischen Status von Embryonen?*, Paderborn 2003, 164–183.

Kap.5: *Deutsche Zeitschrift für Philosophie*, Jg. 53/Heft 4, 2005, 597–610.

Personenverzeichnis

Kursiv gesetzte Seitenzahlen beziehen sich auf den Fußnotentext

Sachwortverzeichnis